« L'ÉVOLUTION DE L'HUMANITÉ »

BIBLIOTHÈQUE DE SYNTHÈSE HISTORIQUE

HISTOIRE
DU DROIT PRIVÉ FRANÇAIS

La collection « L'Evolution de l'Humanité »
a été fondée par Henri Berr

AVANT-PROPOS

« L'histoire du droit coutumier pendant huit siècles », le sujet paraît immense et presque sans frontière. On ne peut, au moins jusqu'au XVIe siècle, distinguer nettement le droit privé du droit public ; jusqu'à la Révolution, chaque classe, chaque région et parfois chaque ville ont leur droit propre : « Voyez à Paris, écrivait Voltaire, le quartier des Halles, de Saint-Pierre-aux-Bœufs, la rue Brise-Miche, celle du Pet-au-Diable contraster avec le Louvre ou les Tuileries ; voilà l'image de nos lois. »

Cette diversité, difficilement surmontée par les praticiens d'autrefois, fait pourtant l'intérêt de cette étude. Les règles juridiques traduisent l'état social du moment et leur diversité, pourvu qu'on parvienne à la comprendre, révèle le jeu des forces dont le droit réalise l'équilibre, équilibre spontané quand le droit est d'essence coutumière, équilibre constaté ou imposé quand intervient le législateur.

Ce qui caractérise le droit ancien, c'est que rien n'y est factice ou abstrait ; on peut presque dire que le fait prime le droit, tout au moins, le droit est toujours élaboré à partir d'une situation de fait. La propriété, par exemple, n'est pas considérée abstraitement comme un droit, mais concrètement comme un pouvoir qui permet l'usage d'une chose et qui n'est pas forcément perpétuel et absolu. Le contrat résulte d'un accord de volontés, mais cet accord doit être solennisé par des formes qui en assurent la publicité. De même, le procès impose l'accomplissement de gestes ou de rites fixés par la coutume. De là cet usage des symboles qui avait tant frappé Michelet quand il s'essayait à étudier les *Origines du droit français* et qu'il découvrait « l'âge poétique du droit ».

A mesure que la royauté s'achemine vers le pouvoir absolu,

ses interventions deviennent plus fréquentes ; les ordonnances fixent les règles de l'administration ou de la justice, mais elles ne traitent que fort rarement du droit privé : le roi n'a pas à intervenir dans un domaine toujours régi par les coutumes : le règlement des successions ou les stipulations des contrats de mariage demeurent des règlements familiaux couverts par le secret.

L'histoire de l'ancien droit sera conduite jusqu'à la loi du 5 juillet 1790 par laquelle l'Assemblée nationale décida « qu'il serait fait un code des lois simples et claires appropriées à la Constitution ». Beaucoup de règles anciennes continueront d'être appliquées pendant la Révolution ; de nombreux juges et avocats demeureront en place ; le Code civil reprendra souvent l'ancien droit, mais il ne s'agit plus que de survivances plus ou moins bien adaptées aux nouveaux principes politiques. Il suffira d'indiquer ici comment ces changements ont été préparés par l'évolution du droit pendant les trois derniers siècles de la monarchie.

Quant au point de départ de notre étude, nous le situons vers l'an mil : c'est l'époque où, avec la féodalité et l'avènement des Capétiens, apparaissent les divers éléments qui formeront le droit français, et c'est dans l'étude de ses origines qu'apparaîtra le mieux son originalité.

* * *

Pour tous ceux qui le voient surtout à l'occasion d'un procès, le droit apparaît comme une suite de solutions d'espèce, souvent dues au hasard et mal liées entre elles. Il existe bien une technique du droit qui en traduit l'usage quotidien ; cette technique n'est qu'un outil dont les praticiens usent avec plus ou moins de bonheur. Le droit est avant tout, suivant la définition des jurisconsultes romains, l'*ars boni et aequi,* la mise en œuvre de la raison et de la justice ; il tend à exprimer un idéal : c'est l'appel toujours fait à l'équité et au droit naturel. Le droit se définit aussi, comme le disait Durkheim, « par l'organisation sociale qu'il exprime » ; il tient « intimement à la structure d'une société » et est « le symbole visible de la solidarité sociale » ; il constitue une « réalité objective » que le sociologue étudie comme tous les autres phénomènes sociaux.

Technique, idées et réalités sociales sont forcément liées. L'étude de la pratique est nécessaire, comme celle de la syntaxe l'est au linguiste ; la raison et la justice sont choses variables, et chaque époque les a comprises à sa manière ; les faits juridiques, même pour les tenants de l'école positiviste, sont ordonnés par un « système d'idées ». Entre ces divers points de vue, l'historien du droit ne devrait pas choisir ; chacun pourtant a infléchi son étude d'après l'époque où il écrivait ou ses intuitions propres.

Les premières études de droit privé furent l'œuvre de praticiens, juges royaux, avocats ou professeurs de droit français qui, s'ils exposaient avec bonheur et intelligence – tels Guy Coquille († 1605), Loisel († 1617) ou Pothier († 1772) – le droit coutumier, ne se souciaient guère de son histoire. Les premiers commentateurs du Code civil suivirent la même voie et tout au long du XIXe siècle, dans les traités, dans les thèses, et encore en 1899 dans l'excellent manuel de droit civil de Planiol, l'histoire apparaissait comme le complément de toute étude de droit privé.

Les études historiques ou philosophiques étaient beaucoup plus, depuis le XVIe siècle, le fait des romanistes ou des canonistes qui s'intéressaient fort peu au droit privé français. Cujas († 1590) excelle dans la critique historique mais l'applique au droit romain. Du Moulin († 1566) annote les coutumes mais demeure dans la tradition bartholiste. Dans *Les Loix civiles dans leur ordre naturel,* Domat, († 1696) est le premier à présenter une vue idéale du droit.

Au XVIIIe siècle, la grande discussion qui oppose l'abbé Dubos et Boulainvilliers n'intéresse en apparence que d'assez loin le droit privé. Elle infléchira pourtant pendant deux siècles toutes les études historiques. Boulainvilliers publie en 1732 un *Précis historique de la monarchie française et essai sur la noblesse* dans lequel, reprenant Fénelon, il entreprend de démontrer que la monarchie a été fondée par les libres Francs qui avaient conquis le pays sur les Gallo-Romains. Des Francs est issue la noblesse qui est ainsi d'origine germanique tandis que le tiers état est l'héritier des peuples vaincus. La royauté, à l'origine, était élective, et son absolutisme est une usurpation des droits naturels de la noblesse. Dubos répond en 1734 par une *Histoire critique de l'établissement de la monarchie française* où, devançant les historiens modernes, il montre que les rois francs, plus que des conquérants, avaient été des alliés de l'Empire romain ; ils n'avaient pas constitué une aristocratie militaire réduisant au servage les peuples vaincus ; les libertés féodales elles-mêmes étaient une usurpation ; le succès de la royauté était dû à son alliance avec la bourgeoisie et son pouvoir était légitimé par l'histoire.

Les derniers chapitres de *L'Esprit des lois* sont une âpre réfutation de l'abbé Dubos ; après Boulainvilliers, Montesquieu justifie longuement la féodalité, les droits féodaux, les justices seigneuriales, la noblesse, mais aussi la vénalité des charges. La liberté qu'il défend est née, selon lui, dans les « bois de la Germanie ». En passant, et par habitude de magistrat, Montesquieu en vient à traiter du droit privé, de la condition des personnes, de la propriété, du prêt à intérêt, des successions ; il conçoit bien le droit comme une science mais incline vers le déterminisme ; pour lui, les lois sont les rapports nécessaires qui dérivent de la nature des choses ; elles sont conditionnées par le climat, par la race et par l'histoire. Longtemps, ce déterminisme paraîtra la marque de la science, et cela même a conduit à voir en Montesquieu le fondateur de l'histoire du droit.

Au XIXe siècle, tous les tenants de l'école libérale, Royer-Collard, Guizot, Augustin Thierry, Tocqueville lui-même, croient encore avec Boulainvilliers que l'histoire exprime un conflit de races et cherchent à prouver l'inéluctable progrès du tiers état et de la liberté. C'est au contraire aux thèses de l'abbé Dubos que revient Fustel de Coulanges : le succès des *Institutions politiques de l'ancienne France,* publiées après 1875, est dû en grande partie à ce qu'il refuse au droit français toute origine germanique.

Les nouveautés véritables sont venues néanmoins d'Allemagne. Pour l'école de Savigny qui comparait justement la langue et le droit, tous deux sont le produit de l'histoire ; ils sont naturellement inséparables car ils constituent non seulement les modes d'activité et les forces d'une nation, mais aussi son âme. Le droit d'un peuple est fondé sur une habitude séculaire ; il n'a pas de meilleur fondement que son ancienneté. Savigny ne fait que systématiser les idées de Novalis, de Schlegel, de l'école de Heidelberg et de Joseph Görres : « Le droit est issu de la coutume ; il est engendré à partir de l'usage et de la croyance populaire, puis fixé par la jurisprudence, donc déterminé par des forces extérieures agissant au-dedans de lui. Il ne doit rien, par conséquent, à l'arbitraire des législateurs. »

Savigny combattait la philosophie de la Révolution. Le droit n'est pas pour lui le produit de la raison mais de l'histoire, et cette attitude convenait bien à ceux qui avaient appris chez Du Moulin à exalter le « droit naturel français ». Les rédacteurs du

Code civil avaient d'ailleurs la même opinion : « Les codes des peuples, disait Portalis, se font avec le temps, mais à proprement parler on ne les fait pas. »

Les travaux les plus originaux sur l'histoire du droit français sont dus à l'époque à des auteurs allemands, Wilhem Schaeffner (1845-1850), Warnkoenig et Stein (1846-1848) ; les livres de Laferrière (1836), de Giraud (1846), de Klimrath (1843), de Beaune (1886-1887) ne contiennent en revanche guère d'idées nouvelles.

L'*Histoire du droit civil français* de Paul Viollet (bibl. 161) et l'excellent *Cours d'histoire générale du droit français public et privé* de J. Brissaud (bibl. 93) donnent une vue d'ensemble de la matière. La seule œuvre majeure que l'on puisse ensuite citer est l'*Histoire de la coutume de la prévôté et vicomté de Paris* d'Olivier-Martin (bibl. 148).

Jusqu'à la réforme de 1954, il n'existait à la Faculté de droit de Paris qu'une seule chaire d'histoire du droit privé, successivement occupée par Edmond Meynial et par Pierre Petot. On ne dira jamais assez la qualité de leur enseignement qui a couvert plus d'un demi-siècle. En même temps, Paul Fournier, Robert Génestal, Gabriel Le Bras enseignaient le droit canonique. A ces maîtres, aux thèses qu'ils ont inspirées, a été dû, dans les Facultés de droit, un renouveau de l'histoire du droit privé, hélas bien compromis par les réformes récentes.

Il serait injuste de ne pas associer à ce renouveau les excellents travaux que E.-M. Meijers, professeur à la Faculté de Leyde, Paulo Merea et G. Braga da Cruz, professeurs à la Faculté de Coïmbre, ont consacrés au droit français.

Le présent livre n'a d'autre ambition que de donner une vue générale d'une matière dont la complexité est souvent déconcertante. Tandis que l'accent a été mis jusqu'ici sur les coutumes du Nord, nous nous efforcerons non seulement de faire leur part aux droits savants, romain et canonique, mais aussi de montrer l'importance du droit du Midi : son histoire jusqu'ici trop négligée permet, croyons-nous, de mieux comprendre la formation du droit français[1]. Ce sera la partie originale de ce livre qui doit tant aux maîtres et aux collègues dont les travaux ont éclairé notre route.

INTRODUCTION

LES NOUVEAUTÉS DE L'AN MIL

A la fin du Xᵉ siècle, la civilisation occidentale paraît proche de périr. Depuis la mort de Charles le Chauve, l'Etat agonise. La papauté est discréditée par les papes eux-mêmes. La mort d'Otton II, en 983, laisse l'Empire sans chef. En Espagne, l'Andalou se fait menaçant.

Les hommes de l'an mil, s'ils ne connurent pas les terreurs que l'imagination de Michelet s'est complu à décrire, ont un destin tragiquement tourmenté. Ils trouvaient des consolations dans les prophéties les plus bizarres, mais ils possédaient aussi les assurances que donnent la foi et le secours de souvenirs, d'attitudes, de protections ancestrales. Les transformations qui nous paraissent rapides et profondes ne sont pas perçues comme telles par ceux qui les vivent ; ils s'accommodent des changements en s'attachant aux idées ou aux formes sociales qui les raccordent au passé[1].

Si l'histoire politique est soucieuse d'observer les ruptures – et celles de l'an mil sont certaines –, l'histoire du droit est faite de permanence et de continuité. La société nouvelle que sera aux XIᵉ et XIIᵉ siècles la société dite féodale ne se construit pas sur une table rase ; le droit d'une époque emprunte beaucoup de traits à celle qui l'a précédée : ce qui est ainsi sauvé d'un naufrage permet un nouveau départ. La première moitié du XIᵉ siècle est une sorte de creuset où se rassemblent les divers éléments qui donneront au droit français son originalité : des formes nouvelles du pouvoir et de la justice, une conception originale du droit.

I. LE POUVOIR

L'autorité échappe au roi, mais, localement, ses agents continuent de l'exercer ; ils perçoivent des redevances, rendent la justice, donnant l'impression que rien n'a changé.

Bien des choses vont subsister de la société carolingienne et il faut renoncer à l'idée d'une anarchie originelle comme à celle d'une féodalité organisatrice. Le phénomène essentiel est comme toujours celui du pouvoir ; un pouvoir consolidé par l'hérédité des « honneurs » qui s'est établie au IXe siècle, fortifié par le regroupement des comtés que les rois n'ont pu empêcher ou même qu'ils ont favorisé pour assurer la défense des frontières. Les contemporains n'eurent pas le sentiment d'une usurpation : les titres de comte, de duc, de marquis, de prince, remontent toujours à une désignation royale. Chacun s'efforce de demeurer maître d'une principauté. Le duc de Normandie, le comte de Flandre y parviennent presque. En Champagne, en Anjou, en Auvergne, en Catalogne, les descendants des comtes carolingiens ont plus de peine à imposer leur autorité, mais ils demeurent les « seigneurs de la terre ». Beaucoup de ces dynastes appartiennent à la famille de Charlemagne : Baudouin de Flandre est le gendre de Charles le Chauve, Herbert de Vermandois est l'arrière-petit-fils de Pépin, roi d'Italie. Leur autorité s'appuie sur un réseau de cousinages et d'alliances qui s'étend de surcroît à la plupart des évêques[2].

Princes territoriaux, ces *potentes* peuvent devenir des chefs nationaux. Les historiens, par réaction contre les excès d'Augustin Thierry, ont souvent répugné à considérer les facteurs ethniques ; ils n'ont sans doute guère d'importance dans la dislocation de l'Empire, mais leur action est certaine dans les regroupements qui suivirent. L'Austrasie est presque toute absorbée par la Lorraine ; l'ancienne Burgondie est partagée entre le duché et le royaume des Rodolphiens. Les frontières de l'Aquitaine sont toujours indécises, mais le particularisme aquitain demeurera toujours très fort. Jusqu'à la mort de son dernier duc, en 1032, la Gascogne est pratiquement indépendante. En Bretagne et en Normandie, le substrat ethnique crée l'originalité du pays[3]. Bien d'autres oppositions tiennent encore à la race : celle qui existera, par exemple, en Languedoc, entre les Francs et les Goths.

Vers la fin du Xe siècle, les principautés territoriales vont subir la même dissociation, ce que Ganshof a appelé « un phénomène d'usurpation au second degré ». Tous ceux qui exerçaient un pouvoir au nom des comtes tentent de s'en emparer. On découvre l'importance prise par les dynasties vicomtales ; il s'agit souvent de puînés, de gendres, de bâtards, de familiers unis par une étroite solidarité de classe ; ils deviennent parfois évêques ou abbés et consolident ainsi le pouvoir de leur famille. Les Rorgonide à Châteaudun ou les Roucy de Reims appartiennent à la famille de Charlemagne, et Ebles de Roucy deviendra archevêque de Reims. Toutes les grandes familles féodales du Languedoc paraissent bien avoir pour origine des vicomtes de la dynastie toulousaine[4].

On a beaucoup insisté jadis sur la construction des forteresses : l'idée d'une anarchie féodale conduisait à affirmer que la France s'était « hérissée de châteaux ». Des soldats heureux seraient devenus châtelains et auraient imposé leur autorité au pays alentour. Déjà Marc Bloch nuançait cette affirmation : « Contre les ducs ou les grands comtes, écrivait-il, on vit se dresser leurs propres châtelains, eux aussi d'officiers ou de vassaux prompts à se muer en dynastes » (bibl. 223). L'évolution paraît moins nette et, en tout cas, plus tardive. Pour l'Anjou, par exemple, Olivier Guillot (bibl. 447) a bien montré le glissement qui s'est accompli de châteaux comtaux à des « seigneuries châtelaines » dont l'essor, dans la deuxième moitié du XIe siècle, marque le démantèlement du pouvoir comtal. Pour le Mâconnais, selon Georges Duby (bibl. 348), au Xe siècle, l'« enveloppe est restée carolingienne » ; le siècle suivant qui est celui des châtellenies indépendantes ne marque aucune rupture. Dans le Sud-Ouest, les recherches de Jacques Gardelles (bibl. 404) prouvent que les premiers châteaux ont été construits par les vicomtes et que seules la faiblesse ou la disparition des anciennes familles ont favorisé leur prolifération ; c'est, par exemple, ce qui apparaît bien en Gascogne après la mort du dernier duc ; en Bordelais, où l'autorité du duc s'exerce pleinement, il n'y a que fort peu de châteaux ; il y en a beaucoup en Bazadais et plus encore en Agenais, où le pouvoir ducal ne parvient pas à s'affirmer. La construction de châteaux « adultérins » est d'ailleurs condamnée par les conciles qui l'assimilent à un « bris de paix »[5].

Dans la naissance de nouvelles seigneuries, la transmission du pouvoir, le droit de ban et la justice, des comtes aux vicomtes et de ceux-ci aux châtelains maintient la continuité et l'apparence du pouvoir. Simplement, l'horizon est désormais borné aux limites d'un petit pays, devenu, lors de la fragmentation du *pagus*, vicomté ou châtellenie (bibl. 500). Une vie locale s'organise, faite de soumission au maître mais aussi de solidarités nouvelles[6].

L'apparente continuité du pouvoir ne peut dissimuler la naissance d'une société nouvelle. Le XIe siècle, contrairement à la légende, a été une époque de paix, de défrichement opiniâtre et de renouveau démographique. Des routes nouvelles sont construites, de nombreux villages sont créés. En Mâconnais, par exemple, on met d'abord en culture les sols légers des pays calcaires pour s'attaquer ensuite aux forêts et aux terres basses. Ce qui restait de l'ancien régime domanial disparaît pour faire place à de nouvelles formes d'exploitation[7].

Vers 1050, les contemporains ont conscience d'un renouveau de l'économie et de la culture. Raoul Glaber l'associe au mouvement de paix que prêchent les évêques, comme aux pluies bienfaisantes qui enrichissent la terre. Guibert de Nogent, né en 1053, rappelle dans ses *Confessions* l'ignorance générale des temps anciens qu'il compare à ceux qu'il a connus (*Histoire de sa vie*, I, 4).

L'admirable floraison de l'art roman – la France se « couvre d'un blanc manteau d'églises » – traduit l'effort de Cluny et des premiers papes grégoriens pour spiritualiser l'Eglise. Les personnalités d'un Fulbert de Chartres († 1028), élève de Gerbert, d'un Pierre Damien († 1072), d'un Lanfranc († 1089) suffisent à illustrer les progrès accomplis.

Les détenteurs du pouvoir vont s'efforcer de discipliner les forces sociales, c'est-à-dire de s'imposer à elles. Du passé carolingien ils ont hérité, outre le droit de juger, le droit de ban : le ban c'était, sous les Mérovingiens, l'ordre du roi et aussi l'amende fixée par la loi des Ripuaires (35-60) à 60 sous, qui en est la sanction et qui est perçue par voie de saisie. Les *missi* et les comtes possédaient aussi un droit de ban sanctionné par une amende de 6 sous et, depuis Charlemagne, ils peuvent aussi user du ban royal.

L'évolution postérieure est bien différente selon les régions et on a pu distinguer un ban strictement domanial qu'exerce le grand propriétaire sur son domaine du ban seigneurial dont la zone d'action est plus large (Perrin, bibl. 586, p. 665). En Lorraine, le mot prendra le sens de *potestas* ou de *territorium* ; ailleurs, il désignera certaines corvées qu'il a permis d'imposer. Le ban peut être pour un vicomte ou un châtelain un instrument redoutable et le maintien en toutes régions du taux des amendes à 60 ou à 66 sous suffirait à prouver sa persistance. Le ban permet, en effet, à des seigneurs d'instituer à leur profit de véritables monopoles économiques : ils construisent, par exemple, un four ou un moulin et imposent à tous les habitants d'y venir cuire leur pain ou moudre leur grain. Le banvin permettra au seigneur de vendre seul son vin à la meilleure époque. Là est l'origine des banalités qui seront jusqu'à la Révolution la forme la plus odieuse de la féodalité.

Une autorité proche, quand elle est souveraine, permet toutes les exactions et les historiens récents ont pu insister avec beaucoup de raison sur la condition misérable qui est faite aux paysans : corvées, service militaire, redevances en nature ou en argent, saisies arbitraires, d'autant plus graves que le détenteur du ban peut être à la fois propriétaire des terres et juge des infractions.

Le tableau a certes plus d'ombre que de lumière ; mais on peut être, à l'inverse, frappé de la modicité de certaines redevances. On a pu même dire (L. Verriest, bibl. 688) qu'il était normal que le seigneur qui faisait les frais d'un moulin en assurât la fréquentation – les coopératives qui, aujourd'hui, construisent des silos en usent de même. Plus frappantes encore apparaissent les diversités locales ; dans la région toulousaine, les exactions paraissent peu nombreuses ; elles sont, au contraire, certaines dans quelques paroisses isolées du Comminges ou du Razès. La dialectique du pouvoir doit tenir compte à la fois de la personne du maître et de la force de résistance des sujets et celle-ci a été souvent très nette.

Nul à l'époque ne peut survivre s'il est isolé. La famille fournit le premier cadre social dont on verra l'importance. Les communautés paysannes, quand on peut en saisir l'existence, sont un regroupement de familles, né ou fortifié par la communauté d'origine et par la solidarité d'intérêts. Dans la partie occidentale de la Bretagne, l'organisation antique du clan laisse des traces visibles au point qu'on a pu parler de « démocratie rurale » (A. de La Borderie, *Essai sur la géographie féodale de la Bretagne*, 1889). Il en est de même en Béarn et en pays Basque où la *veziau* tient en échec, dans beaucoup de vallées, le pouvoir du seigneur.

Il faut, pour expliquer la genèse du pouvoir, renoncer aux systèmes trop absolus : ni l'existence d'un ancien collectivisme agraire, ni l'extension du régime domanial et du type d'exploitation que représente la *villa* carolingienne, ni la conception d'une liberté originaire ou d'une servitude généralisée, ni le rôle déterminant joué par les antagonismes de classes ne peuvent être établis. Il a toujours existé des terres libres et des vilains francs exempts de charges serviles. Si les détenteurs du pouvoir ont toujours cherché à en abuser, ils se sont heurtés à des contre-pouvoirs, plus ou moins efficaces selon les lieux ou les personnes. Un équilibre s'est établi après l'an mil qui a donné ses contours définitifs à la seigneurie. Le grand domaine, là où il existait, se morcelle et se féodalise, l'ancienne unité que constituait le manse peut disparaître. C'est, en Lorraine, l'établissement des rapports de droit étudiés par Ch.-E. Perrin et proches de l'institution germanique des Weistümer ; partout c'est l'apparition de coutumes qui, comme l'écrit Georges Duby (bibl. 348, p. 174), « ne se fondent plus sur une délégation expresse de la souveraineté mais sur le témoignage de la mémoire collective ». Ces coutumes s'imposent à tous ; elles établissent, à l'échelle d'un village, une sorte de pacte social : le seigneur exerce la police, organise la défense, fait régner la paix et, en rémunération, perçoit les redevances accoutumées. Ces redevances sont désormais désignées par le mot de « coutumes » et dans la mesure même où elles apparaissent nouvelles ou extorquées, elles seront qualifiées de « mauvaises coutumes ».

Dans toutes les études régionales qui ont été consacrées à cette évolution un point demeure frappant : les nouvelles formes d'autorité apparaissent partout vers l'an mil, un peu plus tôt en Auvergne, un peu plus tard en Provence. Le *pagus* qui constituait le cadre politique ancien disparaît et il est remplacé par la seigneurie. Sans toujours changer de mains, le pouvoir change de forme. Les anciens droits régaliens, *bannum, districtio*, sont devenus des propriétés et, avec eux, sont passés en coutumes des droits de nature et d'origine fort diverses. Ils constituent les éléments de la richesse et de la puissance des seigneurs et sont très divers selon les régions : en Auvergne et dans le Midi, l'emprise de la seigneurie a été moins forte que dans le Nord ou dans l'Est ; elle portera dans tout le Midi sur les terres plus que sur les hommes, ce qui donnera au droit méridional son originalité la plus certaine.

II. LA JUSTICE

Tout, dans l'organisation des justices à la fin de l'époque carolingienne, paraît confusion, et les études locales les plus récentes accentuent encore cette impression de diversité, voire d'incohérence. La justice est un pouvoir et chaque maître, pour établir son pouvoir, désire être juge. Le droit de justice apparaît comme le complément du droit de ban et il est souvent lié à lui. Il est, comme lui, source de profits ; il s'exerce sur les personnes comme sur les terres, se diversifie selon la nature des affaires, la gravité du délit, le chiffre de l'amende encourue et surtout suivant la qualité des personnes. A la justice publique s'ajoute encore une justice privée, celle du chef de famille sur les « gens de la maison », femme, enfants, *servi* ou du propriétaire sur ses paysans.

La tradition carolingienne

On peut tenter de ramener cette diversité à quelques notions simples. L'organisation carolingienne est bien connue et elle peut servir de point de départ.

Tous les peuples barbares établis en Gaule avaient la même conception de la justice. Le *mallus* où se réunissaient périodiquement les hommes libres d'une centaine (qui était une subdivision du *pagus*) était aussi un tribunal ; la présidence appartenait au comte ou au *centenarius*, mais le jugement était rendu par les hommes libres ou tout au moins par les plus anciens ou les plus notables, *boni homines* ou *rachimburgi*, qui « disent la loi » et « confirment » *(firmaverunt)* le jugement. Les plaids *(placita)* réunis en pays romanisé paraissent fort semblables au *mallus*.

Charlemagne maintient le principe d'une justice populaire ; rendre une exacte justice lui apparaît comme un devoir ; pour réprimer les abus commis par les comtes, comme pour ne pas soumettre les hommes libres à une charge excessive, il impose dans ses capitulaires des règles précises : les hommes libres doivent venir au *mallus* au moins deux ou trois fois par an ; au cours de ces réunions solennelles, présidées normalement par le comte, sont publiés les ordres royaux et sont jugés les procès les plus graves. Dans l'intervalle de ces assises, le *mallus* se réunissait environ tous les quarante jours pour juger les causes mineures ; le comte n'y venait pas et était remplacé par un *vicarius* ; il était assisté de sept à douze *scabini* (échevins), choisis par les *missi dominici* et nommés à vie. Ce n'étaient pas des juristes, mais de notables propriétaires, connaissant les usages du tribunal et capables, par leur autorité, de pacifier les querelles. Il y avait désormais deux tribunaux : les causes majeures étaient jugées par le comte assisté d'hommes libres ou de *scabini*, les causes mineures par le *vicarius* et les *scabini*.

Pour limiter les exactions comtales, la compétence du tribunal royal était, d'autre part, étendue aux affaires concernant les grands et aux crimes les plus graves : les *missi* recevaient l'ordre de présider quatre fois par an le *mallus* ; enfin, les grands propriétaires obtenaient par des chartes d'immunité un privilège exorbitant : il était interdit aux agents royaux de pénétrer dans leurs domaines ; c'était reconnaître au propriétaire le droit de juger lui-même au moins pour les causes mineures tous les hommes qui habitaient le domaine et dépendaient de lui et par là de les astreindre à des corvées ou à des redevances nouvelles.

Les nouveautés de l'époque féodale

Le droit de juger connut le même effritement que le droit de commander dont il était le premier attribut. Ici encore, on a insisté à plaisir sur l'anarchie de l'époque, sur l'absence de règles, sur l'impuissance ou l'incapacité des juges (Y. Bongert, bibl. 228, p. 41). Les actes ne prouvent que trop la montée des violences ; ils font aussi apparaître les survivances de l'ordre ancien.

De la justice du roi, il ne reste que l'idée bien vague que le roi est le gardien suprême de la paix du royaume. L'indépendance nouvelle des immunistes leur permet de consolider leur emprise sur leurs hommes. Bien des diversités régionales ont pu, d'autre part, être signalées. Pourtant les cadres carolingiens demeurent. Le *mallus* persistera en Flandre dans les tribunaux de châtellenie présidés par un officier comtal, vicomte ou châtelain (R. Monier, bibl. 550). Dans toute la province ecclésiastique de Reims, à Laon ou à Noyon, persistent des échevinages dont le ressort peut correspondre aux limites d'un ancien comté (R.-H. Bautier, bibl. 211). En Normandie, le pouvoir ducal ne cesse de croître au Xe siècle ; le duc reconquiert patiemment les droits de justice et s'affirme seul grand justicier (J. Yver, bibl. 708). En bien d'autres endroits, le comte ou son délégué préside l'assemblée d'hommes libres qui assistent au jugement si même ils ne le rendent pas : ainsi très nettement à Mâcon en 964 et encore vers l'an mil, à Poitiers en 936. Dans tout le Midi, la persistance du plaid carolingien est remarquable : vers 980 à Manosque, le comte tient son tribunal avec ses « satellites » et des habitants du pays qualifiés de *pagenses*. Pour la Catalogne, il subsiste soixante-quinze notices de plaids antérieurs à 1020 ; ils sont normalement présidés par le comte assisté de notables toujours nommés dans les actes, parmi lesquels se détachent un groupe étroit de *boni homines*, mais aussi, ce qui fait la singularité des institutions catalanes, un corps éminent de juges nommés par le comte et chargés de dire le droit et de rédiger les sentences (P. Bonnassie, bibl. 230, p. 184).

L'époque féodale sera marquée par un enchevêtrement presque incroyable de justices dont les auteurs modernes, suivant en cela les feudistes de l'Ancien Régime, ont longuement décrit la complexité. Il est difficile de découvrir un juge et plus difficile encore de faire exécuter un jugement. Partout ce sont des conflits entre justices concurrentes. A côté des tribunaux ordinaires existent les justices d'Eglise qui jugent les clercs mais aussi souvent des laïques. Il est impossible de distinguer nettement la haute justice et la basse justice et celle-ci des justices dites foncière, seigneuriale ou féodale. Les opinions les plus diverses ont été émises, et toutes sont en défaut sur quelque point.

Le problème des origines est plus obscur encore ; les filiations sont toujours incertaines et varient sans doute d'une région à l'autre : la haute justice, par exemple, qui apparaîtra au XIIe siècle comme la justice supérieure a, tour à tour, été rattachée à la justice du comte carolingien et à celle du centenier[8]. Mieux vaut s'en tenir à quelques idées simples :

1. La connaissance des grands crimes ou des grandes affaires demeure normalement aux mains de ceux qu'on appelle les « princes de la terre » : un duc d'Aquitaine, un comte de Flandre ou un duc de Normandie. Ils se posent en successeurs des monarques carolingiens pour juger les quatre « grands crimes » que leur réservaient les capitulaires : le meurtre, le rapt ou le viol, l'incendie et le vol qualifié. Ils revendiquent de même le jugement des causes civiles les plus importantes, celles par exemple qui donnent lieu à un duel judiciaire.

2. Le *mallus* évolue plus ou moins vite selon les régions vers la cour seigneuriale, tenue par le comte entouré de ses fidèles ou de ses vassaux ; ceux-ci se mêlent aux notables ou se substituent à eux. L'idée d'un jugement par le peuple ne sera jamais tout à fait oubliée : le vassal aura toujours le privilège d'être jugé par ses « pairs » ; mais en bien des régions les paysans eux-mêmes, libres ou serfs, obtiendront pareillement le droit d'être jugés par des hommes de même condition qu'eux. L'exemple de l'échevinage flamand a déjà été cité. Dans l'Ile-de-France comme en Bourgogne, la présence d'hommes libres est requise aux plaids généraux. En Alsace, la tradition germanique persiste dans les cours colongères où siègent les tenanciers d'un même domaine. De même encore, dans toutes les villes du Sud-Ouest, des prudhommes interviennent même dans les procès portant sur d'infimes tenures (P. Ourliac et M. Gilles, bibl. 19).

3. Toujours cependant la puissance du maître avait comporté l'exercice du droit de correction : les enfants en puissance, les esclaves, même les affranchis ne sont pas jugés mais punis, cette punition pour l'esclave romain pouvant aller jusqu'au droit de vie et de mort du maître. La disparition de l'esclavage domestique ne dut pas changer en fait la situation et, malgré les prohibitions des capitulaires, on peut croire que le grand propriétaire, surtout s'il jouissait de l'immunité, a toujours exercé sur ses tenanciers cette justice domestique. La dépendance de la tenure entraîne la dépendance de l'homme : plus que de justice, il s'agit bien souvent de mesures de contrainte personnelle et d'exécution privée assurant le service des redevances ou le paiement des créanciers.

La même opposition existera en Angleterre entre les cours de comté et le droit de *sake and soke* qui, souvent sur une concession royale, conférait aux seigneurs un droit de justice tantôt sur un territoire, tantôt sur un groupe d'hommes. En Allemagne, on oppose pareillement les tribunaux vassaliques et les « droits de la terre ».

L'originalité française tient beaucoup plus à l'éclipse que subit le pouvoir royal. Alors qu'en Allemagne la tradition carolingienne maintient la compétence des cours royales, qu'en Angleterre le roi conserve et étend l'autorité de sa justice, les premiers Capétiens n'interviennent que bien rarement ; leur impuissance ne pouvait que favoriser les entreprises des *potentes*, comtes, vicomtes ou simples châtelains.

La généralisation de la vassalité sera une nouvelle source de difficulté. Le seigneur avait toujours eu une sorte de juridiction quasi domestique sur ses vassaux ; il devait s'agir à l'origine d'une juridiction limitée au fief et aux devoirs vassaliques, mais qui, au moins pour les vassaux liges, tendit en France à devenir universelle. La règle le plus souvent admise est celle du jugement par les pairs ; en Allemagne, cette intervention nécessaire des pairs est reconnue par une constitution de Conrad II de 1037.

Il y avait cependant dans la féodalité un principe d'unité qui apparaîtra mieux aux siècles suivants. La hiérarchie féodale permet d'en appeler au seigneur supérieur au moins en cas de déni de justice ou de faux jugement ; en dernier lieu, l'appel aboutit au roi, « souverain fieffeux du royaume ». Déjà sous Louis VI mais surtout sous Louis VII et Philippe Auguste, la Cour du roi devait ainsi acquérir une compétence et une autorité nouvelles (E. Bournazel, bibl. 234, p. 146), ce qu'exprimera l'adage : « Toute justice émane du roi. »

III. L'IDÉE DE DROIT

Le droit, la justice et la paix

Que représentait l'idée de droit pour les hommes qui vécurent l'an mil ? Avant tout, une aspiration à la justice. Le peuple, comme les clercs qui l'éduquent, croit à la justice immanente (P. Rousset, bibl. 643, p. 238). La pesée des âmes, la séparation des élus et des réprouvés, les scènes de l'Apocalypse sculptées aux tympans des églises traduisent l'opposition foncière entre le bien et le mal qui hante les esprits[9]. Elle est exprimée par l'image, sans cesse reprise par les poètes, du sentier « tordu » et de la voie « droite » qui mène au ciel (P. Ourliac, bibl. 568, p. 295). Le droit ne peut subir aucune inflexion car, issu de la loi du Christ, il est, comme elle, intangible. Les lois qui l'expriment tirent leur force de la morale chrétienne et ce sont les transgressions de cette morale qui les rendent nécessaires, comme l'exprime l'Epitre aux Galates (III, 19) : *Lex propter transgressiones posita est*. De même que le *hadith* dans l'islam, la loi humaine ne peut que suppléer aux lacunes des textes sacrés, sans prétendre, comme ceux-ci, à l'éternité. Telle sera, par exemple, la position d'Hincmar de Reims qui vers 870-880 exprime parfaitement l'opinion des clercs érudits (J. Devisse, bibl. 336, p. 72-92).

La justice s'accomplit par la paix qui est à la fois la paix des âmes – la *pax super pacem* de saint Augustin – et la paix du monde. De l'une et l'autre, le monarque carolingien est le gardien. Charlemagne s'intitule *imperator pacificus*. Charles le Chauve invoque sans cesse dans ses capitulaires la paix, car elle assure la conservation de la loi, de la justice et de la droite raison, *salvamentum et pacem et legis ac justitiae rationis conservationem* (A. Boretius, bibl. 9, II, 154, 20). Pour Hincmar de Reims, le roi est « la paix des peuples » (*PL*, t. LXXV, 836 A).

Vers 1030, c'est encore l'ordre carolingien que rappelle Adalbéron de Laon dans le *Carmen* qu'il adresse au roi Robert : les lois dépérissent et la paix disparaît, les mœurs ont changé et l'ordre a changé :

Tabescunt leges et jam pax defluit omnis
Mutantur mores hominum, mutatur et ordo

(bibl. 1, p. 22).

Adalbéron déplore les changements qui s'accomplissent sous ses yeux ; il écrit au moment même du grand effondrement que J.-F. Lemarignier (bibl. 502) date de 1028. La ruine du pouvoir royal fait de l'Eglise la gardienne de l'ordre social ; les Clunisiens usurpent le privilège royal ; comme l'écrit Georges Duby (bibl. 348, p. 174), la paix de Dieu se substitue à la paix du roi ; elle est née dans le Midi où l'éclipse du pouvoir royal est totale ; son premier but était de protéger les petites gens mais aussi de prévenir la vengeance quand elle n'avait d'autre objet, comme le dit par exemple un concile de Narbonne, qu'un conflit pour une terre ou une créance.

Plus que des notions juridiques, la justice et la paix sont des notions morales par lesquelles l'Eglise impose tout à la fois le respect de la bonne foi et de l'ordre social[10].

Omnis mutatio periculosa

Tout changement paraît à l'époque périlleux et l'ordre, comme le disait Adalbéron, ne peut être fondé que sur la stabilité ; il est normal de faire ce qui a été fait avant vous, de garder les mêmes croyances, les mêmes modes de culture, les mêmes pratiques juridiques. L'autorité du précédent n'est pas discutée : une redevance est due parce qu'elle est perçue d'« ancienneté » ; une règle de droit est obligatoire parce qu'elle a été appliquée. Il est normal qu'un père laisse à ses enfants ce qu'il a reçu de ses parents et qu'il procède comme eux pour partager ses biens.

L'usage, la pratique, la tradition deviennent ainsi la source même du droit ; il ne saurait d'ailleurs y en avoir d'autre puisqu'il n'existe plus au Xe siècle d'autorité qui puisse édicter une loi générale.

L'époque se replie sur elle-même et son droit ne peut plus être fait que de souvenirs.

Utilitas publica et Mos majorum

On retrouve ainsi les deux sources du droit : il est un appel à la justice, l'*ars boni et aequi* des jurisconsultes romains, mais aussi le respect des usages anciens, des *mores majorum* qui règlent la plupart des rapports sociaux, ceux du père et de ses enfants comme ceux du seigneur avec ses sujets ou avec ses vassaux.

La distinction qui, aujourd'hui, apparaît essentielle, du droit public et du droit privé, n'existe pas. Elle avait été péniblement faite par les juristes romains dont l'enseignement se retrouve chez Isidore de Séville (*Etymologies*, V, *De legibus*, 8) : *Jus publicum est in sacris et sacerdotibus et magistratibus*. Dans la langue des capitulaires, *jus publicum* ne s'applique qu'au droit du roi. Au Xe siècle, l'Eglise invoquera encore l'*utilitas publica* pour dire qu'elle est la seule à en avoir la charge. A l'époque féodale, on l'a vu, quelques droits régaliens sont encore exercés par les comtes ou les vicomtes, mais les attributs de la souveraineté, justice ou perception des taxes, sont devenus objets de propriété ; les rapports qui unissent les paysans à leur maître ou les vassaux à leur seigneur prennent des formes contractuelles. Aucun seigneur ne peut se désintéresser du statut des terres qui sont soumises à sa justice. Au nom de l'utilité publique, cependant, l'Eglise protège les *miserabiles personae*, les veuves ou les orphelins ; elle intervient encore pour discipliner la vie sociale, qu'il s'agisse d'assurer l'exécution des testaments ou la liberté du mariage.

En tout cela, il s'agit, comme l'a écrit Georges Chevrier (bibl. 301, p. 23), d'un droit « mixte » où – comme dans le droit social d'aujourd'hui – des « fragments d'autorité publique se mêlent à des données de droit privé ».

Le droit familial demeure, au contraire, dans le champ du droit privé : il s'agit de tous les rapports nés et souvent réglés au sein de la famille, au premier chef de l'autorité du mari sur sa femme ou du père sur ses enfants, des rapports pécuniaires entre époux et du droit successoral. A la ruine de toute autorité publique répond le pouvoir presque absolu de la famille sur ses membres. La famille se manifeste en tous domaines : elle intervient dans les procès, à l'occasion des aliénations ou des mariages ; sur les immeubles qu'il possède, l'individu n'a qu'un droit transitoire ; il doit toujours observer les règles d'une discipline familiale fondée sur le respect des anciens usages.

Le droit familial apparaît ainsi comme le noyau dur du droit privé dans lequel se sont maintenues mieux qu'ailleurs les traditions ethniques et où se révèlent les mentalités profondes. Il sera jusqu'en 1790 le domaine privilégié de la coutume. Au contraire, le statut des biens et la condition des personnes seront plus dépendants des concepts politiques ou moraux ; pour eux les nécessités de l'ordre social, affirmées dès le XIIIe siècle par la monarchie, l'emporteront sur le respect des *mores majorum*.

PREMIÈRE PARTIE

LA FORMATION DU DROIT PRIVÉ

CHAPITRE PREMIER

LES ÉLÉMENTS D'UN DROIT NOUVEAU

Le droit français s'est formé au cours des deux siècles qui suivent l'an mil. Les documents sont si rares que l'on a pu parler de « vide juridique ». L'Eglise assure bien la direction morale du peuple chrétien, mais aucune autorité laïque n'a le pouvoir d'édicter une loi générale ; le ressort des justices est limité à une seigneurie ou à une châtellenie ; la société se replie en quelque sorte sur elle-même, mais la distinction du bien et du mal reste profondément ancrée dans les esprits. Il existe une conscience collective et celle-ci est loin d'être vide de tout contenu juridique ; elle est faite de souvenirs et de traditions qui déterminent les comportements. La mémoire des peuples qui ne pratiquent pas l'écriture, est étonnamment riche, et la vie juridique, faite d'actes, de gestes, de symboles, de représentations, est forcément misonéiste. Toute tradition apparaît vénérable et presque sacrée : de même que l'Eglise est dépositaire de la tradition des apôtres, de même chacun a conscience qu'il doit transmettre aux générations nouvelles le dépôt qu'il a reçu en héritage de ses ancêtres. C'est le règne universel de la coutume (section I).

La coutume, tous les sociologues l'ont bien indiqué, est à la fois fait de pression sociale et fait d'opinion. La pression sociale est celle des solidarités élémentaires qui, à l'époque, permettent à l'individu de survivre : solidarité ethnique des habitants d'un même petit pays qui est leur « patrie », fondée sur une affinité d'origine, de langue et de mœurs, solidarité des habitants d'un même domaine qui peut venir de la soumission à un même maître comme de l'existence de communautés villageoises et que renforce souvent la solidarité des paroissiens d'une même Eglise, solidarité familiale enfin, fondée sur les liens du sang, qui a existé aussi bien chez les Francs que chez les Gallo-Romains et qui exalte la force et la puissance du lignage.

L'équilibre entre ces groupes naturels est assuré par la croyance commune à la justice immanente qui apparaît, par exemple, dans les récits des miracles accomplis par les saints comme dans les chroniques. Quand, dans un procès, les juges sont impuissants à découvrir où est le bon droit, ils s'en remettent au jugement de Dieu. Le duel judiciaire est une liturgie : les champions se confessent, entendent la messe, font bénir leurs armes ; le combat est réglé par des rites précis, un cérémonial sacré qui assure à l'épreuve son authenticité. Dans la *Chanson de Roland,* la guerre prend l'allure d'un jugement de Dieu : les chrétiens ont le droit pour eux et font triompher la vérité (P. Rousset, bibl. 643, p. 225-248) [1].

Cette croyance en la justice implique le respect des promesses, la fidélité envers le chef, le dévouement aux compagnons, l'assistance aux malheureux. Guillaume le Conquérant est loué par son biographe de réaliser la sentence des philosophes antiques en fondant la justice sur la foi : *Edocens quod enuntiant philosophi justitiae fundamentum esse fidem* (Guil. de Poitiers, *Gesta Willelmi PL*, t. CXLIX, c. 1222).

La fidélité est l'essence de tout le système féodal. Le héros épique, celui que magnifient les chansons de geste, est le féal qui respecte toujours sa parole ; le traître ou le parjure est, au contraire, le félon qui ne mérite aucune pitié. Le groupement féodal n'est à l'origine qu'une famille élargie et l'influence que la féodalité a pu exercer sur la formation du droit privé ne peut être dissociée des idées lignagères (section II).

Le Xe siècle avait connu un déclin irrémédiable. Les imaginations sont hantées par le souvenir de l'Empire romain, à la fois paradis perdu et âge d'or. C'est à Otton III que s'adresse Gerbert (qui sera pape l'année suivante) en écrivant en 997 : « Nôtre, nôtre est l'Empire romain... » (Lettre n° 107, éd. Havet, 1898) [2]. En France même, tous les clercs lettrés unissent dans un même culte Auguste, Constantin et Charlemagne. Quant au peuple, il garde le souvenir du temps où, grâce aux lois des empereurs, régnait la paix romaine.

Le XIe siècle est partout le temps du renouveau. L'essor démographique, la renaissance du commerce, l'apparition de l'art roman, l'expansion monastique en sont les signes les plus visibles. Pareillement, la culture s'épanouit, à Fleury avec Abbon († vers 1004), à Chartres avec Fulbert († 1028), à l'abbaye du Bec avec Lanfranc († 1089) et saint Anselme († 1109). Ailleurs, dans les écoles monastiques, sont pratiqués le *trivium* et le *quadrivium*. Les moines de Saint-Wandrille suivent l'exemple de Gerbert, recherchent les manuscrits anciens et les recopient. C'est le travail que déjà Alcuin recommandait : « Plus que de bêcher la vigne, il est bon de copier les livres » (*Carmina, MGH*, t. I, p. 320).

Toutes les régions ne partagent pas cette curiosité et le moine Benoît de Cluse peut affirmer en 1028 que les Aquitains sont incultes, mais qu'en Lombardie se trouve la fontaine du savoir (*PL*, t. CXLI, p. 107).

Dans cette recherche, le droit a sa part ; il est le complément de la rhétorique qui apparaît à l'époque comme l'art majeur. Le culte voué à Rome ne pouvait que servir le prestige du droit romain, mais seuls quelques rares clercs en ont à l'époque une connaissance lointaine. On ne connaît qu'un droit romain « vulgaire », issu du droit du Bas-Empire et passé à l'état de coutume. Les compilations de Justinien ne seront connues en France que vers 1160 (p. 57), mais on peut noter quelque prodrome de cette renaissance du droit savant qui concerne d'ailleurs le droit canonique plus que le droit romain (section III).

I. LE RÈGNE UNIVERSEL DE LA COUTUME

Au Ve siècle, la Gaule, comme tout l'Empire, était soumise au droit romain ; le droit du Bas-Empire est, en principe, uniformisateur, centralisateur, assurant partout l'emprise de l'Etat. L'empereur est la « loi vivante » et ses constitutions règlent la vie économique comme la vie familiale ; elles constituent une législation touffue, se répétant, se corrigeant sans cesse, ce qui est le signe même de leur inefficacité. L'inspiration chrétienne ne va pas sans un certain désir démagogique de flatter les masses et précipite la dislocation des anciens groupes sociaux : les descendants sont libérés de la puissance paternelle, les affranchis de l'autorité du patron ; les esclaves même sont protégés ; sur tout, s'exerce sans partage l'autorité de l'Etat. Les garanties jadis données aux plaideurs disparaissent. La justice est administrative, écrite, secrète, coûteuse, tout entière aux mains des fonctionnaires impériaux (Villers, bibl. 160, p. 172).

Toute idée d'Etat était, à l'opposé, étrangère aux Germains ; ils ne pratiquaient pas l'écriture ; la justice, comme dans la Grèce d'Homère, est rendue par les hommes libres, les *centeni comites* que mentionne Tacite et qui assistent le *princeps*. Cette justice est donc publique et orale, mais aussi très formaliste. Elle connaît surtout des délits que nul ne peut poursuivre d'office : le procès est un véritable combat qui oppose l'accusateur à la victime ou à sa famille.

Le droit « vulgaire »

L'opposition des deux systèmes judiciaires est cependant, même au Bas-Empire, moins catégorique qu'on ne l'a dit. Beaucoup de Barbares sont entrés au service de Rome ; des peuples entiers, les Burgondes en 413, les Visigoths en 418, les Vandales en 435, les Ostrogoths en 489, sont des « fédérés », bénéficiant d'un traité *(foedus)*. Les Visigoths occupent la Narbonnaise, la Novempopulanie et l'Aquitaine, les Burgondes, la Lyonnaise et la Suisse romande. Leurs rois se placent sous la protection de Rome et se posent en héritiers de sa culture. Ils conservent autant qu'ils le peuvent l'administration ancienne ; abandonnant la vie nomade, ils s'établissent dans une capitale, ils se parent de titres romains, maîtres de la milice, patrices, *viri illustres* ; ils frappent monnaie à l'effigie de l'empereur. Athaulf, roi des Visigoths, épouse à Narbonne en 414 sa captive, Galla Placidia, fille de Théodose. Ses successeurs, Théodoric II et Euric, lisent les poètes latins ; auprès d'eux les membres des familles sénatoriales, les rhéteurs ou les juristes, tel Léon de Narbonne, sont au faîte des honneurs. La plupart des évêques appartiennent à l'aristocratie gallo-romaine et ont exercé, avant leur épiscopat, de hautes fonctions administratives : saint Germain d'Auxerre qui avait fait des études de droit à Rome, saint Hilaire d'Arles, saint Loup de Troyes, Sidoine Apollinaire, Sulpicius de Bourges, dont la famille avait « présidé aux destinées de l'Eglise et à celles de la Justice » (M.-B. Bruguière, bibl. 254, p. 261). Le prestige du Droit romain demeure : comme le dira Sidoine Apollinaire : « Le fédéré vêtu de peaux qui dicte aujourd'hui sa loi aux Goths regarde avec respect l'huissier du tribunal à la voix enrouée. »

Ce respect s'adresse en vérité à un droit fort éloigné du modèle classique. La pratique, plus encore qu'elle ignore les constitutions impériales, les interprète à sa manière : le droit se vulgarise et se provincialise.

L'existence d'un droit « vulgaire » est de tous les temps ; il exprime l'écart qui toujours existe entre la loi écrite et l'application qui en est faite. Ici, l'écart ne pouvait être que considérable : entre une législation touffue, maladroite, écrite dans une langue prétentieuse, et les conceptions assez frustes que pouvaient avoir les juges. Pour Ernst Lévy, qui en a montré l'importance, « le droit vulgaire inclut tous les concepts et toutes les règles qui caractérisent le droit réellement appliqué » (bibl. 505) ; il s'est développé après Dioclétien à partir de la pratique privée et judiciaire. Les constructions théoriques ne sont plus comprises et les mots même perdent leur sens : on distingue mal, par exemple, la propriété de la possession ou de l'usufruit, le testament de la donation, la vente de la simple tradition[3].

L'unité du droit romain a été voulue par les empereurs et longtemps affirmée par les romanistes. L'existence de droits provinciaux est pourtant incontestable ; elle est établie en Egypte par le témoignage des papyrus ; elle est également certaine en Occident. Si les Gallo-Romains se soumettent aux règles générales, ils conservent, autant qu'ils le peuvent, leurs coutumes familiales. Plus que germaniques, ces coutumes paraissent autochtones ; elles viennent du fond des âges ; sous la domination romaine, elles étaient latentes, souvent cachées par l'apparente application d'un autre droit, mais elles étaient restées dans les esprits et, sans doute, secrètement dans les pratiques ; elles s'imposent au VIe siècle dans la ruine des règles romaines jusqu'à parvenir à les supplanter. Les coutumes persistent surtout dans les provinces demeurées les plus particularistes : la Bretagne ou le pays basque par exemple ; elles existent dans toute l'ancienne *Gallia comata*, la Gaule « chevelue », que César et Pline opposaient déjà à la Narbonnaise, la *Gallia togata*, plus anciennement romanisée. En même temps, comme l'ont indiqué les recherches archéologiques, resurgissent dans les Pyrénées les dieux du Panthéon gaulois et réapparaissent des pratiques funéraires qui paraissaient disparues[4].

Chaque pays est une sorte de creuset où coexistent des usages d'origine et de date fort diverses. Ils s'allient ou s'éliminent dans des conditions qui nous échappent, mais qu'ont forcément déterminées les traditions ethniques et l'influence ou l'imitation des « puissants ». Les auteurs allemands ont souvent parlé à ce sujet de *Volksrecht* et leurs théories rejoignent celles du romantisme allemand et de Savigny pour qui aucune institution ne peut être imposée du dehors à une nation, mais sort naturellement, organiquement, des données fournies par le passé [5].

On ne peut mieux comparer la formation du droit qu'à celle de la langue. Le celtique est encore parlé, au témoignage de Sidoine Apollinaire, en Auvergne, et il dut être la langue des Bagaudes. Le latin est devenu une langue vulgaire qui n'est pas seulement une déformation du latin classique mais une langue populaire : les mots anciens disparaissent par un phénomène d'usure phonétique ou d'homonymie ; en revanche, le vocabulaire s'enrichit de mots courants empruntés aux dialectes ibères, celtiques ou germaniques : *verquiero* qui, en provençal, désigne à la fois la dot et le terrain clos est d'origine celtique, « fief », « baron », « ban » sont d'origine germanique. Partout la syntaxe est simplifiée ; partout c'est le même oubli des règles et des déclinaisons. Le substrat ethnique a une influence difficilement appréciable : les Gascons, par exemple, adoptent dans la prononciation du latin des habitudes qui tiennent à leur langue propre et peut-être même à leur race. Les rapports sociaux ont des implications linguistiques (Ourliac, bibl. 568, p. 17-29) : au XIIe siècle, les produits agricoles que l'on doit au seigneur gardent un nom d'origine latine ; au contraire, les noms d'origine celtique désignent les sous-produits qui sont consommés par les paysans (W. von Wartburg, *Les Origines des peuples romans*, 1941, p. 49). Des nouveautés plus ou moins conscientes peuvent se mêler aux traditions. Chaque pays et parfois chaque village en viendront à avoir leur dialecte propre, de même qu'ils auront leurs pratiques juridiques que leur ancienneté rend obligatoires.

Les codifications

Le droit appliqué en Gaule à la fin de l'Empire d'Occident (476) est couramment appelé théodosien par opposition aux compilations de Justinien, rédigées entre 529 et 534 (p. 53). Le monument le plus important de ce droit est le *Code théodosien* publié par Théodose II en 439. En 506, un an avant sa défaite de Vouillé, le roi des Visigoths, Alaric II, promulgue à Toulouse pour ses sujets gallo-romains la *Lex romana Visigothorum,* couramment appelée le *Bréviaire d'Alaric,* qui reprend 162 constitutions du *Code théodosien* (sur 406) et quelques constitutions postérieures en y joignant des extraits des jurisconsultes du IIIe siècle encore connus en Gaule : l'*Epitome Gaii,* les *Sentences de Paul,* un fragment des *Responsa* de Papinien. Ces textes sont accompagnés d'une *Interpretatio* qui représente l'expression du droit vulgaire tel qu'il était connu au Ve siècle dans le royaume visigoth. En Burgondie, au début du VIe siècle, fut rédigée la *Lex romana Burgondionum,* dite le *Papien.* Les mêmes textes romains sont utilisés, mais de manière beaucoup plus libre et habile, sans doute pour tenir compte de la pratique.

On a enfin longtemps attribué à Théodoric le Grand et à l'Italie l'*Edictum Theodorici* dans lequel on incline maintenant à voir l'œuvre de Théodoric II, roi des Visigoths, rédigée à Narbonne vers 460 (ou tout au moins dans le Sud-Est de la Gaule conquis par Théodoric).

Les rois barbares firent également rédiger leurs coutumes nationales. En 476, le roi Euric, fils de Théodoric II, promulgue un édit, sans doute applicable à tous ses sujets, et fortement inspiré du droit romain. Il en est de même de la loi burgonde, couramment appelée *loi Gombette,* du nom de Gondebaud qui régna jusqu'en 516.

Beaucoup plus proches de la tradition germanique sont pour les Lombards l'*Edit de Rothari* (643) et surtout pour les Francs la première version de la *Loi salique* qui date apparemment des dernières années du règne de Clovis († 511). Si l'idée d'une codification est empruntée à Rome, la Loi salique est le meilleur témoignage du droit originaire des Francs, fort proche de ce que sera encore le droit scandinave aux XIe et XIIe siècles. Les règles de procédure, le rôle joué par les ordalies et les cojureurs, le rachat de tous les délits par des compositions pécuniaires payées à la victime ou, en cas de meurtre, à sa famille, montrent bien que la loi n'a subi que fort peu l'influence romaine.

La loi des Francs ripuaires (appliquée en Austrasie), comme les lois des Thuringiens ou des Francs chamaves, sont d'un ou deux siècles postérieures.

Le texte de l'*Edit d'Euric* ne nous est pas parvenu. Les rois visigoths firent compiler au VIIe siècle la *Lex Visigothorum,* fortement influencée par la *Lex romana,* appliquée en Espagne (elle sera couramment appelée le *Forum judicum*), mais aussi en Septimanie.

Quant à la Loi salique, elle connut des rédactions successives, la dernière attribuée à Charlemagne, dans lesquelles furent intégrés divers capitulaires, ce qui prouve bien qu'elle demeurait applicable. La ruine du royaume des Burgondes fit vite oublier leurs lois ; au contraire, la loi romaine des Visigoths conserva une très grande autorité dans tout le Midi, attestée par les abrégés qui en furent faits jusqu'au IXe siècle et qui essayent assez maladroitement d'adapter le droit ancien aux réalités de l'époque *(Epitome d'Ægidius, Scintilla, Epitome de Wolfenbüttel, Epitome de Saint-Gall* ou *Lex romana Curiensis*[6]).

Territorialité ou personnalité des lois

Dans la conception romaine de l'Etat, la loi s'appliquait à un territoire. Les peuples germaniques demeuraient, au contraire, au stade tribal et ne connaissaient que la loi de leur race.

Il a été longtemps admis que le système de la personnalité des lois prévalut dans tous les royaumes barbares et il est, en effet, le seul concevable quand, comme récemment encore en Afrique ou en Inde, coexistent sur un même territoire des peuples de mœurs, de traditions et de croyances opposées. Les Gallo-Romains conservaient la loi romaine, tandis que chaque peuple germanique continuait à suivre la loi de sa nation. Un procès commençait normalement par la question adressée aux parties : *Sub qua lege vivis ?* Chacun devait répondre en indiquant quelle était son origine.

Un tel système était fertile en difficultés de tous ordres. Les Lombards ne l'admirent que difficilement et sans doute au VIIIe siècle pour leurs sujets romains. Les Visigoths, qui conservèrent mieux l'idée romaine d'Etat, ont pu pratiquer la territorialité dès l'époque du Code d'Euric. Il en fut peut-être de même dans le royaume bourguignon[7]. Seuls, les Francs maintinrent strictement la personnalité des lois et ce système devait subsister pendant cinq siècles. L'évêque de Lyon, Agobard, pouvait écrire au IXe siècle (*PL,* t. CIV, p. 16) que quand cinq hommes étaient réunis dans une ville ou même dans une maison, ils suivaient souvent cinq lois différentes. La persistance du système suffit en tout cas à prouver la force des oppositions ethniques et le maintien des coutumes anciennes.

La pratique

La diversité des lois et leur confusion, l'application du principe de personnalité, les insuffisances d'une transmission livrée à la seule mémoire expliquent assez l'imprécision de toute règle juridique.

Le fait majeur est cependant que l'éclipse du Droit romain ne fut jamais totale. Les rédacteurs des diplômes royaux ou des actes privés continuent à recopier les formules des actes romains. Il existe une parenté certaine entre les actes rédigés en Languedoc aux Xᵉ et XIᵉ siècles et les actes vandales des *Tablettes Albertini* (éd. Courtois, Leschi, Perrat et Saumagne, 1952). La mention de la stipulation romaine se retrouve encore au XIIᵉ siècle. Le célèbre testament de Nizezius, conservé dans les archives de Moissac et datant apparemment du VIIᵉ siècle, se réfère à la loi Falcidie (G. Boyer, bibl. 241, p. 236). La tradition de l'acte écrit a été bien gardée dans tout le Midi, en Poitou ou en Bourgogne, mais elle existe aussi dans le Nord : un acte écrit à Cambrai en 875, où seuls interviennent des Francs, reprend les clauses des actes languedociens (Rousse, *Comptes rendus de l'Acad. des Inscriptions* et *Belles Lettres,* 1980, p. 360)[8].

Les rédacteurs de ces actes ont pu consulter des manuscrits du *Bréviaire d'Alaric* ou de ses abrégés, demeurés dans les archives ecclésiastiques ou possédés par quelques *potentes ;* mais le plus souvent leur connaissance n'est qu'empirique. Les scribes recopient des formulaires, tel celui de Marculf au VIIᵉ siècle (bibl. 69), et le conservatisme des formules n'est plus à prouver.

Bien des érudits, depuis Fitting, ont rivalisé d'ingéniosité pour découvrir dans les chartes des citations de lois romaines et conclure ainsi à leur survivance. Il est permis d'émettre quelques doutes à ce sujet. La répétition de formules n'implique pas la connaissance du droit dont elles sont issues ; le rôle de l'écrit est lui-même fort mal compris et il n'est souvent rédigé qu'une notice rappelant les noms des garants qui se sont portés forts de l'exécution d'une promesse ou des témoins qui peuvent être appelés à établir son existence. La charte devient un symbole que l'on touche ou que l'on transmet pour symboliser la tradition d'un bien. Les mots employés apparaissent parfois vides de sens : la stipulation est mentionnée là où elle n'a rien à faire et la *Lex romana Curiensis* (XXIV, 2, éd. Haenel, p. 357), en résumant les *Sentences de Paul* (II, 2), lui substitue la *festucatio* empruntée à la *Loi salique*. Le protocole de bien des chartes suffit d'ailleurs à mettre en garde : ainsi cet acte de 942 (*HL,* t. V, p. 192) qui invoque à la fois la loi romaine, la loi gothique et la loi salique. De surcroît, les références aux lois romaines demeurent fort banales ; on invoque la liberté romaine pour justifier une aliénation ou la rédaction d'un écrit. Odorannus de Sens qui écrit vers 1023 (*Opera omnia,* éd. R.H. Bautier, et M. Gilles, 1972, p. 120), se réfère au livre IX de la loi romaine mais il ne connaît certainement que l'*Interpretatio* du *Bréviaire*. Le passage souvent cité de la vie de saint Géraud d'Aurillac (*PL,* t. CXXXIII, c. 692) qui rappelle la loi *Fufia Caninia* sur les affranchissements, provient de la même source.

Si l'on met à part la Catalogne et le pays narbonnais où le souvenir du droit visigothique a été bien gardé, les chartes témoignent, comme les successifs résumés de l'*Interpretatio,* de la dégradation continue du droit vulgaire du Ve siècle. Chacun accommode à sa manière les formules ou les pratiques : le droit que révèlent jusqu'au XIe siècle les actes privés est fruste, indistinct et comme informulé ; les tendances déjà signalées du droit du Bas-Empire sont reprises et, surtout à partir du VIIIe siècle, amplifiées. Il existe sans doute bien des disparates locales qui tiennent aux différences de peuplement et à la personnalité des lois. S'agissant, par exemple, de la condition des personnes, du statut des terres ou même de la liberté de contracter, le Midi demeure plus individualiste et plus respectueux de l'écrit. Pourtant, avec plus ou moins de force, les mêmes comportements apparaissent partout : le temps social a, en quelque sorte, changé ; à la volonté transitoire de l'individu sont opposés les droits permanents de la famille. La vente et la donation sont confondues, mais ne paraissent jamais irrévocables. Le secret ne convient pas aux affaires : un contrat ou un mariage ne peuvent être conclus qu'en présence de parents, d'amis ou de voisins. La destinée d'un acte paraît si mal assurée que les violateurs sont voués à l'enfer avec Pilate, Judas ou Néron et menacés du sort de Sodome et Gomorrhe. Rien mieux que la fréquence, surtout aux Xe et XIe siècles, de ces anathèmes ne montre la ruine de toute autorité publique et le recours universel à la justice immanente. Le même recours apparaît, on l'a vu (p. 32), à l'occasion d'un procès : l'ordalie ou le duel judiciaire substituent aux hésitations des hommes l'ultime raison du jugement de Dieu.

II. UNE NOUVELLE SOCIÉTÉ

On a souvent opposé l'individualisme du Droit romain au caractère tribal ou collectif des droits barbares. L'opposition est exacte dans la mesure même où un droit archaïque (le Droit romain lui-même à son origine) a égard aux groupes plus qu'aux individus. L'image du citoyen romain, libre et maître de ses droits, vaut encore au Bas-Empire pour quelques *potentes* ; elle est reprise et amplifiée par les rhéteurs qui connaissent Cicéron ; mais le temps des invasions ne peut être celui de la liberté. Le péril commun crée la solidarité, qu'il faille défendre sa vie ou payer tribut au vainqueur.

Des solidarités élémentaires unissent les habitants d'un même domaine ou les sujets d'un même château. La vie paysanne est naturellement communautaire : les forêts, les pâturages naturels, les friches sont ouverts à tous ; les corvées sont collectives ; le chemin, le pont, le moulin, le four sont d'utilité commune ; le troupeau commun est confié à un même berger. Chaque paysan veut posséder son champ et sa maison mais il n'en reste pas moins fidèle à la pratique de l'entraide qui maintient la cohésion du groupe : la moisson, la vendange sont l'occasion de fêtes. La communauté villageoise est une réalité qui, absorbée ou cachée par la seigneurie, existe partout et imprime sa marque à la civilisation rurale.

L'exemple anglais est mieux connu et il peut servir de modèle : au moment de la conquête normande, le village a un chef qui le représente, assisté d'une cour ; les habitants jouissent en commun des terres vaines et vagues, fixent les usages, procèdent à la redistribution périodique des prairies ou même, comme en Ecosse, à un échange des terres. Tous sont collectivement responsables des redevances, des délits dont l'auteur demeure inconnu. Le manoir anglais conservera mieux la tradition que la seigneurie française ; son emprise territoriale, au moins à l'origine, est moins forte. Le lord anglais parviendra cependant, comme le seigneur français, à imposer aux paysans sa justice et son autorité.

On a voulu voir dans de telles communautés une organisation tribale et une survivance de la « marche » germanique, une organisation volontaire d'hommes libres, ou simplement un moyen de défendre des intérêts collectifs.

La tradition communautaire des Germains a été mieux conservée, on le verra (p. 87), dans les pays colonisés par les Francs, mais elle a existé aussi chez les Ibères ou les Celtes ; en Narbonnaise, les habitants d'une même villa se reconnaissent solidaires et font corps dans les procès qui les concernent (E. Magnou-Nortier, bibl. 516, p. 156). La *veziau* pyrénéenne garde très nettement le souvenir de l'ancienne communauté ; elle possède les biens dits « vézinaux », l'abreuvoir ou la fontaine, mais aussi les montagnes ; si une terre est vendue, un retrait spécial permet aux voisins de la racheter (ce qui existe dans bien d'autres droits, le droit musulman, par exemple). Tout acte, mariage, testament, contrat, requiert la publicité. Si l'auteur d'un crime n'est pas découvert, l'amende est collective. Il s'agissait, à l'origine, des habitants d'un hameau de quinze à vingt familles et le mot garde ce sens en Agenais (P. Deffontaines, *Les Hommes et leurs travaux dans les pays de la Moyenne-Garonne*, 1932, p. 71). Il désignera en Béarn même une communauté urbaine et les bourgeois seront couramment qualifiés de « voisins ».

L'extension prise en Normandie par la féodalité laisse néanmoins découvrir un régime domanial qui se serait établi au VIIIe siècle sur un substrat communautaire et qui se serait dissocié plus rapidement en Bessin, en Cotentin et dans le Bocage où les fermes sont isolées, que dans les pays de champs ouverts (R. Carabie, bibl. 270, p. 120).

Au nord de la Loire, sauf dans le pays de Caux et dans les pays de bocages, les pratiques culturales ne pouvaient que fortifier la cohésion du groupe paysan : le rythme de l'assolement triennal est imposé ; tous les champs d'une même sole doivent être ensemencés en blé, tandis que les terres en jachère sont livrées à la vaine pâture du troupeau commun. Comme le notait Marc Bloch, un tel système n'a pu exister que grâce « à une grande cohésion sociale et à une mentalité foncièrement communautaire » (bibl. 224, t I, p. 46).

Les usages agraires révèlent bien deux états d'esprit : celui des pays « ouverts », où la propriété porte sur les récoltes plus que sur la terre elle-même et celui du Midi et des pays d'enclos. En Bretagne, en Auvergne, dans le pays basque, la clôture signifie que le propriétaire est « maître chez lui ». Roger Dion a même pu parler du « bocage aristocratique ».

La persistance des communautés taisibles réunissant les serfs d'une même seigneurie est bien connue ; certaines peuvent remonter à un ancien domaine carolingien ; elles connaissent un regain à partir du XIIIe siècle, car elles permettent de tenir en échec le droit de mainmorte seigneuriale. Elles existent encore à l'époque moderne en Nivernais, en Bourbonnais, en Auvergne, mais aussi en Quercy ou en Périgord et dans tout le nord de la France. Au contraire, les coutumes de l'Ouest leur sont hostiles. Les descriptions qu'en ont faites Beaumanoir au XIIIe siècle et Guy Coquille au XVIe sont fort nettes : ces communautés naissent de la vie commune entre « parsonniers » qui vivent « au même pain et au même pot ». L'un d'eux est le « chef de chanteau » et en assure la direction ; au décès d'un associé, il n'y a pas de partage, les survivants prenant sa part : « Qui a compagnon a maître. »

L'évolution est loin d'être linéaire. En Provence, par exemple, comme en Italie, les communautés de village se constituent ou se renforcent au XIIIe siècle pour protéger leurs forêts ou leurs troupeaux. Le défrichement ou l'occupation de nouveaux terroirs sont œuvre collective. Les paysans s'associent dans le Sud-Ouest au XIVe siècle pour réparer les ruines de la guerre de Cent Ans. Des affrèrements sont conclus qui sont de véritables sociétés (p. 263). La généralisation à la même époque des fabriques ou des confréries développe la solidarité villageoise encore très forte au XVIIIe siècle.

Ce sont, sous des formes parfois différentes, des survivances qui viennent de fort loin et qui, aux Xe et XIe siècles, ont eu un rôle essentiel dans la formation du droit français. Il s'agit de pratiques domaniales antérieures à la féodalité et d'autant plus nettes dans quelques régions que l'emprise féodale a été moins forte. Le fait communautaire est essentiellement populaire et paysan ; il traduit un droit égalitaire qui convient à de petites gens et qui inspirera tous leurs accords familiaux.

La communauté de famille

La communauté villageoise peut avoir été à l'origine une communauté de famille étendue. Les « voisins » du Béarn gardent l'idée d'une parenté originaire, renforcée d'ailleurs par les liens d'alliance qui existent toujours dans une communauté fermée. Entre membres d'une même famille existe une solidarité plus étroite dont le droit fixe avec précision l'étendue et les effets.

La famille romaine, même au Bas-Empire, restait de type patriarcal. La parenté paternelle, ou agnation, est toujours préférée ; le *paterfamilias* est le chef de la famille ; il peut y introduire un étranger par l'adoption, disposer au moins d'une partie de ses biens par testament ; les fils de famille n'auront jamais une pleine capacité.

Les sociologues ont beaucoup discuté sur la famille germanique, considérée tour à tour comme totémique, matriarcale, clanique ou tribale ; on ne peut retenir ici que quelques traits certains. A la *patria potestas* romaine répond le *mundium* germanique. Si celui-ci n'est pas perpétuel, le groupe familial n'en garde pas moins sa force : la faute d'un seul engage la responsabilité de tous ; dans un procès l'individu comparaît avec sa famille ; la composition payée en cas de crime est due par tous les parents du criminel et appartient aux parents de la victime. La loi salique contient des dispositions sur lesquelles la discussion est toujours ouverte : elle permet, devant le *mallus*, en brisant quatre bâtons sur sa tête, de rompre tout lien avec sa famille, ce qui prive l'individu de toute protection et de tout droit ; s'il commet un délit il doit « composer de sa vie », être mis à mort ou devenir esclave. Il n'y a pas place dans cette société pour l'homme seul.

Ce sentiment, très fort chez les Francs, est pareillement ressenti par les Gallo-Romains. La ruine de toute autorité publique ne peut que renforcer l'autorité de la famille ; elle exerce une sorte de protectorat social ; les parents, même éloignés, sont des « amis charnels » dont l'entente peut assurer la défense ou la survie du groupe.

Sentie et vécue comme une nécessité par les paysans, la parenté devient une mystique pour les *potentes*. L'aristocratie carolingienne est fondée sur elle. Elle existe entre la plupart des familles comtales et beaucoup prétendent même descendre de Charlemagne. L'hérédité est la meilleure justification du pouvoir ; celui-ci ne peut être maintenu que si le chef a autour de lui une famille nombreuse, vaillante et puissante. La famille constitue le « lignage » que les chansons de geste contribuent à idéaliser. L'honneur féodal impose avant tout d'être fidèle à sa famille : quand Olivier demande à Roland de sonner de l'olifant, Roland s'y refuse car ses parents en seraient déshonorés. Tous les parents de Ganelon prennent sa défense et trente d'entre eux partagent sa mort. L'ancienne solidarité familiale est comme exacerbée : toute contestation devient occasion de guerre entre deux familles ; comme dans la vendetta corse, chacun se sent tenu de venger l'outrage fait à un parent. Toute guerre suppose un chef qui n'est pas toujours l'aîné : Guillaume d'Orange s'impose comme chef à ses frères aînés alors que son père vit encore ; de même, les quatre fils Aymon reconnaissent pour chef Renaud qui est le plus brave (p. 254).

Le groupement féodal

La féodalité dite classique est à la fois réelle et personnelle : le vassal reçoit un fief, normalement une terre, un château, une seigneurie de son *dominus* ; il lui prête, d'autre part, fidélité et hommage. Les deux choses ont été liées au point que la fidélité est à la mesure du fief reçu : elle peut être absolue en cas d'hommage lige, ou au contraire divisée si le même vassal reçoit des fiefs de divers seigneurs. Très vite, l'élément réel l'emportera, au moins au nord de la Loire et le fief devint et demeura jusqu'au XVIIIe siècle une organisation originale de la propriété.

La question que posait jadis Ferdinand Lot : « Fidèles ou vassaux ? » appelle pourtant des réponses fort nuancées (bibl. 512), non seulement dans les rapports des grands feudataires avec le roi, mais dans chaque province :

1. A l'origine, le lien d'homme à homme est essentiel. Dans la lettre célèbre qu'il écrit vers 1020 au duc Guillaume V d'Aquitaine, Fulbert de Chartres insiste sur la fidélité mutuelle que se doivent les deux parties au contrat. La concession d'une terre *(casamentum, beneficium)* n'intervient qu'ensuite, comme une récompense ou un salaire qui permettra au vassal de mieux « aider » son seigneur.

La lettre de Fulbert – sous le nom d'*Epistola Philiberti* – sera reprise par les collections canoniques d'Yves de Chartres et par le *Décret de Gratien*, comme dans les *Libri feudorum* : elle répond à une conception fondée sur la promesse et non sur l'hommage qui a subsisté dans tout le Midi et en Dauphiné jusqu'au XIIe siècle et qui exprime parfaitement l'idée originaire du lien féodal[9]. Il y a, en effet, une grande part de vérité dans la formule souvent reprise qui voit dans la vassalité une famille élargie. Autour du chef de clan, à côté de ses parents qui lui sont unis par les liens du sang, il y a place pour sa *familia*, sa clientèle, sa « mesnie », que constituent ses fidèles et ses compagnons. Dans les chroniques (*Vie de saint Géraud d'Aurillac*, I, 22-32, *PL*, t. CXXXIII, col. 656) comme dans les chansons de geste, il est sans cesse question des « nourris », orphelins ou fils de vassaux, élevés par le seigneur, qui lui sont dévoués corps et âme et attendent de lui quelque fief. Tous sont les *viri illustres* que mentionnent les *Miracles de saint Benoît* (chap. VIII), *qui seu affinitate seu amicitia seu beneficio sibi adjuncti videbantur*. De simples mercenaires, des chevaliers domestiques peuvent être agrégés au groupe et traités aussi en compagnons[10].

2. Dans tout l'Ouest de la France, la fidélité reçoit un contenu précis : les services exigés du vassal sont nettement fixés par la coutume. En Normandie, l'autorité du duc est assez forte pour que ces règles soient effectivement appliquées et sanctionnées (J. Yver, bibl. 701 et 708). Dans le contrat qui le lie à son seigneur, le vassal promet d'être fidèle, mais énumère ses obligations, spécialement militaires, par exemple le nombre de combattants qu'il doit amener avec lui, l'armure qu'il doit porter et la durée de son service. Ces services sont la contrepartie du fief reçu qui en est la garantie ; l'exercice de la commise permet de le reprendre au cas de manquement et manifeste bien le droit éminent du seigneur. Ce droit est encore fort net au cas de dévolution du fief : la coutume féodale répugne à tout partage qui fragmenterait les services dus ou à toute transmission à une femme ou à un enfant. C'est dire – le fief étant le patrimoine d'une famille – que l'organisation féodale, là où elle est stricte, décidera forcément du statut des biens ou du régime des successions.

Communauté et lignage

L'association est le fait majeur de l'époque ; l'esprit qui l'inspire peut être, on l'a vu, bien différent. Pour des paysans, l'association est fondée sur une communauté d'intérêt et elle est foncièrement égalitaire. Il s'agit, en quelque sorte, d'une indivision organisée qui impose le partage des droits et des charges. Là où les traditions communautaires sont fortes, elles s'imposeront même à la famille. La communauté de vie crée une sorte de société de fait entre mari et femme comme entre parents et enfants. Le droit familial aura égard à cette situation, reconnaissant, par exemple, le droit de succession des enfants restés avec leurs parents et excluant ceux qui se sont mis « hors de pain et pot »[11].

Pour les puissants (on ne peut encore parler de « nobles »), l'association est forcément dirigée par un chef dont l'autorité est sans partage. Il doit maintenir la cohésion du lignage en désignant l'héritier le plus digne de lui succéder. Ici encore, la liberté s'oppose à l'égalité et elle est par essence aristocratique.

Georges Duby est souvent revenu, après Gerd Tellenbach, sur le fait qu'« à la fin du IXe siècle, la parenté demeurait vécue à l'horizontale comme un groupe rassemblant, sur l'épaisseur de deux ou trois générations seulement, les consanguins et les alliés, hommes et femmes sur le même plan ». A cela s'est substitué un « assemblage vertical », ordonné en fonction de la seule parenté par les mâles, excluant les femmes, « contrôlant la nuptialité », remontant vers un aïeul lointain, le héros fondateur de la maison. La littérature généalogique, étudiée également par Duby (bibl. 350, p. 287), est florissante au XIIe siècle ; elle a contribué, comme les chansons de geste, à cette vue idéale ou imaginaire du lignage, vraie sans doute pour l'Ouest. Au XIIe siècle pourtant, les récits épiques appartiennent déjà à un monde en voie de disparaître. Chrétien de Troyes exalte le prince lettré qui goûte la poésie courtoise. Le roman d'*Erec et Enide*, par exemple, soumis à une lecture « multifocale » (D. Maddox, *Structure and Sacring, the systematic Kingdom*, Lexington, 1978), exprimerait par un mythe un fait de société : le conflit ouvert entre les valeurs traditionnelles du lignage et les valeurs novatrices de la chevalerie. Une société « ouverte », où la vaillance personnelle peut modifier l'équilibre social, se substitue à une société « fermée » dont Arthur est le symbole. Avec Aliénor d'Aquitaine et Marie de Champagne, qui inspire Chrétien, l'idéal chevaleresque et courtois réhabilite les femmes et les puînés.

Erec et Enide est symbolique à un autre titre. Erec est un savant, revêtu, avant d'être couronné par le roi Arthur, d'une robe sur laquelle quatre fées ont représenté, « par grant san et par grande mestrie », les arts libéraux (éd. Mario Roques, 1966,

v. 6683-6752). Chrétien ne manque pas d'ailleurs de faire allusion à sa propre science qui est une grâce donnée par Dieu.

Subtilement, les conceptions de la nouvelle société s'imposent aux nobles. Même les guerres et les tournois deviennent une source de profit. A l'ordre ancien fondé sur la permanence du patrimoine et sur l'hérédité, se substituent pour les bourgeois la recherche du gain, pour les clercs le prestige de la science.

Les deux principes, communautaire et lignager, pourront parfois se concilier, dans le droit familial notamment. Ils demeurent cependant foncièrement opposés dans leurs effets. Ils constituent des « modèles » différents qui pourront d'ailleurs être repris, par l'effet de l'imitation, par ceux qu'ils ne concernaient pas à l'origine. Il y aura des communautés aristocratiques et des lignages paysans, l'histoire des coutumes devant essayer de rendre compte de l'origine et de la raison d'être de ces disparités.

III. LES DÉBUTS DE LA SCIENCE DU DROIT

La ruine de la culture juridique

La renaissance du Droit romain dont il sera bientôt traité est l'un des faits les plus importants de l'histoire de l'Europe au Moyen Age : le Droit de Justinien est un droit savant qui sera étudié dans les Universités, à Bologne dès la fin du XIe siècle, en France plus d'un siècle plus tard, et qui supplantera, plus ou moins nettement selon les régions, le droit vulgaire issu du *Bréviaire d'Alaric*.

Il existe cependant, du Xe au XIIe siècle, quelques demi-savants qui avaient reçu une formation juridique. Ils ignoraient encore au XIIe siècle les compilations de Justinien, mais il est possible qu'ils en aient récolté quelques extraits. La question – qui est celle de la science du droit à l'époque – a été, depuis Savigny, passionnément discutée et a fait l'objet d'une littérature considérable dont on ne peut retenir ici que l'essentiel [12].

1. Un premier point paraît certain : le seul droit romain allégué jusqu'au XIe siècle est celui du *Bréviaire d'Alaric*. Pour les chartes, la preuve en a déjà été faite. Pour les capitulaires royaux, les

études de Ganshof (bibl. 395) ne peuvent laisser aucun doute : ils ne font que de rares emprunts à la loi des Visigoths dont la chancellerie royale devait cependant posséder un manuscrit. Les *Faux Capitulaires,* compilés vers 847 par le prétendu Benoît le Diacre, citent plus fréquemment les textes romains, mais il s'agit encore du *Code théodosien,* du *Bréviaire* ou de son *Interpretatio*[13]. La seule exception concerne un recueil de Novelle de Justinien des années 535 à 555, traduites en latin, sans doute au moment de la reconquête de l'Italie par Justinien, l'*Epitome Juliani,* lui-même résumé dans une *Summa.*

Tous les témoignages qui ont été recueillis par P. Riché (bibl. 635), sur le droit étudié dans les écoles monastiques, ne concernent que le droit théodosien. Le nombre même des manuscrits du *Bréviaire* qui ont été conservés suffit d'ailleurs à prouver la diffusion de celui-ci. Il est couramment allégué en Espagne et en Catalogne jusqu'au XIIe siècle. Le livre V des *Etymologies* d'Isidore de Séville l'utilise largement ; des extraits en ont été faits auxquels parfois ont été ajoutées des scholies ou des gloses ; ce sont de simples commentaires grammaticaux qui suffisent à prouver l'ignorance de leurs auteurs. En Bas-Languedoc, des actes du XIe siècle contiennent encore des citations textuelles du *Bréviaire,* sans doute transmises par des formulaires.

2. On connaît l'importance, pour la connaissance du droit de l'époque, des collections canoniques (Fournier et Le Bras, bibl. 122) ; chacune a recueilli, suivant sa tendance propre, des textes de toute origine, en faisant parfois une assez grande part au droit romain. A l'époque carolingienne, les emprunts se font plus fréquents et ils sont particulièrement nets dans les *Fausses décrétales* du pseudo-Isidore, sorties du même atelier, sans doute rémois, que les *Faux Capitulaires.* Ici encore, les textes utilisés proviennent du *Code théodosien* ou du *Bréviaire.*

3. Si la renaissance carolingienne a pu stimuler les études de droit (P. Riché, bibl. 637, p. 260), elle n'intéresse qu'un cercle très étroit de clercs lettrés (bibl. 636). André Gouron a pu parler justement de la « vacuité du XIe siècle » (bibl. 434, p. 10) et de la « léthargie » qui, tout autant que le Nord, atteint le Midi. Non seulement il n'existe pas d'enseignement du droit, mais, vers 1030, dans les actes, le vocabulaire juridique le plus simple est oublié ; les scribes ne connaissent plus l'art du *dictamen* ni même les rudiments de la grammaire ; l'ignorance des déclinaisons rend

souvent difficile la compréhension des chartes qui, de surcroît, le plus souvent ne sont même plus datées. On ne peut souhaiter meilleure preuve de la ruine de toute culture.

L'annonce d'une renaissance

Dès le début du XIIe siècle, les écoles usent d'une pédagogie à la fois rudimentaire et vigoureuse (G. Paré, bibl. 577, p. 135) ; un champ nouveau s'ouvre aux esprits ; les lettres, la philosophie en sont les premiers bénéficiaires. Abélard est le héros de cette renaissance ; il donne dans le *Sic et non* des règles formulées pour la théologie mais qui valent pour toute critique des textes. Il se vantait d'expliquer n'importe quel texte juridique, mais une anecdote, rapportée avec complaisance par les Italiens, donne bien la mesure de ses connaissances : on lui présenta une petite loi du Code de Justinien (III, 39, 5) sans qu'il parvienne à lui trouver un sens. Le Droit romain garde ses secrets et la scolastique est impuissante à les découvrir[14].

L'enseignement d'Abélard servait cependant subtilement le progrès du droit. Il admettait, par le *Scitote ipsum,* l'importance de l'intention et par conséquent de la volonté ; le consentement l'emporte sur la forme et permet de juger les mérites d'un acte. Surtout, le relativisme doctrinal qu'il professait, s'il paraissait condamnable pour la science divine qu'était la théologie, convenait bien à la science humaine du droit et au droit canon lui-même. Les textes que véhiculaient les collections canoniques étaient souvent en désaccord ; le *Sic et non* recommandait (comme déjà Yves de Chartres) d'en rechercher la raison : discerner le précepte universel et la décision occasionnelle, la loi absolue de ce qui est simple conseil de perfection, choisir entre deux textes contradictoires d'après l'autorité de leurs auteurs, enfin avoir égard aux circonstances de temps et de lieu. Le doute est la clef de la sagesse ; il permet la recherche et, par la recherche, on aboutit à la vérité.

Du *Sic et non* procèdent aussi bien les *Sentences* de Pierre Lombard (protégé de saint Bernard, élève d'Abélard, évêque de Paris en 1158) qui deviendront le manuel des théologiens que le *Décret de Gratien* dont il sera bientôt question. Les deux œuvres sont exactement contemporaines ; elles seront longuement commentées dans les écoles et elles répondent au même besoin d'éclairer la tradition par la raison et d'appuyer sur des sources anciennes les audaces inventives et constructives du siècle suivant.

Tout concourt, en effet, à faire du XIIe siècle un siècle de renaissance : la politique avec la naissance du pouvoir royal, la religion avec le nouveau prestige de la papauté, l'économie avec la naissance des villes et du commerce, l'art avec le progrès de l'architecture et de l'imagerie, la culture avec le nouvel esprit de curiosité, le renouveau d'intérêt pour l'Antiquité, la systématisation de la philosophie et de la théologie. Le long travail des scolastiques, leur effort pour fixer les principes de la logique, les procédés d'analyse et les règles de la pensée préparaient la renaissance des études juridiques. Parce qu'ils sont plus proches des théologiens, les canonistes en seront les premiers bénéficiaires : le *Décret de Gratien* est commenté en France dans les trente dernières années du XIIe siècle. St. Kuttner a démontré l'importance et l'expansion de l'école dite anglo-normande ; quelques noms émergent : Eudes de Dours, Etienne de Tournai, Evrard d'Ypres, Pierre de Louveciennes. Les sommes qui sont rédigées subissent l'influence de Pierre Lombard et elles seront souvent reprises par les maîtres de Bologne, notamment par Uguccio de Pise († 1210), le plus grand des décrétistes.

La sensibilité des Français est cependant bien différente de celle des Italiens ; ils forment vraiment une école, tiennent le parti du roi, servent sa politique et sans doute inspirent son action [15]. Ils utilisent souvent des textes romains, mais, comme on dira un peu plus tard, en les « canonisant ».

L'école décline vers 1210 et St. Kuttner en trouve la raison dans l'importance alors prise par le droit des décrétales. Le *Décret de Gratien,* encore très proche de la théologie, convenait aux Parisiens qui se méfient, au contraire, du droit nouveau parce qu'il est imposé par le pape et sert l'autorité romaine.

Pour le Droit romain, jusque vers 1200, la primauté de Bologne est incontestée. Les évêques et les abbés de l'époque se déplaçaient beaucoup ; dès la fin du XIe siècle, quelques textes de Justinien ont pu parvenir à Reims, à Chartres ou à Fleury-sur-Loire [16]. Yves de Chartres qui écrit vers 1093 cite environ soixante-dix textes du *Digeste* ou des *Institutes*, connus en Italie depuis quelques années seulement. Des compilations assez indigentes circulent, surtout dans le Midi. Les clercs ont un grand désir de connaître la science nouvelle dont on parle beaucoup dans les écoles. Beaucoup de canonistes connaissent et utilisent des commentaires bolonais, mais il ne s'agit que d'une connaissance épisodique et partielle, et non d'un enseignement véritable.

L'arrivée à Paris des compilations de Justinien va provoquer la véritable apparition de la science juridique. Les dix années du règne de Philippe Auguste qui vont de la conquête de la Normandie à Bouvines ont été à cet égard décisives : au nord de la Loire, les progrès de l'administration royale conduisent à la systématisation du droit coutumier qui s'affirme en s'opposant au Droit romain. Au contraire, dans le Midi, l'autorité royale est secondée par les légistes et se méfie du droit autochtone ; le recours au Droit romain sera un parfait instrument de règne (P. Ourliac, bibl. 571).

CHAPITRE II

LA RENAISSANCE DU DROIT ROMAIN

Justinien, bien qu'il régnât (527-565) à Byzance et parlât grec, entreprit, par souci de maintenir la « romanité », de rédiger un *corpus* du droit antérieur. Cette codification qui sera, au moins à partir du XVIe siècle, appelée le *Corpus juris civilis*, comprend quatre recueils :

1. Le *Code*, commencé en 528, publié en 529 et réédité en 534, qui, à l'imitation du *Code théodosien*, est un recueil des *leges*, ou constitutions impériales depuis Hadrien.
2. Le *Digeste*, appelé aussi les *Pandectes* (ou compilations), est un vaste recueil du *jus*, c'est-à-dire des extraits des jurisconsultes les plus célèbres depuis le début de l'Empire. En trois ans, les seize commissaires, dirigés par l'un des plus grands savants de l'époque, Tribonien, vinrent à bout de la tâche et le recueil fut publié en 533.
3. En même temps, étaient rédigées les *Institutes*, court manuel destiné à la « jeunesse désireuse de connaître les lois ».
4. Les constitutions de Justinien postérieures à la rédaction du *Code*, les *Novelles*, presque toutes écrites en grec, firent l'objet de plusieurs recueils. Le premier est l'*Epitome Juliani*, connu dès le IXe siècle en Occident (*cf.* p. 49), mais rejeté par la suite. Le second recueil, traduit en latin, fournit la *versio vulgata*, utilisée jusqu'au XVIIIe siècle et appelée *L'Authentique (Quia magis authenticus quam epitome Juliani et magis completus)*. Un troisième recueil, plus complet encore, ne fut utilisé qu'en Orient.

Justinien avait demandé à ses commissaires de supprimer les

dispositions contradictoires ou surannées, ce qui les conduisit à modifier les textes par des interpolations (ou tribonianismes) que les romanistes modernes se sont ingéniés à découvrir. Malgré la hâte de la rédaction et quelques maladresses d'exécution, l'œuvre n'en est pas moins monumentale. Tandis que les lois romaines des Barbares n'étaient souvent que des abrégés presque informes, les rédacteurs du *Digeste* ont dépouillé tout ce qui subsistait des écrits antérieurs : deux mille *libri*, représentant, ont-ils dit, trois millions de lignes, dont ils retinrent cent cinquante mille. Le *Code* contient plus de quatre mille cinq cents constitutions. Non seulement l'exposé est ordonné (12 livres pour le *Code*, 50 pour le *Digeste*) et chacun des fragments comporte une *inscriptio* indiquant son origine, mais pour le *Digeste* (mais aussi pour le *Code*, dont deux mille six cents constitutions sont des « rescrits », c'est-à-dire des réponses à des questions posées à l'empereur), il s'agit d'un recueil d'opinions doctrinales, précises, élégantes, souvent subtiles. La logique est constamment invoquée et Leibniz pouvait comparer le Droit romain aux mathématiques pour la rigueur de ses déductions. Le point de départ de tout raisonnement est l'étude d'un *casus*, ou cas particulier, où apparaît le bon sens du praticien, comme la réflexion philosophique ; à la rigoureuse application d'un texte – la *stricta ratio* –, les juristes impériaux opposent la raison supérieure – la *summa ratio* – fondée sur la raison et l'équité.

L'ampleur même de l'œuvre dut gêner sa diffusion. Justinien, allié de Théodebert (qui était un petit-fils de Clovis), entreprit à partir de 533 de reconquérir l'Occident ; après la conquête de la Sardaigne et de Carthage, de la Dalmatie, de la Sicile, le général byzantin Bélisaire prit Rome (536) mais ne put s'y maintenir ; il se retira dans l'Italie du Nord et s'établit à Ravenne (540), promue au rang de capitale. Après quinze ans de luttes confuses contre les Lombards et les Goths, l'Italie devint une province byzantine et la législation de Justinien y fut introduite. Une école de droit fut créée à Rome, que fréquenta le futur pape Grégoire le Grand.

Les Byzantins devaient être chassés de l'Italie du Nord par les Lombards en 568-572 ; ils purent se maintenir sur le littoral adriatique, entre Venise et Ancône, à Rome, comme à Gênes, à Naples et dans les îles.

Fait étrange, il ne devait subsister qu'un seul manuscrit de l'œuvre de Justinien. Conservé à Pise – d'où le nom de *Littera pisana* –, conquis par les Florentins victorieux des Pisans en 1406, ce manuscrit (appelé couramment la Florentine) est toujours à la bibliothèque de Florence. Il est possible, comme l'a jadis suggéré Paul Fournier (*RHD*, 1917, p. 151), que ce manuscrit ait été découvert à l'époque de Grégoire VII qui faisait rechercher dans les bibliothèques d'anciens textes pour appuyer la réforme de l'Eglise. Il fut connu vers 1070 à Bologne où existait une école d'arts libéraux et où enseignait un *magister artium* Irnerius (ou Garnerius) qui eut le rare mérite de comprendre la portée de la découverte. On connut d'abord le *Code*, puis le *Digeste*, parvenu assez curieusement en trois parties que l'on appela le *Digestum vetus* (Livres I à XXIV, 2), le *Digestum novum* (Livres XXXIX à L) et l'*Infortiatum* (Livres XXIV, 3, à XXXVIII), enfin l'*Authentique*.

L'étude de l'œuvre de Justinien va renouveler dans toute l'Europe la connaissance du droit : c'est la renaissance bolonaise ou irnérienne (section I) dont les conséquences pour l'évolution du droit français seront considérables dans le Nord (section II) comme dans le Midi (section III). La France sera désormais divisée en pays de coutumes et en pays de droit romain (ou écrit) (section IV).

I. ÉCOLE ITALIENNE ET ÉCOLE FRANÇAISE

Les glossateurs

Un *legis doctor* nommé Pepo a peut-être précédé Irnerius ; celui-ci, *primus illuminator, lucerna juris*, fait cependant figure de fondateur de l'école [1]. Il dut enseigner dès 1088 et jusqu'en 1125. Il créa une méthode. Ses élèves, les « quatre docteurs », Bulgarus († 1166), Martinus Gosia († avant 1166), Hugo († vers 1170) et Jacobus († 1178) lui succédèrent. Après eux vinrent Rogerius († avant 1192), élève de Bulgarus, Vacarius († 1159), Placentin († 1192), Azon († vers 1230), enfin Accurse (1182-1258) [2].

Tous reprirent les méthodes d'enseignement de l'époque : ils firent l'exégèse des textes, s'attachant à les expliquer littéralement et à les comprendre en les comparant. L'un d'eux, Odofredus, donne à ses élèves, au début de son commentaire du *Digestum vetus*, le programme de son cours : « Je vous donnerai le sommaire *(summa)* de chaque titre avant d'en venir au texte. Je poserai, le mieux que je pourrai, les cas d'espèce de chaque loi *(casus)*. Je lirai le texte pour le corriger au besoin *(lectura)*. J'expliquerai les contradictions et poserai des règles générales (appelées « brocards »). Enfin, si quelque loi est digne de répétition à raison de sa célébrité, je la réserverai pour le cours du soir *(repetitio)*. »

L'essentiel de cet enseignement est consigné dans les « gloses », annotations marginales ou interlinéaires, signées le plus souvent de l'initiale, ou « sigle », de leur auteur. L'école des glossateurs dut son nom à cette pratique ; les gloses en vinrent souvent à avoir autant d'autorité que le texte ; les étudiants se transmettaient les manuscrits avec leurs gloses successives. Accurse entreprit de mettre de l'ordre dans ces commentaires en retenant l'essentiel : ce fut la « Grande Glose », ou glose ordinaire, qui résume tout le travail de l'école et acquit une autorité considérable ; elle figura désormais dans les manuscrits et, à partir du XVe siècle, dans toutes les éditions des compilations de Justinien.

Les glossateurs ignoraient l'histoire romaine, ce qu'au XVIe siècle les humanistes leur reprocheront durement ; mais cela même leur permit d'adapter à leur époque le Droit de Justinien, par exemple de soumettre même le droit féodal aux catégories romaines. Ils avaient, en revanche, une parfaite connaissance des textes et ils ont su les critiquer, la technique de la glose leur imposant la sobriété tout en permettant les discussions d'école : celle de Bulgarus qui préférait les solutions classiques s'opposait à celle de Martinus, plus soucieux d'équité et plus dévoué à l'empereur allemand.

Les contemporains parlèrent avec raison de *renovatio* de la science du droit : ce fut, en effet, une renaissance ; le droit, au lieu d'être une partie de la rhétorique, était étudié pour lui-même. Le prestige de Bologne attira vite de nombreux étudiants venus de partout.

Le Droit romain trouvait dans l'Italie du début du XIIe siècle le milieu qui lui convenait ; il servait l'esprit communal et répondait aux aspirations de la bourgeoisie marchande ; il était foncièrement individualiste, favorable au contrat, soucieux d'assurer la sécurité des rapports juridiques, ce qui favorisait la pratique des affaires. Il convenait par son caractère universel aux grandes entreprises que gênait la diversité des coutumes. Le succès du droit bolonais s'explique par la rencontre providentielle d'un corps complet de lois et d'un milieu tout prêt à le recevoir.

Le Droit romain, cependant, n'est pas neutre. Il est le droit de l'empereur et, pour les glossateurs italiens, l'empereur romain germanique est le légitime successeur d'Auguste ou de Justinien : comme il n'y a qu'un droit, il n'y a qu'un empire : *Unum esse jus cum unum sit imperium.* A la diète de Roncaglia (1158), Martinus affirma à Frédéric Barberousse qu'il était le « maître du monde » et que, suivant la formule du *Digeste*, « tout ce qui plaît au prince a force de loi ». Le même Barberousse fit d'ailleurs insérer ses propres constitutions dans le Code de Justinien.

Au parti de l'Empereur, les gibelins, s'oppose le parti du pape, les guelfes. Les préventions de l'Eglise contre le Droit romain dataient de loin. En 1130, le concile de Clermont avait condamné les religieux qui délaissaient la théologie pour étudier le droit, et l'interdiction sera souvent reprise[3]. A Bologne même, le conflit était ouvert entre légistes et canonistes ; ceux-ci ne disposaient vers 1140 que de textes hétérogènes, souvent ressortissant plus à la théologie qu'au droit. La publication du *Décret de Gratien* devait leur permettre, vers 1150, d'appliquer au droit canonique la méthode des glossateurs. Le *Décret* fit vite oublier les collections canoniques antérieures dont il reprenait l'essentiel ; il est une œuvre privée qui représente la somme de l'ancien droit de l'Eglise (et de ce fait il n'encourra pas la réprobation de Luther). Fidèle en cela à la méthode du *Sic et non*, Gratien intitule son œuvre : *Concordantia discordantium canonum* : sur chaque question, il emprunte aux collections antérieures les textes *pro* et *contra*, les *auctoritates*, et essaye ensuite de les concilier (dans les *Dicta Gratiani*).

Le droit romain en France

La renommée du *studium* bolonais parvint vite dans les autres pays. Vacarius est accueilli en Angleterre en 1139 par l'archevêque de Canterbury et enseigne à Oxford. En Catalogne, au moins des fragments du *Digeste* sont connus dès 1128 (A. Iglesia Ferreiros, *Revista juridica cataluña*, 1978, p. 7).

Pour la France, il faut se garder des systèmes trop absolus qui ont prétendu établir soit l'hégémonie de l'Italie (Fitting, Besta, Leicht, Calasso, C.G. Mor), soit, au contraire, l'ancienneté et l'originalité d'une école française (H. Coing, Vismara). Deux faits sont essentiels :

1. La France n'a, au XIIe siècle, ni unité, ni même existence. La rive gauche du Rhône appartient à l'Empire et ne peut avoir aucune défiance de principe contre le droit de l'empereur. En 1153, le dauphin de Viennois se fait concéder par l'empereur divers droits régaliens. Les archevêques de Vienne et d'Arles, les évêques de Valence et d'Avignon ne reconnaissent que l'autorité de l'empereur. En 1161, le comte Raimond-Béranger conclut une *concordia* avec Frédéric Barberousse et reçoit de lui en fief la Provence et le comté de Forcalquier. Dans le procès qui à la même date l'oppose à Hugues des Baux interviennent Bulgarus et Rogerius (J.-P. Poly, bibl. 613, p. 353). Frédéric sera d'ailleurs couronné comme roi d'Arles à Saint-Trophime en 1178. Les comtes de Toulouse recherchent à l'occasion l'appui de l'empereur. Montpellier, où séjournera en 1162 le pape Alexandre III (qui est l'illustre canoniste Roland Bandinelli), occupe une place à part : la ville est ouverte sur le monde méditerranéen et possède une école de médecine déjà renommée (et critiquée par saint Bernard).

2. Le monde universitaire de l'époque n'est pas un monde clos. Jacques Le Goff (*Les Intellectuels au Moyen Age*, 1957, p. 30) a pu parler de « vagabondage intellectuel » des étudiants qui sont des « errants » qui souvent, comme les goliards, vivent d'expédients, mais cherchent passionnément les « aventures intellectuelles ». Les professeurs eux-mêmes changent souvent de ville. Les manuscrits sont convoités et sont l'objet d'un trafic constant. Il serait donc invraisemblable, surtout dans les pays d'empire, qu'il se soit passé un siècle sans que les Français aient quelque connaissance du *Digeste* ou du *Code*. La défense du concile de Clermont ne visait que les moines et les clercs qui durent en avoir comme un avant-goût par les collections canoniques déjà mentionnées. Dès 1120, de nombreux Provençaux ont dû suivre l'enseignement des maîtres italiens. En 1125, on trouve cités dans les actes, à Arles, à Valence, à Béziers, des *legisperiti* ou des *causidici*, bientôt des *notarii* ou des *doctores*.

Des sommes ou des épitomés ont circulé vers la même époque. Les *Exceptiones Petri* figurent sous des formes diverses dans d'assez nombreux manuscrits qui attestent leur diffusion. Elles ont longtemps été tenues pour antérieures à Irnerius. Reprenant et critiquant toutes les opinions émises, André Gouron[4] les rattache à l'enseignement de Martinus, les date des années 1127-1144 et les croit rédigées dans la région de Valence. Le *Brachylogus*, extrait des *Institutes* de Justinien, serait légèrement postérieur et proviendrait de la France centrale. Récemment, Pierre Legendre a découvert et publié une somme (La *Summa Institutionum Justiniani est in hoc opere*, 1975), datée de 1127, qui dépendrait de l'enseignement de Pepo ou de Martinus. Son origine française est certaine et André Gouron l'a rattachée avec de bons arguments à la ville de Die et à l'ordre des chanoines de Saint-Ruf dont les liens avec les glossateurs auraient été fort étroits.

Une somme du *Code, Lo Codi,* a l'originalité d'avoir été écrite en provençal et, les particularités dialectales le prouvent, dans la vallée du Rhône, à Saint-Gilles, à Valence ou à Montpellier. On en possède un texte latin (réputé sans preuve décisive plus récent) et des traductions en français, en dauphinois, en castillan. *Lo Codi* peut être daté de 1160-1170 et a été connu en Béarn, en Vénétie comme dans le royaume de Jérusalem. Il n'est pas cependant, comme le croyait Fitting, un « manuel populaire de droit romain » ; c'est un manuel savant, démarqué du Code de Justinien, qui n'eut aucune influence immédiate sur la pratique[5].

Pepo a pu, on l'a vu, être connu à Die vers 1127. Il se peut que Rogerius, dont on ne sait pas grand-chose, soit venu à Arles vers 1162. Placentin, né à Plaisance (d'où son nom) vers 1135, élève de Martinus mais hostile aux gibelins, chassé de Bologne après une obscure querelle d'étudiants, se réfugia à Montpellier vers 1167-1170. Il dut y enseigner jusqu'à la défaite de Barberousse à Legnano (1183) ; il regagna alors l'Italie mais revint mourir à Montpellier en 1192.

La présence d'un professeur illustre est bien loin de prouver une connaissance ou une acceptation universelle de ce qu'il enseigne. De véritables écoles de droit n'existeront pas, même dans le Midi, avant le milieu du XIIIe siècle. Jusque-là, les meilleurs praticiens sont formés en Italie : Jean Blanc, avocat à Marseille en 1260, son contemporain, Bernard Dorna, archidiacre de Béziers, Jean de Blanot, official de Lyon en 1270, Neveu de Montauban, juge d'Albigeois de 1267 à 1287. L'évêque de Mende, Guillaume Durand, qui écrit en 1271 le célèbre *Speculum judiciale* est docteur de Bologne et enseigne à Modène.

Quand est créée en 1229 l'Université de Toulouse, seul est prévu un enseignement du *Décret de Gratien.* Quelques années après, le droit est enseigné à Alès, à Lyon, à Orange, à Avignon, à Béziers, à Narbonne. Les *studia* de Toulouse et de Montpellier n'auront d'importance qu'après 1280 et leur renom au XIVe siècle sera surtout dû au séjour des papes à Avignon. Quoi qu'on en ait dit dans le désir de magnifier l'école d'Orléans, il est très probable qu'il existait cependant à Toulouse dès la fin du règne de saint Louis une école assez florissante pour que François Accurse, le fils de l'auteur de la « Grande Glose », et Jacques de Revigny s'y rencontrassent dans une controverse célèbre[6].

Dans le domaine royal, le droit fut sans doute enseigné à Paris dès le règne de Philippe Auguste[7]. L'interdiction portée par la bulle *Super specula* (*infra,* p. 63) fit la fortune de l'université d'Orléans, attestée dès 1235 : de nombreux étudiants qui feront carrière au service du roi de France suivent les cours de professeurs célèbres : Guido, élève d'Accurse, Simon de Paris († 1273), Jean de Monchy († vers 1266), Pierre de La Chapelle, conseiller au Parlement de Paris, évêque de Toulouse et cardinal († 1312), enfin, Jacques de Revigny († 1296) et Pierre de Belleperche († 1308) ; le premier, évêque de Verdun, le second, évêque d'Auxerre et chancelier de Philippe le Bel, étaient des dialecticiens, formés à l'école des Arts, qui s'élevaient à des conceptions générales tout en restant fort proches de la pratique.

L'étude du Droit romain provoque, dans la science du droit, le même progrès que l'étude de la scolastique pour la philosophie : elle impose l'existence de catégories juridiques nettes, la vente par exemple sera distinguée de l'échange ; elle habitue à rechercher des principes logiques et à dégager les causes de tout acte et la raison de toute solution. A la lettre qui tue, les Français opposent l'esprit qui vivifie. Pour eux, le Droit romain devient un merveilleux instrument qui, tour à tour, leur permet d'analyser et de systématiser. La théorie du double domaine féodal qu'ils construisent à partir de la distinction romaine des actions utiles et directes (qui avait évidemment un tout autre sens) est un parfait exemple de leur savoir-faire (p. 224).

L'hostilité au droit romain

Il faut cependant se garder de toute exagération. Le droit romain est bien loin d'avoir été accueilli avec l'enthousiasme que l'on se plaisait jadis à décrire. Ce fut, écrivait Esmein (bibl. 108 bis, p. 682) du Midi, « comme un pays qui retrouverait ses codes qu'il avait perdus ». Le succès du Droit romain apparaissait comme le triomphe inéluctable de la raison, celle-ci, admettait-on, étant le seul critère des actions humaines.

L'hostilité fut, au contraire, générale ; elle venait de l'Eglise et de la royauté, mais plus encore des populations qui, invinciblement, se méfiaient de toute nouveauté. Ce sentiment populaire a jadis été décelé par Meynial[8] ; il est exprimé avec véhémence, au moment de la croisade albigeoise, par les troubadours (bibl. 564). Les juristes apparaissaient déjà comme de « mauvais chrétiens » et ce sont tous les romanistes formés dans les écoles qui sont en cause. Le reproche qui leur est souvent fait de « rendre noir ce qui est blanc » n'est que trop justifié par la lecture des *casus*, des *solutiones contrariorum* ou des *disputationes ;* les exercices scolaires étaient une parfaite école de discussion déloyale. L'illustre Guillaume Durand donne aux avocats d'étranges conseils et arrive même à dire que l'art de la plaidoirie est de dissimuler à l'adversaire ses arguments, de circonvenir les juges et de montrer son habileté en faisant triompher l'injustice (*Speculum judiciale,* Lib. I, IV). Comme le dit une charte de Cluny de 1279 (n° 5264), mieux vaut transiger *ad evitandum juris et consuetudinis volubiles laqueos et advocatorum versuciam.* Guyot de Provins, toujours parlant des avocats, renchérit :

Trop sont il soutil et agu
Mais lor bon sens ont il perdu.

Le reproche toujours fait aux gens de justice est leur cupidité ; elle les conduit à rechercher les clients riches et à se mettre au service des *potentes.* Les rois même les consultent et les utilisent ; forcément, une confusion s'établit dans les esprits entre les rigueurs de l'administration royale et la procédure romaine. L'une et l'autre suscitent la crainte. Même l'ordalie ou le duel judiciaire sont moins redoutés que les cautèles des juristes et leur diabolique habileté. A la justice immanente qui est celle de Dieu, ils substituent la justice des hommes qui toujours est au service du pouvoir. Un troubadour, Boniface de Castellane, exprime bien le sentiment commun : « De jour en jour, je deviens plus ennemi de la chicane ; ils me font horreur ces avocats que je vois arriver avec leur fardeau de dossiers ; quand on leur a bien prouvé son droit, ils vous répondent : “ Niaiseries ; tout cela est la propriété du comte en vérité. ” » (éd. Parducci, *Romania,* 1920, p. 478.)

Meynial avait décrit l'opposition des petites gens qui découvraient dans le Droit romain « un instrument d'oppression plus savant et plus implacable ». L'hostilité des nobles n'est pas moins vive : aux pratiques loyales, à la foi promise et tenue, aux sentiments preux et courtois, le droit romain préfère les ruses de procédure et, grâce à lui, comme le chante le troubadour Peire Cardenal (XLVII, v. 19-22), « les vilains deviennent habiles et savants et délurés *(vezia et sabeu e jaubardel)* ».

Les légistes attirent l'animosité de tous ; s'ils ne constituent pas encore une classe, ils appartiennent déjà à un monde à part ; ils sont issus aussi bien de la bourgeoisie que de la petite noblesse régionale ou de l'Eglise ; ils possèdent la science de l'écriture et exercent le magistère de la parole. Le notaire et l'avocat sont également nécessaires ; ils pénètrent partout, connaissent les secrets des familles, fréquentent les grands presque sur un pied d'égalité. Ils président tous les tribunaux importants. Les études qu'ils ont faites leur confèrent une science qui, dit-on, leur donne une confiance excessive en eux-mêmes. Ils sont des « intellectuels » qui ont le goût de la réussite sociale et celle-ci sert leur prestige ; dans les villes, ils sont l'âme de toutes les institutions communales ; à la cour des princes, ils deviennent des conseillers écoutés et actifs ; les évêques, les chanoines ne peuvent se passer d'eux ; les chanoines de Lyon, par exemple, recrutent sept docteurs qui s'engagent à consacrer toutes leurs forces à la défense des droits du chapitre (R. Fédou, bibl. 365, p. 20). Comme l'Eglise avait recouru au XIe siècle à des champions ou à des avoués qui défendaient ses droits par les armes, elle recherche maintenant le secours des légistes.

L'attitude des canonistes est plus équivoque. L'hostilité qu'ils manifestaient aux légistes n'allait pas sans beaucoup de curiosité. De très bonne heure, des textes romains sont repris par les collections canoniques : la collection dite *Polycarpus,* composée vers 1105 par le cardinal de Saint-Chrysogone, contient, par exemple, vingt-trois constitutions du *Code* et trois fragments du *Digeste*[9]. Les collections postérieures font une assez large place aux textes plus récemment découverts, les derniers du *Code* et les *Authentiques.* Gratien insérera dans son *Décret* beaucoup de textes romains concernant la procédure et spécialement l'appel ; les règles romaines seront reprises par le droit canonique qui souvent facilitera leur introduction dans la procédure des cours laïques. Ainsi, le Parlement de Paris adoptera la procédure dite romano-canonique[10].

Les romanistes affectent pour leur part un grand dédain pour le droit canonique ; ils sont cependant bien loin de l'ignorer. La plupart des maîtres d'Orléans sont des clercs et pour faire carrière dans l'Eglise la connaissance de l'un et l'autre droit – *utrumque jus* – est nécessaire. Un dicton sera toujours répété : « Sans droit canonique, un légiste ne vaut pas grand-chose ; sans droit romain, un canoniste ne vaut rien. »

La méfiance de l'Eglise n'est pas d'une autre nature que celle qu'elle manifeste aux études de médecine : le Droit romain est suspect si son étude favorise le vagabondage des clercs ou les détourne de la théologie. A partir de la Réforme grégorienne, la papauté entend cependant affirmer son indépendance en assurant la prééminence de son droit. Gratien le dira nettement (*Dist.* 10, c.l) : les lois des empereurs ne sont pas au-dessus de la loi de Dieu, mais au-dessous ; et la glose sur ce texte précisera que l'empereur ne peut faire des lois pour l'Eglise car le sacerdoce est indépendant de l'empire *(imperium enim et sacerdotium ex eodem principio prodierunt)*. L'application du Droit romain ne doit pas servir la volonté d'hégémonie de l'empereur.

Philippe Auguste avait, à l'époque, le même désir, et la papauté ne pouvait que servir sa politique. Alors qu'Otton de Brunswick se pose en héritier de Barberousse et d'Henri VI, Innocent III, par la bulle *Per venerabilem,* affirme hautement que le roi de France n'est pas soumis à l'empereur. L'affirmation apparaît d'autant plus remarquable qu'une affaire mineure en a fourni le prétexte : le seigneur de Montpellier, Guilhem VIII, avait demandé au pape de légitimer ses bâtards, comme l'année précédente il avait légitimé les enfants de Philippe Auguste et d'Agnès de Méranie ; le problème, explique la décrétale, n'est pas le même : Guilhem VIII, vassal du roi d'Aragon, doit s'adresser à son seigneur ; Philippe Auguste s'est adressé au pape car il n'a pas de supérieur au temporel, *superiorem in temporalibus minime recognoscat*[11].

Deux ans plus tard, à l'occasion du conflit de Philippe Auguste et de Jean sans Terre, le pape précisera nettement sa conception du pouvoir : au pape appartient la connaissance des questions spirituelles, *ratione peccati,* au roi la connaissance des questions temporelles, *ratione feudi ;* pour ces questions, le roi a la *potestas* et la *jurisdictio.*

En 1219 enfin, la décrétale *Super specula* d'Honorius III – qui fit la fortune de l'Université d'Orléans – marque les distances prises avec le Droit romain. L'Eglise ne repousse pas, est-il écrit, le secours des lois séculières quand elles suivent la justice et l'équité ; cependant, l'enseignement du Droit romain sera désormais interdit à Paris. Deux raisons sont données : l'une, que l'on peut dire occasionnelle, est de favoriser l'enseignement de la théologie, l'autre, plus actuelle, est d'affirmer qu'« en France et dans quelques provinces, les laïques n'usent pas des lois des empereurs romains ». La bulle est un *motu proprio,* mais on peut croire qu'elle avait été sollicitée par Philippe Auguste dont, cinq ans après Bouvines, la méfiance contre l'empire persistait.

Quelques années plus tard, l'apaisement est venu et la royauté découvre que le Droit romain, par le modèle qu'il fournit d'un pouvoir centralisé, peut être un merveilleux instrument de règne. Quelques légistes avaient déjà servi Philippe Auguste : tel le glossateur Lothaire de Crémone qui est à Paris en 1202. Sous la régence de Blanche de Castille, les romanistes entrent en force à la *Curia regis :* Gautier et Albert Cornut qui avaient été professeurs et deviendront l'un archevêque de Sens, l'autre évêque de Chartres, Nicolas de Canis, Nicolas Haudrier. La liste des conseillers de saint Louis venus de l'école d'Orléans est fort longue. Sous Philippe le Hardi et sous Philippe le Bel, les professeurs de Toulouse et de Montpellier rejoindront les Orléanais. Les circonstances politiques ont bien changé ; aucun empereur n'est élu pour succéder à Frédéric II, mort en 1250 ; les légistes inspirent toute la politique royale. L'adage que « Le roi de France est empereur en son royaume » ou que *« idem est rex et imperator »* leur permet d'utiliser les lois romaines ; ils défendent avec intrépidité les droits de leur maître, rédigent les jugements de sa cour, dominent l'administration, affirment que, comme l'empereur romain, le roi est souverain ; ils reprennent et développent la règle d'Ulpien : « Tout ce qui plaît au prince a la force de la loi », fondant ainsi son droit de juger tous ses sujets comme de faire des lois pour le royaume entier [12].

Il y avait cependant assez loin de l'idéal romain à la réalité du début du XIIIe siècle. Servir le roi, c'est forcément entrer en conflit non seulement avec l'Eglise, mais avec l'ordre féodal ; la compétence et l'indépendance des officialités ou des justices seigneuriales ne pouvaient qu'être restreintes par les progrès des justices royales. Le roi est dit « suzerain par-dessus tout », « souverain fieffeux du royaume de France », mais par là même était reconnue la force de la féodalité. L'administration des baillis royaux ne s'exerce vraiment que sur les terres qui appartiennent au domaine royal. Si le roi est bien le seigneur supérieur, s'il est grand justicier, il ne peut imposer son pouvoir qu'en ménageant les forces sociales. Chaque lignage a ses traditions, chaque pays a ses usages ; ils n'entreront dans l'obédience royale que s'ils peuvent les conserver.

De ces particularismes, la royauté a une claire vision et le souci de les ménager apparaît, vers 1210, dans la reconnaissance de coutumes territoriales. Cinquante ans après, les choses auront bien changé et saint Louis et Alfonse de Poitiers favoriseront, si même ils ne l'imposent pas, l'application du Droit romain dans les provinces méridionales.

II. L'APPARITION DES COUTUMES

1210-1220 : les années décisives

Le sens du mot *consuetudo* change brusquement : le meilleur témoignage est fourni par la lecture des actes de Philippe Auguste (bibl. 73)[13]. Au sens ancien de « redevance » ou d'« exaction », seul connu jusque-là par la chancellerie royale, se substitue la notion de droit applicable à une province. La conquête de la Normandie entraîne une redistribution des fiefs : les nouvelles concessions sont faites *ad usus et consuetudines Normanniae* (n°s 936 et 995). Le statut particulier des fiefs normands est parfois précisé par l'énumération des services qu'ils comportent (n°s 1509, 1544) ou par l'indication des droits appartenant à l'épouse (n° 1533) ou aux puînés (n° 1594). Le roi exerce la garde royale suivant les règles de la coutume de Normandie (n°s 1665, 1693).

La Normandie avait été le centre de l'Etat Plantagenêt ; l'autorité du duc était partout respectée ; le duché était mieux administré que le royaume et ses usages avaient été consignés dès 1199 dans la première partie du *Très ancien coutumier* (p. 103). La conquête double l'étendue du domaine royal et rend sensible aux Français la diversité du droit. Par un effet réflexe, on oppose à la coutume de Normandie celle des autres provinces. Olivier-Martin (bibl. 148, t. I, p. 26 et 72) a trouvé la première mention de la coutume de Paris dans les *Statuts de Pamiers* de 1212 par lesquels Simon de Montfort soumettait au droit du Nord les terres du Languedoc conquises par les croisés (P.-C. Timbal, bibl. 665). Cette tentative de colonisation juridique, bien éloignée de la prudence toujours observée par la royauté, devait échouer, mais elle révèle tout au moins la conscience que les barons d'Ile-de-France avaient de l'originalité de leurs coutumes.

En 1213, Philippe Auguste demande à Guillaume des Roches de lui indiquer les règles de droit féodal applicables en Touraine, Maine et Anjou. La même année, dans l'affaire de la succession de Champagne, la Cour du roi invoque la *consuetudo antiqua et per jus approbata in regno Franciae*. La coutume de Champagne sera mentionnée en 1224, la coutume de Poitou en 1227, la coutume de Flandre en 1235.

L'existence et la diversité des coutumes ainsi reconnues expriment la mutation profonde que subit le droit. La première mention certaine de la réserve lignagère date dans la région parisienne de 1209 ; le retrait lignager apparaît à Paris dans un acte de 1213, en Champagne en 1220, en Flandre en 1227. A la même époque, sont affirmés les droits de la femme douairière, le droit du seigneur au cas d'aliénation du fief, les devoirs des vassaux. La portée exacte des dispositions coutumières sera précisée au cours du XIIIe siècle, mais on assiste partout au début du siècle, avec quelques années d'écart selon les régions, au même phénomène de cristallisation de la coutume. Olivier-Martin parlait de sa « naissance spontanée » ; la nécessité y a plus de place que le hasard : le moment et le milieu étaient favorables et la Cour du roi a su très habilement les tourner à son profit.

Le milieu et le moment

On connaît le milieu intellectuel parisien. Le Droit romain ne jouit pas encore de la faveur qu'il aura vers 1240 ; la primauté appartient aux canonistes et ceux-ci sont traditionnellement favorables aux coutumes. Pour le Droit romain, comme pour le droit civil actuel, la loi ne peut être que générale et, comme la souveraineté, elle est indivisible. L'Eglise apparaît, au contraire, aux canonistes comme la réunion de communautés dont chacune a sa loi propre. Pour Grégoire le Grand († 604), la diversité des coutumes ne peut nuire à l'unité de l'Eglise (*Epistolae*, I, 9, ép. 43). Isidore de Séville († 636) distingue les lois et les « mœurs » qui sont « une certaine manière de vivre qui devient obligation et règle de vie » (*Etymologies*, II, c.X). Les collections canoniques et Gratien reprennent ces textes que glosent longuement les docteurs parisiens. Pour eux, la coutume l'emporte sur la loi ; elle peut concerner une ville, une province, un royaume ; encore faut-il pour être appliquée qu'elle ne soit pas contraire au droit naturel, c'est-à-dire à la raison. Par ce biais sont posées à la fois la question du Droit romain et celle des droits du roi. La *Summa monacensis*, qui date de 1175-1178, admet que la « coutume du pays » *(consuetudo patriae)* prévaut sur le Droit romain, mais elle ajoute aussitôt qu'elle peut être modifiée par une loi nouvelle.

C'est ce que sous-entendait la décrétale *Novit* qui, tout en reconnaissant le droit du roi *ratione feudi*, réservait l'existence possible d'une coutume favorable à Jean sans Terre. Nul cependant ne discute le droit du roi d'abroger les coutumes contraires à la raison : la *potestas* et la *jurisdictio* lui appartiennent et l'onction du sacre, dira Uguccio, lui impose d'en user pour la justice. Bossuet reprendra la formule : « Le roi est ministre de Dieu pour le bien. »

On ne peut souhaiter accord plus parfait de la théorie et de la réalité du moment : l'état du royaume ne permet pas encore au roi de faire des lois générales. Le recours aux coutumes lui permet d'éliminer le Droit romain et de respecter les particularités provinciales. L'autorité des coutumes vient du *consensus populi* mais leur application appartient à la Cour du roi qui peut ainsi en contrôler la portée. Le *jus gladii* est déjà l'*ultima ratio regis*.

Le moment était, d'autre part, favorable à la formation des coutumes. Depuis quelques années, l'administration royale s'était faite plus précise. Dans chaque « pays », ont été établis des baillis, investis de tous les pouvoirs, obligés de venir trois fois par an rendre compte de leur gestion devant la Cour du roi. En Ile-de-France, en Normandie, en Champagne, ils imposent l'autorité de leur maître, procèdent aux enquêtes, exercent la justice ; ils sont eux-mêmes soumis à un contrôle précis. Ils doivent donner « à chacun son droit », ce qui suppose que les droits de chacun et du roi lui-même soient clairement définis. Devant le bailli peuvent aboutir tous les procès de son ressort ; naturellement, il leur applique les coutumes qui sont alléguées par les parties et que ses jugements ont pour effet de rendre notoires et d'unifier.

Plus d'autorité encore s'attache aux arrêts que peut rendre la Cour du roi [14]. Avec l'institution des baillis qu'elle doit surveiller naît vraiment l'administration royale ; les prévôts n'étaient que des agents domaniaux prenant à ferme les revenus du roi ; le bailli est l'homme du roi ; à l'origine, il n'était qu'un délégué temporaire dont la compétence territoriale n'était pas définie ; mais, au début du XIIIe siècle, l'institution se stabilise ; l'idée toute nouvelle de circonscription administrative apparaît. De même que l'Eglise avait imposé son autorité en fixant des limites précises aux paroisses et aux diocèses, de même le pouvoir royal va quadriller le territoire pour l'administrer. Parallèlement apparaît, pour les principautés territoriales, la notion de frontière. L'exemple, une fois encore, vient de Normandie. Les limites, appuyées sur des cours d'eau, des forêts ou des circonscriptions ecclésiastiques, sont très nettes dès le milieu du XIIe siècle. Il en est de même pour la Flandre, tandis que du côté de la Champagne et de la Bourgogne la frontière, du fait de l'enchevêtrement des mouvances féodales, n'est pas linéaire et demeure souvent incertaine. Ce sera pis dans le Midi jusqu'à la Croisade : les comtés sont une réunion de droits presque sans assise territoriale.

« Toutes coutumes sont réelles »

Cette importance désormais donnée aux frontières administratives ou politiques imposera une territorialité du droit qui, dans la formation des coutumes, sera le fait essentiel. L'inégalité des personnes entraînait une inégalité du droit ; si les vilains sont soumis à la « loi de la terre », les nobles revendiquent le bénéfice d'un droit propre ; les clercs sont normalement justiciables des cours d'Eglise. Les bourgeois eux-mêmes obtiennent (à Laon en 1126, à Mantes en 1150, à Noyon en 1140 et 1181, à Tonnerre en 1174) le droit d'être jugés d'après leur loi personnelle : *lege qua vivit emendet.*

Dès les premières années du XIIIe siècle, la Cour du roi s'efforce d'imposer l'application réelle de la coutume [15] ce qui aujourd'hui encore est considéré comme l'affirmation de l'autorité de l'Etat sur un territoire (bibl. 534, p. 65). Les juristes orléanais, Revigny et Belleperche surtout, recherchent (ce qui est l'application de la méthode scolastique) « où et quand la coutume (ou suivant la terminologie italienne, le statut) s'impose aux étrangers ». Par exemple, la coutume anglaise attribue tous les biens à l'aîné et telle coutume française prescrit au contraire le partage égal entre enfants. Si un Normand meurt en Angleterre et laisse des biens en France dans le ressort de cette dernière coutume, l'aîné aura-t-il tous les biens ? Belleperche conclut qu'on suivra pour la dévolution des biens la coutume française « car elle est réelle » : *Ubi est consuetudo realis non inspecta persona ligat res gallicanas.*

La territorialité n'est d'ailleurs pas un principe simple : elle peut conduire à faire prévaloir en matière immobilière soit la loi du tribunal *(lex fori)*, soit la loi de la situation du bien *(lex rei sitae)*. La Cour du roi préfère au XIIIe siècle la *lex fori* qui permet à chaque juge d'appliquer sa propre loi et ainsi d'unifier la coutume de son ressort. Au XIVe siècle, la préférence ira à la *lex rei sitae* (Meijers, bibl. 534, p. 76).

La maxime « Toutes coutumes sont réelles » signifiait à l'origine que, sur un territoire donné, il n'y avait place que pour une seule coutume ; tous les biens, meubles et immeubles, s'y trouvaient soumis (c'est le sens même de « réalité »). La coutume fixait non seulement la forme des actes, les règles pénales, mais aussi, semble-t-il, les conditions de capacité, même de ceux qui n'étaient pas domiciliés dans son ressort. A l'inverse, une coutume n'était jamais applicable hors de son territoire : *unaquaeque consuetudo suo loco clauditur.*

Le système se justifiait par sa simplicité ; il correspondait à l'état politique du moment où chaque juge tranchait du souverain ; surtout, il devait servir la rapide formation des coutumes et la nette fixation de leur ressort.

III. LE MIDI ET LE DROIT ROMAIN

La diversité du Midi

Le Midi possède, grâce surtout à sa langue, une certaine unité culturelle ; il n'a aucune unité politique[16]. Les pays de la rive droite du Rhône ont appartenu au royaume d'Arles et de Vienne et font partie de l'Empire. En Provence, à Barcelone, à Toulouse, en Aquitaine, les familles comtales sont bien loin de posséder l'autorité d'un duc de Normandie ou d'un comte de Flandre.

En Provence, après la disparition des premiers comtes, vers 1040, et pour deux siècles, la rivalité est ouverte, au gré des mariages et des successions, entre la maison de Toulouse (qui s'établit dans le marquisat, ou comté Venaissin) et la maison de Barcelone (qui détient à partir de 1112 le comté). L'Aquitaine est sans frontière, avec deux métropoles, Bourges et Bordeaux. La dynastie poitevine des Guillaume tente, entre 1058 et 1137, de créer un Etat qui va de la Loire aux Pyrénées ; Aliénor qui en hérite apporte le duché d'abord à Louis VII et, deux mois après son divorce (1153), à Henri Plantagenêt, comte d'Anjou et duc de Normandie. En 1204, Philippe Auguste annexe la Normandie, l'Anjou, le Maine, le Poitou et la Saintonge, mais La Rochelle et Bordeaux restent à Jean sans Terre. Au traité de 1258-1259, saint Louis reconnaît au Plantagenêt Bordeaux et la Gascogne, le Périgord, le Limousin et l'expectative de la Saintonge, de l'Agenais et du Quercy. Le roi-duc dépensera d'ailleurs pour réduire la Gascogne « plus d'argent qu'elle n'en vaudrait si elle était mise en vente ». Le pays avait résisté aux Romains comme aux Francs (l'épisode de Roncevaux suffit à le rappeler). Après 850, des ducs nationaux sont les maîtres du pays entre Garonne et Pyrénées ; le dernier duc meurt en 1032 et déjà des dynasties locales dominent en Béarn, en Bigorre, en Fezensac, en Astarac, en Armagnac, en Lomagne, Magnoac, Tartas, Tursan, Marsan, Maremne...

La Catalogne a rompu tous liens avec la monarchie française depuis que Hugues Capet a refusé de la secourir contre El Mansour. La crise du XIe siècle, en ébranlant les structures traditionnelles, aboutit à renforcer sur des bases féodales le pouvoir de Raimond-Béranger Ier de Barcelone. Le pays est livré à la violence mais conserve une forte tradition juridique venue des codes visigoths encore appliqués au début du XIe siècle par des juges professionnels (P. Bonnassie, bibl. 230, p. 720).

Quant au comté de Toulouse, il est une expression géographique plus qu'un Etat. Il doit compter avec les dynasties de Carcassonne, de Béziers, de Comminges. Au XIe siècle, les deux branches de la famille des Raimond partagent une autorité souvent contestée. Au XIIe siècle, les comtes seront surtout préoccupés de leurs possessions provençales ou de leur fief de Tripoli. La bourgeoisie urbaine se substitue à un pouvoir vacillant. La croisade albigeoise, en opposant la *patria linguae occitanae* aux barons français, révélera la crise profonde que connaît le pays. Seule l'intervention de la royauté pourra imposer la paix. Le traité de 1229 et, après 1249, l'administration d'Alfonse de Poitiers prépareront l'entrée du Languedoc dans la mouvance française.

Varia species juris

La guerre des Albigeois donne au Midi la tardive conscience de son unité : jusque-là, l'absence de frontière, l'inconsistance des dominations féodales expliquent l'évolution du droit. Comme dans le Nord aux XIe et XIIe siècles, la coutume règle tous les rapports sociaux (*cf.* p. 108). Elle est de tonalités fort diverses[17].

En pays d'Empire, le fond du droit demeure romain ; mais il est infléchi, comme en Italie, par les pratiques vulgaires ou barbares. Les édits des empereurs germaniques reçoivent normalement application : ainsi, à Avignon, dans le fief de l'évêque, la *vinea vispalis*, est appliquée une loi de Frédéric Barberousse interdisant toute succession collatérale des tenures. Le fief, noble ou roturier, existe, mais il n'impose ni hommage, ni vassalité (G. Giordanengo, bibl. 427). La féodalité est plus puissante en Dauphiné, tandis que dans les vallées alpines les idées communautaires sont fort nettes (H. Pécout, *Etudes sur le droit privé des hautes vallées alpines de Provence et de Dauphiné*, 1907).

Le développement urbain a été relativement tardif. Le trafic méditerranéen profite au XIIe siècle aux villes de la vallée du Rhône, Saint-Gilles, Avignon et Orange, plus qu'à Arles, Marseille ou Aix. Les statuts d'Arles (milieu XIIe siècle ?), de Tarascon (1226), d'Aix (1235), de Sisteron (1237) ne contiennent pas de règle de droit privé. Les statuts de Forcalquier (1162), les premiers statuts d'Avignon, les statuts de Marseille, de Salon ou de Nice ne retiennent que quelques règles de droit privé qui concernent surtout les contrats et l'exclusion successorale des filles dotées[18].

En Catalogne, un jugement de 1071 (P. Bonnassie, bibl. 230, p. 720) fait état des « usages de Barcelone et d'Urgell ». D'après la tradition, les *Usages de Barcelone* auraient été promulgués en 1068 : il s'agit très probablement d'un recueil composite, parfois proche des *Exceptiones Petri*, compilé vers 1150 mais comportant des règles anciennes de droit pénal et de procédure et reconnaissant au comte, ce qui est fort remarquable à l'époque, un pouvoir quasi législatif[19].

La situation même de Montpellier, septimanienne et visigothique, située en Languedoc mais proche de l'Empire, a valeur d'exemple : on y allègue en 1085 le Droit romain, *sancta lex romana* (*HL*, t. V, col. 695), en se référant le plus souvent à l'*Interpretatio* de la loi des Visigoths. La plupart des citations sont faites à contresens (Meynial, bibl. 545). Les Coutumes de Montpellier, datées de

1204, mais dont la rédaction primitive doit remonter au moins à 1190, font la part belle au Droit romain puisque les juges doivent juger, faute d'autres règles, *secundum juris ordinem* ; elles conservent cependant bien des dispositions coutumières : pour la procédure, les voies d'exécution et les contrats, mais aussi pour le droit familial, les successions, l'exclusion des filles dotées ou la condition des époux.

Cinq siècles de domination romaine n'ont pas effacé l'opposition faite par César entre la *Gallia togata* et la *Gallia comata* où les influences celtiques ont persisté même sous l'Empire romain. Quand on quitte la Gaule narbonnaise, tout change : la toponymie, la religion, la coutume que révèlent les monuments funéraires. En Aquitaine, écrivait Camille Jullian, « les habitudes sont plus rudes, plus antiques, plus rurales ». La même opposition de l'Est et de l'Ouest persiste à l'époque franque.

Dans tout l'Ouest apparaît, au lieu de l'individualisme romain, la même solidarité du lignage. Ce qui frappe dans les coutumes ; c'est leur diversité. Le droit pyrénéen est plus archaïque, plus original que celui de la plaine ; on a l'impression que, comme pour la langue, la montagne est pour les coutumes un conservatoire ou un refuge. L'isolement a permis à des vallées, comme la Soule ou le Lavedan, de maintenir jusqu'au XVIIIe siècle leur ancien droit. La survie des fors de Béarn s'explique encore par l'histoire : les vicomtes ont maintenu leur autorité sur le pays et leur cour, comme la Cour du roi, a beaucoup contribué à fixer la coutume.

En Agenais, en Bordelais, en Bazadais, des coutumes régionales sont souvent mentionnées, mais, sauf de très rares exceptions, elles n'ont jamais été rédigées et sont demeurées au XIIe siècle « à l'état naissant ». Les raisons en sont les vicissitudes politiques déjà indiquées et l'indépendance acquise par les villes ; chacune d'elles a une charte confirmée par les souverains successifs, appliquée et interprétée par la cour bourgeoise, étendue parfois au pays environnant. Il peut s'agir de chartes de peuplement ou de simples « rapports de droit », fixant la condition des habitants et les pouvoirs du seigneur du lieu. Bien souvent aussi, les chartes reprennent des dispositions de droit privé, de droit pénal ou de procédure, empruntées à l'ancienne coutume du pays. Pour la Guyenne et la Gascogne, on a pu recenser 469 chartes ; leur nombre est plus grand encore pour le Toulousain ou le pays tarnais, où souvent d'infimes bourgades possèdent des consulats. Le pouvoir acquis par les villes plus importantes assure l'indépendance de leur tribunal et par là même la reconnaissance de leurs coutumes ; celles-ci réalisent une curieuse alliance de la tradition et du modernisme : pour les contrats qui sont la vie des affaires, la liberté est la règle ; dans les limites de la morale chrétienne et de quelques dispositions de police, chacun traite ses affaires comme il le veut. A Toulouse, par exemple, les pratiques juridiques, tout en étant très raffinées, demeurent fort éloignées des principes romains (M. Sicard, bibl. 274).

La tradition coutumière, d'autant plus forte que l'on se rapproche des Pyrénées ou de l'Atlantique, apparaît au contraire dans les dispositions du droit familial. Les chartes reprennent, souvent avec des variantes fort minimes l'ancienne coutume du pays, faisant ressortir son originalité. Les textes qui nous sont parvenus représentent le dernier état de la coutume dans lequel on peut retrouver les strates successives qui représentent les étapes de sa formation. La coutume de Marmande fournit à cet égard un parfait exemple : le texte connu a été publié en 1340, mais la première concession a été faite par Richard Cœur de Lion et date de 1182. Sur 381 articles, 86 doivent correspondre à cette rédaction primitive. Ont été ajoutés ensuite au début du XIIIe siècle 44 articles sur la procédure féodale, 36 articles sur les successions et les contrats de mariage, 98 articles sur le droit foncier, enfin 56 articles qui se réfèrent à l'ancienne coutume d'Agenais et concernent la répression des délits, les saisies, les preuves et le duel judiciaire. Toutes ces dispositions se retrouvent dans les chartes concédées à la même époque aux villes voisines, notamment dans la charte de Caumont qui date de 1289 et dont 221 articles (sur 261) se retrouvent à Marmande et dans la charte de Gontaud, sans doute plus ancienne, dont 183 articles (sur 209) se retrouvent à Marmande (P. Ourliac et M. Gilles, bibl. 19).

L'exemple de Marmande illustre bien l'histoire du Sud-Ouest aux XIIe et XIIIe siècles : possédée en 1182 par Richard Cœur de Lion, la ville passe en 1196 sous l'autorité des comtes de Toulouse qui paraissent n'avoir qu'indifférence pour la coutume. En 1219, la ville connaît l'un des sièges les plus meurtriers de la guerre albigeoise ; Amaury de Montfort, aidé du futur Louis VIII, emporte la ville et passe tous les habitants au fil de l'épée ; la charte de coutume est fort probablement détruite. En 1249, comme le reste de l'Agenais, la ville subit l'administration d'Alfonse de Poitiers qui est accusé à plusieurs reprises d'attenter aux coutumes. A la mort d'Alfonse, la ville est réunie au domaine français mais fait retour à l'Angleterre au traité d'Amiens de 1279, ce qui ouvre une période de grande prospérité. Dès 1294, les hostilités reprennent. Marmande est conquise par les Français jusqu'en 1303 où elle est rendue à Edouard III ; elle fait retour au roi de France par la paix de 1327 et sert de base avancée dans la guerre de Guyenne ; en paiement de leur fidélité, ses habitants obtiennent en 1340 la confirmation solennelle de leurs coutumes (dont cependant quelques articles sont « réservés » par les commissaires royaux).

IV. LES EFFETS DE LA RENAISSANCE

L'idée d'une « renaissance » du droit a exalté les imaginations romantiques. Carducci y voyait le lever du soleil après la nuit de l'an mil ; de la découverte des *Pandectes* datait une ère nouvelle qui avait assuré le triomphe de la justice et de la latinité, mais aussi cette *humana universitas* dont avaient rêvé les théologiens et que Dante promettait au monde (*Monarchia*, I, 7).

La propagation du Droit de Justinien est bien l'un des faits majeurs de la civilisation européenne : il n'y aura pendant sept siècles de science du droit que par lui. Aujourd'hui encore, tous les droits européens sont plus ou moins tributaires des catégories ou des formes qu'a imposées le Droit romain qui leur fournit une sorte de langage commun.

Un peu naïvement, les juristes de la fin du Moyen Age, comme les historiens du XIXe siècle, admettaient que la perfection technique du Droit romain lui avait assuré partout un facile succès. On parlait de sa « réception » et celle-ci était décrite comme un flot puissant qui aurait submergé un ancien continent et anéanti la déraison des anciennes coutumes. Quelques îlots coutumiers avaient pu subsister, un peu comme des buttes témoins résistant au débordement. D'autres, comme C.-G. Mor (*Studi per la storia... di Bologna*, 1956, p. 164) ont parlé du « miracle bolonais ». Nombreux pourtant étaient ceux qui se méfiaient de ce miracle (p. 61).

Il est difficile pour un peuple de changer de droit. L'opposition au Droit romain était dans tous les pays à la fois politique, sociale, culturelle. On ne peut mieux la comparer qu'à la situation actuelle de bien des pays africains : d'une part, un droit coutumier, traditionnel, archaïque, compris et accepté de tous, d'autre part, un droit savant apporté ici par les Européens, là par les légistes, à la fois mystérieux et redoutable, véhiculant avec lui d'autres concepts et d'autres modes de vie. Un droit savant enseigne la rigueur ; la rigueur intellectuelle, mais aussi une rigueur inflexible des rapports humains. La révolte des paysans allemands a été provoquée au XVIe siècle par l'action des *doctores legum* (H. Thieme, bibl. 156, VI). Comment, en effet, les communautés paysannes, habituées à user des forêts ou des terres vacantes, pourraient-elles comprendre les règles romaines des *jura in re aliena* ? Comment même les *rustici* pourraient-ils accepter les règles subtiles de la procédure ou du contrat romains ?

La forme et le fond

On a souvent confondu la connaissance du Droit romain et son application : des formules romaines, reprises dans les actes, des renonciations qu'ils contiennent aux règles des *Pandectes*, on a témérairement conclu à la romanisation d'un pays. C'est oublier l'écart qui peut exister entre la forme et le fond : le Rouergue, par exemple, a paru précocement converti au droit savant (dès le milieu du XIIe siècle), alors que les actes écrits à la même date dans la langue du pays prouvent que leurs rédacteurs n'avaient pas la moindre idée du Droit romain. On possède parfois pour un même contrat deux rédactions : dans l'acte en rouergat, la volonté est exprimée en quelques phrases avec une simplicité que rien ne vient entamer ; dans l'acte rédigé en latin, on découvre au contraire l'intervention d'un *causidicus* ou d'un *magister* venu de Montpellier ou de Béziers pour faire en Rouergue une profitable carrière (P. Ourliac, bibl. 568, p. 177-184). Toute la science du rédacteur tient sans doute en quelques formules mais qui suffisent à donner à l'acte une allure et aussi une longueur nouvelles. La bonne foi des contractants, la spontanéité de leur engagement, leur volonté de renoncer à des règles romaines qu'apparemment ils ignorent, sont longuement exprimées. La différence de langue révèle bien l'écart qui existe, au moins jusque vers 1220, entre les idées romaines véhiculées par le latin du notaire et la réalité quotidienne. « Dieu nous garde de l'et cetera du notaire ! » exprime une méfiance qui ne peut être oubliée[20].

L'intervention des notaires est, en effet, l'un des faits majeurs de l'histoire sociale des XIIIe et XIVe siècles. Ils sont des « demi-savants », toujours présents entre les parties pour donner une forme romaine à leur pensée ; rédigeant, conseillant, ils font évoluer la pratique et deviennent les agents les plus actifs de la romanisation.

Le progrès du Droit romain défie parfois toute logique. En Provence, par exemple, on ne l'a pas reçu d'Italie : Nice et Grasse marquent un sensible retard sur Arles (qui est, par essence, la ville « impériale »). La Septimanie est romanisée avant la Provence (Carlin, bibl. 272), le Rouergue avant Toulouse. Ces disparates persisteront longtemps : en 1340, Bernard-Ezi d'Albret, faisant son testament, indique que ses domaines, pourtant assez exigus, sont soumis, les uns – ses terres de Nérac et d'Agenais – au Droit romain, les autres aux coutumes des Landes, de Bordeaux ou de Bazadais (R. Boutruche, bibl. 237 p. 498).

La forme des actes devient romaine à Arles ou en Septimanie dès 1120-1130, quelque trente ans plus tard en Provence. Les ventes comportent des clauses de garantie dont la portée sera peu à peu précisée, on affirme la liberté des contractants, on indique qu'ils agissent sans dol ni fraude, on stipule longuement les obligations de chaque partie. En même temps, les malédictions ou les clauses pénales, fréquentes encore au début du XIIe siècle pour assurer l'exécution des actes, disparaissent. La contre-épreuve est fournie par les renonciations, soit générales, portant sur toute application du Droit romain, soit spéciales, portant sur des lois romaines dont l'énumération est sans cesse grossie : on renonce *omni exceptioni et juri* en Septimanie dès 1149, à Marseille en 1173, à Arles en 1185, à Avignon en 1195, à Aix en 1200, à Nice en 1203 ; un peu plus tard, les mineurs, les femmes mariées renoncent à la protection des lois romaines, les cautions au bénéfice de division, les débiteurs à l'exception *non numeratae pecuniae* (ce qui ne leur permet pas de discuter la teneur de l'écrit : A. Gouron, bibl. 430).

La Savoie ne connaît un retard que de quelques années (P. Duparc, bibl. 357 ; L. Chevailler, bibl. 290). La résistance du Languedoc est, au contraire, très nette. Il ne s'agit pas d'ignorance du Droit romain, mais de rejet : une preuve en est donnée par les actes de vente toulousains ; pendant un siècle, de 1160 à 1260, l'indication du prix n'y figure pas, ce qui est le moyen imaginé par la pratique pour éluder tout recours aux règles romaines de la lésion.

Le vocabulaire romain n'apparaît guère à Toulouse avant le milieu du XIIIe siècle. Jusque-là, les renonciations ne figurent que très exceptionnellement dans les actes qui intéressent le comte ou l'évêque ; elles deviennent au contraire courantes entre 1250 et 1260, c'est-à-dire très exactement à l'époque d'Alfonse de Poitiers (M. Sicard, bibl. 274, p. 528-563).

Les études qui ont été consacrées aux diverses provinces font ressortir une coïncidence remarquable : partout, si l'on met à part le Sud-Est, les mêmes clauses apparaissent sensiblement à la même date ; les renonciations générales ont été signalées en Bourgogne en 1240, à Paris en 1252, en Flandre en 1244 ; les renonciations à l'exception *non numeratae pecuniae* apparaissent en Normandie en 1230, à Paris en 1238, en Hainaut en 1241, en Flandre en 1249, les renonciations au sénatus-consulte Velléien en Bourgogne en 1249, à Paris en 1260, en Flandre en 1263, à Toulouse en 1268, en Hainaut en 1276, en Normandie en 1277. En Alsace, en Valais, en Bretagne, en Frise, l'évolution est identique.

Les clauses de renonciation témoignent tout à la fois de la présence de scribes ou de notaires qui connaissent les lois romaines et du souci des parties de s'en prémunir. Bien des nuances apparaissent d'ailleurs dans la rédaction des actes ; en Normandie, les officialités jouent un rôle essentiel, tandis que les justices laïques sont plus réticentes. En Valais, les monastères résistent aux entreprises des notaires impériaux. A Toulouse, ce sont les églises et les grands qui recourent les premiers aux formules romaines. Dans tout le Midi, l'hostilité aux légistes va jusqu'à leur interdire parfois d'être avocats ou même à les faire bannir de la ville.

Un fait essentiel domine cependant ces diversités : toutes les provinces subissent vers 1250 le « choc romain », mais à raison de l'état de leur droit comme des conditions politiques les effets en seront très différents.

Au nord de la Loire, en Poitou, en Bourgogne, les coutumes existent depuis quelque trente ans ; elles sont protégées par le pouvoir royal, appliquées par les baillis ; même les juristes de l'école d'Orléans reconnaissent qu'elles représentent la volonté du peuple, la *tacita voluntas populi* (Belleperche) et qu'elles valent comme droit, *resultat jus* (Revigny). En Languedoc, au contraire, et dans tout le Sud-Ouest, les coutumes ont moins de consistance. Les villes sont leur champ d'élection et les juridictions municipales qui les appliquent sont, après la croisade, tenues en suspicion. En 1249, Alfonse de Poitiers succède à Raimond VII ; ses conseillers, par formation, mais aussi par volonté politique, sont défavorables aux droits locaux ; à des coutumes qu'ils comprennent et connaissent mal, ils préfèrent la netteté du Droit romain qui leur permet d'assurer dans le pays leur autorité. Ils furent même assez habiles pour persuader les sujets du comte que le Droit romain était leur droit propre et qu'il sauvegardait leur originalité. Leur action fut d'ailleurs servie par l'état d'esprit des Méridionaux. Même s'ils l'appliquaient mal, ils n'avaient aucune prévention contre le Droit romain et dans la lettre circulaire qui annonce la création, en 1229, de l'Université de Toulouse, Garlande, sérieusement ou par jeu rhétorique (A. Vernet, « Langue et littérature latines », *Annales Ecole pratique Hautes Etudes*, 1978, p. 620), promet aux étudiants de lire les livres romains que la bulle *Super specula* avait interdits à Paris.

La tradition romaine apparaît bien dans l'attitude observée à l'égard de la coutume. Tandis que, dans le Nord, les coutumes existaient d'elles-mêmes et constituaient le droit, le Midi conserve la superstition de l'écrit ; les coutumes n'existent que si elles sont confirmées par une charte : ce sont de telles confirmations que les villes demandent au nouveau pouvoir, reconnaissant par là l'autorité du comte ou du roi de créer la coutume et d'en contrôler l'application. Alfonse de Poitiers exerce fermement ce contrôle ; ses commissaires enquêtent sur les coutumes et ne les admettent que si elles sont établies et « ne touchent pas aux droits du comte ». Même le commentateur de la coutume de Toulouse reconnaît que *voluntas domini regis in suo regno facit jus* et que les coutumes tirent leur force de la confirmation royale (éd. H. Gilles, bibl. 33, p. 169)[21].

La royauté ne pouvait que faire sienne cette opinion si même elle ne l'inspira pas. En 1254, saint Louis précise que, dans la sénéchaussée de Beaucaire, on applique de « temps immémorial » le Droit romain, « non pas parce que son autorité nous y oblige ou nous y astreint, mais parce que nous ne jugeons pas que là et pour le moment on doive modifier ses dispositions ». Une ordonnance de 1312 de Philippe le Bel dira de même que le Droit romain ne s'applique qu'« en vertu de la permission de ses ancêtres et de la sienne » et que ses sujets « ne sont pas liés par ses règles en tant que droits écrits, mais par une coutume conforme au droit qui s'est introduit dans l'usage ». Le Parlement de Paris reprit aussitôt cette analyse (*Olim*, t. II, p. 557 ; t. III, p. 781) qui jamais plus ne fut remise en question.

En Provence, dans le comtat Venaissin, en Catalogne, rien ne s'opposait au progrès romain. Les coutumes de Barcelone, promulguées en 1283 par Pierre III, révèlent une nette influence du Droit romain. Il en est de même des statuts des villes provençales : l'importance prise par les notaires, la pratique des officialités stimulèrent une romanisation rapide.

Pays de coutumes et pays de droit écrit

De même que dans le Nord l'autorité des coutumes vient de l'autorité royale, de même en Languedoc, le succès du Droit romain est dû à une volonté politique. L'habileté du pouvoir a été dans l'un et l'autre cas de tirer parti au mieux de circonstances différentes et d'infléchir l'évolution dans le sens qui le servait.

En 1251, Blanche de Castille reconnaît qu'une partie du royaume est régie par le droit écrit, tandis que le reste obéit à la *consuetudo gallicana* ; cela même imposait à la Cour du roi, à laquelle était maintenant reconnu le droit de recevoir les appels de tout le royaume, de faire application du Droit romain aux appels venus du Midi. Les juges, précisent les ordonnances, doivent, pour « ouïr les causes », comprendre la langue du pays.

Les différences de procédure durent jouer un rôle plus important encore : le Droit romain imposait un libelle appellatoire que ne connaissait pas le droit coutumier. Une ordonnance de 1278 (publiée quelques années après l'annexion du Languedoc) eut un rôle clarificateur ; les causes venues des six sénéchaussées du Midi : Toulouse, Carcassonne, Beaucaire, Périgord, Rouergue et Quercy, furent jugées non par la Chambre des plaids, mais par des auditeurs spécialement nommés ; ce fut l'« auditoire de droit écrit » qui, bien qu'il fût une émanation de la *Curia regis*, siégea à Toulouse en 1280 et 1290 ; il fut vite rétabli à Paris et reçut compétence pour juger les appels des pays de droit écrit. L'auditoire devait disparaître en 1318, mais reparut occasionnellement au XIVe siècle[22].

A cette époque, la division des pays de coutumes et des pays de droit écrit était encore imprécise, surtout pour l'Aquitaine et la Bourgogne. La limite acquit par la suite une grande rigidité : elle constituait une ligne brisée qui allait de l'île d'Oléron au lac Léman, et coupait l'Auvergne à la hauteur de Murat et de Saint-Flour. L'Angoumois, la Marche, la Haute-Auvergne, le Bourbonnais, une partie de la Bourgogne et la Franche-Comté étaient pays de coutumes ; la Saintonge, le Périgord, la Basse-Auvergne, le Gévaudan, le Velay, le Forez, le Lyonnais, la Bresse et le pays de Gex suivaient le droit romain. L'Alsace, terre d'Empire, reçut le droit romain, comme l'Allemagne, après le XIVe siècle. Il existait des enclaves romaines en Haute-Auvergne, tandis que Saint-Jean-d'Angély, en Saintonge, avait des coutumes. En Bourgogne, la plupart des terres d'outre-Saône et le Mâconnais étaient pays de droit écrit. Les régions bordant l'Atlantique et les Pyrénées, bien que réputées de droit écrit, conservèrent longtemps leurs coutumes.

Il existe, surtout à l'Ouest, une coïncidence assez remarquable entre cette limite et la frontière des parlers provençaux et français ; en Auvergne, on constate dans les deux cas les mêmes hésitations. A l'Est, le domaine des parlers franco-provençaux correspond en général à des pays de droit romain. Les raisons que l'on a avancées pour expliquer la frontière linguistique – configuration géographique, voies de communication, différence ethnique, divisions politiques, migration de populations – pourraient aussi être invoquées pour la frontière juridique, mais aucune n'emporte la conviction. Vers la Bourgogne, ce sont les vicissitudes politiques qui paraissent avoir été déterminantes : ainsi, une partie de la Bresse châlonnaise serait restée pays de droit écrit (aux limites encore imprécises au XVIIe siècle) après avoir été cédée en 1289 par la Savoie à la Bourgogne (G. Jeanton, bibl. 141, t. II, p. 23-45).

CHAPITRE III

ESSAI DE GÉOGRAPHIE JURIDIQUE

Entre 1210 et 1230, le droit avait évolué fort vite. Chaque province avait réagi à la montée du Droit romain avec ses traditions propres. Mieux que le Midi, le Nord avait affirmé sa fidélité aux anciens usages.

Le Droit romain, par cela même qu'il en contestait l'existence, imposait de mieux définir la nature des coutumes. Elles n'étaient à l'origine qu'une sorte de mode juridique à laquelle on se soumettait par habitude ou par conformisme ; comparées et opposées au Droit romain, elles acquéraient une force obligatoire qui changeait la mode en droit. Revigny, observateur lucide de l'évolution qui s'accomplissait sous ses yeux, détermine à la manière scolastique l'origine de la coutume : elle est un droit non écrit qui naît de l'usage, lequel n'était qu'un fait (*nomen facti*), comme l'effet provient de la cause (*Lecture sur les Institutes,* 1, 2, §19, *Ex non scripto*).

Le fait se mue en droit si l'usage est ancien et persiste (*longa, inveterata consuetudo*), s'il est sans cesse répété (« une fois n'est pas coutume », dira Loisel), s'il est notoire. Suivant la théorie des canonistes, on donne pour fondement à la coutume l'approbation du peuple (*voluntas utentium*) ; la coutume existe par l'*opinio necessitatis* qui n'est autre que la croyance ou le consentement à sa force obligatoire. Une coutume se forme dans le temps. On admettra souvent que le délai de prescription de trente ou quarante ans est normal ; la coutume devient « notoire » si elle a été admise par des jugements concordants et le précédent jucidiaire aura en France (comme en Angleterre pour la *common law*) un rôle essentiel [1].

Les juristes français réserveront toujours les droits du roi : s'il est « tenu à garder et faire garder les coutumes de son royaume » (Ph. de Beaumanoir, bibl. 4, n° 1758), il peut les confirmer, les réformer si elles sont mauvaises, mais aussi y déroger.

Les coutumes sont bien loin, on le voit, d'avoir la fixité d'une loi écrite ; elles naissent au gré des précédents, ce qui pose le problème des « lacunes » qu'elles comportent inévitablement et auxquelles il est nécessaire de suppléer ; elles évoluent et les règles anciennes peuvent être abrogées par la désuétude tandis que des nouveautés peuvent apparaître. A l'occasion de chaque procès, les parties doivent établir non seulement les faits de la cause, mais la règle de droit applicable ; la preuve doit porter non seulement sur les faits, mais encore sur la coutume alléguée (tout au moins si elle n'est pas notoire) puisque, comme l'indiquera par exemple Accurse, la coutume *pendet ex facto, quod factum est necesse probari.*

On peut s'en remettre pour cette preuve, comme à Bordeaux ou en Normandie, à des « sages », *savis en leys, legales homines*, ou, comme à Toulouse et dans les villes du Nord, aux consuls ou aux échevins ; plus normalement une enquête est ordonnée qui, à l'origine, aussi bien dans le Nord que dans le Midi (*Olim*, t. I, p. 450, 463), prenait la forme d'une enquête ordinaire. Une ordonnance de saint Louis de 1270, issue de l'idée exprimée par un arrêt du Parlement de 1269 que le roi doit connaître les coutumes de son royaume (*Ad ipsum spectaret scire consuetudines regni sui* ; L. Delisle, bibl. 78, p. 118) donna à cette enquête la forme précise de l'enquête par turbe : la turbe est un jury (de dix à vingt personnes à l'origine), jury de « sages » exprimant la *vox populi*, qui, interrogé sur l'article allégué, doit rendre un verdict unanime *(per os unius ex ipsis)* [2].

Les faits juridiques, comme les faits linguistiques, sont fort divers ; il existe cependant entre eux une cohérence qui tient autant à la tradition qu'à l'imitation. Comme nous l'avons déjà vu, chaque pays en vient à avoir sa coutume, aussi différente des coutumes voisines que peuvent l'être les dialectes picard, normand ou limousin. De même qu'il existe des aires dialectales (dont rendent si bien compte les *Atlas linguistiques*), de même il existe des aires juridiques ou des « familles de coutumes » de même inspiration et sans doute de même origine. Les lignes de clivage répondent à des conceptions différentes de la parenté, de la famille, de la communauté, de la féodalité.

La géographie coutumière du Nord est connue, au moins dans ses grandes lignes, du fait même que les coutumes ont été assez vite cristallisées et qu'elles ont été appliquées pendant six siècles (section I). Avant même leur rédaction officielle au XVIe siècle, ces coutumes ont été pour la plupart décrites et commentées dans des coutumiers (section II). Dans le Midi, au contraire, les coutumes n'ont survécu que par accident ; elles ont été, avant même d'être formulées, contrebattues par le Droit romain (dont il sera traité au chapitre suivant). Si l'existence ancienne d'aires coutumières est certaine, elles sont loin d'avoir la même netteté et la même cohérence (section III).

I. LES PAYS DE COUTUMES

Quand, dans chaque province, les coutumes prirent forme, les commentateurs eurent le désir normal de les comparer ; ils voulaient, comme le dira Bourjon (bibl. 5), les « réunir, les arranger, les simplifier » par des rapprochements adroits afin de préparer leur unification. A cette étude « descriptive et énumérative », on doit substituer une histoire « explicative et synthétique » dont le modèle a été donné par les études de Jean Yver (bibl. 709). S'il existe beaucoup de ressemblances entre des coutumes voisines qui leur donnent un « air de famille », les diversités provinciales doivent surtout retenir l'attention. Elles tiennent aux origines et révèlent, mieux que tout autre témoignage, les structures et les mentalités de l'époque pré-coutumière. On a pu parler même d'ethnologie juridique (E. Le Roy Ladurie bibl. 504).

Chaque pays est une sorte de creuset (p. 35) dans lequel se retrouvent et s'allient les éléments les plus divers : traditions juridiques, mais aussi facteurs ethniques, conditions géographiques, influences politiques et sociales. L'image qui conviendrait le mieux est celle de « noyaux coutumiers ». Dans quelques provinces, la Normandie par exemple, la coutume, formée de bonne heure, garde des arêtes vives ; les mêmes dispositions sont reprises dans les provinces voisines, mais édulcorées et comme affadies. Dans d'autres pays, l'Ile-de-France par exemple, ouverts sur l'extérieur, le droit autochtone s'est vite assoupli au gré des rencontres et des influences. Les coutumes des pays de marche représentent souvent un moyen terme entre des inspirations différentes : ainsi les coutumes du Berry ou de l'Auvergne situées à la lisière des pays de droit écrit.

Cette diversité apparaît encore dans la délimitation des ressorts (ou « détroits », *districtus*) coutumiers. Dans l'Ouest et le Centre, les coutumes s'étendent normalement à une province : Normandie, Bretagne, Anjou, Maine et Touraine, Berry, Auvergne, Bourbonnais. Dans le Nord, la coupure entre la Flandre et, d'autre part, la Picardie et la Wallonie est très nette, mais bien des coutumes urbaines se sont maintenues : à Lille, Amiens, Liège ; à côté des coutumes d'Artois et de Picardie, par exemple, existent de nombreuses coutumes locales souvent fort différentes d'elles. Dans tout le domaine royal, le détroit de la coutume correspond souvent à un bailliage (p. 149). Dans l'Est, les coutumes désignées le plus souvent par le nom d'une ville (Troyes, Reims) sont fort nombreuses et leur ressort est souvent fort limité.

Les coutumes de l'Ouest

Les pays de l'Ouest, Normandie, Bretagne, Touraine, Maine, Anjou, Poitou, Guyenne, n'ont constitué, comme il a été dit, une unité politique qu'à l'époque d'Henri II et d'Aliénor d'Aquitaine (J. Boussard, bibl. 235). La parenté de leur droit a pu être renforcée par la domination des Plantagenêts mais elle existait, croyons-nous, bien avant celle-ci.

La dissémination de l'habitat, l'individualisme paysan, le caractère bocager du paysage rural ont été bien souvent indiqués par les géographes (Dion, *Essai sur la formation du paysage rural français*, p. 10). Les historiens ont noté, spécialement dans le Maine et en Bretagne, la persistance de petites exploitations et l'absence de tout régime domanial. L'Ouest a été soustrait de très bonne heure à l'influence romaine ; il a subi, plus que tout autre pays, les invasions normandes, et celles-ci ont eu pour premier effet le démantèlement des grands domaines qui pouvaient exister (l'exemple de Saint-Wandrille étant le plus net : F. Lot, *Etudes critiques sur l'abbaye de Saint-Wandrille*, 1913) et aussi, l'implantation de seigneuries rurales.

L'emprise de la féodalité est générale et elle est marquée par l'union très nette qui existe entre le fief et la justice (R. Villers,

Mémoires de l'Académie de Caen, 1952, p. 219-245). Si la justice des grands crimes n'appartient qu'au seigneur supérieur, la basse justice appartient à tous les tenants-fiefs. Les droits, tels que la confiscation de l'immeuble au cas d'hérésie et de suicide ou le droit de bâtardise, qui ailleurs ressortissent à la haute justice, appartiennent ici au bas-justicier, c'est-à-dire au seigneur dont le bien est tenu en fief. Les banalités sont elles-mêmes un attribut normal de la basse justice.

Pour la classe supérieure, droit féodal et droit familial sont forcément liés ; toute division du fief peut compromettre les droits du seigneur ; d'où la préférence partout reconnue à l'aîné ; les puînés et les filles sont au contraire sacrifiés à la famille. Les solutions divergent selon les coutumes, mais l'esprit est toujours le même (p. 320). L'aîné, même s'il ne prend dans la succession qu'une « part avantageuse » (normalement les deux tiers), est le seul héritier des meubles et il a seul la charge des dettes. Il demeure aussi le chef de la famille, ce que marque bien l'institution du parage : même s'il y a partage entre frères, l'aîné demeure le « miroir de fief », tenu seul de l'hommage à l'égard du seigneur.

A cette solidarité du lignage répond l'idée très forte – qu'il s'agisse de fiefs ou de biens roturiers – d'une propriété éminente de la famille. Un bien doit toujours revenir, au cas de succession collatérale, à la « souche », c'est-à-dire à son origine. C'est le système dit de la « représentation à l'infini » ou « parentélaire » (p. 321). Le droit de succession tient à la communauté de sang et il est inamissible : même les filles dotées ne peuvent y renoncer ; toute aliénation, tout legs d'un bien de famille se heurte aux institutions de la réserve ou du retrait qui ont dans tout l'Ouest une force particulière. La force du lignage l'emporte toujours sur celle du ménage. S'il existe, hors de Normandie, une communauté entre époux, elle est limitée aux meubles et ne commence normalement qu'un an et un jour après le mariage. Le mariage ne peut en aucun cas permettre de faire passer un bien d'une famille à une autre, avec cependant une exception qui marque bien la situation faite à la femme : le mari veuf garde sa vie durant les biens qu'il tenait de sa femme.

En Poitou, la plupart de ces traits se retrouvent mais sous une forme très atténuée. Ils sont, au contraire, poussés à l'extrême en Normandie : le fief est indivisible ; les filles sont normalement exclues de la succession ; le régime parentélaire a une force qu'il n'atteint nulle part ailleurs. Cela tient à l'origine même de la coutume (J. Yver, bibl. 706) ; elle a été la première formée et après la conquête française jalousement défendue par les Normands, fidélité au passé souvent taxée d'archaïsme ou de conservatisme.

Le droit normand exprime et conserve le droit de la classe supérieure (on ne peut dire encore de la noblesse) ; les coutumiers normands ignorent les vilains et les vilenages parce qu'au moment où se formait la coutume chaque domaine avait son droit propre que la justice publique n'avait pas à connaître. Seul comptait le droit des fiefs, le *Lehnrecht* dont la préoccupation première est d'assurer l'intégrité du fief.

Dans l'unité et la cohésion du lignage, on a souvent vu une « attitude mentale » (G. Duby, bibl. 350, p. 267) ; elles sont aussi une réalité sociale ; celle-ci est plus nette en Normandie que dans le Nord, car le système féodal a conduit, comme l'avaient voulu sans doute les Carolingiens, à une hiérarchie des vassaux et à une définition précise des services dus.

Comme les familles aristocratiques sont prolifiques, les cadets, tels les fils de Tancrède de Hauteville en Sicile, iront, dès 1040, courir l'aventure. Ils apporteront dans les Etats qu'ils fondent les institutions féodales normandes. Les sources siciliennes, mieux que les sources françaises, prouvent bien la précision et la rigueur qu'avaient acquises les institutions dès le XIe siècle. Les mêmes remarques peuvent être faites pour les principautés normandes de Syrie.

Le groupe picard-wallon

Les pays flamand, picard et wallon se situent au nord du pays de Caux, du comté de Clermont-en-Beauvaisis, du Valois et du Vermandois et s'étendent jusqu'à la mer du Nord. Ces pays n'ont pas d'unité juridique et le premier, Meijers a indiqué (bibl. 532) une ligne de séparation qui répond presque exactement à la limite du wallon et du flamand : au sud sont les coutumes que Meijers appelait belgo-helvétiques et que Jean Yver rattache plus simplement au groupe picard-wallon. Au nord sont les coutumes flamandes que Meijers qualifiait de « liguriennes ».

Meijers avait fondé son analyse sur le droit successoral qui, en effet, est le meilleur révélateur des structures familiales ; il retrouvait les caractères de l'hypothétique droit ligurien en Ligurie et en Corse, dans le Valais et le pays vaudois, en Autriche, mais aussi en Auvergne, en Lorraine, en Bourgogne, dans tout l'Ouest de la France, dans le pays basque. Jean Yver se borne à un constat, combien significatif, des oppositions que révèlent les plus anciens monuments du droit (bibl. 707).

La Picardie, moins ouverte à la mer que la Normandie et la Flandre, faisait partie à l'époque romaine de la seconde Belgique, et sa métropole religieuse était Sens, et non Rouen. L'Artois est une province artificiellement formée par le comte de Flandre, Philippe d'Alsace, pour constituer la dot de sa nièce quand elle épousa en 1180 Philippe Auguste. Tandis que la Bresle marque une limite nette avec la Normandie, la même zone agricole s'étend de la Meuse et de la Sambre jusqu'aux pays de la Somme et de l'Oise. Bien des dictons populaires rappellent que les habitudes et le comportement du Picard et du Wallon sont différents de ceux du Brabançon ou du Flamand.

En Picardie, les toponymes font bien apparaître la prédominance gallo-romaine et l'existence de domaines assez petits ; les vocables gaulois sont relativement rares ; au contraire, les noms germaniques paraissent établir que les Francs ont résidé dans les régions humides de la Flandre et ne se sont guère aventurés dans la vallée de la Somme ou les plateaux du Cambrésis. Le fait majeur demeure ensuite le maintien relatif de l'autorité royale et l'apparition tardive de la féodalité.

Le lignage crée une solidarité aristocratique qui impose avant tout le maintien du patrimoine. Les solidarités paysannes n'apparaissent d'après Robert Fossier (bibl. 384, p. 709) qu'au XIIe siècle dans le cadre de la paroisse ou de la seigneurie, à la suite de l'adoption, assez tardive, semble-t-il, de l'assolement triennal. Il est pareillement constaté que la « cellule conjugale » se substitue à la famille large dissociée surtout dans les régions où règne la paix.

Le témoignage des actes doit être complété par celui des coutumes qui révèlent mieux la mentalité profonde d'une population. L'esprit, dans tout le pays picard-wallon, est foncièrement communautaire. La cellule conjugale est bien plutôt une cellule familiale qui associe parents et enfants vivant ensemble et qui fait masse des biens venus de toutes parts : les biens du mari et de la femme sont confondus bien qu'ils viennent de lignages différents ; les biens acquis même par les enfants accroissent à la communauté.

L'époux survivant, au moins s'il est né du mariage un enfant « vivant et pleurant », emporte tous les biens du ménage ; c'est le « ravestissement », très net en Brabant et en Hainaut (p. 306). Un enfant qui abandonne la communauté, une fille, par exemple, si elle va habiter chez son mari, perd, au moins anciennement, tout droit à la succession de ses parents. Toute représentation successorale est exclue. Une particularité remarquable du droit successoral est enfin le partage par lits : les biens du premier mariage vont aux enfants du premier lit, au moins dans les pays de ravestissement ; le remariage de l'un des parents crée une seconde communauté. Ailleurs, la moitié de la communauté va aux enfants du premier lit, quel que soit leur nombre, l'autre moitié allant aux autres enfants.

Ces règles sont le plus souvent connues par les coutumiers urbains, ce qui est bien compréhensible : la fusion des biens qu'implique l'existence de la communauté convient mieux à des biens mobiliers qu'à des immeubles et à des biens roturiers mieux qu'à des fiefs (qui en sont d'ailleurs expressément exclus en Artois et à Lille). Les bourgeois des XIIe et XIIIe siècles ont conservé, indique justement Jean Yver, la tradition communautaire des paysans qui vivaient sur les manses et les *meisenieden* du droit brabançon. La même solidarité, créée par les défrichements communs, existe sans doute entre les « hôtes ».

Le fait certain, opposant la région à la Normandie, demeure qu'ici le « modèle » est paysan ou bourgeois et non féodal. « Les biens féodaux ne forment nullement un trait spécifique de la société aristocratique » (R. Fossier, bibl. 384, p. 551).

Les coutumes flamandes

En Flandre, le *hofstede* a été le vrai centre de peuplement ; il est une unité qui se suffit à elle-même. L'eau est partout présente ; toujours la circulation est active (qu'on songe au carrefour de Bavai où convergent les sept chaussées de Brunehaut). *Terra valde populosa,* dit l'auteur de la *Vie de Louis le Gros.* La civilisation est essentiellement urbaine ; le Flamand est citoyen d'une ville, fidèle d'une paroisse, membre d'une confrérie, mais appartient avant tout à une maison et à une famille. Sans être aussi net que celui du duc de Normandie, le pouvoir du comte de Flandre est partout affirmé dès Baudouin II († 918) : il est le *dominus terrae*, le *naturalis dominus*. Le pouvoir demeure féodal ; dans le sud de la Flandre, au début du XIe siècle, les comtes de Boulogne, de Ternois, de Saint-Pol et de Guines acquièrent une semi-indépendance, cependant que le Hesdin, Lillers et Lens entrent dans l'orbite flamande. Dans la Flandre impériale, en Hainaut, en Zélande, la haute justice échappe souvent au comte ; malgré la puissance que confèrent à celui-ci de nombreux revenus perçus sur ses domaines propres, le comté n'a pas une véritable homogénéité et sa consistance est modifiée au gré des douaires et des apanages.

Le régime domanial, d'après Henri Pirenne, ne se serait jamais implanté en Flandre. Dès le début du XIIe siècle, les bourgeois, souvent alliés à la noblesse, à Bruges et à Gand notamment, ont affirmé leurs droits ; ils prétendent participer au gouvernement et à la justice. Le droit flamand a longtemps ignoré l'appel et chaque échevinage décide souverainement de la coutume applicable (d'où la multiplicité des textes coutumiers).

Le statut des fiefs demeure à part et ne paraît avoir eu aucune influence sur la formation du droit. Le droit bourgeois est normalement égalitaire et le trait coutumier le plus net est le maintien d'une égalité absolue entre enfants. Nul ne peut faire un « enfant chéri ». L'idée communautaire réapparaît cependant dans les partages par lits : les enfants d'un même mariage comptent ensemble pour une seule personne. L'origine des biens n'est pas pour autant perdue de vue (comme elle l'est dans les coutumes égalitaires de Wallonie) ; dans toute succession existe la représentation à l'infini : les enfants représentent leurs parents ou leurs grands-parents aussi bien en ligne directe qu'en ligne collatérale ; la succession collatérale implique une division par souche, admettant non seulement la « fente » qui est la division par moitié des meubles entre parents paternels et maternels, mais la « refente » successive entre les descendants des grands-parents et des arrière-grands-parents. Les biens doivent faire retour à la ligne d'où ils sont censés provenir. Le principe est même si absolu que l'existence d'une communauté universelle entre époux n'empêche pas que le survivant n'ait qu'un droit viager sur la part de son conjoint ; les enfants du mariage restent nus-propriétaires. Une autre règle rappelle sans doute la « grande famille » ancienne où les petits-fils de mêmes grands-parents étaient élevés ensemble : le « pareil degré » fait préférer les descendants aux ascendants et les cousins aux oncles et tantes.

L'ancienneté de ce droit est probable, mais son origine est toujours discutée. Ficker avait jadis pensé à une origine frisonne, à moins qu'elle ne soit burgonde. Meijers, on l'a dit, étudiant l'extension géographique des règles flamandes, a cru constater qu'elles avaient existé surtout dans les régions peu accessibles et les a attribuées à une race alpine qui ne peut être, selon lui, que la race ligure. Il ne s'agit en tout cas ni de droit romain, ni de droit franc. Si l'origine ligure est une hypothèse invérifiable, il demeure possible qu'un droit autochtone, au surplus d'une simplicité et d'une logique rigoureuses, se soit maintenu sous la domination romaine, ait subsisté ensuite comme « droit de la terre » et, à raison même de la division des justices et du mode de peuplement, ait réapparu dans les coutumes. Il s'agit bien d'un droit paysan, moins communautaire que lignager, répondant non comme le droit voisin de la Wallonie à l'existence de communautés fondées sur la vie en commun, mais au maintien d'une forte solidarité entre les membres d'une même famille.

Le droit parisien

On connaît l'étendue du domaine royal en 1200. Si Philippe Auguste jouit par son mariage du Boulenois, du Ternois et de l'Artois, il n'acquerra qu'en 1193 le Vexin normand et, en 1218, le comté de Clermont-en-Beauvaisis. Le centre de la puissance royale est toujours l'Orléanais et le Parisis. Le pays est ouvert à toutes les influences et les premières compilations coutumières sont postérieures de quelque quarante ans à la première rédaction de la coutume de Normandie. C'est dire – l'action de la Cour du roi et des baillis aidant – qu'elles auront perdu beaucoup des traits anciens que conservent les coutumes du Nord ou de l'Ouest. La préférence est allée aux solutions moyennes et répond à l'« air doux et salubre respiré par Messieurs du Parlement » que l'on reconnaîtra au XVIe siècle à la coutume de Paris.

La féodalité existe, mais elle est depuis Louis VI strictement contrôlée par le roi qui, par des chartes de franchise, telle la célèbre charte de Lorris, exempte les paysans des mauvaises coutumes liées à la féodalité (M. Prou, *RHD*, 1884, p. 139, 267, 441). Les défrichements et la condition des villes neuves contribuent, là où il s'était maintenu, à rompre l'ancien droit domanial.

L'activité marchande permet, dès le XIIe siècle, l'essor des villes et l'apparition de la bourgeoisie.

Les droits qui, dans l'Ouest, sont reconnus au seigneur de fief, appartiennent ici au seigneur justicier ou sont revendiqués par le roi (F. Olivier-Martin, *RHD,* 1928, p. 431). De très bonne heure, jles châtellenies elles-mêmes sont divisibles. Tandis qu'en Normandie le parage maintient la cohésion de la famille représentée par l'aîné, à Paris ou à Orléans les puînés prêtent hommage pour leur part à l'aîné, « chef parageur », ce qui aboutit à substituer à des rapports familiaux des rapports féodaux et, plus ou moins vite, à réduire le droit du seigneur de fief. Il en résulte en effet un morcellement extrême des fiefs.

Les tendances communautaires sont très nettes. Le droit de succession, par exemple, est lié à la vie commune ; il ne peut être revendiqué par l'enfant qui quitte la maison familiale. Hors même de l'existence d'une communauté, l'aliénation d'un bien familial requiert l'accord des héritiers présomptifs. Entre époux, le régime normal est celui de la communauté et la femme est associée aux actes importants du mari et intervient à côté de celui-ci. A la mort de l'un des époux, la communauté peut être continuée entre le survivant et des enfants ; au cas de remariage, le partage par lit existe encore à Orléans au XIIe siècle ; à Paris, le douaire des enfants (p. 260) en maintient le souvenir.

Des institutions comme la réserve ou le retrait lignager assurent la protection des biens familiaux ; la distinction est faite beaucoup plus nettement que dans l'Ouest, entre les propres et les acquêts. Bien des indices font croire que les biens hérités étaient en principe, comme dans les coutumes de l'Ouest, inaliénables ; ils ne répondaient pas des dettes qui n'étaient garanties que par les meubles et les acquêts. Ainsi était établie une séparation entre les droits de la famille et ceux de l'individu, qui demeure seul maître de ce qu'il a personnellement gagné. La même idée apparaît bien dans le droit reconnu aux parents (et non au père seul) d'« établir » leurs enfants, garçons et filles, et par là de les exclure, s'ils le veulent, de toute succession. Fait curieux cependant, et qui doit tenir à la vieille tradition communautaire, les parents, qui peuvent écarter un enfant de leur succession, ne peuvent pas avantager l'un de ceux-ci s'il est demeuré dans la maison : l'égalité impose que l'on ne soit pas à la fois héritier et légataire.

Le droit orléanais, qui rayonne sur le Blésois, paraît assez proche du droit tourangeau ou angevin. Les *Usages d'Orlénois*

(p. 100) contiennent encore quelques traits archaïques, par exemple (*Etablissements de saint Louis,* II, 13) celui qui revendique un objet volé doit placer sur lui quatre deniers (ce qui paraît d'origine germanique et existe dans le droit scandinave).

Le sud du domaine coutumier

Si les coutumes de Poitou et d'Angoumois peuvent être rattachées au groupe de l'Ouest, il est plus difficile de découvrir des traits communs aux coutumes de Berry, de Nivernais, d'Auvergne, de Haute-Marche et de Bourbonnais ; proches des pays de droit écrit, elles en subiront l'influence. L'Auvergne et la Haute-Marche ont conservé des règles originales ; elles ignorent la distinction des propres et des acquêts, mais gardent strictement le système parentélaire et la séparation des biens paternels et maternels, ce qui a valu à leur droit d'être qualifié de ligurien (E.-M. Meijers, bibl. 532, p. 8). Pour les fiefs, les cinq coutumes admettent l'aînesse mais en lui donnant une portée très limitée. Comme en pays de droit écrit une grande liberté est laissée au père d'avantager un de ses enfants ou d'exclure de sa succession les filles dotées. Guy Coquille le dira en 1590, on n'a pas voulu « mettre les pères et mères en cette misérable servitude et subjection envers leurs enfants ». La formule même laisse croire qu'il s'agit d'une règle nouvelle ; en Berry, au XIVe siècle, l'égalité des héritiers était imposée et le cumul de la succession et d'un legs était interdit. D'autre part, les pratiques communautaires sont très vivaces, spécialement en Nivernais, ce qui permet un rapprochement avec le droit parisien.

La Bourgogne a pareillement subi, au moins à partir du XVe siècle, l'influence romaine. La coutume se cristallise notablement plus tard que les coutumes de l'Ouest ; peut-être avait-on mieux gardé qu'ailleurs les traditions juridiques (G. Chevrier, « Les grands traits de la civilisation juridique dans la Bourgogne mérovingienne », *Etudes mérovingiennes*, 1952), dont la disparition rapide du testament suffit cependant à montrer la précarité. Comme partout, les droits de la famille l'emportent sur ceux de l'individu. Les idées féodales ne sont guère apparentes ; les successions ou le mariage sont réglés par des pactes familiaux sans qu'il existe, au moins au XIIIe siècle, une opposition véritable entre nobles et roturiers. Il n'y a, de même, aucune trace d'une distinction ancienne entre biens paternels et maternels ; en ligne collatérale, la succession revient au parent le plus proche.

Les indications fournies par les actes : application dans les successions du principe d'égalité, exclusion des enfants établis hors de la maison, intervention des parents aux aliénations, surtout partage par lits (attesté, il est vrai, surtout par les actes comtois), révèlent nettement des tendances communautaires qui n'ont pas cependant partout la même force. La communauté universelle est pratiquée à l'est de la Bourgogne et aussi à Auxerre, le survivant, à l'opposé des coutumes du Nord, ne prenant que la moitié des biens communs (G. Chevrier, bibl. 292). Dans le comté de Bourgogne, la communauté est plus étendue pour les époux nobles et la veuve noble jouit d'un douaire de moitié ; entre roturiers, la communauté ne concerne que les acquêts et la femme a un douaire égal au tiers de sa dot (J.-L. Gay, « Les origines du droit des gens mariés dans le comté de Bourgogne », *MHDB*, 1966, p. 197-220).

S'agit-il de communautés larges ou de simples communautés conjugales élargies ? Il a été indiqué (G. Duby, bibl. 348), pour la région mâconnaise, qu'au Xᵉ siècle, les indivisions étaient limitées et transitoires, rassemblant, par exemple jusqu'au partage, les frères et sœurs. Le groupe familial se serait élargi ensuite pour se désagréger au XIIIᵉ siècle. On a souvent l'impression que, comme en Valais (G. Partsch, bibl. 579), les deux types de communautés ont coexisté : on trouve des traces de communautés de village dans l'exclusion de toute succession du parent qui n'y habite pas (P. Petot, bibl. 588, p. 306) comme la reconnaissance, dès le XIIᵉ siècle, de l'autorité du père de famille. La coutume de Bourgogne n'est attestée qu'à la fin du XIIIᵉ siècle (E. Champeaux, bibl. 279, p. 61), à une époque, par conséquent, où l'individualisme romain avait naturellement infléchi ses dispositions originaires.

Plus encore que le droit bourguignon, le droit vaudois (au sens le plus large, comprenant la *patria Vuaudi* comme les coutumes de Lausanne et de Mondon : bibl. 34 et 619) paraît livré à des courants presque opposés : d'une part, une forte tradition communautaire dont l'hospice valaisan demeure comme le modèle et qu'atteste la coutume de Mondon en excluant de la succession l'enfant « détroncqué de son père » au bénéfice des enfants « introncquez », d'autre part, sinon une réception des idées romaines, du moins leur adaptation par la pratique aux nécessités locales. L'usage du testament, fréquent dès le XIIIe siècle, aboutit le plus souvent à renforcer la cohésion familiale (J.-F. Poudret, bibl. 617).

Les coutumes de l'Est

Il n'existe pas à l'Est un groupe pleinement cohérent : la coutume de Sens, entre Bourgogne, Lorraine et Champagne, appartient encore au groupe parisien (Chevrier, *MHDB,* 1952, p. 216 ; J.-L. Gay, *MHDB*, 1952, p. 223). En deçà, les coutumes n'ont été que tardivement fixées et les textes antérieurs au XVe siècle concernent le droit urbain plus que le droit local. L'influence parisienne est nette, spécialement dans la Brie et l'ancien comté de Troyes ; l'influence flamande apparaît parfois en Lorraine et en Alsace et Ficker (bibl. 369) a pu parler d'un groupe lotharingien. Le droit de dévolution qui avantage les enfants d'un premier lit et qui révèle un esprit nettement communautaire existe à Metz, dans quelques coutumes alsaciennes, comme à Namur (J. Imbert, bibl. 466). Pourtant, comme dans les coutumes de l'Ouest, les droits nés de la parenté paraissent les plus forts et le principe de l'égalité successorale des enfants prévaut généralement.

La Champagne est une création « tardive et artificielle », fondée essentiellement sur le jeu des héritages (M. Bur, bibl. 259, p. 501) ; elle n'a aucune unité ethnique ou culturelle. Le Nord, du Valois au Luxembourg, est régi par la coutume de Vitry-le-François, proche des coutumes de Bar, de Saint-Mihiel et de Sedan. Les *Feoda Campanie* énumèrent plus de deux mille vassaux du comte (T. Evergates, bibl. 360) ; le régime féodal, s'il ne possède pas la rigueur normande, a imprimé sa marque à la coutume ; sur bien des points : la garde des mineurs, l'attribution de la communauté conjugale, le droit des tenants-fiefs diffère de celui des roturiers ; de même la condition du serf, au cas où l'un des parents était libre, paraît liée à la condition de la tenure. Le droit d'aînesse n'est pas appliqué à la succession de Thibaud II († 1152) et n'est attesté qu'au début du XIIIe siècle. Jusque-là, les alleux sont restés fort nombreux et sont partagés entre tous les enfants, garçons et filles. L'égalité est aussi appliquée aux successions collatérales et aux successions roturières. Comme dans les coutumes de l'Ouest, la quotité de la réserve est des deux tiers (P. Portejoie, bibl. 615) et la représentation successorale est inconnue même en ligne directe. On ne sait s'il faut rattacher à une tradition communautaire une règle qui ne concerne que les époux nobles (et qui doit représenter le droit ancien) : tous les meubles reviennent au conjoint survivant.

Avec quelques nuances, la même règle se retrouve en Lorraine ; elle est nettement affirmée par les coutumes de Metz et de Verdun ; sont, au contraire, communs les immeubles acquis pendant le mariage. Pour les biens propres, les frères utérins ont une vocation égale aux biens venus de leur mère ; au contraire, à Metz, pour les biens propres venus du côté paternel, il faut faire une distinction entre les biens venant des grands-parents, qui reviennent aux seuls enfants du premier lit et les biens provenant d'une ligne collatérale, qui sont partagés également entre tous les enfants (E.-M. Meijers, bibl. 532, p. 79). La même coutume de Metz interdit aux parents d'avantager en immeubles un de leurs enfants. L'égalité stricte est imposée même en ligne collatérale. Un testateur ne peut donner ses immeubles à un parent, même héritier, au préjudice d'autres héritiers. La coutume fixe, d'autre part, des règles fort précises pour l'aliénation des « tréfonds », placée sous le contrôle du juge (pour Toul, Schneider, bibl. 649).

La complexité de ces règles paraît garder le souvenir d'un droit fort ancien, avant tout préoccupé du maintien des biens dans la famille, par conséquent lignager plus que communautaire. La coutume de Vaudémont (éd. J. Coudert, bibl. 35, p. 37), malgré sa date tardive, révèle bien le désir de conserver à la famille non seulement les immeubles mais aussi les meubles. La coutume de Verdun (bibl. 62) et la coutume de Lorraine accordent peu de droits à l'aîné, mais admettent l'exclusion des femmes, sans compensation en ligne collatérale, si elles sont « apportionnées » en deniers en ligne directe. A Metz, la femme ne peut disposer par testament de ses immeubles. Meijers retrouvait cependant en Lorraine la trace du droit ligurien, propre aux coutumes flamandes : représentation à l'infini, exclusion des ascendants, division des propres par lits entre enfants de mariages différents (bibl. 28, p. 77). Il rattachait, en revanche, au système « belgo-helvétique » les règles de la puissance paternelle – ce qui paraît bien confirmer qu'à l'époque où elles sont attestées, les coutumes avaient perdu beaucoup de leur originalité. L'usage assez général du testament et les références fréquentes aux règles de la légitime romaine rappellent l'influence exercée par le droit canonique et par le Droit romain (J. Imbert, bibl. 464). Au XVIe siècle, l'effort des ducs, surtout Charles III, visera à simplifier et à moderniser le droit et fera disparaître ses traits les plus originaux.

La même influence romaine se retrouve en Alsace (M. Palasse, bibl. 575). Elle ira en augmentant ; au XVe siècle, a lieu la « réception pratique » *(Voll Rezeption)* dont la Réforme et la suppression des officialités accentueront encore les effets.

L'évolution est cependant bien différente de celle de l'Allemagne. L'Alsace possédait de nombreuses coutumes et il existait une opposition très nette entre le droit féodal et le droit roturier ; pour celui-ci, l'influence du magistrat est prépondérante ; la procédure, au témoignage des *Weistümer* ou rapports de droit, garde beaucoup de traditions germaniques comme l'usage de symboles : bâton, fétu de paille, clef. La masculinité, la représentation à l'infini, l'insaisissabilité et l'inaliénabilité des fiefs sont de règle. Pour les biens non nobles, il n'existe pas, en revanche, de distinction entre propres et acquêts ; les femmes sont en tutelle perpétuelle, sauf dans le centre de l'Alsace. Entre époux, la liberté des conventions est normale et la communauté prend les formes les plus diverses. Au sud d'une ligne Strasbourg-Saverne, les coutumes (notamment celle de Ferrette, éd. Bonvalot, 1870) maintiennent jusqu'au XVIe siècle la communauté universelle, au moins s'il y a des enfants vivants, le mari prenant à la dissolution les deux tiers et la femme (ou ses héritiers) le tiers. A Colmar, à Sélestat, à Turckheim existent le droit de dévolution et la succession réciproque des époux sans enfants. A Mulhouse, pour hériter des acquêts, l'époux devait payer le tiers des dettes (Ganghoffer, bibl. 389).

De la géographie coutumière à l'ethnologie juridique

Les zones juridiques qui viennent d'être définies ne sont pas parfaitement homogènes. La date des témoignages que nous conservons varie beaucoup suivant les provinces ; les vicissitudes politiques ont pu introduire des disparités qui n'existaient pas ou permettre des rapprochements. Entre deux zones, les coutumes dites « de lisière » font la transition : ainsi, les coutumes de Berry ou de Bourgogne à la limite des pays de droit écrit ; ainsi encore la coutume d'Aire-sur-la-Lys qui appartenait à l'origine au groupe flamand mais s'est rapprochée des coutumes wallonnes quand la ville a été rattachée à l'Artois (J. Imbert, *Une coutume de lisière*, bibl. 103, p. 389-399).

Les différences entre les groupes ne demeurent pas moins fort nettes. Il semble que l'incertitude juridique qui a été la marque du XIe siècle (p. 48) ait conduit chaque province à un retour à ses traditions les plus lointaines. Longtemps, avec Ficker surtout, a prévalu l'idée d'une survie des anciens droits germaniques ; mais si, pour chaque règle de droit, des comparaisons sont possibles, jamais une filiation directe n'a pu être établie. Rien ne permet, par exemple, de rattacher les particularités du droit flamand à la colonisation des Francs saliens qui, s'étant établis d'abord en Brabant, seraient arrivés ensuite jusqu'aux rives de la Lys (G. Des Marez, bibl. 334).

Il y a en réalité dans une telle conception deux présupposés : d'une part, l'idée souvent développée par les auteurs allemands mais contrebattue aujourd'hui (K. Kroeschell, bibl. 481) d'un ancien droit commun germanique, d'autre part, la croyance que les bouleversements de l'époque carolingienne auraient modifié si profondément la société que le droit du XIIe siècle aurait été un droit nouveau. Olivier-Martin, par exemple, on l'a déjà noté, croyait à la « naissance spontanée » des coutumes, ce qui à l'évidence dispensait de toute recherche de leur origine.

Que les peuples germaniques aient conservé après les invasions leur conception juridique, la chose n'est pas douteuse. Les Francs étaient des conquérants et leur droit a pu devenir celui des hommes libres. Ils ne purent, en revanche, rien changer aux habitudes des populations soumises ; le conservatisme toujours si certain des populations rurales a dû être encore renforcé par les conditions de vie qui suivirent les invasions. Il est, d'autre part, fort remarquable que les zones coutumières qui ont été définies ne correspondent que par accident aux frontières politiques ou administratives ; au contraire, elles sont souvent, comme il a été dit, fort proches des frontières linguistiques, ce qui conduit à penser que le droit d'un peuple, comme sa langue, gît plus profond que ses lois. On ne peut parler de race et il est bien connu – en Angleterre par exemple, pour les Normands – qu'une minorité ethnique ayant l'autorité et la culture peut parvenir à imposer son droit ; du moins les idées juridiques, comme la linguistique ou l'archéologie, peuvent éclairer le peuplement d'une région, la diffusion des groupements ethniques et leur conception de la famille et de la propriété.

L'origine du droit français ne serait ni romaine, ni germanique. La colonisation franque a été peu importante en Nivernais, en Lorraine, dans le Maine et l'Anjou ; la colonisation romaine a son centre en Provence et celle des Burgondes en Savoie et dans le Jura. En bien des pays, les conceptions autochtones ont pu demeurer dominantes. Meijers, par exemple, a pu rattacher (bibl. 533, t. I, p. 55) le droit du Brabant occidental et de la Flandre au peuplement de cette région par le peuple des *Menapii*, cité par César, qui donne de son territoire, marécageux et boisé, une description qui convient pour la Flandre. L'idée d'un droit ligurien paraît plus contestable ; s'il existe des similitudes, par exemple dans le droit des pays de montagne, elles peuvent tenir à des modes de vie et ne sont, d'autre part, jamais parfaitement nettes. Mieux vaut parler, semble-t-il, d'éléments pré-romains.

Beaucoup plus prudent, Jean Yver ne décide pas entre « les forces mystérieuses qui entre la fin de l'époque franque et l'époque d'apparition des coutumiers ont conduit à l'élaboration de principes aussi bien affirmés que contradictoires entre les régions » (bibl. 709, p. 294). Le rapprochement fait entre le droit normand et le droit scandinave – qui l'un et l'autre maintiennent une égalité absolue entre les enfants – n'en est pas moins très suggestif. Le meilleur connaisseur de l'histoire normande, Lucien Musset (bibl. 554), considère que l'aristocratie a très vite abandonné les traditions scandinaves ; celles-ci ont pourtant été conservées dans la mise hors la loi – *ullac* – et au moins dans deux cas ducaux – *hampara* et *murdrum* – ; elles ont pu demeurer obscurément dans les pratiques familiales.

Dans chaque province, la coutume a une cohérence propre ; les diverses règles s'ordonnent aux principes qui les inspirent et qui leur fournissent, en quelque sorte, leur esprit. On connaît mieux le droit des hautes classes qui a été sans doute fort différent du droit des populations rurales ; celui-ci constitue ce que les auteurs allemands qualifient de « droit domanial » *(Hofrecht)*, plus favorable aux pratiques communautaires. Les classes supérieures exaltent au contraire la force du lignage. On en revient ainsi à des traditions ethniques qui ont imposé des conceptions différentes de la famille et de la « maison ». Si, bien souvent, le groupe familial a été le noyau du groupe communautaire, les deux groupes s'opposent comme le droit au fait. Dans tout l'Ouest, l'inspiration est nettement lignagère et elle donne une force particulière à la parenté. L'esprit est, au contraire, communautaire dans les coutumes du Nord : le fait de la vie en commun crée une solidarité plus forte que les liens familiaux.

II. LES COUTUMIERS

Vers 1250, dans chaque ressort, la coutume est normalement appliquée. Beaucoup de ses dispositions sont « notoires », c'est-à-dire connues de tous : le juge doit les appliquer ; s'il ne le fait pas, les parties ne peuvent fausser son jugement et recourir au duel judiciaire car on ne peut « corrompre » la coutume par bataille (*Conseil à un ami,* XXII, 30 ; Ph. de Beaumanoir, bibl. 4, n° 1758). On doit en appeler au roi et le juge sera condamné à une amende.

Si, au contraire, la coutume est « privée », elle demeure un fait et doit être prouvée par celui qui l'allègue : la question est soumise à un jury – une « turbe » – d'où le nom d'« enquête par turbe » donné à cette preuve particulièrement solennelle (p. 82).

Le jugement et les enquêtes constituaient des précédents qui créaient la coutume (bibl. 653) et en précisaient, presque au jour le jour, le contenu. On conçoit que de tels documents aient été conservés par les juges et recherchés par les praticiens. Beaucoup avaient étudié le Droit romain, le plus souvent à Orléans, et les plus habiles en vinrent à l'idée de rédiger un véritable traité sur la coutume qu'ils connaissaient car « ce qui n'est escrit est tost oublié » (Ph. de Beaumanoir, bibl. 4, n° 7).

Quatre compilations de la seconde moitié du XIIIe siècle nous sont ainsi parvenues qui concernent la région orléano-parisienne et ont le trait commun d'être écrites en français.

Du *Conseil à un ami* et du *Livre de Jostice et de Plet,* on ne possède que des éditions fort médiocres. Le *Conseil* a été écrit avant 1258 par Pierre de Fontaines, bailli de Vermandois sous saint Louis ; il a voulu, dit-il, aider les juges qui ne savent, tant les usages demeurent encore incertains, quelle coutume appliquer et se prononcent à l'aveuglette. Lui-même se déclare très perplexe et fait de très larges emprunts au Droit romain (qu'il connaît soit par le glossateur Vacarius, soit plutôt par une traduction française des *Institutes* de Justinien (bibl. 56). Le livre aurait été composé pour le fils de saint Louis[3].

Exactement de la même date (entre 1255 et 1260), *Jostice et Plet* fait aussi grand usage du Droit romain ; 195 titres sur 342 lui sont directement empruntés. Assez naïvement, il essaye de dissimuler ses emprunts, citant les personnages de son époque et leur attribuant les règles qu'il relate : les opinions des juristes romains sont reprises par des personnages bien connus de l'entourage de saint Louis : Etienne de Sancerre, bouteiller, Jean de Baumont, chancelier en 1241, ou Geoffroy de La Chapelle, panetier et président du Parlement en 1253, tous ayant des attaches avec le Gâtinais, l'Orléanais ou le Beauvaisis. Saint Louis apparaît pour dire que « Costume doit valoir loi », ce qui est la simple traduction d'un fragment d'Ulpien. Le plan suivi est sensiblement celui du *Digeste* et il est fait d'ailleurs très nettement allusion au « livres d'enforcade » (*Infortiat,* liv. XII) et au *Digeste nove* (liv. XIV). L'auteur utilise encore les décrétales, appliquant avec le même sans-gêne les dispositions concernant les évêques au choix des magistrats communaux. L'ouvrage prétend être cependant un corps de droit coutumier et il cite de nombreuses règles concernant l'ancien droit orléanais. L'exposition est maladroite et l'auteur paraît tout ignorer de la procédure, ce qui a pu faire croire à l'éditeur qu'il s'agissait de notes de cours prises par un étudiant ; la conjecture paraît inacceptable puisqu'à l'époque le droit coutumier n'était pas enseigné à Orléans. Mieux vaut admettre qu'il s'agit d'un officier royal qui est peut-être Philippe de Rémy, bailli du comte d'Anjou en Gâtinais, mort avant 1265 et père de l'auteur des *Coutumes de Beauvaisis* (H. Stein, bibl. 661).

Les *Etablissements de saint Louis* dont on a cru longtemps qu'ils étaient un code officiel ont été parfaitement édités par Paul Viollet (bibl. 48). L'œuvre est antérieure à 1273 (puisqu'un manuscrit porte cette date), mais sans doute de très peu. L'auteur utilise deux compilations antérieures : une *coutume de Touraine-Anjou* (liv. I, chap. 10-175), datée de 1246 (et due peut-être au bailli Jean de Bonnes) et les *Usages d'Orlénois* (liv. II), attribués à Jean le Monnoyer, bailli d'Orléans de 1248 à 1253, utilisés également par *Jostice et Plet* et, en tout cas, antérieurs à 1258. Quelques citations de droit romain et de droit canonique ont été ajoutées, mais elles demeurent assez discrètes. L'œuvre est assez disparate et Montesquieu a pu la qualifier de « Code amphibie » (*L'Esprit des lois,* L. 28, 69). Quoique son auteur n'ait pu être identifié, les *Etablissements* révèlent l'influence de l'école d'Orléans dont on connaît le souci de concilier le Droit romain avec les coutumes. Le succès de la compilation est prouvé par le nombre des manuscrits conservés, comme par les emprunts qui y ont été faits en Maine, Anjou et Touraine, en Artois, en Champagne, en Poitou, en Beauvaisis, en Hainaut, en Flandre et en Bretagne.

Les *Coutumes de Beauvaisis* sont l'œuvre de Philippe de Beaumanoir, fils de l'auteur présumé de *Jostice et Plet,* et elles ont une tout autre envergure. L'auteur, né vers 1250 et mort en 1296, appartenait à la moyenne noblesse ; il fut bailli de Clermont-en-Beauvaisis de 1279 à 1283 et ensuite sénéchal de Poitou, de Saintonge, bailli de Vermandois, de Touraine et de Senlis. Il avait vraisemblablement, dans sa jeunesse, séjourné en Ecosse et en Angleterre et il fut envoyé en mission à Rome. Il aurait écrit deux romans : *Jehan de Dammartin et Blonde d'Oxford* et *La Manekine,* sans doute aussi des chansons qui ne manquent pas d'intérêt[4].

La langue de Beaumanoir est limpide et les *Coutumes,* au lieu d'être, comme les œuvres de ses prédécesseurs, des compilations sans originalité, font une grande part à la réflexion et à la raison. Fait curieux, il ne fait aucune allusion au droit anglais et il ne doit rien à son contemporain, Bracton. On peut croire, cependant, qu'il pensait à l'Angleterre en faisant le portrait du parfait bailli ou en reconnaissant au roi le droit de faire « un nouvel établissement » à « grand conseil », pour le « commun profit du royaume ».

Bien qu'apparemment, il n'ait pas fait d'études juridiques (*cf.* cependant G. Hubrecht, « Le droit canonique dans... Beaumanoir », *Mélanges Andrieu-Guitrancourt,* 1972, p. 577-588), Beaumanoir est bien le premier jurisconsulte français : sa science et sa compréhension du droit sont profondes ; il veut toujours respecter l'équité (encore que dans sa carrière de bailli il ait parfois été accusé d'excès de pouvoir) ; sa piété, toujours affirmée, le conduit – chose remarquable à l'époque – à être pitoyable et à ne pas croire aux sorciers. Il connaît bien les coutumes de Beauvaisis, se réfère souvent aux jugements rendus et défend en toute occasion, même contre l'Eglise, l'autorité du roi. Il propose parfois des solutions nouvelles en alléguant des ordonnances du « bon roi Philippe » le plus souvent perdues. Cela même n'est pas, semble-t-il, sans poser quelque problème, comme en pose l'expérience dont il fait état alors qu'il écrit son livre en 1283, à trente-trois ans. Il a pu, il est vrai, profiter des leçons ou des notes de son père auquel on est tenté attribuer l'œuvre poétique.

Beaumanoir serait-il trop intelligent pour être parfaitement sincère ? A tout le moins, le désordre des coutumes le choquait et il s'est employé à en donner une vue à la fois raisonnable et synthétique. Il veut substituer aux coutumes locales qu'il rapporte parfois une coutume générale du Beauvaisis qu'il appartient au seul bailli de définir par ses jugements. Traitant, par exemple, du délai accordé pour exercer le retrait lignager (p. 247), il indique que « dans aucunes villes en la contée ils vuelent tenir pour coustume » un délai de quinze jours, mais cela ne « vaut riens car c'est contre la général coustume du chastel de Clermont » qui admet le délai d'an et jour. S'il était autrement jugé, le perdant doit venir devant le bailli où il aura « bon appel » (n° 1387).

La même habileté se retrouve dans l'utilisation du Droit romain. On ne peut admettre avec Montesquieu (*L'Esprit des lois,* L. 38, 2) qu'il fait « peu d'usage de la loi romaine » ; simplement, il ne traduit jamais un texte littéralement mais bien des règles qu'il indique sont une transposition du *Digeste ;* les emprunts sont très nets en matière de contrat et de procédure ; ils apparaissent encore dans les règles du rapport à succession (nos 254, 389), de la prescription de dix ans (nos 271, 686), de la protection des mineurs (n° 561), de la présomption de paternité (n° 1435) (P. Van Wetter, *Le Droit romain et Beaumanoir*, bibl. 141, t. II, p. 533-581). Même son apparente bonhomie peut être trompeuse : il explique, par exemple, que si la fille dotée vient à mourir, la dot fera retour au père qui sera ainsi « plus tost reconforté d'un mal que de deux ». Pomponius avait dit pareillement : *Ne et filiae amissae et pecuniae damnum sentiret* (D. 23.3.6).

Beaumanoir ne fait, en cela, que refléter la pratique de son temps : les règles du *Digeste* concernant les honoraires des avocats avaient été reprises par une ordonnance de Philippe le Hardi de 1274 ; pour la procédure, les emprunts doivent venir du droit canonique, sans doute plus familier à Beaumanoir que le Droit romain.

L'utilité, dans le domaine royal, d'une rédaction des coutumes a été indiquée par Pierre de Fontaines (I, 3) : « Por ce que les ancienes costumes que li preudome çà en arière soloient tenir et user sont molt anéanties et presque totes faillies, partie par bailliz et par prevoz, qui plus entendent à lor volonté fère que à user des costumes, partie par la volonté de seus, qui plus s'aert à son avis qu'à fez des anciens, partie mès presque toz les riches, qui ont soufert à despoillier les povres, et or sont par les povres li riche despoilliez, et si que li païs est à bien près sans costume, si que presque toz va par avis comun de IIII ou de III, sans exemplaire de costume qu'il tiengnent. » L'imprécision des coutumes favorisait l'arbitraire des baillis : entre 1240 et 1270, l'évolution est fort rapide : le droit des *Usages d'Orlénois* représente encore le *nomen facti* de Revigny (p. 81), une collection de précédents, que les *Etablissements de Saint Louis* tentent de justifier et de rendre cohérents, *unde resultat jus.* Tous les compilateurs ont subi l'influence du droit savant et favorisé sa pénétration dans les coutumes. Pierre de Fontaines a bien remarqué que l'évolution du droit répondait à une évolution de la société ; Beaumanoir s'inquiète des « pauvres », qu'ils soient laboureurs ou gentilshommes ; pour eux la justice doit être « rapide et bienveillante » (n°s 96-97) ; on pourra même plaider les jours de fête car le seigneur et le roi doivent avant tout protéger leurs sujets[5].

Les coutumiers normands

L'unité politique de la Normandie vient de la concession qu'en fit en 911 Charles le Simple à Rollon. A partir de 1066, son histoire est liée à celle de l'Angleterre tandis que, jusqu'en 1204, elle ne subit guère l'influence française. Le duc est souverain dans son Etat ; il gouverne et juge avec sa cour, l'Echiquier, administre avec ses vicomtes, fait procéder, dès le XIIe siècle, à des enquêtes sur les coutumes, favorise les écoles monastiques, telle l'abbaye du Bec qui reçoit en 1163 de l'évêque de Bayeux des manuscrits du *Digeste* ou du *Décret de Gratien.* Alors que la science du droit est encore tâtonnante à Paris, Innocent III peut dire en 1208 à un évêque normand qu'il est entouré de juristes et lui-même *in jure peritus* (*PL*, t. CCXV, col. 1489). Cela même explique la priorité du droit normand dont la formation précède d'au moins cinquante ans celle du droit de l'Ile-de-France.

Le *Très ancien coutumier de Normandie* (bibl. 29) se compose de deux traités distincts et comporte de ce fait de nombreuses répétitions. Ces traités ont été initialement rédigés en latin mais aussitôt traduits en français (Besnier, bibl. 216). Le plus ancien date de 1199 ou 1200 ; il paraît suivre le plan du *Tractatus de legibus et consuetudinibus regni Angliae*, attribué à Glanville, justicier du royaume anglais. L'œuvre répond en tout cas aux tendances de ce qu'on a appelé le « droit Plantagenêt » qui apparaît à l'époque de Henri II en Angleterre chez Glanville, dans le *Dialogus de Scaccario* ou dans les *Assises* et, en Bretagne, dans l'*Assise au comte Geffroy* : il s'agit de maintenir la paix et, par elle, de renforcer à la fois la féodalité et la royauté ; les délits mineurs ressortissent à la justice seigneuriale, mais les grands crimes, cas ducaux ou « plaids de l'épée », sont jugés par la cour du duc ou par ses justiciers (Boussard, bibl. 235, p. 566). De nombreuses allusions sont faites aux réformes du sénéchal de Normandie, Guillaume Fils-Raoul († 1200), ce qui laisse penser que l'œuvre a été rédigée sinon par lui-même, du moins par un de ses familiers qui, à raison de ses connaissances du droit canonique, devait être un clerc.

Le Droit romain n'est pas étranger, au contraire, à l'auteur de la seconde partie du *Très ancien coutumier* ; il paraît avoir rédigé son œuvre dans la région de Bayeux, à la fin du règne de Philippe Auguste (LVII, 7). La traduction française, parfois assez éloignée du texte latin, serait antérieure à 1235.

Quelque vingt-cinq ans plus tard, avant 1258, fut rédigé en latin le *Grand coutumier* ou *Summa de legibus*, parfois encore appelé *Somme Maucaël*. L'auteur est un praticien, très au fait du droit romain et du droit canonique, qui suit les formes de la procédure pour exposer avec une grande clarté le droit normand. D'assez nombreuses variantes entre les manuscrits connus portent la trace de remaniements ou d'adjonctions. L'exposé suit les règles de la scolastique ; pour presque chaque question, on retrouve la division *quid, qualiter, quomodo, quando* ; les transitions sont bien ménagées ; le style a des prétentions à l'élégance et reprend les règles du *dictamen*, en observant même en fin de phrase les clausules métriques.

L'œuvre connut, à raison même de ses mérites, un très grand succès et a fourni, pendant trois siècles, l'expression quasi officielle de la coutume. Une première traduction française en fut faite à la fin du XIIIe siècle, bientôt suivie d'une traduction en vers (P. Viollet, « Les Coutumiers normands », dans *Histoire littéraire*, t. XXXIII, 1906)[6].

Les coutumiers des XIVᵉ et XVᵉ siècles

Les coutumiers postérieurs sont bien loin d'avoir la même originalité. Il en existe presque pour chaque province. L'*Ancien coutumier de Champagne* (bibl. 25) a été certainement à tort attribué au comte Thibaud IV († 1253) ou au comte Thibaud V († 1270) ; il s'agit d'une compilation privée assez désordonnée qui n'a dû prendre sa forme définitive que vers 1300. Les *Anciens Usages d'Artois* (éd. Ad. Tardif, 1883) datent sensiblement de la même époque ; ils utilisent largement Pierre de Fontaines et les *Etablissements de saint Louis*, mais font preuve néanmoins de beaucoup d'originalité, spécialement en ce qui concerne les successions. Le *Livre Roisin* (éd. R. Monier, 1932) relate les coutumes de Lille et a été rédigé vers 1285. La *Compilatio de usibus Andegaviae* (bibl. 48, t. III, p. 116-139), dont la date a été fort discutée, doit être postérieure à 1315 ; le texte est fort court mais aura un assez grand succès surtout en Poitou ; il sera repris en 1373, accommodé au droit poitevin par le médiocre compilateur du *Livre des droiz et commandemens d'office de justice* (éd. Beautemps-Beaupré, 2 vol., 1865).

Le *Vieux coutumier de Poitou* (éd. R. Filhol, 1956) paraît la première expression véritable de la coutume poitevine, alors qu'elle était en voie de supplanter de nombreuses coutumes locales. L'*explicit* d'un manuscrit date la rédaction de 1417 et l'attribue à un bailli et à des praticiens de Parthenay, mais la date de 1455 qui a été proposée (P. Portejoie, *RHD*, 1964, p. 247-282) paraît la plus vraisemblable à raison surtout d'une relative méfiance à l'égard du droit romain qui n'apparaît qu'à cette époque (J.-P. Lévy, bibl. 507, p. 371). Le rôle de la municipalité de Poitiers paraît, d'autre part, avoir été prépondérant.

On peut citer encore les coutumes de Picardie (éd. Marnier, 1840), de Vermandois (éd. Beautemps-Beaupré, 1858), du comté de Guines (éd. Tailliar, 1856), de Bourges, Dun-le-Roy et pays de Berry, rédigées en 1312 et reprises en 1433 (Chénon, *RHD*, 1905, p. 581-613), de Bourgogne (bibl. 23).

Spécialement dans l'Ouest, les rédactions successives procèdent les unes des autres et souvent se complètent par des emprunts mutuels. En Anjou, la coutume fut officiellement rédigée sur l'ordre du roi René en 1463 (Beautemps-Beaupré, bibl. 20).

Trois compilations de l'époque ont une particulière importance. La *Très ancienne coutume de Bretagne* (bibl. 24) a été rédigée entre 1312 et 1325 et serait due, suivant la tradition, à trois prud'hommes bretons : Copu le Sage, Mahé le Léal et Tréal le Fier (B.-A. Pocquet du Haut-Jussé, *RHD*, 1925, p. 445). L'œuvre, citée par les ducs dans leurs ordonnances, devint l'expression officielle de la coutume ; elle est intelligente, méthodique, divisée en 355 articles, entremêlée d'homélies et de prières (c'est, a-t-on dit, presque un catéchisme). Le droit breton est adroitement combiné avec de nombreux emprunts faits au droit canonique, au Droit romain et aux *Etablissements de Saint Louis* (J.-P. Lévy, bibl 506). Pour la procédure et les preuves, les règles romano-canoniques coexistent avec les ordalies (le « joux » ou *judicium ferri*, ch. 159), le duel judiciaire et la « jurée du pays » qui vient de l'époque carolingienne (mais peut être d'origine normande : B.-A. Pocquet du Haut-Jussé, *RHD*, 1960, p. 124). Le bail seigneurial est mentionné en même temps que la tutelle. Le fond demeure pourtant coutumier avec des institutions aussi originales que le « finport » ou l'appropriance par bannies.

Le *Grand coutumier de France* a été compilé entre 1385 et 1389 par Jacques d'Ableiges († 1402), bailli de Chartres et d'Evreux et avocat au Parlement de Paris. L'œuvre et l'auteur sont médiocres ; la carrière de d'Ableiges est émaillée de disgrâces ; le coutumier est fort mal composé : il recueille les « opinions des sages », des arrêts, des actes royaux, mais aussi des anecdotes sur la vie judiciaire ; l'impression est celle d'une œuvre inachevée. Les nombreux manuscrits et les treize éditions anciennes comportent de très nombreuses variantes qui ont suscité bien des controverses[7]. L'intérêt du *Grand coutumier* vient de ce qu'il est le plus ancien monument du droit parisien (F. Olivier-Martin, bibl. 148 p. 91). Il a été largement utilisé lors de la rédaction officielle des coutumes de Paris, de Senlis, de Melun et de Clermont-en-Beauvaisis.

Sensiblement contemporaine (elle paraît dater de 1395), la *Somme rural* de Jean Boutillier (bibl. 6 et 682) essaye de donner une vue synthétique du droit ; l'auteur utilise les coutumiers normands, orléanais et artésiens ; lieutenant du bailli de Tournai, il connaît particulièrement le droit du Nord ; il se présente comme un praticien décrivant les usages quotidiens (d'où le nom du livre) ; il ne se défend pas pourtant d'infléchir la pratique quand elle lui paraît « haineuse », c'est-à-dire contraire au droit romain. La part ainsi faite à celui-ci, si elle impose quelque méfiance, dut contribuer au succès de l'œuvre qui eut vingt-neuf éditions. Charondas le Caron qui a procuré en 1603 la seule encore utilisable compare la *Somme* au *Code* et au *Digeste*.

Les autres monuments du droit

Les décisions de justice ont eu un rôle essentiel dans la formation des coutumes. Il s'agit au premier chef des arrêts du Parlement de Paris dont les plus vénérables, rendus entre 1254 et 1318, constituent les cinq registres des *Olim* (bibl. 75), complétés par un essai de restitution des registres perdus (bibl. 79).

Jean Lecoq († 1400), chanoine et avocat du roi, a recueilli 390 arrêts de très grand intérêt (bibl. 59). Il s'agit d'un journal d'audience contenant souvent des schémas de plaidoiries. Mme Boulet-Sautel a pu dire que l'œuvre était celle d'un « technicien bien documenté, sincère et exact » et qu'elle était « un chef-d'œuvre de clarté ».

Pour les autres juridictions, on peut citer les arrêts de l'Echiquier de Normandie dont les plus anciens remontent à 1207 (bibl. 44, 45, 46, 47), les arrêts du Châtelet de Paris (éd. 1861-1864 ; F. Olivier-Martin, *RHD*, 1915), les sentences parisiennes du Parloir aux bourgeois (éd. Le Roux de Lincy, 1846), les jugements du bailliage de Senlis (éd. de Rozière, *RHD*, 1891), des Grands Jours de Champagne, des Parlements de Beaune et de Chalon (bibl. 80), de l'échevinage de Reims, enfin des jugements d'officialités. Brodeau a publié au XVIIe siècle, à la suite de son commentaire de la coutume de Paris, les *Coutumes notoires du Châtelet* (1367-1387) et les décisions qu'il attribue (à tort) à Jehan des Marès (1380-1383).

Les Styles retracent la procédure suivie par une juridiction. Le plus célèbre est le *Stilus curiae Parlamenti* dû à Guillaume du Breuil (bibl. 83) qui est un excellent traité de procédure écrit en 1330. D'autres Styles sont à peu près contemporains et sont fort précieux pour connaître la pratique des enquêtes (bibl. 444).

Les Pratiques sont des manuels de procédure. Les plus célèbres sont la *Practica aurea* de Pierre Jacobi, ou Jaymes d'Aurillac qui est un traité écrit vers 1320 des actions et des formules, et la *Practica forensis* de Jean Masuer († 1450) qui relate la jurisprudence de l'Auvergne et du Bourbonnais. L'une et l'autre doivent beaucoup au Droit romain.

On ne peut enfin oublier les actes de la pratique qui sont avant tout des documents juridiques et qui révèlent sûrement le droit appliqué dans chaque province.

III. LE DROIT DU MIDI

Il n'a jamais existé dans le Midi de véritables coutumes régionales et, de ce fait, la géographie coutumière est beaucoup plus confuse que celle du Nord. Dans tout le Sud-Est, l'application rapide du Droit romain a fait disparaître très vite les dispositions autochtones qui pouvaient exister ; dans le Sud-Ouest, au contraire, des zones coutumières demeurent perceptibles ; comme au nord de la Loire, les particularités provinciales sont très nettes ; le droit du Toulousain ou de l'Agenais, comme celui de l'Ile-de-France, apparaît souvent comme un moyen terme entre des influences diverses ; au contraire, les vallées pyrénéennes conservent des coutumes très originales et sans doute très anciennes. Plus encore qu'ailleurs, et il convient de le préciser à nouveau, la comparaison s'impose entre ces deux phénomènes essentiels de toute vie sociale que sont le droit et le langage. Savigny l'avait déjà indiqué et Grimm avait été son élève. De même que les faits linguistiques permettent de tracer des lignes d'isoglosses, de même les règles juridiques ont une aire d'application qui s'inscrit dans des limites précises. Les lignes d'isoglosses convergent souvent vers Toulouse, toutes les courbes paraissant déterminées par le cours de la Garonne et par la chaîne des Pyrénées, et cette convergence aboutit à donner au parler d'une région des traits dialectaux caractéristiques ; de même apparaissent souvent des coïncidences entre les aires d'application de diverses règles juridiques (P. Ourliac, bibl. 568, p. 17-29), faisant ressortir l'existence de coutumes d'autant plus nettes que le pays possède une individualité plus marquée : ainsi, par exemple, en Béarn, en Soule et dans les vallées isolées des Alpes.

Les faits juridiques sont d'ailleurs plus susceptibles que les faits linguistiques d'une localisation géographique. Tous les individus d'un même village peuvent ne pas parler exactement la même langue, tandis qu'un même droit s'impose à eux : chaque pays, chaque mouvance féodale tend à avoir ses usages particuliers déterminés par les limites des seigneuries ou le ressort des justices. Il est certain que l'unification politique conduit à l'unification du droit plus encore qu'à celle de la langue. En Gascogne ou en Agenais, où aucune domination politique ne s'est imposée avant le XIVe siècle, les coutumes ont gardé comme une saveur d'archaïsme ; l'imitation et l'innovation sont toujours possibles et Rousselot a jadis montré que le fils ne parle jamais exactement comme le père et que les femmes n'emploient pas le même langage que les hommes. Il existe toujours entre pays voisins d'irréductibles différences et les frontières juridiques correspondent si souvent aux frontières dialectales qu'il faut, pour l'expliquer, remonter à l'origine ethnique. Au sud de Toulouse, par exemple, le droit change dès qu'on pénètre en Comminges et en Couserans. César et Strabon déjà avaient été frappés des différences de langue qui opposaient les *Convenae* et les *Consoranni* à leurs voisins, et que l'on retrouve encore dans la toponymie (R. Lizop, *Le Comminges et le Couserans avant la domination romaine*, 1931).

L'influence d'un substrat pré-romain ligure ou plutôt ibère ne peut être avancée qu'avec prudence ; elle demeure pourtant séduisante et elle peut expliquer aussi la force des liens de famille ou de voisinage qui est le caractère le plus net du droit des Pyrénées occidentales.

La tradition du Midi est, cependant, essentiellement individualiste. Le Droit romain permet à chacun de contracter ou de tester librement, les formes et les effets des fiefs ou des tenures sont toujours rapportés à un contrat primitif ; la conception de la propriété demeure romaine. Dès le Xe siècle, sauf sur les pâturages ou les montagnes, les droits collectifs sont difficilement reconnus. On garde enfin à la lecture des actes les plus anciens l'impression que les femmes jouissent d'une liberté qu'elles ne connaissent pas dans les pays coutumiers ; nobles, elles possèdent de très bonne heure de très grands fiefs : Carcassonne, Narbonne, Aquitaine ; héritières, elles peuvent donner, en Béarn, leur nom à leur mari et à leurs enfants et la filiation maternelle est souvent invoquée (surtout, semble-t-il, dans les familles d'origine gothe) ; les femmes sont témoins aux actes, gèrent leurs biens et peuvent le plus souvent en disposer. Le régime matrimonial lui-même maintient une égalité entre les époux (P. Ourliac, bibl. 568 p. 311-327).

Les pays d'Empire

La Provence et le Comtat ont été les pays les plus anciennement et profondément romanisés et ils ont été très tôt touchés par la renaissance du droit savant ; il est néanmoins certain qu'ils ont connu, dès le VIe siècle, de nombreuses pratiques coutumières que les chartes urbaines mentionnent rarement et que les actes de la pratique rappellent parfois jusqu'au XVe siècle.

Le vocabulaire est romain ; on parle, par exemple, de *patria potestas* et d'émancipation, mais la portée qu'on leur reconnaît paraît fort éloignée du modèle antique. Au moins dans les villes, la puissance paternelle n'est pas perpétuelle, et le père peut y renoncer par un acte exprès ; elle paraît liée à la communauté de vie. Le fils émancipé peut succéder à ses parents et trouvera toujours refuge, en cas de besoin, dans la maison familiale. Si la tutelle romaine apparaît de bonne heure, l'existence de conseils de parents suffit à indiquer le pouvoir conservé par la famille. Les actes répètent que, suivant le droit naturel, tous les fonds sont libres et la féodalité n'a eu que fort peu d'influence sur le droit des biens. Entre époux la tradition romaine est celle de la séparation des biens, liée au régime dotal ; elle est conservée par tous ceux qui sont assez riches pour rédiger un contrat ; pour les autres, on décèle l'existence de communautés de fait, souvent étendues aux parents de l'un des époux et à ses frères et sœurs. La succession est partagée également entre les enfants mais l'exclusion des filles dotées est générale. On a voulu y voir une nouveauté du XIIe siècle (R. Caillemer, *Ann. Midi*, 1908, p. 97) qui aurait été formulée en 1154 à Avignon et en 1162 à Forcalquier (N. Didier, bibl. 339, p. 115) et serait peut-être due à une influence italienne. Il paraît s'agir bien plutôt d'une règle ancienne, reprise par les statuts municipaux, qui parfois a pu même concerner non seulement les filles mais les fils dotés par leurs parents (p. 311).

La pression familiale apparaît bien dans l'attitude observée jusqu'au XVe siècle à l'égard du testament. Celui-ci sera vu favorablement s'il établit un statut familial déclaré au grand jour et longuement réfléchi ; il est au contraire suspect s'il est fait en secret ou à l'article de la mort, pour révoquer des dispositions déjà prises. La volonté du testateur ne peut être, suivant la formule romaine reprise par les actes, « ambulatoire jusqu'à la mort », et l'irrévocabilité est souvent stipulée dans les actes.

Le rôle de la famille apparaît encore dans la participation des parents, jusqu'au XIIIe siècle, à toutes les ventes immobilières. De même pour garantir l'exécution des contrats, l'intervention comme « otages » des parents ou des amis apparaît si normale qu'à Marseille, d'après les statuts, une rue entière est réservée à la résidence de ces otages.

Les coutumes anciennes ont été mieux gardées en Haute-Provence ou dans le Dauphiné. Des communautés étendues ont dû exister fort longtemps même entre des hommes libres. On découvre en Queyras, par exemple, des traces certaines d'hostilité à toute succession des filles, même non dotées. La saisie privée des débiteurs et de leurs meubles a été couramment pratiquée ; si cependant le débiteur est reconnu insolvable, il existe en Gapençais et en Embrunais une procédure solennelle de cession de biens qui n'est pas sans rappeler les dispositions du droit barbare.

Peut-on admettre que, comme dans l'extrême sud de la Bourgogne (G. Duby, bibl. 348), les pratiques communautaires ne soient apparues qu'après l'an mil et que l'insécurité de l'époque ait conduit à un renforcement des liens familiaux ? Peut-on retrouver, en Lyonnais ou en Forez, par exemple, dans les associations existant entre un père et ses fils ou dans l'application de la représentation successorale un souvenir du droit burgonde ? Il est bien difficile d'en juger : les règles coutumières n'étaient pas formulées quand est apparu le Droit romain et elles n'ont pu subsister qu'en marge de celui-ci dans des pratiques familiales que les actes ne rapportent que très rarement. Laurent Boyer (bibl. 244) fait à propos des testaments du Forez une observation dont la portée doit être générale : quand la pratique du testament est devenue courante, les nobles et les bourgeois préfèrent la forme écrite et connaissent toutes les formules romaines ; au contraire, les paysans usent du testament oral et expriment leurs dernières volontés en la présence de leurs parents et de leurs amis qui sont là autant pour en garantir l'exécution que pour en contrôler la teneur.

Le Bas-Languedoc et la Catalogne

Dans l'ancienne Septimanie, le souvenir des lois visigothiques a été gardé jusqu'au XIIe siècle : un testament de 1128 (*HL*, t. V, col. 950) contient une longue citation de la loi des Visigoths dans sa rédaction de 681 et en suit exactement les prescriptions au point de rappeler les quatre formes de testaments du droit visigothique (P. Ourliac, bibl. 568, 239). Quoique le Droit de Justinien ait été connu à peine quelques années plus tard (*supra*, p. 58), la persistance des pratiques coutumières est certaine.

Caillemer (bibl. 264, p. 301) avait pressenti l'écart qui, dans cette région, paraît certain entre le droit des grands personnages, évêques ou comtes, souvent d'origine visigothique (qui seuls rédigent des testaments) et le droit appliqué par les communautés paysannes. Les actes de la pratique, comme les chartes urbaines rédigées dès la fin du XIIe siècle, font apparaître, comme l'écrivait Pierre Tisset (bibl. 670) qu'à côté des apports romains ou visigothiques, il y a place pour de nombreuses pratiques autochtones. Si les transactions commerciales demeurent nombreuses, les règles suivies sont fort éloignées du Droit romain.

La situation faite aux femmes apparaît fort ambiguë. A Montpellier ou à Carcassonne, elles ne peuvent tester qu'avec l'autorisation de leur père ou de leur mari. Quelques textes refusent même à la mère le droit de succéder à ses enfants. On trouve des applications certaines de la règle *paterna paternis* qui impose le retour des immeubles à la famille d'où ils sont venus, sans que l'ancienneté de la règle puisse être affirmée.

La coutume de Montpellier ne connaît pas l'aînesse et, comme le droit visigothique, admet l'égalité entre héritiers ; elle écarte cependant de toute succession les enfants qui ont quitté la maison ou qui ont été dotés, qu'il s'agisse de fils ou de filles.

En Catalogne, la solidarité familiale est très forte ; ce sont les parents de la victime qui perçoivent la composition ; au XIVe siècle encore à Perpignan, le meurtrier ne peut retourner dans le village où habitait la victime sans avoir traité avec ses proches. Les actes de vente sont souvent rédigés de manière à laisser croire que tous les parents sont copropriétaires du bien vendu. Les chartes de peuplement et de franchise, diligemment étudiées par le doyen Font-Rius (bibl. 52), bien qu'elles expriment un droit nouveau, témoignent cependant d'un souci sans doute traditionnel de conserver les biens dans la famille ; elles admettent sans difficulté la succession directe mais elles répugnent en revanche à permettre soit le testament soit la vente des immeubles. Le plus souvent, la vente n'est permise qu'entre voisins. A Barcelone, à défaut de frère ou de neveu, le comte saisit la moitié de la succession (ce qu'admettent les *Usages de Barcelone*). Ailleurs, c'est le tiers des biens qui revient au seigneur.

La parenté s'élargit, d'autre part, en communautés de village ou de paroisse ; elles assurent la protection des habitants, possèdent les « calms » (c'est-à-dire les vacants, pâturages d'été ou forêts), exercent même sur les propriétés particulières un droit de vaine pâture ; les droits des *vezis* et du voisinage sont toujours nettement reconnus. Les droits des communautés furent battus en brèche à la fois par les défrichements et par les exigences des seigneurs qui mettaient en défens les vacants ou « devèzes » et repoussaient ainsi le droit des communautés, encore affirmé aujourd'hui sur les « pasquiers » en haute montagne.

La communauté apparaît comme une fédération de « maisons », souvent étendue à une vallée ; partout la tradition romaine joue en faveur de l'autorité du maître de la maison qui est responsable de tous ceux qui en font partie. Il doit assurer le maintien du patrimoine tout en obéissant aux sollicitations familiales et en respectant les traditions. Celles-ci demeurent cependant assez incertaines : pour Bonnassie (bibl. 230, p. 274), l'égalité des partages demeure la règle ; Brutails, au contraire, admettait que le père de famille pouvait désigner l'un de ses enfants comme héritier et ne laisser aux autres qu'un legs de cinq sous[8]. La femme est toujours associée aux actes de son mari ; à sa mort, si les enfants sont en bas âge, elle assure la direction de la maison. Le contrat de mariage est un pacte débattu entre deux familles, fixant pour l'avenir la condition de leurs biens et spécialement les droits de la femme veuve. On a pu parler (P. Bonnassie, bibl. 230, p. 277) d'une sorte de « tonalité féminine » qui marque la société de l'époque et serait propre au droit visigothique (D. Herlihy, « Land, Family and Women », *Traditio*, 1962, p. 89-120).

Quant à l'influence du *Liber judicum*, elle apparaît surtout dans la procédure ; ce n'est que faute de preuves que l'on recourt aux ordalies, et seulement à la fin du Xe siècle (A. Iglesia-Ferreiros, bibl. 463, p. 194). Le duel judiciaire qui n'est pas admis par la loi visigothique ne deviendra d'usage courant qu'au siècle suivant. C'est l'époque où les actes opposent à la loi antique les « usages de la terre ».

Le droit pyrénéen

La Catalogne a subi tant d'influences diverses qu'il est difficile de déceler ce qu'était le droit autochtone. Pourtant l'importance donnée à la maison familiale en Andorre, par exemple, la condition privilégiée reconnue aux femmes, paraissent liées à l'existence d'un droit pyrénéen, qu'ont mieux conservé des pays fermés aux influences extérieures comme le Lavedan ou le Béarn, la Soule ou le Labour. Partout apparaît la même solidarité de la famille et des voisins ; la maison – l'*ostau* béarnais ou le *lar* basque – en est le centre ; elle n'est jamais vendue et la dévolution successorale, même s'il est fait un testament, est réglée de telle sorte que jamais il n'y ait lieu à partage. C'est dire qu'aucune égalité n'existe entre les enfants : les biens reviennent à l'héritier, sorte de *rex designatus*, choisi du vivant même du père et associé à ses actes ; les cadets peuvent demeurer dans la maison mais dans une condition quasi servile ; en Lavedan, on les désigne même du nom d'« esclaus » ou d'« esclabes ».

Cette fidélité à la maison familiale se retrouve ailleurs : dans l'hospice de la Suisse romande, ou dans le *maelstede* des pays flamands ; ce qui est au contraire propre à l'ouest des Pyrénées est la règle qui permet à une fille aînée d'être héritière de préférence à ses frères. Au XVe siècle encore, ce droit sera appliqué en Soule et en Béarn, au moins aux maisons serves et aux maisons franches des hautes vallées. Il en demeure des traces en Basse-Navarre et en Labour, et il subsistera jusqu'au XVIIIe siècle en Lavedan. Aujourd'hui encore, une disposition curieuse de la coutume d'Andorre permet à la fille *pubilla* de conférer à son mari la nationalité andorrane. L'étude qu'a consacrée aux successions Jacques Poumarède (bibl. 620) montre bien qu'il s'agit d'une aire coutumière dont la limite ancienne paraît être l'Adour avec deux extensions vers la vallée d'Aure et la vicomté de Maremne.

Par là est posé, plus nettement même que pour toute autre région, le problème des origines ; ni la géographie, ni l'histoire, ni l'économie ne séparent le Béarn des vallées voisines d'Aure et de Comminges ; néanmoins, il existe entre elles une frontière juridique. L'opposition ne peut venir que de la différence de peuplement. Les Cantabres ou les Basques dominaient les vallées de l'Ouest. Les essais d'assimiler ceux-ci aux Ibères ou aux Ligures ont fait long feu, et on croit plutôt aujourd'hui à un peuplement autochtone localisé de part et d'autre des Pyrénées occidentales (Poumarède, bibl. 620, p. 331). L'hypothèse paraît doublement confirmée : par les historiens grecs qui rapportent que chez les Cantabres « ce sont les filles qui héritent de leurs parents » (Strabon, III, 4), comme par les recherches hématologiques qui établissent une curieuse coïncidence entre l'institution de l'aînesse absolue et la prédominance du groupe sanguin O sans agglutinogène (M. Bordeaux, *Annales*, 1969, p. 1275-1286).

Au-delà de l'Adour, la complexité du droit gascon répond à celle des dialectes parlés dans ce pays ; les lignes d'isoglosses sont comme enchevêtrées ; il en est de même des aires coutumières ; la trame paraît fournie par la diversité ethnique de l'ancienne Novempopulanie ; la pression des lignages nobles, le dynamisme bourgeois, les traditions domaniales accroissent encore cette diversité. L'Armagnac maintient quelques traits remarquables : l'hostilité aux étrangers, la publicité nécessaire des ventes immobilières, la reconnaissance des droits de la veuve. Le Marensin et l'Albret connaissent l'égalité stricte des enfants, qui est combinée en Tursan et Gabardan avec le privilège de masculinité. Le Fezensaguet, autour de Mauvezin, pratique l'aînesse. Le Condomois et le Bruilhois subissent l'attraction de l'Agenais ; le Gimoès et la Lomagne sont proches du Toulousain. Une place à part doit être faite au Bazadais : sa coutume (Beylot, *Archives historiques de la Gironde*, XV, p. 67-151), rédigée à la fin du XIIIe siècle, paraît conserver des traits fort archaïques : elle maintient l'égalité des enfants, est hostile à tout testament et ne permet de disposer que du dixième de son patrimoine en présence de descendants et du dixième des propres en présence de collatéraux. C'est la même quotité qu'admettait chez les Visigoths une loi de Chindaswind (*Lex Visig.*, IV, 5.1).

L'Aquitaine et le Haut-Languedoc

La même diversité apparaît en Aquitaine. Le bassin de la Garonne est un pays ouvert dont le climat coutumier n'est pas sans rappeler parfois étrangement celui du droit flamand : l'esprit est communautaire et foncièrement égalitaire ; même dans les lignages nobles, l'aînesse et la masculinité sont vues avec défaveur : le père ne peut pas plus, en principe, déshériter l'enfant ingrat qu'avantager le « bon fils ». Au cas de second mariage, le partage par lit paraît généralement pratiqué.

La faiblesse de la féodalité, due justement à ce partage des biens, est compensée dès la fin du XIIIe siècle par des considérations aristocratiques. L'obscure famille des Albret assurera sa fortune en découvrant de bonne heure le danger de tout partage des biens familiaux. La pratique du testament permet de pallier les inconvénients de la coutume. Le testament, déjà cité (p. 76) de Bernard-Ezi II en 1340, est à cet égard tout à fait remarquable : Bernard-Ezi indique qu'il possède des terres à Nérac et en Agenais, qui sont régies par le Droit romain, d'autres qui suivent la coutume du Bazadais, qui attribue des droits égaux à tous les fils, d'autres enfin qui relèvent des coutumes des Landes et de Bordeaux, qui connaissent le droit d'aînesse ; en fin de compte, le testateur déclare suivre la coutume de Casteljaloux (sans doute concédée par lui), qui est son principal domicile et institue comme seul héritier son fils aîné (P. Ourliac, bibl. 568, p. 22).

L'acte indique bien la persistance d'anciennes coutumes « de la terre » qui représentent très certainement le droit ancien et la volonté de s'en affranchir quand elles les gênaient, qu'avaient les nobles et les bourgeois, les premiers soucieux avant tout d'éviter un partage, les seconds d'exclure les filles. Le jeu des forces sociales, le conflit ainsi ouvert entre un droit territorial et un droit familial, en viennent à donner aux aires juridiques une diaprure dont la variété et la richesse surpassent celles des pays de coutumes. Sur le fond coutumier qui reste archaïque se sont greffées des pratiques imposées par une classe ou une famille et transformées en coutumes par l'effet de la contagion.

L'Aquitaine est un pays sans frontière et son destin a toujours été d'être placé entre deux civilisations. Si l'originalité ethnique et la pérennité des traditions indigènes sont certaines au sud de la Garonne, au nord, les noms celtes dominent nettement ; les traditions rurales sont très diverses : au nord de la Dordogne et du Tarn prévaut le système domanial ; en Bordelais les comtes ou les vicomtes gardent le contrôle des forteresses. L'Agenais connaît, au contraire, un foisonnement anarchique de châteaux, dû apparemment aux coutumes successorales (*Histoire de l'Aquitaine*, éd. Ch. Higounet, 1971).

Le pays surabonde de coutumes dont les chartes urbaines ne conservent, cependant, que quelques traits essentiels pour la connaissance du fait coutumier. Le souci le plus certain est d'interdire, comme en Béarn, toute disposition entre vifs ou à cause de mort des biens familiaux, qu'ils proviennent de la ligne paternelle ou maternelle. L'égalité des héritiers qui répondait à une tradition lignagère va être battue en brèche par le souci d'éviter autant que possible le partage du patrimoine. A Bordeaux, sans doute sous l'influence du droit Plantagenêt, la coutume reconnaît dans les successions nobles le droit du fils aîné, les cadets étant réduits à « certains biens » (éd. Barckhausen, bibl. 22, art. 57 et 60). Entre filles, l'aînée doit être avantagée (ce qui rappelle le droit de Touraine-Anjou). Sans doute pour complaire aux bourgeois, un privilège de Jean sans Terre, de 1206, exclut les filles dotées de toute succession familiale, et la femme mariée de tout droit au partage des acquêts.

Les coutumes de l'Agenais admettent, même entre nobles, le partage égal entre enfants, ce qui conduira au morcellement féodal du pays ; faute de descendants, les biens reviennent « d'où ils sont venus ». L'hostilité au testament est encore certaine. Les coutumes les plus archaïques en limitent la portée : à Gontaud, par exemple, on ne peut laisser ses immeubles à un étranger qu'à défaut de tout parent au septième degré ; on peut, au contraire, par testament, laisser tous les immeubles à l'un des enfants. La réserve des deux tiers des immeubles en faveur des lignages n'apparaît, semble-t-il, qu'au XIIIe siècle (P. Ourliac, bibl. 19, I, p. 66). La règle du partage par lit est nettement formulée à Marmande et elle concerne la succession du père comme celle de la mère (ce qui marque bien la différence avec les coutumes de l'Ouest).

Une aire coutumière dont la meilleure expression est donnée par l'article 124 de la Coutume de Toulouse (bibl. 33), attribue, à défaut d'enfant, la succession aux parents paternels ; la mère est ainsi exclue de la succession de ses enfants, tandis qu'est reconnu le droit du frère de la grand-mère paternelle. Une règle identique existe en Normandie et en Béarn (où tous les acquêts sont présumés d'origine paternelle), mais aussi dans les coutumes d'Auvergne et de la Marche (J. Maillet, bibl. 522), voire à Bordeaux (J. Poumarède, bibl. 620, p. 229).

Les anciens commentateurs toulousains faisaient remonter la règle au droit des XII Tables ; on y a vu des influences saliques, visigothiques ou lombardes. La disposition est d'autant plus surprenante qu'elle paraît donner la préférence à la parentèle paternelle sur le père lui-même, ce que Meijers (bibl. 532, p. 8) avait rapporté au droit ligurien. L'ancienneté de la règle est en tout cas certaine, et elle était encore appliquée à Toulouse au XIVe siècle (P. Ourliac, bibl. 568, p. 303-310).

L'augment de dot, qui est l'équivalent pour le Midi du douaire, aurait été fixé par la coutume dans une zone qui irait de la côte atlantique jusqu'aux contreforts du Massif central, tandis qu'en Bas-Languedoc la quotité de l'augment aurait été laissée à la volonté des époux (Gouron, bibl. 432). Il semble plutôt que les coutumes établissant une proportion entre la dot et les gains de survie ne se soient fixées qu'au XIIIe siècle (les coutumes matrimoniales étant toujours moins nettes que les coutumes successorales). Anciennement, les droits de la femme paraissent déterminés par le contrat de mariage qui apparaît toujours comme un pacte entre deux familles. Tandis qu'en Languedoc, la liberté des parties a été préservée, en Aquitaine, la coutume impose l'égalité, jugée raisonnable, de la dot et du douaire (au moins, à Marmande, si la *molher es pusela*).

Le retrait lignager (ou *torn*) qui affirme le droit de reprise des parents au cas de vente d'immeubles, est inconnu en Languedoc où la libre aliénation des immeubles doit remonter à la romanisation profonde de la *Provincia* ; il est, au contraire, couramment reçu en Aquitaine, en Quercy, en Rouergue et en Comminges. Mais les règles suivies paraissent bien répondre à des conceptions assez différentes de la famille. En Quercy, le retrait ne peut être exercé que par le plus proche parent et dans un délai très bref. En Agenais, le retrait est ouvert au lignager le plus proche mais à son défaut à tous les parents jusqu'au quatrième degré, et dans un ordre nettement précisé par certaines chartes ; il semble même que le bien doive leur être offert avant toute vente. A Auch, les ventes font l'objet d'une publicité trois dimanches successifs et ce n'est qu'après un mois que la vente peut être conclue. Parfois le retrait peut être exercé contre tous « les forains ou étrangers ». D'assez nombreuses coutumes admettent le retrait des meubles. Ici encore, le droit béarnais conserve mieux l'esprit des anciens usages : l'aliénation n'est possible qu'au cas de nécessité jurée ; à l'étranger qui achèterait s'opposent deux catégories d'ayants droit : la première constituée par l'héritier présomptif, la seconde par la communauté élargie des parents ou même des voisins. Le retrait exprime en somme les droits successivement prétendus sur un même bien.

Il faut enfin faire mention d'une zone communautaire qui, si elle a été étudiée surtout pour les XVe et XVIe siècles par Jean Hilaire (bibl. 450), paraît remonter fort loin ; dans une région délimitée à l'est par le Rhône et comprenant le Carcassonnais, le Rouergue, l'Albigeois, le Quercy, le Limousin (mais laissant à part le Toulousain et le Périgord) est pratiqué l'affrèrement entre époux qui accorde au survivant tous les biens du ménage. Un noyau central plus fortement communautaire serait constitué par les Cévennes, le Rouergue, allant de Ganges au Puy. Au régime dotal toujours stipulé se superpose un régime de communauté et, fait bien remarquable, tandis que le premier est exprimé en latin, le même acte use de la langue vulgaire quand il s'agit des clauses établissant la communauté : après avoir sacrifié au droit savant, sans doute en copiant un formulaire, le notaire en revient à la pratique courante.

* * *

Bien d'autres clivages pourraient être découverts entre les coutumes du Midi. Des rapprochements seraient aussi à faire avec les fors espagnols et quelques singularités devraient être expliquées : les règles de procédure et de preuve, les formes du duel, paraissent fort proches de celles qui sont, par exemple, exposées par Beaumanoir. Il existe à Agen comme à Toulouse une justice foncière exercée par tout propriétaire assisté de quelques notables. Enfin le droit pénal révèle beaucoup de disparités mais aussi d'étranges influences : l'adultère subit la peine de la course, d'après l'article 21 de la coutume de Montpellier que reprennent en la citant expressément la coutume de Tossa en Catalogne (Font-Rius, bibl. 52, 180) comme la coutume de Marmande.

La plupart des chartes méridionales ont été rédigées au XIIIe siècle et elles ont à l'égard du Droit romain une position très nuancée : adoptant certaines règles, en rejetant d'autres, plus souvent encore les utilisant pour renforcer leur orientation profonde. La pratique du testament permet, par exemple, au père de famille d'affirmer son autorité, comme les clauses d'affrèrement ou les stipulations du contrat de mariage donnent plus de rigueur à d'anciens usages communautaires. Le mythe du Droit romain toujours entretenu ne peut cacher la réalité (P. Tisset, bibl. 670). Le droit du Midi est un droit coutumier à fond romain. La disparition des coutumes sera rapide, mais elle n'assurera pas pour autant le triomphe du droit savant ; le droit qui prévaudra sera un droit pratique que la liberté des contrats permet à chacun d'infléchir à sa convenance, que l'habileté des notaires parvient à systématiser et que les juges appliquent avec le constant souci de le conformer à la raison et à l'équité.

CHAPITRE IV

LA FIN DU MOYEN AGE

Le XIVe siècle est partout celui de la bourgeoisie triomphante ; l'activité économique se concentre dans les villes qui attirent les paysans d'alentour : grandes villes comme Paris, Rouen, Toulouse ou Avignon, villes semi-rurales où prospèrent de petites industries, villes marchandes souvent dominées par un patriciat qui rivalise avec la noblesse. La contrepartie de l'ascension bourgeoise est la perte d'influence de la noblesse dont la richesse demeure rurale. Toutes les études faites concluent à un effritement très net, entre 1320 et 1380, de la seigneurie : les corvées dues par les paysans ne sont plus exigées ; les propriétaires donnent leurs domaines à ferme, les redevances dues s'amenuisent du fait des incessantes dévaluations monétaires ; la terre, surtout autour des villes, est achetée par des bourgeois. Le texte bien connu du *Quadrilogue invectif* (éd. Droz, 1950, p. 34), écrit en 1422, exprime fort bien la rancœur des nobles et des clercs. Ils reprochent aux « populaires » d'être « comme la cisterne qui a recueilli et recueult les eaues et les agoutz de toutes les richesses de ce royaume qui ès coffres des nobles et du clergé sont amendriz par la longueur de la guerre car la fieblesce des monnoies leur a diminué le paiement des devoirs et des rentes qu'ilz nous doivent et l'outrageuse chierté qu'ilz ont mise ès vivres leur a creu l'avoir que par chacun jour ils recueillent et amassent »[1].

La crise est économique mais aussi sociale et morale.

Les citadins craignent les épidémies – les ravages de la peste de 1348 furent terrifiants – tandis que les paysans redoutent avant tout les guerres. En un demi-siècle, l'Europe a dû perdre le tiers, sinon la moitié, de sa population : à Apt et à Forcalquier les quatre cinquièmes des habitants meurent. De nombreux villages disparaissent. Insurrections urbaines, révoltes paysannes, brigandages des Gueux ou des Ecorcheurs, schismes et hérésies sont liés à la crise qui atteint son paroxysme sous le règne de Charles VI. Aux Etats d'Orléans de 1431, Juvénal des Ursins fait une description pathétique de quelques provinces, Guyenne, Languedoc, Champagne qui vont à « destruction et désolation, voire à finale perdition ». Le milieu du XVe siècle est une époque de convalescence. Les terres abandonnées sont remises en culture, souvent au prix d'un changement des structures agraires et des modes d'exploitation.

La France subit moins que l'Allemagne les excès des « fanatiques de l'Apocalypse » ; mais, Huizinga l'a bien montré, les malheurs et les ruines de l'époque exaltent les imaginations. L'accord que recherchait la scolastique entre la foi et la raison est rompu. La religion devient inquiète et passionnée. La haine et la violence se déchaînent contre les sorciers.

Alors que le milieu social évolue très vite, les idées juridiques ne paraissent guère changer. Le droit cependant, même s'il est un facteur de permanence, ne peut demeurer immobile. Les coutumes sont, comme il est normal, interprétées par les tribunaux, commentées par des praticiens, mais elles conservent l'essentiel de leurs dispositions et leurs aires d'application. Les « mentalités » ne changent pas au même rythme que la société. Les liens familiaux demeurent aussi forts ; les communautés anciennes persistent ou même se renforcent entre paysans ; elles existent dans les villes où se multiplient les corporations, associations et confréries. Dès le XIIIe siècle (p. 48), l'esprit de la noblesse a subtilement changé ; ce sont maintenant les bourgeois enrichis qui achètent les fiefs et reprennent pour eux-mêmes les valeurs anciennes. L'aristocratie marchande, tout en restant fidèle à ses traditions d'ordre et d'économie, cherche à imiter l'ancienne noblesse et souvent à s'allier avec elle. Le droit pénal traduit bien une nouvelle sensibilité : les peines les plus cruelles sont maintenues et souvent même généralisées : ainsi l'essorillement des voleurs, la castration des auteurs de viol ou l'ensevelissement du meurtrier sous le cadavre de la victime. La torture paraît, de même que le secret de l'instruction, se généraliser.

La royauté, consciemment ou non, encourage ce conservatisme. Elle est soucieuse de maintenir l'ordre et l'équilibre ; elle est gardienne du droit et toute innovation trop brusque lui paraîtrait détestable. Le roi est institué non pour changer la loi mais pour en assurer le respect, et la loi par excellence, loi presque intangible, est le droit privé. Depuis Philippe Auguste, la monarchie trouve son charisme dans le respect du droit. Elle charge sa Cour ou son Parlement de l'imposer à ses agents ; le roi lui-même s'identifie à la loi et règne par elle. En 1316, on affecte de donner au problème posé par la succession de Louis X une solution juridique qui sera par la suite longuement développée. L'annexion d'une province est toujours justifiée par une raison de droit. Toute la politique de Philippe de Valois tient dans le conseil qu'il adresse à son fils : « Il est bon de se mettre en droit vers ses ennemis et de les mettre en tort. » Les légistes parlent au nom du roi et fixent les pratiques de la monarchie. Ils ont trouvé dans le Droit romain les idées abstraites de souveraineté et d'autorité de l'Etat qui justifient leur action.

A l'influence nouvelle des légistes royaux répond la place prise dans la société par les gens de loi. Leur rôle est déjà certain au XIIIe siècle[2], il devient aux siècles suivants prépondérant. Dans l'Eglise, les canonistes l'emportent désormais sur les théologiens, ce que Marsile de Padoue reprochera à Jean XXII (*Defensor pacis,* II, 24). Des études de droit sont nécessaires à qui veut faire carrière : en 1335, le bailli de Vitry est renvoyé parce que « comment qu'il soit bon homme d'armes il n'a pas accoustumé à tenir plaids ou assises ». On exalte, plus encore qu'au siècle précédent, l'autorité des docteurs dans l'un ou l'autre droit ; ils possèdent la science qui vaut autant que la noblesse : les avocats, les magistrats, les professeurs les plus célèbres se parent du titre de « chevaliers ès lois » ou de « seigneurs ès lois » (R. Cazelles, bibl. 275, p. 292). Partout l'ascension des marchands va de pair avec celle des gens de robe ; ils sont toujours associés dans la gestion municipale ; ils sont unis à la fois par des intérêts commerciaux et par des alliances de famille. Les deux tiers des notaires de Lyon sont d'origine rurale (R. Fédou, bibl. 365, p. 158 et 428) ; il en est de même en Provence (P.-L. Malaussena, bibl. 528, p. 282). Il existe entre tous une solidarité que redoutent les plaideurs mais aussi une communauté d'esprit : comme les marchands, les hommes de loi recherchent le profit, gèrent avec soin leur patrimoine et parviennent à la richesse et à la noblesse.

Tout concourt au succès du Droit romain. L'accord de la monarchie et des bourgeois est scellé par l'intervention des gens de loi. Grâce à eux, le Droit romain introduit dans l'ordre ancien que représentent les coutumes les nouveautés nécessaires. Les romanistes vont en somme tenir le rôle qu'ont joué à Rome à l'égard de l'ancien droit les prudents et les préteurs. Il s'agit ici et là d'adapter les coutumes d'une société paysanne, presque autarcique, à une société devenue commerçante, tout en restant fidèle aux valeurs anciennes (H. Lévy-Bruhl, *Sociologie du droit,* 1961, p. 80). En appliquant la coutume, en interprétant ses dispositions ou en suppléant à ses lacunes, les juristes transforment lentement et sans l'avouer le droit ancien.

Les romanistes et les canonistes de l'époque appartiennent à l'école bartoliste dont les méthodes et l'esprit doivent être étudiés en premier lieu (section I). Dans le Midi, le Droit romain l'emporte nettement tandis que son action diffuse est, dans le Nord, plus difficile à préciser (section II) ; le roi intervient fort peu mais surveille et dirige néanmoins par son parlement l'évolution qui s'accomplit (section III).

I. L'ÉCOLE BARTOLISTE

La controverse de François Accurse et de Revigny (*supra,* p. 60) est symbolique. Les Bolonais, qui avaient d'abord considéré avec quelque dédain les dialecticiens français, s'inquiètent des nouveautés qu'ils apportent. L'aristotélisme triomphe et avec lui l'appel à la raison supérieure à toute exégèse textuelle. Par là même, la méthode des glossateurs paraissait dépassée. Suivant la tradition, Cinus de Pistoie (1270 - † vers 1336) serait venu vers 1300 à Orléans, aurait suivi l'enseignement de Belleperche et aurait été séduit par sa force logique. (W.M. Gordon, *Cinus and Belleperche, Daube Noster,* Edimburg, 1974, p. 105-154). Revenu en Italie, Cinus aurait enseigné à Sienne, à Pérouse, à Naples, à Bologne, y apportant la méthode nouvelle. Au lieu d'un commentaire exégétique, il aurait imposé la recherche de la *ratio legis,* le schéma dialectique : *« primo dividam, secundum ponam casum, tertio colligam, quarto opponam, quinto quaeram ».*

C'était mettre en question Accurse et sa méthode et opposer aux solutions de la glose « dérisoires et puériles » les « nouveautés des modernes ». Cinus eut pour élève Bartole de Sassoferrato (1314-1357), qui allait devenir le chef d'école d'une nouvelle génération de juristes, suivant un adage « *nullus bonus jurista nisi sit bartolista* »[3].

Bartole, mort jeune, est l'auteur d'une œuvre immense. En droit public, il pressent la ruine de l'ordre médiéval, dénonçant tout à la fois la tyrannie, la guerre injuste et la violation du droit que sont les représailles. En droit privé, il impose une méthode que répandra son disciple Balde degli Ubaldi (1327-1400), à la fois civiliste et canoniste. Après eux, Paul de Castro (vers 1394 - † vers 1441), Raphaël Fulgosio (1367-1427), Alexandre Tartagna (1424-1477), François Accolti dit l'Arétin (vers 1418 - † avant 1485), Jason de Maino (1435-1519), François Dèce (1454-1535), bien d'autres moins illustres, maintiennent la renommée de l'école bartoliste. La plupart sont docteurs *in utroque ;* l'ancienne hostilité des légistes et des canonistes est terminée ; Balde commente les décrétales comme le *Digeste.* Les canonistes de l'époque ont rejoint le camp bartoliste : Pierre de Ancharano, élève de Balde, Antoine de Butrio († 1408), Nicolas de Tudeschis dit Panormitain († 1445) sont les plus célèbres. Le seul Français qui atteint la notoriété est Gilles de Bellemère († 1407), auteur de *consilia* et d'un commentaire du *Corpus juris canonici* où il s'efforce de rapprocher le droit civil et le droit canon.

Les romanistes français, tout en restant fidèles à la méthode de Revigny et de Belleperche, suivaient les mêmes voies. Meijers (bibl. 533) a bien montré l'activité et l'originalité des professeurs de Toulouse et de Montpellier. Vers 1310, les deux Universités, protégées par les papes Clément V et Jean XXII, supplantent l'Université d'Orléans qui, à la suite de troubles, doit être transférée à Nevers. Leur enseignement est résumé dans des gloses dispersées dans de nombreuses bibliothèques et encore fort mal connues (G. Dolezalek, bibl. 343) ; les docteurs interviennent fréquemment dans les procès et leurs consultations font autorité : ainsi les *Responsa doctorum tholosanorum,* rédigées avant 1317, traitent d'affaires qui concernaient le statut des villes de la région, les églises, les différends entre les ordres religieux, les contrats de mariage. Canonistes et légistes interviennent le plus souvent ensemble, ceux-ci paraissant perdre leur prééminence vers 1320. Les sept professeurs de droit civil qui enseignent à Toulouse entre 1310 et 1320 font de brillantes carrières dans l'Eglise : Pierre de Mortemart, Bertrand de Montsavès et Bertrand de Deaux devinrent cardinaux, Arnaud de Narces, archevêque d'Aix, Guillaume de Cun, évêque de Bazas et Comminges, Guillaume de Durfort et

Arnal Escharbot, inquisiteurs. Le titre de *legum professor* dont se parent désormais beaucoup de dignitaires de l'Etat ou de l'Eglise ou d'avocats célèbres n'est qu'une qualification honorifique et n'implique aucun rattachement à une Faculté (A. Gouron, bibl. 433). Cependant des Universités sont créées à Avignon en 1303, à Cahors en 1332, à Perpignan en 1349, à Orange en 1365, tandis que l'enseignement du droit disparaît dans les villes où il avait existé au siècle précédent (p. 59)[4].

Passé 1380, le rôle des juristes diminue quelque peu. Le prestige des Universités anciennes est atteint par la guerre, le Schisme et par la création d'Universités nationales. L'enseignement se sclérose ; les étudiants « pauvres » sont de moins en moins nombreux ; les cadres de l'enseignement demeurent les mêmes (ce qui aboutit, par exemple, dans les Facultés canoniques, à séparer l'enseignement des *Décrétales* de Grégoire IX de celui des décrétales postérieures). Tout paraissait dit et il suffisait de répéter : c'est à quoi s'emploie la génération de bons élèves, de fils ou de gendres, qui apparaît partout vers 1420. Plus que d'enseigner, les professeurs sont soucieux de consulter et ainsi de tirer profit de leur science et de leur habileté.

Il est bien difficile de déceler dans la masse des commentaires une inspiration commune. Les consultations des docteurs toulousains restent fidèles à la glose et spécialement à Azon ; à l'égard des coutumes locales ils n'ont qu'indifférence ou mépris : ayant, par exemple, à connaître de l'article de la Coutume de Toulouse concernant l'augment de dot, ils paraissent en ignorer le sens et déclarent que la disposition est « contre les bonnes mœurs et par conséquent non valable » (bibl. 33 p. LI).

Les docteurs italiens ignorent les auteurs français : le seul qui soit cité est Guillaume de Cun († 1335) dont les *Lecturae* sur le *Digestum vetus* et le *Code*, écrites en 1314-1316, sont souvent utilisées et même littéralement copiées par Cinus et Bartole. Les commentaires des *Décrétales* de Josselin de Cassagne († 1334), professeur à Montpellier et à Avignon, de Guillaume de Montlauzun († 1343), professeur à Toulouse, de Pierre Bertrand († 1349), eurent quelque célébrité.

On doit retenir surtout quelques œuvres plus proches de la pratique. Jean Faure († 1340), professeur à Montpellier et avocat, a écrit un commentaire des *Institutes* remarquable par sa clarté et aussi par la vivacité des critiques qu'il dirige contre la méthode des glossateurs ; il écrit, dit-il, rapidement pour ceux qui font des affaires : *pro itinerante et negociante et ab itinerante et negociante*.

Pierre Jacobi, ou Jayme, fut étudiant à Montpellier et y devint professeur vers 1311. Il est l'auteur de la *Practica aurea* destinée aux avocats ; c'est un traité de procédure dans lequel sont habilement mêlées des références au droit savant et des formules pratiques.

Pour le XVe siècle, on ne peut citer que quelques *minores*. Jean Belly († 1433), évêque de Lavaur, a rédigé un médiocre traité sur la procédure canonique ; après avoir été auditeur de Rote, il siégea au premier Parlement de Toulouse, en 1419, dont il décrit la procédure. Guy Pape (1402-1487), avocat et conseiller au Parlement de Grenoble, a publié un recueil de *decisiones* fort précieux pour la connaissance du droit dauphinois. Plus jeune que lui de trente ans, Etienne Bertrand (1434-1517), de Carpentras, jouera le même rôle dans le Comtat. Il sera président de la Chambre apostolique et, dit-on, pressenti pour être président du Parlement de Provence qui venait d'être créé. Il laissa huit livres de consultations, demandées souvent par de très grands personnages et précieuses pour la connaissance de ce qu'il appelle la *consuetudo juris* [5].

A l'école bartoliste appartiennent encore au moins par leurs tendances deux auteurs considérables du XVIe siècle : Tiraqueau et Du Moulin. Tiraqueau (1488-1558), né à Fontenay-le-Comte, conseiller au Parlement de Bordeaux et familier de Michel de l'Hôpital et de Thou, pratiqua également le droit coutumier, le droit canonique et le droit romain ; bien que contemporain d'Alciat, il resta fidèle à Bartole et à Balde, exagérant même les défauts de l'école : son érudition lui permet d'accumuler les citations et de relever les contradictions de ses prédécesseurs sans toujours les résoudre. Il découvre, par exemple, cinquante justifications du droit d'aînesse et quarante-trois de la prescription de dix ans.

Son ami Du Moulin (1500-1566) a une autre envergure (J.-L. Thireau, bibl. 664). D'une famille d'avocats parisiens, étudiant à l'université d'Orléans déjà touchée par l'humanisme (J. Boussard, dans *Humanisme et Renaissance*, 1938, p. 209-230), mauvais avocat mais doué d'un remarquable sens juridique, il est surtout connu par son *Commentaire de la Coutume de Paris*. Obligé de s'exiler à Genève et à Tübingen après son adhésion à la Réforme, vite suspect à cause de son caractère irascible aux catholiques comme aux protestants, condamné à une vie errante, il rédige néanmoins une œuvre considérable. Il demeure fort proche de Bartole, de Balde ou de Paul de Castro. Simplement, en esprit supérieur, il sait dominer mieux que ses contemporains la méthode bartoliste en considérant que la pratique est le meilleur interprète de la loi : cette attitude fait la richesse de l'œuvre et explique le succès prolongé de beaucoup de ses théories juridiques.

La méthode bartoliste

Les bartolistes et leur méthode devaient être critiqués au XVIe siècle avec une rare virulence par les humanistes et ils n'ont jamais été pleinement lavés de ces attaques. Ils écrivaient le latin du Palais qui choquait Laurent Valla ou Budé ; cela même les confinait dans les « ténèbres cimmériennes » (Budé, *Annotationes in Pandectas*, éd. 1542, p. 14) et dans la « barbarie fétide » (Muret, *Orationes*, I, 17). Hotman (*Antitribonian*, chap. XV) déclare ces « chaffoureurs » si « odieux qu'à la fin on ne les a pas tenus seulement pour gens de gros et lourd cerveau mais pour sophistes, chicaneurs, abuseurs et imposteurs de justice ».

Après le style, la méthode était critiquée. Rompant avec la tradition étroitement exégétique de la glose, ils avaient usé de la méthode scolastique : la solution du *casus* qu'ils posent les conduit à des divisions et des sous-divisions infinies, à des distinctions subtiles et souvent irréelles ; pour toute question, ils invoquent comme les scolastiques des « autorités », c'est-à-dire qu'ils accumulent les citations en sens contraire. Budé leur reprochera de distinguer entre les espèces, de multiplier les sectes jusqu'à l'infini, de prendre le contre-pied des opinions communes, de mettre une subtilité dans chaque mot des *Pandectes* et un piège sous chaque lettre, de citer des auteurs qui ne sont connus de personne et dont le nom obscur fait tout le crédit.

La critique est souvent fondée au XVe siècle où la scolastique elle-même se déprave. Ainsi ce professeur avignonnais qui recherche si Lazare après sa résurrection était devenu bigame ; ainsi encore Tiraqueau dont Hotman disait justement : « Après avoir entassé les témoignages et conformités de cent ou cent vingt docteurs, tous accordant en une opinion, adjoute peu après un tel ou semblable propos : “ Afin que tu saches, ami lecteur, qu'il n'y a rien en notre droit qui ne soit ambigu et mis en dispute ou controverse, je t'en veux ici raconter autant ou plus grand nombre qui tiennent l'opinion contraire ", et sur ce desploie une grande liste d'autres docteurs. »

A vrai dire, deux reproches opposés sont faits aux bartolistes (commes ils le sont encore aux juristes) : le premier est de se complaire dans l'abstraction et d'être par là artificiels, sinon artificieux. Le même reproche avait été fait aux glossateurs et Pierre Legendre (bibl. 496, p. 141) remarque finement que la mentalité même des étudiants oriente tout enseignement vers la généralité et que tout enseignement juridique y incline. Legendre propose également de distinguer les bartoliens qui demeurent dans l'authentique tradition de Bartole des bartolistes qui se complaisent dans les solutions illusoires et les spéculations inutiles, manient des concepts imaginaires et raisonnent pour raisonner. Plus que la scolastique, il paraît d'ailleurs incriminer l'occamisme triomphant qui leur fournit une méthode de raisonnement mêlant l'ordre logique à l'ordre réel.

Le second reproche fait aux bartolistes est d'être trop proches de la pratique et de plier leurs opinions aux nécessités de leur époque, sinon aux intérêts de leurs consultants. Cette soumission à la clientèle est de tous les temps, comme il est toujours vrai que les plaideurs invoquent les « autorités » – doctrine ou plus souvent arrêts – qui leur sont favorables. Qu'il y ait eu des professeurs qui trafiquent de leur influence, la chose est incontestable ; mais beaucoup ont au contraire une haute idée de leur mission et veulent rendre un témoignage de vérité : Etienne Bertrand, par exemple, répondra à un de ses consultants : *Scribam ergo non sicut vellem, sed sicut de jure possum.*

Le contact avec la pratique, bien loin d'être une erreur, fait, croyons-nous, le principal mérite des bartolistes (ou des bartoliens). Ils sont pleinement et parfaitement des juristes, ce que n'avaient pas été les glossateurs trop soucieux des textes et ce que ne seront pas les humanistes qui croyaient que la pratique devait se plier à la loi romaine et non la loi à la pratique. Ils énumèrent les opinions diverses qui fournissent des arguments aux avocats comme le fait aujourd'hui un répertoire juridique ; mais comme Bartole ils en viennent à rechercher l'opinion commune « la meilleure et la plus probable ». Ils suivent, il est vrai, des règles assez strictes pour la dégager. L'opinion de Bartole doit prévaloir, mais comme Homère, il sommeille parfois. L'autorité de la glose est toujours reconnue car elle peut mettre en balance la commune opinion. Parmi les auteurs, il y a des *majores* – Balde et Paul de Castro notamment – et des *minores* que l'on allègue du bout des lèvres. Tous peuvent être cités mais ils n'ont pas le même poids ; ils aident le juge ou le consulteur à dégager sinon une vérité absolue, du moins la solution qui en l'espèce apparaît la meilleure. En cela les bartolistes reprennent à leur compte le *tutiorisme* que pratiquent les théologiens. L'esprit humain n'atteint pas d'emblée la certitude ; il peut s'égarer et le doute oblige d'aller au plus sûr, c'est-à-dire d'adopter l'opinion la plus généralement reçue, ce que saint Thomas nommera la certitude du probable (bibl. 559, p. 47-52). La méthode a été plus souvent critiquée que comprise. Elle convient au raisonnement juridique et peut encore aujourd'hui servir de modèle. Toute affaire doit être décomposée en ses éléments – les *punctus questionis* – dont chacun appelle une solution dont il faut peser le pour et le contre. Les opinions adverses doivent être mises dans la balance du juge ; en définitive, celui-ci tranche en ayant égard à l'équité. La méthode est en défaut quand on s'en tient à l'opinion des autres ; elle permet au contraire pour qui en use judicieusement la libre recherche de la vérité. Le rôle du juge n'est pas, indiquent les canonistes, de suivre le troupeau : *Ne sequaris turbam ad faciendum malum*, mais de pratiquer l'*ars boni et aequi*, pour cela de découvrir pour chaque cause les arguments qui font triompher le droit le meilleur. La certitude juridique, comme la certitude morale, ne peut venir que de la croyance la plus probable : *certitudo ex probabilibus*.

Le respect que professaient les bartolistes à l'égard des lois romaines ne les empêchait pas de les détourner de leur sens pour les adapter à leur temps. Pour les fiefs et les censives, ils n'eurent qu'à reprendre les constructions des glossateurs. Souvent aussi ils réalisèrent de véritables créations juridiques : ils interprétèrent par exemple la loi *Si unquam* (C. VIII, 55.8) qui ne concernait que les donations faites à un affranchi pour autoriser la révocation des donations en cas de survenance d'enfants au donateur. Ils créèrent la théorie de la personnalité morale et de la fondation. Le Droit romain n'était jamais parvenu à une notion cohérente de la condition du temple ni même des *res sacrae* ; au contraire, Belleperche ou Bartole et plus encore les canonistes sont parvenus à la notion de la personne « représentée » ou « fictive » *(persona ficta)* : la volonté d'un donateur peut « fonder » une personne nouvelle existant par elle-même, ayant son patrimoine, susceptible par conséquent de contracter, d'ester en justice ou même de commettre un délit (R. Feenstra, *TR*, 1956, p. 381-448). La théorie sera reprise des bartolistes par les auteurs allemands du XIXe siècle notamment par Gierke (*Das deutsche Genossenschaftsrecht,* 1881) comme en France et, en fin de compte, adoptée par la jurisprudence dans l'affaire fameuse de l'Académie Goncourt.

L'évolution du droit se trouvait par là même facilitée : les bartolistes ne cherchaient dans les lois romaines devenues « les humbles servantes de la pratique » qu'un prétexte pour créer un droit nouveau convenant à leur temps.

II. LA PÉNÉTRATION DU DROIT ROMAIN : CONQUÊTE, COLONISATION ET INTÉGRATION

L'importance désormais jouée par les juristes conduisait presque fatalement à une romanisation du droit. Les gens de loi étaient convaincus, en effet, de la supériorité technique du Droit romain ; ils avaient appris à raisonner d'après ses catégories et l'enseignement bartoliste les avait préparés à toujours rechercher les conciliations entre la pratique et la théorie. Enfin, les coutumes étaient souvent fort brèves et dans le Midi fort imprécises. Pour les questions qui demeuraient sans réponse, il était tentant de recourir au Droit romain. Non sans quelque artifice, on peut donc distinguer trois fonctions du Droit romain : tantôt il se substitue aux règles anciennes, tantôt il compose avec elles, tantôt dans le silence des coutumes, il joue le rôle de droit supplétif.

Le meilleur exemple de substitution d'un droit à l'autre est donné par les règles de procédure et la théorie des obligations. Il subsistera dans les justices féodales beaucoup de règles de l'ancienne procédure (H. Mitteis, bibl. 547), notamment le principe de l'oralité des débats, mais l'impulsion est néanmoins donnée par le Parlement qui applique les règles de la procédure dite romano-canonique (à vrai dire plus canonique que romaine). L'affaire s'ouvre par les plaidoiries des avocats mais normalement ceux-ci « baillent leurs raisons par écrit » : c'est l'*intendit* qui contient les conclusions de chacune des parties. Une enquête peut suivre et les témoins seront entendus dans les formes prévues par les ordonnances de saint Louis. L'interrogatoire est secret ; le juge examine les reproches dirigés contre les témoins et reçoit le serment dit de calomnie des parties affirmant qu'elles croient vrais tous les faits proposés. L'appel des pays coutumiers conserve un souvenir de l'ancienne procédure : le débat existe entre l'appelant et le juge, l'autre partie étant simplement intimée. L'appel des pays de droit écrit est, au contraire, un débat entre les deux parties dans lequel il est possible d'invoquer des moyens nouveaux (la différence de ces formes ayant certainement conduit à mieux distinguer les pays de coutumes des pays de Droit romain, *supra*, p. 79). Les styles de procédure et Guillaume du Breuil font cependant bien apparaître que si la terminologie est romaine, les méfiances anciennes persistent. On cite plus volontiers les canonistes – Innocent IV, Ostiensis, Guillaume Durand – que les légistes ; il est même recommandé aux juges de ne pas s'écarter des faits de la cause et de ne pas succomber au démon de midi en allant chercher la solution dans le *Digeste* (P. Guilhiermoz, bibl. 444, p. 208).

Le contrat coutumier n'existait que par les formes et les symboles. La vente, par exemple, est solennisée par la remise de la chose ou par des arrhes ; la saisie privée permet au créancier de « prendre sans justice ». Le débiteur lui-même ou ses otages doivent tenir prison. La garantie la plus courante est le gage. Le Droit romain, au contraire, affirmait le rôle de la volonté et répugnait à la saisie privée qui permet à un créancier de se faire lui-même justice. L'influence de ces principes est déjà sensible dans les coutumiers du XIIIe siècle. Au siècle suivant, la technique romaine prévaut partout. Il n'existe plus guère trace de formalisme et la preuve de contrat peut être faite par témoins. Aux garanties personnelles sont substituées des garanties réelles et spécialement l'hypothèque. Il appartient à la justice d'imposer l'exécution des obligations. A cet égard les officialités ont joué en Flandre (Gilissen, *Mélanges F. de Visscher*, t. IV, p. 514-550) ou en Normandie (J. Yver, bibl. 700, p. 100), par exemple, un rôle essentiel.

Le Droit romain, par la perfection même qu'il avait atteinte en la matière, paraissait représenter la raison ; sa rigueur le recommandait encore aux créanciers. La chancellerie royale dut souvent intervenir par des lettres de justice ou de grâce qui en modéraient l'application et en étaient presque venues à constituer en France l'équivalent de l'*equity* anglaise. Ces lettres interviennent, par exemple, pour surseoir à l'exécution contre un débiteur digne d'intérêt et pour accorder des délais de paiement ; des lettres de chancellerie étaient également nécessaires pour invoquer en justice un moyen tiré du Droit romain : être relevé d'une renonciation, demander une nullité ou user des moyens tirés du dol, de la minorité ou de la lésion. Ainsi apparaissent dans les formulaires du XIVe siècle les modèles de lettres par lesquelles le roi prescrit au juge d'annuler le contrat s'il constate que le vendeur a été lésé de plus de la moitié du juste prix (G. Tessier, *Lettres de justice, BECh,* 1940, p. 102-115). L'intervention royale, qui devint vite de pure forme, affirme en tout cas la volonté du pouvoir royal de contrôler l'application qui était faite du Droit romain. De même des lettres sont nécessaires à un héritier pour demander le bénéfice d'inventaire qui n'était pas admis de plein droit en pays coutumier.

Dans les pays de droit écrit, la romanisation ne paraît pas avoir été beaucoup plus rapide. A Toulouse, par exemple, la rédaction en 1286 des *Coutumes* admet un certain nombre de règles, telles que la subrogation, la représentation des absents ou l'usage de rendre le titre au débiteur après paiement, qui paraissaient normales, mais le Droit de Justinien ne sera pleinement reçu qu'au XVe siècle, après la création du Parlement de Toulouse (M. Castaing, bibl. 274).

L'influence doctrinale

L'importance prise par le Droit romain dans les coutumiers depuis le XIIIe siècle suffit à indiquer l'influence doctrinale qu'il exerce désormais : on s'y réfère implicitement même pour s'en écarter ; les mots, les idées qu'évoque le Droit romain prévalent ; c'est en s'opposant à lui que le droit coutumier s'affirme et il gagnera à ce contact une précision et une cohérence qu'il n'avait pas à l'origine. Le droit familial n'est guère entamé tandis que le courant romain parvient à modifier toutes les parties du droit où intervient la volonté. Le rôle des notaires apparaît ainsi essentiel : ils recopient des formulaires, substituant souvent la terminologie romaine aux désignations anciennes : mineur remplace « sous-âgé », donation « aumosne », caution « pleige », possession « saisine ». Les compilateurs des coutumes subissent la même tentation. Claude Liger, par exemple, vers 1437, donne pour titre au commentaire qu'il consacre aux coutumes d'Angers et du Maine : « Cy sont les coutumes intitulées selon les rubriches du Code dont les aucunes sont concordées de droit escript » (éd. Beautemps-Beaupré, 1865, t. II).

L'influence romaine est décisive pour le testament comme pour les contrats ou les preuves. Elle est diffuse même dans les institutions qui lui sont le plus étrangères. Les règles du retrait lignager, par exemple, ne proviennent que de la coutume ; mais le retrait est souvent rapproché du pacte de reméré et quand il s'agit de calculer les indemnités que doit le retrayant au premier acquéreur on transpose, plus ou moins nettement selon les régions, la théorie romaine des impenses dotales. S'agissant de la communauté conjugale, les règles du sénatus-consulte Velléien tiennent souvent en échec l'ancienne liberté de la femme d'aliéner ses biens propres ou de se porter caution de son mari. La tutelle des mineurs, ignorée du droit coutumier, est organisée en cas de nécessité par les tribunaux. Le débiteur de cens ou de rente dont l'obligation était réelle, liée à la possession du fonds, est considéré désormais comme personnellement engagé. Pour le droit des biens, l'influence romaine est plus nette encore : les actions possessoires sont ramenées aux règles des interdits romains ; les règles de la saisine sont également infléchies par celles de la possession ; au cas de vente ou de donation, les notaires introduisent dans les actes une clause de dessaisine-saisine qui tient en échec la nécessité de l'investiture seigneuriale. De même l'ancienne prescription d'an et jour disparaît généralement au XIVe siècle pour faire place à la prescription de dix à vingt ans qui, sauf quelques emprunts au droit canonique, reprend les principes romains.

Avec quelques nuances, l'influence du droit romain pénètre partout et elle apparaît même dans les pays où la tradition coutumière est la plus forte. La Normandie conservera l'ancienne prescription de quarante ans et répugnera jusqu'au XVe siècle à admettre les règles romaines de la tutelle ; en revanche, elle connaîtra dès le XIIIe siècle sous l'influence des officialités l'inaliénabilité dotale (Génestal, *RHD*, 1925, p. 566-589) dont la rigueur sera quelque peu atténuée au XVe siècle. En Bretagne, en Anjou et en Poitou, la pénétration est particulièrement nette au XIVe siècle. Comme partout la réception est sélective : certaines dispositions romaines sont rejetées – l'hypothèque ne peut être constituée par un contrat et elle ne permet de saisir les immeubles qu'après les meubles ; d'autres règles sont au contraire bien reçues :

par exemple la puissance paternelle ou, pour les roturiers, la tutelle romaine.

Dans le Midi le triomphe du Droit romain n'est pas complet ; quelques coutumes subsistent dont l'autorité n'est pas mise en doute ; simplement la coutume alléguée doit être prouvée selon les moyens ordinaires. Contrairement à ce qu'avait soutenu Bartole, Jean Faure et Etienne Bertrand refusent le témoignage des docteurs car la coutume est un fait dont ils n'ont pas à décider. Plus encore que par la coutume, les règles romaines sont tenues en échec par les renonciations dont il a déjà été question et plus généralement par les conventions des parties. La volonté est souvent confirmée par un serment auquel on ne peut contrevenir sans parjure. Un incapable peut en prêtant serment s'affranchir de toute protection : un mineur peut par exemple renoncer au bénéfice de la *restitutio in integrum* ; le serment lui permet de faire valablement les actes les plus insensés : une donation, aliéner ses immeubles sans intervention d'un curateur, transiger, renoncer au bénéfice de la lésion ou de l'exception de dol. L'abus était si grand que, dans le Comtat, le pape Pie II dut intervenir en imposant au notaire de dénoncer les contrats ainsi conclus au père ou au tuteur. Ailleurs, une dispense du serment pouvait du moins, à la fin du XVe siècle, être obtenue de l'évêque et parfois de la chancellerie royale (p. 393).

Le droit méridional est un tissu de solutions d'espèce, de règles coutumières et de souvenirs romains. Dans chaque région, ces éléments sont diversement choisis et mêlés, chaque contractant usant à son gré de la trame légale ou coutumière mais ajoutant ou innovant selon son inspiration ou ses besoins propres.

En Provence et dans le Comtat, de nombreuses pratiques coutumières demeurent : l'exclusion des filles dotées est générale et elle est réglée le plus souvent par le contrat de mariage ; la pratique est toujours infléchie dans le sens le plus défavorable aux femmes : la fille n'aura, par exemple, droit à la légitime que si une coutume ou le contrat la lui réservent en termes exprès. La compagnie conjugale n'est pas fondée sur la séparation des intérêts comme l'exigerait une application stricte du Droit romain ; la dot n'est pas, d'autre part, inaliénable, et les deux époux peuvent en disposer s'ils sont d'accord pour le faire. Les formes romaines du testament subsistent mais la validité du testament dit canonique, fait devant le curé et deux témoins, est reconnue, par exemple, à Gap et à Avignon. Les règles successorales sont le plus souvent appliquées mais aussi interprétées et habilement détournées de leur sens : les héritiers proches ont droit, par exemple, à la légitime mais celle-ci n'est plus une quote-part de la succession fournie en nature mais en argent : le souci de ne pas partager les immeubles familiaux a prévalu sur les textes romains.

La pratique des substitutions, courante dès le XIVe siècle, permettait enfin à un testateur de disposer de ses biens pour plusieurs générations et par là d'instituer une coutume immémoriale particulière à chaque famille. Charles d'Anjou, en 1480, avait reconnu que le droit romain était le droit commun de la province mais avait réservé l'autorité des statuts de Provence et aussi tous les privilèges des églises, des communautés et des nobles.

En Languedoc et dans tout le Sud-Ouest le progrès du Droit romain apparaît à la fois dans les actes de la pratique et dans les chartes de coutumes.

A Montpellier, Jean Hilaire (bibl. 450) a bien montré les distorsions du régime matrimonial et l'écart qui existe entre le droit et la pratique : le régime dotal est toujours appliqué mais les stipulations de dotalité universelle masquent souvent l'absence de dot ; l'hypothèque dotale est sans efficacité et elle ne comporte, au moins jusqu'au XVe siècle, ni privilège ni droit de suite. On assiste, en somme, à un effritement du régime romain : la femme dotée se trouve à la fois mal assurée de la restitution de sa dot, frustrée des gains réalisés pendant le mariage et soumise rigoureusement à la nécessité d'une autorisation maritale. En revanche, sans doute sous l'effet de la crise économique, les pratiques communautaires s'amplifient, surtout dans les familles paysannes : le régime de communauté de biens sera au XVe siècle une création des notaires (P. Ourliac, *TR*, 1959, p. 362-367).

La *Coutume de Toulouse* (éd. H. Gilles, bibl. 33), publiée en 1286, fut glosée dès 1296 par un professeur toulousain, Arnaud Arpadelle († vers 1312), qui non seulement exalte l'autorité du roi, mais se réfère souvent à un droit commun très largement entendu puisqu'il comprend le droit canonique et les établissements royaux comme le droit romain ; le *poderagium*, gage privilégié par l'intervention du seigneur ou du viguier, est réprouvé parce qu'il est contraire au droit commun ; les dispositions les plus originales de la coutume, celle par exemple qui accorde la succession aux parents paternels, sont à peine commentées.

En Aquitaine et en Gascogne, les coutumes ne résistent que dans la mesure où elles ont été rédigées par écrit. Elles se maintiennent mieux dans le domaine Plantagenêt que dans le domaine capétien. En Agenais (bibl. 19), par exemple, il est très net que les règles anciennes sont abandonnées dans la plupart des coutumes rédigées à l'époque d'Alfonse de Poitiers : ainsi le duel judiciaire, la responsabilité collective des habitants, la prise d'otages, les dispositions relatives au droit foncier ou aux successions. En revanche apparaissent de nouvelles règles, telle la prohibition des ventes entre époux, dont l'origine romaine n'est pas douteuse. Des chartes de coutumes détruites pendant la guerre de Cent Ans furent reconstituées à la fin du XVe siècle (P. Ourliac, *Les Coutumes de Penne d'Agenais, Rec. Ac. Législation*, 1951, p. 134-148). Elles indiquent bien que, seul des anciennes institutions de droit privé, le retrait lignager demeurait en vigueur.

Les coutumes des petits pays pyrénéens ou atlantiques résistent assez pour faire au XVIe siècle l'objet de rédactions spéciales : des Coutumes de Dax, Saint-Sever, Bayonne et du Labour en 1514, de Soule en 1520, de Béarn en 1554, de Marsan, Tursan et Gabardan en 1604. La *Coutume de Bordeaux*, dont la première rédaction date apparemment de 1253-1254 (Y. Renouard, *Etudes d'histoire médiévale*, 1968, p. 977-992), a fait l'objet d'une nouvelle rédaction en 1520 et conservera beaucoup de traits coutumiers : la distinction des acquêts et des propres et pour ceux-ci la règle *paterna paternis*, la réserve héréditaire, le retrait lignager, le droit d'aînesse entre nobles. Après l'annexion de la ville, en 1463, Louis XI confirma les dispositions des coutumes relatives aux successions aux propres sans doute pour les prémunir contre les tendances romanisantes du Parlement de Bordeaux créé l'année précédente.

La création des Parlements de Toulouse (1444), de Grenoble (1451), de Bordeaux (1462), d'Aix (1501), et, pour les pays bourguignons de droit écrit, de Dijon (1477), assure en effet le succès définitif du droit romain. Le Parlement de Paris dont le ressort s'étendait à tous les pays de coutume restait compétent pour le Forez, le Beaujolais et la partie de l'Auvergne soumise au droit romain.

L'idée de droit commun

Les coutumes par cela même qu'elles étaient fondées sur des précédents étaient forcément incomplètes. La situation se présentait en théorie de façon analogue dans le Nord et dans le Midi, mais les coutumes du Midi étaient beaucoup plus brèves et le plus souvent ne concernaient qu'une ville et sa banlieue. Dès lors qu'une coutume était notoire et que sa preuve était rapportée, son application était admise par les romanistes eux-mêmes. Si au contraire la coutume était muette, il fallait suppléer à ce silence et découvrir la règle de droit applicable aux faits de la cause.

La question qui est celle du droit supplétif se pose dans tous les systèmes juridiques fondés sur la coutume, pour le droit international par exemple. La règle supplétive doit être recherchée soit dans les droits voisins, soit dans l'interprétation ou l'extension des règles existantes, soit dans l'application de principes généraux : le droit des gens, la « conscience universelle » ou la morale internationale.

Les auteurs médiévaux parlaient alors de droit commun. L'expression était reprise du *Digeste (I,* 1, 9) : *Omnes populi qui legibus et moribus reguntur partim suo proprio, partim communi omnium hominum jure utuntur.* Aux diversités nécessaires répondait le *jus proprium,* le *jus singulare* ; le droit commun vaut au contraire par sa généralité et sa pleine conformité à la *ratio* qui fonde à la fois sa force logique et sa permanence. Tous les philosophes antiques avaient apporté leur pièce à l'édifice : Aristote, Platon, mais surtout les stoïciens. Avec sa clarté d'esprit habituelle, Beaumanoir indique les sources de son livre : après les usages et coutumes consacrés par le temps, après les coutumes des châtellenies voisines, il faut recourir au « droit qui est commun à tous au roiaume de France ». Pour Beaumanoir comme pour le Parlement à la même époque, le droit commun n'est ni le Droit romain ni même le droit des ordonnances royales : il s'agit de règles générales, souvent formulées dans des adages qui courent et sont l'expression d'une raison supérieure. Le fait que les enfants sous-âgés sont en la garde du seigneur « si es drois communs et resons s'i accorde » (n° 533) (P. Petot, bibl. 594). On a vu (p. 136) qu'à la même époque le commentateur de la Coutume de Toulouse n'avait pas une opinion bien différente ; il oppose le droit de Toulouse et celui de Gaillac, qui, n'ayant pas de coutume, est régi par le droit commun (éd. H. Gilles, p. 263).

Vite cependant fut proposée l'identification du droit commun et du Droit romain tel qu'il était connu et pratiqué. Pour les docteurs italiens, l'assimilation allait de soi. Les statuts municipaux constituent le *jus proprium*, tandis que le Droit romain, comme l'écrit Calasso (bibl. 95, p. 374), constituait « l'épine dorsale de tout système juridique ». Les romanistes français manifestent toujours une plus grande tolérance pour les coutumes locales et ils sont réticents à les considérer au moins dans le Nord comme de simples statuts ; ils reprennent l'idée bartoliste, bien exprimée par Balde (G. Chevrier, « Balde de Ubaldi », *Dictionnaire de droit canonique*, t. II, 1936, col. 44), suivant laquelle si les coutumes sont distinctes, elles ne constituent pas moins les parties d'un tout. La diversité apparente doit être ramenée à l'unité supérieure que représente le droit commun ; le *jus proprium* qui a contre lui d'être celui d'un seul lieu ou d'une seule communauté sera, suivant le *Digeste* (*I*, 3.15 et L.17.162), *contra tenorem rationis* et donc « odieux » ; il devra être interprété strictement : *odiosa restringenda*, pour que son application soit réduite à l'extrême. La raison, au contraire, inspire le droit commun mais celui-ci n'est plus conçu que comme une construction pragmatique répondant à l'*utilitas publica* qu'alléguaient les textes romains pour justifier les règles de droit (*D.I*, 1, 2 et 7).

Les auteurs du XVIe siècle reprendront l'idée pour construire une théorie du droit commun coutumier (p. 161). Au contraire, aux XIVe et XVe siècles la tendance romanisante l'emporte : d'Ableiges distingue les coutumes qui sont « contraires au droit escript » et la coutume qui « se accorde proprement au droit escript, que l'on dit droit commun » (*Grand Coutumier*, p. 190-191). Boutillier, dans la *Somme rural* reprend les mêmes formules.

Dans le Midi, quelques chartes, celle de Bordeaux (art. 228) notamment, renvoyaient pour ce qu'elles ne contenaient pas aux coutumes voisines et à la raison naturelle. Plus fréquemment, les chartes renvoyaient « au droit » (en Quercy) ou à « la raison » (Agenais), au droit et à la raison (Rouergue). La charte de Perpignan indiquait très nettement que l'on devait appliquer les coutumes mais que, quand elles faisaient défaut, on en revenait au droit (et non aux *Usages de Barcelone*). Appliquées par les juges royaux, ces références ne pouvaient que conduire à une application générale du Droit romain. Dans la mesure même où diminuait la part faite aux coutumes, le Droit romain au lieu simplement de les suppléer les supplantait. Il devenait le droit commun du Midi, tandis que les coutumes dégénéraient au rang d'« usances » ou de privilèges. L'ancienneté des coutumes devait être prouvée et la preuve était toujours difficile.

En Dauphiné, dès la fin du XVe siècle, une coutume ne peut être établie que par la jurisprudence du Parlement de Grenoble. Ailleurs, la coutume n'avait chance de subsister que si elle avait été consignée par écrit et, comme à Toulouse, approuvée par le roi. Encore fallait-il souvent établir qu'elle n'avait pas été abrogée par désuétude. La *Coutume d'Agen*, selon son commentateur, Jacques Ducros (éd. 1665, p. 8), disparut car « par malheur, par oubli ou par négligence » elle ne fut pas homologuée par le Parlement de Bordeaux. Seuls survécurent les articles des coutumes qui reconnaissaient aux habitants des droits de chasse ou d'usage des eaux, des forêts ou des pâturages.

Les parlements étaient maîtres d'appliquer la coutume comme ils l'entendaient ou de ne pas l'appliquer du tout. Ils ne parvinrent pas pour autant à unifier le droit du Midi. Justinien, dans le *Digeste* surtout, avait fait œuvre historique, compilé les solutions les plus diverses et relaté douze siècles de pratique juridique. Commentant des textes souvent contradictoires, les bartolistes avaient admis les opinions les plus divergentes : c'est dire que le Droit romain, s'il fournissait un « standard » très général, laissait le champ libre aux interprètes : il n'y a pas de règle qui ne puisse être ramenée à quelque texte romain. Guillaume Benoît († 1522) justifiait par exemple la succession des parents paternels admise par la *Coutume de Toulouse* par la loi des XII Tables. Les textes romains devenaient des arguments qui permettaient de tout justifier. On retrouve ici le résultat de la méthode bartoliste : la diversité des opinions émises comme la diversité des textes allégués servent les plaidoiries des avocats ou des consultants : le dernier mot appartient au juge qui statue souvent plus en raison ou en équité qu'en droit. En fin de compte, il n'y a pas de question sur laquelle chaque parlement n'ait sa solution propre. Le Droit romain reconnu comme *ratio scripta*, comme *jus commune*, favorisait la libre interprétation des tribunaux et la diversité de leur jurisprudence.

III. LA LÉGISLATION ROYALE

La puissance du roi est exaltée par tous les contemporains. Richer reconnaît à Hugues Capet le pouvoir de faire des *decreta* et des *leges*. Suger dit de Louis VI que le roi et la loi ont la même « majesté ou commandement ». Au XIIIe siècle canonistes et romanistes font du roi l'égal de l'empereur.

La théorie est pourtant bien loin de la réalité. Dans son domaine, le roi possède les mêmes pouvoirs que les hauts barons dans le leur ; mais nul, à l'époque, ne conçoit qu'une loi nouvelle puisse innover ni en matière de droit public, ni moins encore en matière de droit privé. Suger donne d'ailleurs comme mission au roi de conserver à chacun son droit (*jus suum cuique conservare*). En ce qui concerne la justice, les interventions royales seront des médiations, des arbitrages plus que des jugements ; les lois ou les décrets ne sont le plus souvent que des privilèges ou des exemptions : le roi affranchit des serfs, gratifie des maisons religieuses et, au XIIe siècle, accorde quelques chartes aux villes.

Vers le milieu du XIIe siècle, cependant, le progrès de l'autorité royale est certain. Le roi est le « gardien » du royaume ; il est le protecteur de ses sujets et doit faire régner la justice. Ses interventions, qualifiées d'*ordinationes, statuta,* ou, en français, d'établissements, sont encore très peu nombreuses sous le règne de Philippe Auguste ; elles deviennent plus fréquentes dès le règne de saint Louis. Les lettres royales seront adressées aux baillis ou aux sénéchaux à qui il appartient de les faire appliquer. Les ordonnances les plus nombreuses concernent la police du royaume : ainsi les ordonnances sur les juifs ou sur les croisés qui manifestent le désir de secourir les petites gens contre l'usure, d'assurer la discipline de l'armée en interdisant les jeux de hasard. De même ce sont les populations victimes d'exactions diverses qu'entendent protéger les ordonnances sur les baillis et les prévôts. Dans la mesure même où, avec la pratique des enquêtes et l'action des baillis, l'administration va se faire plus exacte, il est normal que des mandements imposent la volonté royale ; c'est à cette catégorie d'actes que ressortissent les instructions données aux baillis en matière de droit de patronage (*Actes Philippe Auguste*, n° 992), aux communes pour l'arrestation des clercs (n° 1125) ou encore les approbations de chartes urbaines ou les *stabilimenta feudorum* (F. Gaspari, *BECh,* 1980, p. 92).

Avec saint Louis, les ordonnances ont surtout pour objet la « réformation du royaume ». Le roi a une conception presque mystique de son pouvoir : il doit veiller non seulement à la bonne administration du royaume mais préserver ses sujets des péchés dont il devrait lui-même répondre devant Dieu : les ordonnances interdisent les guerres privées ou le duel judiciaire, règlent la levée des tailles ou réforment les règles de procédure.

Les seigneurs « qui tenaient en baronnie » en usaient de même dans leur domaine : ainsi en Bretagne, en Bourgogne ou en Champagne, ce qui impliquait bien que le roi ne pouvait « mettre ban en la terre du baron sanz son asantement » (*Etablissements de saint Louis*, I, 26). Les premières ordonnances royales ont été prises en présence des évêques et des grands barons - ceux-ci astreints au service du conseil - qui juraient de les observer dans leur fief ; on parle alors de *curia baronum*, de *curia generalis*, de *concilium magnum*. Beaumanoir (bibl. 4, n°s 1510-1515) après avoir dit que « chacun baron est souverain en sa baronnie », ajoute que « li rois est souverain par dessus tout » et peut faire « teus establissemens comme il li plet pour le commun pourfit » ; il doit agir « par grant conseil », ni « contre Dieu ne contre bone meurs » et toujours, selon l'idée canonique, pour le bien commun du royaume. A partir du règne de Philippe le Bel, le conseil des barons fut remplacé par la constitution des Etats généraux dont les doléances inspirent la plupart des ordonnances.

Un fait cependant demeure essentiel : si les ordonnances concernent la réformation du royaume, la politique, l'administration ou la police, jamais le roi n'intervient dans le domaine du droit privé.

Avant que les coutumes ne soient pleinement formées, deux ordonnances de Philippe Auguste modifièrent les règles du parage (ou plus exactement du partage) des fiefs (1209) et du douaire (1214) ; elles furent, semble-t-il, fort mal appliquées (P. Petot, bibl. 592), ce qui suffit à montrer l'impuissance du roi à imposer son autorité hors de son domaine. Par la suite, quelques ordonnances visent le statut des fiefs ou des terres, la protection des incapables ou les règles de procédure mais de telles interventions demeurèrent fort rares et jusqu'en 1789, le droit sera régi par la seule coutume dont la justification latente est le consentement des intéressés. Sur la coutume le roi se borne à exercer une sorte de tutelle, dans l'application qui en est faite par son Parlement et plus directement par l'ordonnance de Montils-lès-Tours (1454) en décidant la rédaction des diverses coutumes du royaume et en donnant à ces rédactions un caractère officiel.

CHAPITRE V

LE DROIT DES DERNIERS SIÈCLES

Vers 1500, les cadres de la société française sont fixés et ils persisteront sans grands changements jusqu'à la Révolution.

Dans les campagnes, seigneurs et paysans restent face à face. Il existe sans doute quelques seigneurs pillards et ravageurs dont Fléchier a rendu les exploits célèbres (A. Lebigre, *Les Grands Jours d'Auvergne,* 1976), mais les révoltes paysannes sont plus souvent dirigées contre les agents du fisc royal que contre les seigneurs [1]. Les droits seigneuriaux subsistent ; leur poids varie beaucoup selon les régions, et les cens sont souvent impayés. Au portrait du gentilhomme campagnard vivant comme les paysans dont il est le protecteur naturel, on peut opposer bien d'autres types : le noble qui réside à la Cour et charge un fermier de recouvrer ses droits, le marchand enrichi avide d'avoir un colombier et la place d'honneur à l'église, le conseiller au Parlement qui recourt à des feudistes pour rechercher les droits oubliés, plaide contre les communautés villageoises et gagne évidemment ses procès.

Les villes restent le domaine des bourgeois ; elles sont désormais administrées par une oligarchie ; les processions, les « joyeuses entrées » sont soumises à une hiérarchie rigoureuse qui illustre bien la stratification sociale. Des dynasties se créent et se maintiennent aussi bien dans les métiers que dans les offices. Si la première moitié du XVIe siècle est une période d'essor économique, elle est suivie pendant deux siècles d'une véritable accalmie.

En Lorraine et en Bourgogne surtout, les paysans supportent le poids des guerres ; des villages entiers sont dépeuplés et la détresse est à son comble au cours de l'hiver de 1709. Redevances indues, taux abusif des rentes seigneuriales, violence, famine, insécurité générale, excès de la fiscalité royale conduisent à des révoltes paysannes vite réprimées. Dans les villes, la condition des ouvriers dont les salaires n'ont pas suivi la hausse des prix est aussi pitoyable. Toute association leur est interdite par l'ordonnance de Villers-Cotterêts (art. 191).

La société du XVIIe siècle paraît stable, mais cette stabilité concerne sa structure plus que les personnes. L'afflux de l'or et de l'argent, s'il stimule un moment la production, appauvrit les nobles, les rend plus dépendants du pouvoir royal et favorise ceux qui ont le sens des affaires ; l'argent permet de changer de condition. L'ascension sociale est la préoccupation des paysans riches, qui font souche de marchands ou d'hommes de loi, comme des bourgeois qui parfois s'élèvent jusqu'à la noblesse. Chacun paraît pris dans un réseau d'habitudes reçues du passé, acceptées et transmises de génération en génération. Les crises même, comme la Réforme ou la Fronde, contribuent, dans l'Etat comme dans la famille, à donner un prix nouveau à l'ordre et à l'autorité. Non seulement les coutumes anciennes sont exactement gardées, mais la discipline familiale qu'elles instituaient est encore renforcée : dans toutes les classes, le maintien du patrimoine devient la préoccupation essentielle ; le père exige l'autorité sur ses enfants, le mari sur sa femme ; on exagère la rigueur formaliste d'institutions anciennes comme le retrait lignager ou la communauté entre époux. Du régime seigneurial, il ne reste guère que les entraves qu'il apportait à la propriété et des droits plus oppressifs que profitables, mais toujours strictement perçus.

Si la royauté n'intervient toujours pas directement dans les questions de droit privé, son action n'en est pas moins décisive. Un pouvoir absolu supporte difficilement de ne pas être maître de la loi. Toute coutume lui est suspecte par cela même que sa création est spontanée. Louis XI aurait voulu, selon Commines (*Mémoires,* VI, 6) unifier les coutumes et mettre le droit français « en un beau livre pour éviter la cautèle et la pillerie des avocats ». L'entreprise était prématurée ; aux XVIe et XVIIe siècles, fort peu d'ordonnances royales concernent même indirectement le droit privé (section III) ; du moins le roi va-t-il faire établir un texte officiel de chaque coutume et, à l'occasion de cette rédaction, en contrôler la teneur (section I).

L'interprétation du droit appartient aux tribunaux et, en dernier ressort, aux parlements. Tous sont, au XVIe siècle, les serviteurs dévoués de la monarchie, tous sont imbus de l'esprit romain. Les conseils qui, jusqu'au XVe siècle, assistaient les juges royaux, disparaissent et avec eux la consultation des « gens du pays ». Les Parlements du Midi ignoreront les droits locaux. Pour le Parlement de Paris, il se fera le défenseur des coutumes, les appliquant à la lettre mais en modifiant insensiblement l'esprit et le contenu. La jurisprudence est préparée et guidée par la doctrine. Sous leur action commune, une évolution lente, prudente, harmonieuse imposera l'idée qu'il existe un « droit commun des coutumes de France » et préparera aussi l'unification du droit privé (section II).

Le moteur de l'évolution sera ici encore le droit romain ; la relative imprécision du *Digeste* et du *Code* leur permettra d'être le miroir de l'époque : avec les humanistes on exalte le pouvoir du prince ; avec eux aussi, on découvre la nation, et c'est au « génie » de la France et de la patrie que Budé dédiera son *De Asse.* Avec la Réforme, le Droit romain sera favorable à la liberté et à la responsabilité des individus, bientôt même à l'idée d'un droit naturel. Chez Du Moulin, par exemple, apparaît bien le conflit qui se noue dès le XVIe siècle et deviendra éclatant au XVIIIe siècle : le Droit romain est essentiellement individualiste et ainsi conduit à briser la hiérarchie de la famille et la force du groupe féodal dans ce qui les soutenait le mieux : l'aînesse, la masculinité ou les droits du lignage.

Le roi n'a plus à craindre la féodalité ou la famille, dont le droit monarchique et les décisions des parlements qui en sont l'expression s'instituent les défenseurs.

I. LA RÉDACTION DES COUTUMES

Avant même que la guerre de Cent Ans ne soit terminée, le gouvernement de Charles VII entreprend une énergique remise en ordre ; l'autorité du roi s'affirme par l'institution des compagnies d'ordonnance (1445), comme par la création du Parlement de Toulouse (1444), et par l'envoi de commissaires dans les provinces. La liberté que la Pragmatique Sanction (1438) promettait à l'Eglise gallicane place en fait celle-ci sous la dépendance du roi. Le conflit ouvert depuis le début du siècle entre la noblesse et la bourgeoisie fait apparaître surtout dans l'Ouest les incertitudes du droit applicable et alimente les critiques habituelles contre les gens de loi. En Anjou, en Berry, les praticiens locaux rédigèrent eux-mêmes leurs coutumes et jurèrent de les observer. L'ordonnance de Montils-lès-Tours de 1454 (art. 125) en vient à une mesure générale : « Souventes foys advient que les parties prennent coustumes contraires en un même pays et aucunes foys les coustumes muent et varient à leur appétit. » Les coutumes sont bien diverses « selon la diversité des pays de nostre royaume » et elles conserveront leur caractère ; elles seront simplement « rédigez par escript » pour être plus facilement prouvées et pour « abréger les procez et mettre certaineté ès jugemens tant que faire se pourra ».

Partout, les coutumes doivent être mises par écrit avec l'accord des « coustumiers, praticiens et gens de chascun desdits pays ». Les livres ainsi rédigés « seront apportez pour les faire veir et visiter par les gens du grant conseil ou du parlement » et seront ensuite « decretez et conformez ».

L'ordre du roi fut mieux suivi par les princes apanagistes en Bourgogne, en 1459, en Anjou, en 1463, que dans le domaine royal où seule la *Coutume de Touraine* fut rédigée en 1460. Rien ne fut fait sous le règne de Louis XI et les Etats de 1484 s'en plaignirent. Apparemment, la disposition de l'ordonnance qui laissait le dernier mot au roi ou au parlement avait éveillé les suspicions locales : on craignait que la « visite » prévue n'aboutît à une modification ou à une mutilation des coutumes.

Une nouvelle procédure, précisée par des lettres patentes de Charles VIII de 1497, apaisa les méfiances. Désormais, après qu'une première rédaction en eut été faite par les praticiens, les coutumes seront examinées à Paris par huit commissaires ; deux de ceux-ci se rendront ensuite au chef-lieu du pays régi par la coutume et réuniront une assemblée des trois ordres pour lui soumettre les modifications proposées. Un débat peut donc s'établir et une disposition n'est publiée par les commissaires royaux que si elle a obtenu la majorité de chacun des trois ordres. Seules reviennent devant le Parlement qui tranche les questions sur lesquelles aucun accord n'a pu se faire. Comme le dit Guy Coquille (*Œuvres,* t. II, éd. 1665, p. 153) : « Le premier mouvement, la première naissance et vie de ce droit civil est en la volonté des Etats de provinces... En effet, c'est le peuple qui fait la loy. Le roi, en autorisant et confirmant ces coutumes, y attribue la vie extérieurement, qui est la manutention et exercice de ce droit. »

Sous Louis XII, surtout entre 1505 et 1510, le travail de rédaction fut activement poursuivi. Le cadre adopté fut celui de la province et, surtout dans la région parisienne, celui du bailliage. En Vermandois, par exemple, il n'y eut pas moins de sept coutumes de Saint-Quentin, de Ribémont, de Coucy, de Noyon, de Laon, de Reims et de Châlons-sur-Marne. Beaucoup de coutumes locales se trouvèrent absorbées dans les coutumes générales par le seul fait que les intéressés ne les soumirent pas à l'examen des commissaires royaux. Une soixantaine de coutumes furent ainsi rédigées et environ trois cents usements locaux furent retenus : une quinzaine en Berry, une vingtaine en Normandie, plus encore en Artois. Le moment essentiel fut la rédaction des coutumes d'Orléans en 1509 et de Paris en 1510. La *Coutume de Bretagne* fut rédigée après l'annexion, en 1539. En Normandie la *Summa de legibus* tenait lieu de coutume mais la langue ayant vieilli, une rédaction eut lieu entre 1577 et 1583. Quelques coutumes des pays de droit écrit furent pareillement rédigées (p. 137).

La publication des Coutumes donna lieu à la rédaction d'un procès-verbal relatant souvent les opinions en présence et spécialement les interventions des représentants des trois ordres. A Paris, par exemple, furent convoqués au Châtelet le 27 mars 1510 quarante-cinq membres du clergé, quarante-cinq nobles et soixante-cinq magistrats, praticiens ou bourgeois représentant le Tiers. Le travail avait été soigneusement préparé (Olivier-Martin, *RHD*, 1918, p. 192-227). Les commissaires royaux qui avaient reçu pouvoir de « corriger, ajouter, diminuer, interpréter », imposèrent quelques modifications toutes hostiles aux droits seigneuriaux : limitation à certains alleux des règles des successions nobles, extension de la représentation en ligne directe, rejet des coutumes locales aggravant les charges féodales. Une opposition parfois vive se manifesta entre la noblesse et le Tiers. La tendance générale est de restreindre les avantages faits aux aînés et d'établir une égalité entre les enfants de lits différents, de restreindre le bail féodal en lui substituant la tutelle, de limiter certains droits du seigneur de fief, tels que le relief en ligne directe, la saisie pour défaut d'hommage ou le retrait féodal ; toutes ces nouveautés sont dirigées contre la noblesse atteinte dans son autorité et, par le simple jeu des partages successoraux, dans son patrimoine.

Ces modifications sont dues aux praticiens qui rédigeaient les coutumes comme aux commissaires royaux ; tous appartiennent au même milieu des hommes de loi. Leurs bibliothèques montrent bien qu'ils ont tous été formés à l'école bartoliste[2] et ne voient pas les coutumes sans quelque suspicion. Les premiers commissaires royaux n'étaient intervenus qu'assez peu, et le Droit romain qu'ils connaissaient était fort proche de la pratique. Au contraire, le président Lizet († 1551), comme l'écrit Guy Coquille, tenait « le droit civil des Romains pour notre droit commun et y accommodait en tant qu'il pouvait notre droit français » ; la rédaction des coutumes spécialement, en 1539 celle de la *Coutume de Berry,* fut pour lui le prétexte à les rendre « doctes et savantes » et à « tout réduire à la norme du droit écrit ».

Ces rédactions firent d'ailleurs mieux apparaître les lacunes et les disparates des coutumes. Les premières critiques vinrent des humanistes qui unissent dans une même réprobation les bartolistes et les parlements. Budé leur reproche de vouloir brûler les poètes et anéantir le Droit romain. Il dit des gens du Palais qu'ils sont comme les hommes des premiers temps qui continuent à se nourrir de glands quand le blé est déjà connu (*Annotationes,* éd. Lyon, 1546, p. 277 et 551). Les coutumes étaient pour lui « si incertaines et obscures qu'elles en devenaient incompréhensibles ». Entre juristes, au Parlement même, selon le témoignage de Jean Bodin, les querelles demeurent fort vives, et elles sont bientôt aggravées par les questions religieuses. Sous les règnes de François Ier et de Henri II, les institutions et les idées évoluent très vite et bien des dispositions retenues par les rédacteurs paraissent surannées. Le fait même que les représentants des populations aient participé aux rédactions paraît permettre à chacun de demander des précisions ou des modifications ; de toutes parts, de telles demandes sont adressées au roi : par le parlement de Bretagne qui trouve la rédaction obscure, par la noblesse qui veut interdire aux non-nobles d'avoir garennes ou colombiers, par les puînés d'Anjou ou du Maine qui se plaignent des avantages faits aux aînés (R. Filhol, bibl. 370, p. 68) ; la ville de Sens critique sa coutume qui avait été l'une des premières rédigées (1506). Surtout, Du Moulin publie en 1539 le commentaire du titre des fiefs de la *Coutume de Paris,* et, en 1566, les *Notae solemnes* qui démontrent péremptoirement les insuffisances de la coutume. La rédaction a été souvent hâtive, laissant subsister des contradictions que le Parlement, qui a contrôlé la forme plus que le fond, n'a pas su corriger ; parfois même les commissaires ont subi les pressions des puissants et admis des iniquités (*Opera,* t. II, p. 811-813)[3].

La réformation des coutumes

Une réformation apparaissait nécessaire, qu'allaient permettre la mort du président Lizet et la nomination en 1554 de Christophe de Thou comme président au Parlement (et Premier président en 1562) ; les tâtonnements du début du siècle ne sont plus de mise. L'humanisme et la Réforme ont durci les convictions. La souveraineté du roi, l'indépendance du royaume sont devenues des certitudes. Du Moulin n'a que sarcasmes pour le penchant naturel des hommes à se différencier par leurs usages et sur la vanité de prétendre à un consentement unanime. Il souhaite une « concorde » des coutumes qui réalise, ou tout au moins prépare, une unification du droit privé : seules doivent compter l'équité et l'utilité du royaume (*Oratio de concordia, Opera,* t. II, c. 207-292).

Christophe de Thou se piquait d'humanisme et demeurait fervent catholique ; Du Moulin était bartoliste et favorable à la Réforme ; leur zèle coutumier tenait à leurs communes convictions monarchistes et gallicanes. Pour tous deux les coutumes représentent, mieux même que les ordonnances royales, « le vrai droit français » ; elles ne sont pas, comme les coutumes italiennes, de simples statuts, puisque jamais la France n'a été soumise à Justinien. De même que la langue française (imposée dans les actes par l'ordonnance de Villers-Cotterêts de 1539) est de « notre ancien estoc », de même les coutumes sont issues du « vray naturel français » ; elles ne doivent pas vivre de la charité d'autrui et emprunter au Droit romain les règles qui peuvent leur faire défaut.

Vers 1560, l'hostilité aux Italiens est fort vive dans le peuple et plus encore au Palais ; Christophe de Thou, pourtant protégé par Catherine de Médicis, s'emportera jusqu'à dire devant elle que les Italiens « ne venaient en France que pour s'y enrichir en troublant la paix du royaume et en bouleversant ses coutumes » (V. Martin, *Le Gallicanisme et la Réforme catholique,* 1919, p. 195). Tous les juristes de l'époque vitupèrent les Italiens, dont, dira Pasquier, Dieu a distingué les Français « en toutes choses de loix, de mœurs, de nature et de complexion ».

La nomination à de nombreux évêchés français d'évêques italiens, l'activité des marchands florentins provoquent bien des procès dans lesquels la passion des avocats se donne libre cours. A l'égard du Droit romain, l'attitude change pareillement. Les premiers humanistes, Budé surtout, avaient attaqué les bartolistes et leur méthode et Rabelais leur avait fait écho[4]. Luther s'en prend à tous les juristes qui sont de « mauvais chrétiens » et unit dans une même réprobation le Droit canonique et le Droit romain. Pour les réformés, le droit, comme la religion, doit être national : le pamphlet de François Hotman, l'*Antitribonian*, est une défense passionnée du droit français contre l'universalisme romain. Il suffit, pour mesurer le changement accompli, de comparer les idées de Du Moulin et celles de son ami et presque contemporain Tiraqueau. Pour celui-ci, le Droit romain demeure le *jus antiquum et commune* que la coutume ne peut qu'interpréter car elle est une source inférieure du droit. Pour Du Moulin, au contraire, les coutumes sont le *jus primitivum et nativum* de la nation française : « Nos coutumes sont notre droit commun. »

Il n'empêche que le Droit romain demeure la source de toute recherche juridique. L'imprimerie assure aux écrits des bartolistes une diffusion qu'ils n'avaient jamais eue : le premier livre imprimé à Toulouse est le commentaire fort médiocre de Barbatia. Les presses de Lyon rééditent inlassablement les romanistes et les canonistes du siècle précédent. Pour Balde, la raison est le « vêtement de la coutume » qui, sans elle, serait « froide et nue » (P. Ourliac et H. Gilles, bibl. 573, p. 76) ; c'était ouvrir une nouvelle carrière au Droit romain. Sa logique s'impose parce qu'elle est universelle : il est pour Christophe de Thou « la raison écrite » et inspire la campagne de réformation qu'il poursuit jusqu'à sa mort en 1582, et que continue son gendre Christophe de Harlay.

Sont ainsi réformées les coutumes de Sens (1555), d'Etampes, de Montfort-l'Amaury, de Mantes et Meulan, de Reims et Laon (1556), du Grand-Perche (1558), de Touraine, de Poitou (1559), de Melun (1560), d'Auxerre (1562), de Péronne, Montdidier et Roye, Amiens (1569), de Paris (1580) enfin d'Orléans (1583). Toujours, Christophe de Thou est allé sur place et a réuni les Etats du pays, a écouté leurs observations mais aussi « montré du doigt les sources de l'équité », critiquant les dispositions trop rigoureuses et introduisant des dispositions nouvelles. Ses interventions ont donné à l'œuvre son unité tout en y greffant quelques conceptions nouvelles :

1. Beaucoup d'apports proviennent de l'interprétation qu'avait donnée le Parlement de Paris des premières rédactions et sont dus à l'influence de la technique romaine : le douaire préfix et le douaire coutumier sont considérés comme des usufruits ; on admet les legs et les donations révocables entre époux comme l'acceptation d'une succession sous bénéfice d'inventaire. Souvent l'inspiration romaine d'une règle est implicite et elle n'apparaîtra que dans l'application qui en sera faite par la jurisprudence : ainsi la garde noble qui dans les coutumes anciennes ne concernait que les fiefs perd, au contact de la tutelle romaine, son caractère réel pour devenir une protection du mineur noble et de son patrimoine.

2. Les réformateurs sont hostiles à la féodalité et aux droits seigneuriaux et dans les assemblées du pays doivent compter avec l'opposition de la noblesse. Aussi bien ne la heurte-t-on pas de front : le fief est ramené au droit commun de la propriété et au contrat. L'ancienne justice foncière disparaît ; le seigneur doit en principe s'adresser à la justice royale pour faire saisir le fief de son vassal et la commise – ou reprise du fief en cas de manquement – est assimilée par Du Moulin à la révocation d'une donation pour ingratitude. Les dettes de cens sont considérées comme personnelles, dues par le censitaire, et non plus comme réelles, dues par la terre elle-même. Au cas de vente, à l'investiture de l'acheteur par le seigneur, on substitue la simple tradition de la chose. Partout enfin on impose la règle : « Nul seigneur sans titre », toujours favorable à l'allodialité des terres.

3. L'hostilité à la féodalité s'allie à un grand souci de conserver la « splendeur des familles ». Les dispositions qui renforcent l'autorité du père ou du mari sur ses enfants et sur sa femme sont vues favorablement, car elles maintiennent la discipline familiale : ainsi le testament, dans la mesure même où il permet de « faire un aîné », de prévoir des substitutions ou d'exhéréder un fils indigne. Le désir d'éviter le morcellement du patrimoine est cependant tempéré par un souci d'équité ; les réformateurs font introduire la représentation successorale et la légitime romaine dans les coutumes qui sont jugées « barbares » parce qu'elles ne les comportaient pas.

La rédaction fournit un texte authentique de la Coutume du

jour où elle est rédigée ; ce texte est en principe adopté à la majorité des Etats par « la plus grant et saine partie d'iceux » (Lettres de 1497), et il devient obligatoire par la seule publication. Les oppositions, s'il en est fait, doivent être portées devant le Parlement. A l'occasion d'un procès les parties peuvent seulement prétendre soit qu'une disposition a disparu par désuétude, soit qu'une nouvelle coutume est née depuis la rédaction. L'enquête par turbe ne pourra être ordonnée que dans des cas fort rares et elle sera supprimée par l'ordonnance sur la procédure de 1667.

II. LA DOCTRINE ET LA JURISPRUDENCE : L'ÉCOLE HISTORIQUE

Les coutumes rédigées furent aussitôt publiées par les soins des commissaires royaux. Elles purent ainsi être comparées et étudiées, ce qui donna cours à une immense littérature de droit coutumier, qui fera apparaître les caractères propres du droit français.

Beaucoup de praticiens ont suivi les cours de l'Université mais les nouveautés humanistes ne peuvent leur être d'un grand secours. Les bartolistes étaient fort proches du Palais et même les discussions qui, aujourd'hui, paraissent conventionnelles avaient une portée pratique. Les humanistes, comme le dira Politien (*Opera,* éd. 1519, t. II, f° 50) veulent être non des juristes mais des grammairiens. Pour comprendre les textes romains, il faut être philologue et historien. Budé († 1540) va consulter en 1505 à Florence le manuscrit des *Pandectes* et après Valla loue la latinité de Justinien, pour mieux condamner les barbarismes des « accursiens » qui ne veulent être que des juristes (*Epistola in Bartholum, Opera,* éd. Bâle, 1543, p. 633-643). Les *Annotationes ad Pandectas* se proposent par l'explication des textes juridiques de parvenir à une connaissance intégrale de la langue, des idées, des mœurs, des institutions de l'Antiquité classique.

Alciat († 1550) est professeur à Avignon, à Bourges, à Bologne (P.-E. Viard, bibl. 690) ; il possède une formation juridique et ne rompt pas ouvertement avec les méthodes de son maître Jason de Maino († 1519) dont il loue la science mais aussi l'habileté à faire payer très cher ses consultations (*Parerga,* V, 26). Dans son œuvre, les références à Accurse et à Bartole sont incessantes, mais, comme Budé, il rapporte tout à l'histoire romaine et à la critique textuelle. Il découvre que les compilations de Justinien n'ont ni la cohérence ni l'unité qu'on leur prêtait ; que, par exemple, le droit des *Novelles* est fort loin du droit classique et que l'on ne peut appliquer à la fois des textes de date et d'esprit très différents.

Alciat est le fondateur de l'école historique dont le maître incontesté est Cujas († 1590). Celui-ci porte à la perfection les méthodes de ses prédécesseurs. Il débute à Toulouse par un enseignement sur les *Institutes ;* il ne peut y obtenir une chaire et, comme tous ses contemporains, erre de faculté en faculté. Il limite son enseignement aux textes qu'il analyse ; il les éclaircit dans ses *Observationes* ou *Emendationes,* ne tente pas de généralisation systématique. Il a eu comme élèves presque tous les grands juristes de la génération suivante qui l'accompagnaient dans ses pérégrinations : Du Faur de Saint-Jory († 1600), Loisel, les frères Pithou, du Pasquier et de Thou, Joseph Scaliger.

Selon le mot d'Hotman, « le grand marché de la science nouvelle » est à l'époque l'Université de Bourges, protégée par Marguerite de France, fille de François Ier. Alciat y enseigne en 1529 et Cujas en 1555 et 1577. Baudouin († 1573), Douaren († 1559), Doneau († 1591), Hotman († 1590), Gouvea († 1566) ont été aussi professeurs à Bourges. Leur humanisme les rend suspects et beaucoup prennent parti pour la Réforme : Hotman fuit en Allemagne et en Suisse, Doneau à Heidelberg et à Leyde, Baudouin, accusé d'avoir changé sept fois de religion, à Heidelberg. Cujas, quoique modéré, recherche à Valence la protection de l'évêque Jean de Montluc[5].

Il faut sans doute voir dans cet engagement religieux un goût passionné de la justice et de la vérité, mais aussi la volonté de s'affranchir de la logique médiévale. La méthode scolastique, telle que la pratiquaient les post-glossateurs, était fondée sur l'autorité des maîtres ; elle imposait une façon de penser suivant l'opinion commune, d'écrire dans un latin qualifié désormais de barbare, d'enseigner en faisant appel à la mémoire plus qu'au livre. A cette tradition qu'ils qualifient dédaigneusement de *mos italicus,* Hotman ou Cujas opposent le *mos gallicus :* le désir de faire du neuf en découvrant l'Antiquité, de rompre avec la tradition des gloses ou des commentaires pour revenir au Droit romain véritable et en découvrir l'esprit.

Cela même portait les juristes du XVIe siècle à écrire, comme le dira Douaren, non pour des chicaneurs, mais pour des jurisconsultes et pour des hommes d'Etat. Ils préfèrent le Droit romain classique au Droit de Justinien, le droit public au droit privé, les idées ou les doctrines à la technique quotidienne. Ils sont les initiateurs de l'école historique et leur conception d'un droit rationnel annonce le XVIIIe siècle ; ils heurtent, en revanche, trop directement les habitudes des avocats ou des juges pour ne pas conduire à une rupture de l'Ecole et du Palais.

Même si la comparaison peut paraître excessive on peut penser au sort récemment fait dans les Facultés à l'enseignement du Droit romain. La masse des étudiants en droit s'accommodait fort bien d'un cours traditionnel qui apportait quelques idées générales, des comparaisons utiles et un modèle de raisonnement juridique. Dans la mesure même où, à cet aspect pratique, on a substitué une étude érudite, historique ou philosophique, fort éloignée des préoccupations des étudiants, le Droit romain a été condamné à disparaître des programmes.

La doctrine ne peut ignorer la pratique. L'enseignement de Cujas pouvait exalter quelques étudiants, mais il ne convenait pas au plus grand nombre. Alors que les compilations de Justinien présentaient, grâce aux remaniements de Tribonien, une apparente unité, et que les bartolistes avaient dégagé en toutes choses une opinion commune, les humanistes montrent les diversités que recélaient les textes : le choix est toujours possible entre le droit classique et celui du Bas-Empire ou des *Novelles*. Un choix qui dans le Midi permet de couvrir d'une référence romaine les solutions les plus disparates et aboutit à reconnaître à chaque parlement une autorité quasi législative.

A Paris, l'enseignement des premiers humanistes fut accueilli avec faveur dans le milieu du Parlement. Budé dédie en 1508 les *Annotationes* au chancelier Jean de Ganay ; il veut s'adresser, dit-il, aux plus doctes ; mais il attaque en même temps tous les hommes de loi qui ne veulent être que des juristes et ignorent tout de l'Antiquité. Le conflit ainsi posé allait être résolu par les hommes de la génération suivante : magistrats ou avocats lettrés, constituant une élite intellectuelle, ils feront de la culture humaniste leur affaire personnelle ; mais cette culture, ils vont la reporter sur l'étude du droit coutumier. Comme les humanistes s'étaient employés à « purifier » le Droit romain, ils vont « sublimiser et magnifier » les coutumes, les « civiliser » et les systématiser et en faire par leurs commentaires le vrai droit commun français.

La littérature coutumière

Du Moulin est « au carrefour » : bartoliste de formation, admirateur des humanistes, spécialement de Budé, il ne ménage pas ses critiques hargneuses aux deux écoles rivales. Aux premiers, il reproche d'être surtout des théoriciens abstraits, prenant les lois romaines comme des incantations magiques (*vis magica*) et acceptant des rêves puérils (*quod est puerilibus somniis*), transformant le droit en une sorte de métaphysique irréelle (*Opera*, t. IV, c.326). A Alciat et à ses épigones, il conseille d'aller consulter quelques paysans dont le bon sens les guérira de spéculations inutiles et fausses (t. IV, c.436). Du Moulin se veut praticien, la tâche première du juriste étant de fournir des solutions adaptées aux problèmes qui se posent aux hommes: la théorie doit être le secours et le soutien de la pratique ; le modèle à suivre est celui des prudents Romains qui, pour toute question posée, savaient découvrir la solution équitable.

Le *De usuris* illustre parfaitement cette méthode : il s'élève contre la prohibition du prêt à intérêt et fournit très adroitement les moyens légaux de la tourner. Dans l'*Extricatio labyrinthi dividui et individui*, il donne la théorie toujours admise des obligations indivisibles ; dans une leçon professée à Dôle, il crée la théorie de la subrogation personnelle reprise par le Code civil. Il protestera contre l'ordonnance de Villers-Cotterêts qui avait supprimé la liberté de défense des accusés et commentera avec toute sa passion gallicane l'Edit des petites dates de 1550, faisant ouvertement profession de luthéranisme. Son œuvre essentielle est pourtant son *Commentaire des Coutumes*, notes sur la plupart des coutumes rédigées à son époque, commentaire de la coutume de Paris, commencé en 1535 et poursuivi jusqu'en 1552. Si Du Moulin écrit un latin barbare, bien éloigné de celui des humanistes, il possède une vigueur dialectique, un sens aigu de la pratique qui imposèrent, notamment pour les matières féodales, ses interprétations. Il commente les textes mais pour découvrir toujours leur sens logique ; il use de la méthode dialectique mais avec une grande liberté et souvent pour dégager des solutions nouvelles.

L'émule et le rival de Du Moulin fut d'Argentré († 1590) : breton, catholique, noble, président du présidial de Rennes. Son *Commentaire de la coutume de Bretagne* de 1539 est toujours favorable à la féodalité et au particularisme provincial. Sa théorie des statuts – qui visait à imposer partout l'autorité de la coutume locale – est demeurée célèbre.

René Choppin († 1606), d'origine angevine, commente dans un latin fleuri d'humaniste la coutume de Paris et celle de sa province. Pierre Pithou († 1596), érudit insigne, étudie la coutume de Troyes, sa patrie. Guy Coquille († 1603), élève de la Faculté de Padoue, ami du chancelier de l'Hôpital, ardent gallican, fut le grand homme du Nivernais dont il commente la coutume dans un français savoureux, avec un sens parfait des convenances régionales et un réalisme très rare chez les jurisconsultes. Charondas le Caron († 1617) réédite Boutillier et d'Ableiges et compose un ouvrage érudit et diffus : les *Pandectes du droit francais*.

Antoine Loisel († 1617) avait été l'élève de Cujas à Toulouse, à Cahors, à Bourges et à Valence ; avocat au Parlement de Paris, il participe à la réformation de la *Coutume de Paris* ; il entreprend de retrouver « la source et origine du droit ancien coutumier » dans les maximes, brocards ou proverbes qui courent le Palais : ce sont les *« Institutes » coutumières* qui, toujours citées, devaient contribuer mieux que de gros traités à l'unification du droit coutumier (M. Reulos, bibl. 630).

Charles Loyseau († 1627), avocat au Parlement, s'attache surtout dans ses traités *Des seigneuries, Des offices*, et *Des ordres*, aux institutions publiques et à leur fonctionnement à l'époque de Henri IV : il les étudie en juriste et en praticien – alors que *La République* de Bodin († 1576) est plutôt l'œuvre d'un philosophe exaltant toujours l'autorité du roi et dénonçant durement les « abus des justices de village ».

La pauvreté relative du XVIIe siècle contraste avec l'exubérance du siècle précédent. La seule œuvre majeure est celle de Jean Domat († 1695), dont les *Loix civiles dans leur ordre naturel* recherchent le principe des lois et l'expliquent d'une manière digne d'un philosophe, d'un jurisconsulte et d'un chrétien. Pour lui, le Droit romain contient « le droit naturel et la raison écrite » applicables à tous les pays et à tous les temps, atteignant « l'ordre par le retranchement de l'inutile et la clarté par le simple effet de l'arrangement ». Domat était l'ami de Pascal, mais leurs conceptions du droit contrastent étrangement. Pascal croit que « ce qui est fondé sur la saine raison est très mal fondé » et que la justice est ce « qui est établi ». En cela, il exprime la pensée des milieux judiciaires profondément jansénistes et hostiles à tout modernisme. Pour Domat, au contraire, la raison doit l'emporter et le Droit romain en est l'expression parfaite.

Chaque coutume trouve des commentateurs : Brodeau (1658), Laurière (1698), Ferrière (1679) à Paris, Taisand (1698) et Bouhier (1742) en Bourgogne, Basnage (1678) en Normandie, Hévin (1682) en Bretagne, La Thaumassière (1660) en Berry, Valin (1756) à La Rochelle. Dans ce travail, chacun apporte ses tendances propres, didactiques, historiques, dogmatiques ; inévitablement des rapprochements sont faits. L'idée déjà très forte au siècle précédent d'une « concordance » nécessaire des coutumes conduit le Premier président Guillaume de Lamoignon († 1677), encouragé, semble-t-il, par Louis XIV, à réunir une commission pour composer une sorte de code coutumier. Lamoignon proposait la suppression du servage et une réforme profonde des droits féodaux ; le projet inquiéta et n'aboutit qu'à la publication, en 1702, des *Arrêtés du président de Lamoignon* qui seront fort admirés au XVIIIe siècle.

La même volonté d'unifier et de simplifier le droit coutumier apparaît dans *Le Droit commun de la France et la coutume de Paris réduits en principes* que publie en 1747 un médiocre avocat du Châtelet, Bourjon, comme dans les traités consacrés à des matières spéciales : aux donations par Ricard († 1678), aux successions par Lebrun († 1708), à la subrogation par Renusson († 1699).

Les professeurs de droit français

Les auteurs qui viennent d'être cités sont tous des praticiens. Les Universités continuent d'enseigner le Droit romain et le Droit canonique ; elles ne reçoivent plus les jeunes clercs formés dans les séminaires, créés après le concile de Trente et passent sous le contrôle du roi. Une enquête ordonnée par Louis XIV fit apparaître leur déchéance[6] et la nécessité d'une réforme. Un édit d'avril 1679, en même temps qu'il prenait des mesures minutieuses pour imposer le bon recrutement des professeurs, la régularité des cours et l'assiduité des étudiants, institua dans chaque Université un professeur royal de droit français. Celui-ci fut souvent mal reçu par les autres professeurs ; il enseignait en français et non, comme eux, en latin ; il était un praticien, parfois non docteur, appointé (fort mal) par le roi, choisi par le Parlement, nommé par le chancelier.

Ces professeurs de droit français devaient enseigner le droit des coutumes et des ordonnances, la procédure, le droit féodal, le droit ecclésiastique, le droit commercial. Leur tâche était encore compliquée par la diversité des législations : seize dans le seul ressort du Parlement de Nancy.

L'ampleur de ce programme, même étalé sur trois ans, imposait au professeur soit de s'en tenir à un commentaire de la principale coutume du pays, soit de se réfugier dans des considérations générales. L'œuvre accomplie est cependant loin d'être négligeable. Ainsi François de Launay († 1693) à Paris, Thomas de La Thaumassière († 1702) à Bourges, Claude de Ferrières († 1713) à Reims, les deux Pocquet de Livonnière à Angers († 1726 et 1762), Boutaric († 1733) à Toulouse, Claude Serres († 1768) à Montpellier, Poullain du Parc († 1782) à Rennes, enfin Prevost de La Jannès († 1749) et Pothier († 1772) à Orléans. Pothier dut sa renommée à la clarté des traités qu'il publia sur toutes les matières de droit privé et qu'utilisèrent largement les rédacteurs du Code civil.

Dans les pays de droit écrit l'enseignement porte sur les ordonnances, le droit pénal et le gallicanisme. Les professeurs paraissent aussi plus liés au milieu parlementaire : leurs cours inclinent vers le droit public et prennent un tour philosophique. L'appel à la raison devient une arme contre le droit romain lui-même. A Toulouse, à la veille de la Révolution, Delort enseignait les « principes du droit français » ; il concevait à la manière de Domat un droit unique et idéal qui serait le droit des temps modernes. Un professeur d'Avignon, Jean-de-Dieu Olivier, écrit, en 1786, une *Réforme des lois civiles* ; il publie un *Essai sur la conciliation des coutumes* qui propose de « puiser les lois dans le cœur et la raison de l'homme » et, en 1789, un *Code civil proposé à la nation française* dont le plan sera repris par le Code civil[7].

Le droit commun coutumier

Les humanistes croyaient à l'existence d'un *jus gentium*, droit naturel, universel produit de la raison humaine. Pour Du Moulin et pour Christophe de Thou, au contraire, le droit coutumier se recommandait par sa convenance au « naturel français ». Ils n'en sont pas moins choqués des disparités qu'ils constatent entre les coutumes et s'efforcent de les réduire. La réformation avait éliminé les dispositions qui paraissaient « odieuses » pour faire valoir des solutions « modérées et moyennes ». Souvent aussi elle avait introduit dans les coutumes des institutions qu'elles ne comportaient pas. Ainsi à Amiens, et contre le vœu des Etats de la province, la représentation successorale ; un peu partout, la légitime qui sauvegarde mieux que la réserve héréditaire les droits des descendants et qui est pour Du Moulin l'expression « de la raison vivante fondée sur la justice naturelle ».

Dans son *Oratio de concordia et unione consuetudinum Franciae* déjà signalé, paru en 1546, Du Moulin reprend l'idéal humaniste de lois claires et faciles et le tourne en critique des obscurités et des contradictions des coutumes. Pour les surmonter, il est nécessaire, comme les bartolistes recherchaient une « commune opinion » (*supra*, p. 129), de dégager en toute question un « droit commun aux coutumes de France ». Au-delà des particularismes des coutumes, il faut découvrir la communauté d'esprit qui les inspire et qui tient à leur origine nationale. Les règles que l'on retrouve sinon partout, du moins dans la majorité des coutumes, constituent la coutume générale du royaume qu'il appartient à la doctrine d'établir, au Parlement d'appliquer. Le Parlement de Paris est compétent pour la plupart des pays coutumiers. Du Moulin est parisien et commente surtout la *Coutume de Paris*. Elle est pour lui la « coutume princesse » à laquelle il faut toujours se rapporter. La réformation de 1580 en fera un modèle car Paris, dira Choppin, « est l'abrégé du droit français ».

Du Moulin, comme les rédacteurs des coutumes, veut assurer l'indépendance du droit français ; beaucoup de coutumes sont incomplètes, il faut combler leur silence en recourant à un droit supplétif. Les auteurs qui, tels Lizet ou Loyseau, admettent encore le recours au Droit romain, font désormais figure d'attardés, tout comme ceux qui, à la même époque, défendent l'usage du latin contre celui du français. Les coutumes, on l'a souvent répété, n'ont plus à « vivre de la charité d'autrui » : si elles sont muettes sur une question, il faut soit recourir aux coutumes voisines, soit adopter les solutions de la coutume de Paris.

Entre les deux solutions, Du Moulin ne tranche pas. Au XVIIe siècle, le prestige de la coutume de Paris suffit à l'imposer ; elle est considérée par tous les commentateurs comme l'expression parfaite du droit coutumier et le traité de Bourjon la présentera comme « le droit commun de la France ». Elle est normalement appliquée là où il n'existe pas de coutume : à Calais, à Charleville et aussi, pour le régime des biens, au Québec (Olivier-Martin, bibl. 148).

Au droit commun coutumier est encore assignée une autre fonction : les dispositions des coutumes qui vont dans le sens du droit commun sont considérées comme favorables et doivent être largement interprétées ; au contraire les dispositions qui sont particulières à une coutume sont « odieuses » ; on leur applique l'adage *Odiosa restringenda* et leur portée sera réduite par une interprétation stricte.

L'unification du droit privé qu'avait souhaitée Lamoignon et que l'intangibilité des coutumes ne permettait pas au roi d'imposer se trouvait ainsi insidieusement préparée par la doctrine et réalisée au jour le jour dans la jurisprudence du Parlement de Paris. « Un roi, une foi, une loi » demeurait l'idéal du siècle classique : les coutumes locales avaient disparu lors de la rédaction ; l'idée d'un droit commun opérait cette *reductio in unum* qui paraissait conforme à la raison. L'influence du droit romain ira dans le même sens, et pour être plus diffuse et souvent cachée, elle n'en sera pas moins très profonde.

Le droit romain aux XVIIe et XVIIIe siècles

Les édits royaux qui avaient ordonné la rédaction et la réformation des coutumes s'étaient flattés de les « inviolablement garder » et de leur donner valeur de « loi perpétuelle ». Il n'empêche que l'autorité doctrinale du droit romain s'imposait toujours. Il était enseigné, peu et fort mal, dans les Universités. Lalande († 1703), professeur à Orléans, commente pesamment le *Digeste* ; Ferrières compare le *Digeste* et le *Code* aux ordonnances et aux coutumes ; Pothier s'essaie, sur les conseils du chancelier Daguesseau, à remettre de l'ordre dans le *Digeste* : la grande clarté de ses *Pandectae Justinianae* (éd. 1748) assurera leur long succès auprès des praticiens ; le droit romain apparaît comme une école de logique juridique et de bon sens.

Une philosophie soutient en Italie, en Allemagne, surtout en Hollande, les études de droit romain : le *De jure belli et pacis* (1625), de Grotius et le *De jure naturae et gentium* (1672) de Puffendorf ont imposé l'idée d'un droit naturel « convenant invariablement à la nature sociable et raisonnable de l'homme ». L'Italien Gravina qui publie en 1708 ses *Origines juris civilis*, le

Hollandais Vinnius († 1657), parfois assez proche de Douaren et de Doneau, Paul et Jean de Voet († 1667 et 1714), le Saxon Heineccius († 1741) défendent avec talent l'idée d'un droit rationnel. Ces nouveautés ont-elles été connues et comprises en France ? On en a longtemps douté [8] ; pourtant, Daguesseau et Pothier ont lu Grotius, Vinnius et Puffendorf ; Montesquieu leur « rend grâces » et les plus attentifs des juristes du XVIIIe siècle les ont parfois rejoints : moins sans doute dans leur philosophie du droit naturel que dans les conséquences qu'ils en tiraient pour faire de la propriété un droit individuel, fonder le contrat sur la libre volonté et mettre de l'unité dans le droit. Il est d'ailleurs frappant que, plus que les romanistes, ce soient les professeurs de droit français Boutaric, Serres, Julien, Pothier, Olivier, qui inclinent vers le rationalisme et l'individualisme.

L'apparente immobilité des coutumes ne doit pas, en effet, faire illusion ; sur elles la pression du droit romain s'exerce toujours. Le droit commun coutumier n'a d'existence que par la jurisprudence des Parlements et par la doctrine, elles-mêmes nourries de droit romain. Celui-ci répond aux idées individualistes qui ont cours comme à l'évolution sociale hostile aux principes féodaux ; il représente la pérennité et l'universalité qui sont l'idéal d'une monarchie devenue administrative ; aux juristes il fournit les principes d'interprétation, guide les raisonnements et infléchit le droit commun.

On peut suivre en tous domaines cette sorte d'érosion des règles coutumières : la portée du retrait lignager, par exemple, est inconsciemment atténuée par la comparaison toujours faite avec le retrait conventionnel. La capacité pour retraire est appréciée d'après les règles romaines. Il en est de même si une fraude ou un dol sont allégués, si une condition est stipulée dans la vente. A la femme mariée, on applique rigoureusement les règles du sénatus-consulte Velléien ; la femme adultère est « authentiquée », c'est-à-dire soumise aux peines de l'authentique *sed hodie*. L'ancienne distinction des propres et des acquêts est maintenue, mais elle est interprétée dans un nouvel esprit favorable à la présomption d'acquêts. Anciennement, si une ligne n'était pas représentée, sa part tombait en déshérence et était confisquée ; la dévolution de ligne à ligne est considérée désormais comme de droit commun et, au moins dans ce cas, l'unité romaine de la succession se trouve rétablie. On admet de même par application de l'édit *Unde vir et uxor* que le conjoint hérite à défaut d'autre parent. Enfin, par une sorte de glissement, les coutumes souchères tendent à devenir coutumes de côté et ligne, et celles-ci deviennent coutumes de simple côté : c'est admettre l'institution moderne de la fente déjà réputée au XVIIIe siècle de droit commun et reconnue par Lebrun, à raison de sa simplicité « plus proche du droit primitif originaire conforme au droit romain ». En matière de réserve et de quotité disponible une évolution identique s'accomplit : on parle de « légitime coutumière » pour l'opposer à la « légitime de droit », mais aussi pour la rapprocher de celle-ci en les étudiant ensemble, comme le font par exemple Ricard et Pothier. En tous domaines, mais spécialement pour les contrats de mariage, la pratique notariale reprend des formulaires romains et, sous le prétexte de respecter la liberté des conventions, contredit ouvertement les principes coutumiers.

Les pays de droit écrit

Seules avaient chance de survivre dans le Midi les quelques coutumes qui avaient été rédigées au XVIe siècle ; elles apparaissaient pourtant d'« une qualité si inférieure au Droit romain qu'elles ne méritaient pas de lui être comparées ». Les frères Lamothe qui commentent la *Coutume de Bordeaux* s'excusent de produire « un corps de lois aussi indigeste » ; les anciennes règles demeurent « d'un temps de grossièreté et d'ignorance » ; elles sont écrites « en un patois très surанné et insuffisantes à mesure que les lumières s'accrurent par l'étude du droit romain » (*Coutumes du ressort du Parlement de Guienne*, Bordeaux, 1768, p. 11, *cf.* P. Jaubert, bibl. 471). La *Coutume d'Agen*, n'ayant jamais été homologuée, tombe en complète désuétude.

Quelques dispositions durent de survivre à la faveur que leur témoignent les Parlements. Ainsi en Provence ou en Guyenne le retrait lignager, jugé d'ailleurs conforme au droit naturel et divin ; ainsi encore à Toulouse, la préférence donnée dans une succession aux parents paternels. A Bordeaux, la distinction des propres et des acquêts est maintenue mais sa portée limitée. Il ne s'agissait là que de « cas particuliers hors lesquels le Droit romain forme le droit commun » (Salviat, *La Jurisprudence du Parlement de Bordeaux*, 1787, p. 116).

Chaque parlement a sa conception du droit commun et applique à sa manière les règles romaines, ce qui aboutit à des divergences au moins aussi profondes que dans les pays de coutumes. Bretonnier, comparant les diverses jurisprudences, pouvait dire en 1742 que si le Midi était régi par une seule loi, c'était « une loi morte que chaque Parlement, chaque tribunal, chaque juge interprétait suivant ses lumières, son goût ou son caprice » (bibl. 7). Pour établir le texte de ses ordonnances sur les donations et les testaments, le chancelier Daguesseau s'enquiert auprès des Parlements du Midi de leur jurisprudence qui apparaît différente sur chaque question posée (H. Regnault, bibl. 629). L'application des règles du régime dotal qui est pratiqué partout en est le meilleur exemple : d'après la loi *si pater*, le père est seul censé constituer la dot, ce qui est admis à Grenoble et à Aix. A Toulouse et à Bordeaux, on répute que la mère doit contribuer pour moitié en se fondant sur la Novelle 21. La loi *Assiduis* sur l'hypothèque dotale n'est suivie qu'à Toulouse ; à Aix on cantonne l'hypothèque sur les biens donnés au mari.

L'inaliénabilité dotale est supprimée en Forez, Beaujolais et Mâconnais ; ailleurs, au cas de vente de la dot, on donne à la femme tantôt une action en nullité, tantôt une simple récompense : chaque Parlement a encore ses solutions propres sur la quotité de l'augment, l'existence d'une hypothèque pour en garantir le paiement, les droits de la veuve, l'attribution au mari d'un contre-augment, les droits des enfants ou des créanciers (p. 313).

Ces différences sont encore exagérées par la subtilité des commentateurs et leur volonté de justifier l'originalité et la supériorité des arrêts qu'ils publient. Il paraît bien que les praticiens se complaisent dans les méandres d'une jurisprudence dont, tels les pontifes, ils gardent les secrets. Certaines matières, celle des substitutions fidéicommissaires des donations ou des testaments, sont comme à plaisir encombrées de pièges où trébuchent les plaideurs. L'inconvénient est encore aggravé par la pratique des évocations qui permet, si l'on a quelque appui au Conseil du roi, de faire dessaisir le Parlement devant lequel on risque de perdre son procès pour donner compétence à celui devant lequel on a chance de le gagner.

Une telle diversité irritait, surtout au XVIIIe siècle, les meilleurs esprits. Les ordonnances de Daguesseau, si limité qu'en soit l'objet, furent fort bien accueillies. Le pourvoi en cassation, dont la fonction première est, aujourd'hui encore, de maintenir l'unité de la jurisprudence, n'existe pas en matière de droit privé. L'intervention du roi est pourtant souhaitée au XVIIIe siècle, car

« il est de la bonté, de la justice et de l'autorité du souverain de faire examiner les diverses interprétations, de choisir la meilleure et d'ordonner ensuite à tous ses sujets de la suivre régulièrement » (Bretonnier, bibl. 7).

III. LA LÉGISLATION ROYALE

Jusqu'au XVe siècle, le droit privé était resté hors du champ de la législation royale. D'après Beaumanoir, le roi ne peut intervenir que pour « le commun profit », c'est-à-dire suivant le sens parfois donné à l'expression pour ce qui est « commun à tous au royaume » (C. Chevrier, bibl. 301, p. 36). « Li privés drois apartient à l'estat de chacun home » (*Conseil à un ami*, App., p. 473).

L'idée subsiste à la fin du XVe siècle et elle inspire l'attitude des commissaires royaux chargés de rédiger les coutumes : tandis que l'ordonnance exprime la volonté du roi, les coutumes n'existent que par le consentement de ceux qu'elles régissent – consentement tacite résultant de leur application prolongée pendant la durée de la prescription, consentement exprès donné lors de leur publication par les trois états de la province. Choppin en viendra à dire que cette publication équivaut à un contrat (*Œuvres*, éd. 1662, t. I, p. 43), authentiqué par le procès-verbal alors dressé. Guy Coquille parlera de quasi-contrat et La Thaumassière d'« une espèce de contrat que les trois ordres de la province se sont imposé » (*Coutumes de Berry*, Préface). Même si le roi n'est pas partie au contrat, il doit le respecter. Le souci de distinguer le domaine des ordonnances et celui des coutumes est très net pour Lizet comme pour Christophe de Thou : la condition des biens et des personnes, le statut de la famille, les successions, ressortissent naturellement aux coutumes ; au contraire, les règles de procédure et de preuve, la répression des délits et des crimes, la confection des actes concernent la police générale du royaume et doivent être réglées par des ordonnances ou des édits. La même distinction vaut d'ailleurs pour les pays de droit écrit puisque le Droit romain y est reçu comme coutume.

Cela même explique que les interventions royales demeurent très rares dans le domaine du droit privé et toujours expliquées ou justifiées par un souci de bonne police ou de bonne justice.

L'édit de 1560 sur les secondes noces fut publié après le scandale qu'avaient provoqué les libéralités faites à son second mari par Anne d'Alligre, mère de sept enfants. En unifiant les formes des donations et des testaments, Daguesseau précise qu'il ne porte aucune atteinte aux coutumes et qu'il ne s'agit que de mettre fin à des divergences de jurisprudence qui compromettaient la bonne marche de la justice.

Toutes les ordonnances du XVIe siècle, le plus souvent rendues après une réunion des Etats généraux, ont pour objet la réforme de l'Etat : ainsi l'ordonnance de Villers-Cotterêts de 1539 qui, en même temps qu'elle réorganise la procédure criminelle, prescrit l'enregistrement des donations, réglemente le notariat et organise l'état civil ; l'ordonnance d'Orléans de 1560 qui réduit à deux degrés les substitutions fidéicommissaires ; l'ordonnance de Moulins de 1566 qui limite la portée de la preuve par témoins et crée l'hypothèque judiciaire ; l'ordonnance de Blois de 1579 qui adapte à la France les décrets du concile de Trente sur le mariage ; l'ordonnance de 1629 appelée couramment, du nom du chancelier Michel de Marillac qui l'avait préparée, le code Michau, qui admet le principe de la directe universelle du roi sur tous les fiefs du royaume.

Sous le règne de Louis XIV apparaît la préoccupation de codifier les parties du droit que ne réglaient pas les coutumes : furent ainsi publiées l'ordonnance sur la procédure civile de 1667, l'ordonnance criminelle de 1670, l'ordonnance de 1669 portant règlement pour les eaux et forêts, l'ordonnance du commerce de 1673 (ou Code marchand), l'ordonnance sur la marine de 1681, le Code noir de 1685 qui réglemente l'esclavage aux colonies. L'œuvre de codification fut continuée par Louis XV avec les quatre grandes ordonnances de Daguesseau : de 1731 sur les donations, de 1735 sur les testaments, de 1747 sur les substitutions fidéicommissaires, de 1749 sur les biens de mainmorte.

Le style et la clarté de toutes les ordonnances longuement préparées par le Conseil du roi et le Parlement sont remarquables [9]. Elles unifient les parties du droit qu'elles concernent et leurs dispositions seront souvent littéralement reprises par les Codes napoléoniens.

L'idée d'un code unique des lois du royaume avait souvent été reprise depuis le XVIe siècle. Dès le 5 juillet 1790, l'Assemblée nationale décida « qu'il serait fait un code général de lois simples et claires appropriées à la Constitution ». Cependant, les assemblées révolutionnaires durent aller au plus pressé et régler des questions telles que le mariage civil, le divorce, la filiation, la condition des biens. L'unité du droit apparaît désormais une nécessité, mais le droit familial était trop lié aux idées politiques pour ne pas subir profondément l'influence des nouveaux principes. Au nom de l'égalité, la Constituante et la Législative réagissent contre les tendances aristocratiques et nobiliaires de l'ancien droit et la Convention complète cette œuvre en lui donnant ouvertement une portée politique.

La hâte même avec laquelle furent votées les lois nouvelles ne permit pas de s'élever jusqu'aux principes généraux du droit, mais les pensées indistinctes des initiateurs de l'ordre nouveau viennent souvent du Droit romain. Sous le Directoire et le Consulat, les souvenirs de la République romaine inspirent les discours et les actes. Dès l'an III, cependant, la tradition coutumière s'impose souvent. L'époque des transactions était venue et le Code civil, définitivement voté le 21 mars 1804, va les réaliser.

L'éloge du Code civil a été si souvent fait qu'il n'est pas à refaire ; et les critiques qui lui sont maintenant adressées visent la philosophie (ou l'absence de philosophie) de ses rédacteurs. Ils étaient tous hommes de l'Ancien Régime et ils demeuraient fidèles à la doctrine et à la jurisprudence du XVIIIe siècle. Le Code civil peut apparaître comme l'aboutissement du droit commun coutumier dont il reprend les idées en les poussant à l'extrême ; il consacre pourtant l'influence du Droit romain. Les rapports de Treilhard au Conseil d'Etat, de Chabot au Tribunat, de Siméon au Corps législatif suffisent à montrer l'influence primordiale reconnue au Droit romain considéré comme « la raison écrite qui tire d'elle-même toute sa force sans autre autorité que celle de la sagesse ». La Révolution, si elle a précipité le cours des choses, n'a fait, dans le domaine du droit privé, que continuer l'Ancien Régime.

DEUXIÈME PARTIE

L'ANCIENNE SOCIÉTÉ ET SON DROIT

Les *Institutes* de Justinien, reprenant le plan de Gaius, ont imposé une division tripartite du droit encore suivie par le Code civil : *omne jus quo utimur vel ad personas pertinet, vel ad res, vel ad actiones*. La vie juridique est conçue comme un drame avec ses personnages, ses décors et son action (M. Villey, bibl. 694, p. 267) : tout droit suppose une personne qui l'exerce et qui en est le sujet, une chose sur laquelle il porte et qui en est l'objet, enfin une action qui permet de l'affirmer ou de le protéger.

Le Moyen Age est bien éloigné de cette élégante logique. La plupart des coutumiers ne sont que d'assez pauvres compilations où chaque praticien relate son expérience judiciaire ; Beaumanoir lui-même, malgré son intelligence, mêle tout, traitant par exemple de la coutume entre deux chapitres consacrés l'un à la division des biens, l'autre à la largeur des chemins et aux pèlerinages. C'est que les coutumes sont encore, au XIIIe siècle, singulièrement fluides ; elles le demeureront jusqu'à la rédaction, s'adaptant au gré des turbes et des jugements aux besoins ou aux opinions des justiciables. Le droit coutumier est avant tout pragmatique ; il s'oppose à l'esprit romain, toujours enclin à généraliser et à systématiser ; il n'est pas, comme l'écrivait Ihering, le produit de la force et de la lutte pour la vie ; il est la vie elle-même. De là sa diversité, sa complexité, mais aussi son réalisme. Pour lui, les personnes et les choses, plus qu'en elles-mêmes, existent par la place qu'elles ont, par le rôle qu'elles jouent, par les pouvoirs qu'elles subissent. Au Droit romain de la propriété s'oppose la notion multiforme de la saisine ; à l'idée d'une personne sujet de droit, la reconnaissance des droits de la famille ou de la communauté. Ce sont les questions qui seront étudiées dans les chapitres de cette deuxième partie.

Les coutumes ne s'intéressent aux ventes ou aux donations que si elles concernent la famille et il en sera traité dans les chapitres consacrés aux biens, au mariage et aux successions. En revanche, le droit coutumier n'a jamais conçu une théorie de l'obligation ; même en Normandie, il n'y a que bien peu de trace des pratiques antérieures au XIIe siècle (J. Yver, bibl. 700). A l'époque, d'ailleurs, le contrat est fort rare car il ne répond ni à l'état économique, ni à l'esprit de la société. Ensuite, le Droit romain s'impose partout et ses règles seront appliquées avec, comme on l'a vu, beaucoup de fantaisie par les parlements. Il existe une logique du contrat fondée sur le commerce, la rupture des liens familiaux, l'indépendance de la propriété et de l'individu, l'usage de la monnaie, et une logique coutumière qui est exactement inverse et qui seule sera exposée ici.

CHAPITRE PREMIER

LES PERSONNES

La Déclaration des droits de l'homme a reconnu que tous les hommes « naissent et demeurent libres et égaux en droit ». Pour les philosophes des Lumières, la source de tout droit est dans l'individu parce que lui seul est un être réel, libre et responsable. La liberté l'affranchit dans ses intérêts matériels et moraux de l'autorité et de la surveillance de l'Etat. L'égalité civile et politique est déduite des principes du droit naturel : elle existe non pas en fait mais en droit : « les distinctions sociales ne peuvent être fondées que sur l'utilité commune ».

Le principe était en 1789, au plein sens du mot, révolutionnaire, puisque toutes les sociétés avaient eu jusque-là pour fondement la servitude ou la dépendance et l'inégalité. Le fait avait créé le droit et la condition de chaque individu était déterminée par le rôle qu'il jouait dans la société. Le mot de liberté, s'il était souvent employé, n'avait aucun sens abstrait ; il était souvent accolé aux mots de coutume, d'usage, de privilège, c'est-à-dire à la loi particulière (*lex privata*) dont chaque communauté revendiquait le bénéfice. La société n'était pas conçue comme un agrégat d'individus égaux et isolés, mais comme une réunion de « corps » ou d'« états » dont chacun avait sa fonction et son droit propres. Les clercs jouissaient des privilèges généraux de l'Eglise et de ceux qui étaient attachés à leur fonction ; chaque ville avait sa charte, chaque métier, son statut ; chaque province, ses états particuliers et ses coutumes. Les « pauvres par état » en étaient venus à constituer un ordre dans la société, auquel étaient accordés paradoxalement des privilèges : celui, par exemple, de mendier sous le porche des églises ou dans certaines communautés, d'élire un syndic pour obtenir délivrance des legs charitables.

Loyseau, qui écrivait en 1610 son *Traité des ordres*, a décrit la société française comme un « univers ordonné et hiérarchisé par la pensée de Dieu, avec des rangs et des degrés » (R. Mousnier, bibl. 146, t. I, p. 15). La conception n'est pas différente de celle qu'exprimait, six siècles auparavant, Adalbéron de Laon : « La maison de Dieu est triple, elle qui semble une. Les uns prient, les autres combattent, et d'autres travaillent » (bibl. 1, p. 22). La tripartition sociale appartient pour Georges Dumézil au vieux fonds indo-européen et à la distinction des trois fonctions : la souveraineté, la force et la fécondité ; mais elle prend ici un sens chrétien : l'ordre social ne peut exister que par l'accord de la science des *oratores*, de la vaillance des *bellatores* et du travail des *laboratores*.

« Image de l'ordre social, figure triangulaire sur quoi s'érige dans l'esprit des évêques de l'an mil le rêve d'une société une et trine... représentation mentale ... structure, manière de penser et de parler le monde », Georges Duby (bibl. 351, p. 16) a montré la signification historique et politique de ce schéma traditionnel. Il est à la fois une critique et une justification de la société féodale. C'est un ordre chrétien que recherche Adalbéron et, comme l'écrivait Paul Valéry, « il est nécessaire que l'ère de l'ordre soit l'empire des fictions » (préface aux *Lettres persanes*).

Le droit se nourrit en effet de fictions mais celles-ci n'émergent que lentement ; elles empruntent aux idées du moment et proviennent des faits dont elles rendent compte en les ordonnant. La construction juridique va du concret à l'abstrait, de l'observation des réalités à la fixation d'une règle.

Pour les hommes des XIe et XIIe siècles, la réalité résidait dans la diversité des conditions mais aussi dans le fait que, tandis que les uns avaient l'indépendance ou le pouvoir, d'autres devaient des tributs ou des corvées et subissaient des déchéances. Les premiers étaient qualifiés de *nobiles* ou de *nobilissimi* ; les pouvoirs qu'ils possédaient étaient des *nobilitates* ; les seconds subissaient des servitudes, *servicia, servitutes*, qui faisaient d'eux des « dépendants ». Leurs conditions s'opposaient et Adalbéron de Laon lui-même dressait contre le triple statut de l'ordre les deux conditions de la loi humaine : *Nobilis et servus simili non lege tenentur* (v. 227).

Le droit définira les deux catégories sociales antithétiques que sont la noblesse (section I) et le servage (section II). Dans l'entre-deux, il y a place pour les conditions les plus diverses : les clercs et les moines, les simples roturiers ou les vilains libres qui n'ont ni les privilèges des nobles ni la déchéance des serfs, les bourgeois qui ont leur droit propre, enfin tous ceux dont la condition est jugée inférieure : les juifs parce qu'ils ne sont pas chrétiens, les bâtards réputés sans famille, les aubains, étrangers à la seigneurie ou au royaume.

Quelques mesures, notamment l'institution de l'état civil, établirent une égalité entre les sujets du roi. La diversité des conditions gênait l'action de l'administration, mais elle était liée à la constitution monarchique et ne pouvait disparaître qu'avec elle : l'égalité devant la loi, proclamée par l'Assemblée constituante, marquait la fin de l'Ancien Régime (section III).

I. LE DROIT NOBLE

La puissance et la noblesse

Au début du XIe siècle, la primauté appartient aux comtes et aux vicomtes dont beaucoup peuvent se recommander d'une parenté ou d'une alliance avec la famille de Charlemagne. A côté d'eux apparaissent ceux que les chartes qualifient d'*illustres* ou de *nobiles viri* : il est parfois fait mention de leur ascendance, des châteaux qu'ils possèdent ou des fonctions qu'ils occupent ; parfois aussi, en Languedoc, par exemple, rien d'autre ne paraît les mettre hors de pair que leur richesse foncière. Le seul historien de l'époque, Raoul Glaber, qualifie de grands personnages de petits seigneurs bourguignons, mais aussi les riches et les fils de riches. En Mâconnais, la qualification ne s'adresse pas à un individu mais à un groupe, par exemple aux « propriétaires aisés » qui se réunissent à Cluny en 786 (G. Duby, bibl. 348, p. 133). Le Midi est plus individualiste et les actes donnent à chacun la qualité qui lui est universellement reconnue.

Chevalerie et noblesse

Dans un livre célèbre, Guilhiermoz (bibl. 445) a voulu identifier les quatre termes de *vassus, miles, liber* et *nobilis*. G. Duby, tout en critiquant justement ces identités, a décelé que le mot *nobilis* disparaissait en Mâconnais en 1030 et était remplacé par *miles*. La féodalité impose son droit ; la vassalité serait devenue noblesse. Il peut exister cependant des alleutiers nobles ou des chevaliers domestiques. Telle est bien l'attitude générale du Midi ; jusqu'à la Croisade, la fonction militaire n'y est pas spécialement exaltée ; le fief désigne toute concession de terre et d'office à charge de cens ou de services. Tandis que dans le Nord, suivant la nature des services rendus, la condition de la terre peut réagir sur le statut de celui qui la possède, dans le Midi le prestige des *potentes* vient de leur richesse et de l'ancienneté de leur famille : le nom du père est souvent mentionné, mais aussi, surtout pour les familles d'origine gothe, le nom de la mère. C'est dire que la noblesse, si imprécise qu'en soit encore la définition, est comprise comme un statut personnel[1].

On en revient ainsi à l'idée de Guilhiermoz : à l'époque que Marc Bloch appelait le premier âge féodal, la noblesse était un état de fait reconnu par l'opinion. Vers le début du XIIe siècle apparaît au contraire le besoin de distinguer les nobles des non-nobles ou des faux nobles. Le mot *miles* apparaît plus ou moins tôt selon les régions et la condition qu'il implique peut être assez diverse : tantôt proche du *nobilis* comme en Mâconnais, tantôt nettement opposé à lui comme en Flandre ou en Normandie.

La chevalerie, par cela même que, comme l'ordre clérical, elle supposait un rite d'accès, la *professio* (sur laquelle insiste le *Policraticus* de Jean de Salisbury), permit de distinguer le *miles* de celui qui ne l'était pas. Si l'origine de l'institution demeure fort obscure, elle est apparemment liée au mouvement de paix et à l'action de Cluny. Les clunisiens se sont efforcés d'agir sur le monde temporel. La *Vita* de Bouchard de Vendôme (éd. Bourel de La Roncière, 1892), écrite au milieu du XIe siècle par un moine, identifie l'idéal monastique et l'idéal chevaleresque. Bonizon de Sutri (*Liber de vita christiana*, VII, 28) entreprend de définir cet idéal qui impose de protéger les veuves et les orphelins mais aussi de combattre jusqu'à la mort *pro statu reipublicae*. Grégoire VII exalte la vie militante en l'assimilant à la vie monastique ; il canonise le chef de la Pataria milanaise en le qualifiant de *strenuissimus miles Christi* (Y. Congar, *Modèle monastique et modèle sacerdotal en Occident*, bibl. 109, p. 155). La chevalerie a uni dans le même idéal du *miles christianus* l'ancienne noblesse fondée sur la race (*Herrschaft* des auteurs allemands) et ceux qui la servaient vaillamment (*Dienst*). Cette fusion a pu être datée en Ponthieu par Robert Fossier de 1130-1140 (bibl. 109, p. 293-306). L'évolution est liée à l'essor de la féodalité militaire et, comme celui-ci, elle sera tardive et incomplète dans le Midi languedocien.

La chevalerie est un groupe fermé, suivant la vieille formule de Goblot, une « barrière et un niveau » ; tous ceux qui en font partie ont les même droits, « le même code et la même morale » (G. Duby, « La diffusion du titre chevaleresque sur le versant méditerranéen », bibl. 147, p. 39), mais ils doivent d'abord être agrégés au groupe, franchir la barrière qui les séparera des autres. Pour celui dont la famille est déjà distinguée, le passage est facile. Saint Bernard demande en 1147 à l'empereur Manuel Comnène de recevoir chevalier le fils du comte de Champagne, *juvenis magnae nobilitatis*. Tous les chevaliers sont réputés nobles, mais d'autres le sont aussi. La situation des femmes et des clercs ne dut pas poser de problème. La véritable difficulté vint de la pauvreté de beaucoup de familles qui, au XIIe siècle, à la suite des partages successoraux et du renchérissement des armures et des chevaux, n'avaient plus les moyens de faire adouber leurs enfants. Ceux-ci ne pouvaient accepter une déchéance et tenaient, comme tous les marginaux, à rappeler leur origine. Ils sont gentilshommes, se qualifient de valets, parfois de sergents ou d'écuyers, dans le Midi de donzelons, *domicelli*, damoiseaux. Beaumanoir (bibl. 4, n° 145) reconnaît comme gentilshommes ceux « qui sont estret de franche lignée si comme de rois, de ducs, de comtes ou de chevaliers ». En justice, la preuve est faite par celui qui est reconnu *miles seu filius militis*. L'hésitation apparaît, au contraire, pour les petits-fils : les coutumes de Hainaut, le droit barcelonais ou provençal les reconnaîtront nobles tout au moins jusqu'à vingt-cinq ou trente ans. Ensuite, ils seront considérés comme des *rustici*, déchus de la *militis libertas*. Au contraire, dans tout l'Ouest, où la chevalerie était la plus puissante, ces non-chevaliers constituent la frange inférieure de la noblesse. En Normandie, on opposera les chevaliers qui ont l'équipement complet et tiennent de ce fait des fiefs de haubert, aux vavasseurs nobles qui n'avaient que l'écu, la lance et l'épée. La distinction fondée sur l'importance du fief est très nettement faite par une ordonnance de Henri II pour ses possessions françaises (1180), aussitôt imitée par Philippe Auguste.

La noblesse, classe sociale

La chevalerie avait fourni à la noblesse un idéal qui convenait à une aristocratie guerrière mais chrétienne. On a pu parler d'une classe chevaleresque fondée sur l'ancienneté du lignage mais aussi sur la vaillance, voire la richesse et ainsi ouverte parfois à de nouveaux venus qui en observaient les règles. A l'origine, ceux-ci ont dû être soigneusement choisis mais cette rigueur s'est assez vite démentie. Même au XIe siècle beaucoup de serfs sont devenus chevaliers. Beaumanoir le réprouve (nos 1434-1449) au moins s'ils ne sont pas nés d'un père noble, et il rapporte (n° 1100) une anecdote savoureuse : la coutume de Normandie exigeait préalablement à une revendication immobilière une « vue » de la chose, faite par quatre chevaliers. Un plaideur n'ayant pu trouver que trois chevaliers propose à un vilain rencontré de l'armer chevalier, ce qui est aussitôt fait et permet de procéder à la vue. L'affaire viendra jusqu'au roi, gardien des valeurs de la chevalerie, qui punira durement « la tricherie » de ceux qui avaient « contrefait le chevalier ».

Au XIIIe siècle, la noblesse doit faire face à la fois à la bourgeoisie et à la royauté ; elle est appauvrie par les croisades, souvent critiquée par les clercs ; elle tend, comme toute classe sociale menacée, à se fermer sur elle-même et ainsi que l'écrivait Marc Bloch (bibl. 223, t. II, p. 45) « à se solidifier en une classe juridique et héréditaire ».

On s'efforça un peu partout de réserver l'accès de la chevalerie au fils du chevalier (Beaumanoir, nos 1434 et 1451) et au roi le droit de la conférer. Un arrêt du Parlement de 1280 (*Olim*, t. II, p. 166) refuse au comte de Flandre le pouvoir d'armer chevalier un vilain sans avoir obtenu l'autorisation du roi.

Beaucoup de nobles étaient contraints, souvent pour subvenir aux frais de croisade, de vendre leurs fiefs ; les bourgeois qui le plus souvent les avaient achetés s'étaient ainsi rapprochés de la noblesse sans y être pleinement admis. Ils ne pouvaient en principe être reçus à l'hommage puisque « on ne donne pas la bouche au vilain », mais la règle dut être souvent transgressée : les coutumiers témoignent des hésitations de la pratique, au moins dans le cas de roturiers « vivant noblement », c'est-à-dire sans exercer de négoce. L'ancien Coutumier d'Anjou ne leur reconnaîtra la noblesse qu'à la troisième génération, tandis que Pierre de Fontaines (III, 5, 6 ; XIII, 23) enseigne que le vilain domicilié sur son fief doit à certains égards être traité comme noble. Un arrêt de la *Curia* de 1286 (*Olim,* t. I, p. 740) juge au contraire, contre l'avis du bailli royal, que les *rustici* qui ont acheté des fiefs ne doivent pas être tenus pour nobles. De même pour Beaumanoir (n° 1502) les fiefs doivent « estre gentius homes » par ancienne coutume et par nouvel établissement.

Les hésitations de la pratique montrent combien, encore au XIIIe siècle, les catégories sociales étaient imprécises ; à en croire les coutumiers, il n'était pas rare qu'un chevalier épousât une fille de bourgeois, voire de serf. Les possesseurs de fiefs étaient partagés entre leur hostilité de principe aux nouveaux venus et leur désir, s'ils vendaient leur fief, de trouver un acquéreur solvable. Ce fut en définitive la royauté qui trancha. Elle eut sans doute le souci de maintenir l'ordre social et d'éviter que le marché des fiefs ne devienne un marché de noblesse. Les considérations militaires et financières furent cependant primordiales. Philippe le Hardi ne parvient pas pour l'ost de Foix (1272) ou pour la Croisade d'Aragon (1285) à obtenir le service d'ost que lui devaient de nombreux tenants-fiefs ; aussi la royauté devait-elle recourir à des combattants soldés (P. Contamine, bibl. 318, p. 179). Mieux valait désormais des roturiers pour contribuer aux dépenses de la guerre que des nobles qui ne s'acquittaient pas des devoirs de leur état.

Tel est l'objet du nouvel établissement dont parle Beaumanoir et qui n'est autre que l'ordonnance de la Toussaint 1276 ; les roturiers, qui ont acquis des fiefs, ont prêté hommage et rendent les services dus, ne seront pas inquiétés, mais restent *innobiles.* Pour les autres, ils devront payer au roi deux années de revenu du fief[2] ; ce fut l'origine du droit de francs fiefs ou de nouveaux acquêts, qui devint vite une pratique courante : le trésor royal imposant tous les dix ou vingt ans aux roturiers de payer la taxe fixée pour « racheter » le fief qu'ils tenaient.

Ainsi, sous le règne de Philippe le Hardi, ni la chevalerie, ni l'acquisition d'un fief ne pouvait conférer la noblesse. Celle-ci ne devenait pas pour autant une caste fermée, recrutée par la seule hérédité, car le roi va affirmer avec force son droit de créer de nouveaux nobles. Il existera désormais à côté de la noblesse de race une noblesse d'Etat.

Le noble parfait est le noble d'« origine » *(ex origine)* dont le père et la mère sont nobles (E. Boutaric, bibl. 76, I, n° 2547 A ; *Olim,* t. III, p. 793). Si la mère était « vilaine », l'« home franchist la fame », mais si elle était serve, le droit hésite (Beaumanoir, n°s 1445-1450 ; *Grand coutumier,* I, 2, 14). L'hésitation est plus grande encore dans le cas d'une femme noble épousant un roturier : manifestement les mœurs réprouvent de telles unions mais l'insistance des coutumiers indique qu'elles étaient fréquentes et qu'au moins en certaines régions, la Champagne notamment, existait une tradition matrilinéaire[3].

Comme le roi peut faire un chevalier, il s'est réservé le droit d'autoriser par lettres un roturier à tenir un fief noble *acsi esset nobilis.* De là on passa sous le règne de Philippe le Bel à la pratique de lettres d'anoblissement : le roi autorise un roturier, parfois même un serf, à « jouir et user en tout cas de toutes les franchises, privilèges et libertés quels qu'ils soient dont jouissent les autres nobles du royaume ».

La noblesse de lettre conduisait à la noblesse de fonction. Déjà d'Ableiges parle de ceux qui sont nobles « par raison d'aucuns offices comme sont les sergents d'armes » (I, 2, 14). Les échevins de Poitiers et d'Angoulême obtiennent de Charles V le même privilège, bientôt suivis par les maires ou les consuls des principales villes : ce fut la noblesse de cloche.

Surtout les titulaires des grandes charges, chancelier, secrétaire d'Etat, président des Cours souveraines, trésorier de France, d'abord anoblis par lettres, le furent par le seul exercice de leur charge ; après eux, la plupart des officiers royaux obtinrent le privilège d'une noblesse personnelle ou transmissible : ce fut la noblesse de robe dont l'importance et l'influence sont le trait le plus frappant des trois derniers siècles de la monarchie. Il y aurait eu, en 1789, suivant les calculs de Lavoisier, 83 000 nobles – ce qui paraît fort peu pour une population estimée à 24 000 000 d'habitants. Vauban recensait 52 000 familles nobles et 260 000 individus. L'abbé Coyer, en 1756, porte le chiffre à 400 000 (Mousnier, bibl. 146, t. I, p. 121).

La condition juridique des nobles

Jusqu'au XVIIe siècle les réunions des Etats généraux ou provinciaux avaient maintenu une certaine cohésion dans l'ordre de la noblesse. Sous Louis XIV les disparités éclatent entre nobles de race et robins comme entre la haute noblesse qui vit à la Cour et les gentilshommes campagnards retirés sur leurs terres et parfois misérables. Tous cependant jouissent d'un même statut juridique et ce sont les plus pauvres qui y sont le plus attachés.

Anciennement, les nobles constituaient en fait et en droit la seule aristocratie : ils possèdent les fiefs et les seigneuries et peuvent, comme chevaliers, porter des armes en tout temps ; ils sont pleinement libres et sont seuls à posséder des droits civils essentiels : le droit de guerre privée et, au cas de duel judiciaire, le droit de combattre « de toutes armures, teles comme il leur plera », tandis que leur adversaire roturier n'a pour arme qu'un bâton (Beaumanoir, nos 1714-1715, 1671) ; le noble a le droit d'avoir un sceau et de « fere obligacions par le témoignage de son sceau » (n° 1092), le droit de saisir sans recourir à un juge les biens de ses débiteurs (*Conseil à un ami,* XV, 29) ; il est normalement jugé par son seigneur assisté de ses pairs et, dans le domaine royal, par le bailli du roi ; il peut seul accomplir les actes de procédure essentiels (*TAC Normandie,* XVII, 1 ; *Conseil à un ami,* XXII, 3 ; *Ancien coutumier d'Anjou,* c. 131). Si les amendes qu'il doit sont plus élevées (*Etablissements de saint Louis,* I, 197 et 107), en cas de crime, il n'est pas pendu ou fouetté comme le roturier mais décapité. Les nobles sont enfin quittes et francs de toutes servitudes de pays (Ableiges, I, 2, 14) et, par conséquent, exempts de toutes les impositions, notamment des tailles et des gabelles, même pour les héritages roturiers qu'ils pouvaient posséder (*Etablissements de saint Louis,* I, 1, 99).

Plus remarquable encore est le fait que certains droits privés n'appartiennent qu'aux nobles. La femme noble peut seule renoncer à la communauté ou, au contraire, prendre tous les meubles ; seule est organisée par la garde la protection des mineurs nobles (p. 278). Les fiefs « franchissent la personne » (Beaumanoir, nos 867 et 502), et les règles de la succession aux fiefs, spécialement l'aînesse et la masculinité, deviennent le modèle de la succession noble.

Ici apparaît l'ambivalence du droit noble : la puissance du lignage est fondée sur le nombre des enfants : aux prouesses des quatre fils Aymon répondent celles des fils de Tancrède de Hauteville (p. 86). Le fief est, pour le noble, la richesse essentielle et tout partage est un appauvrissement qui compromet l'armement du vassal et réduit son autorité : les cadets devront donc être sacrifiés à la « splendeur du lignage ». Très logiquement, le droit anglais rejettera les puînés hors de la noblesse. Le droit français admet au contraire des solutions plus nuancées : seuls les « fiefs de dignité » et, en Normandie, les fiefs de haubert ou les sergenteries (*TAC,* VIII, 2-5) sont reconnus indivisibles ; pour les autres fiefs, des droits moins conséquents sont reconnus aux cadets. Souvent sans fortune, ils conservent tout au moins la noblesse et sont tentés de la sublimer.

Le droit noble inspire directement toutes les coutumes de l'Ouest (*cf.* p. 84), où il contribuera à maintenir, sinon l'autorité, du moins un certain prestige de la noblesse. Le modèle noble fut vite imité et Braudel a pu parler à ce propos de la « trahison de la bourgeoisie » (*La Méditerranée et le monde méditerranéen à l'époque de Philippe II,* 1949, p. 619). La richesse appartient désormais aux bourgeois, l'autorité aux officiers royaux ; il ne restait aux nobles que des satisfactions de vanité, sans portée véritable, susceptibles seulement de les consoler d'avoir perdu, surtout après la Fronde, toute influence politique. Aux Etats de Blois de 1576, la noblesse demande qu'« afin que les gentilshommes soient connus et remarqués parmi le peuple ne puissent les roturiers et le peuple se vêtir de semblables habits, ni leurs femmes porter chaperons de velours, avoir armoiries, mettre panonceaux sur leurs maisons, icelles clore et remparer de tours, flancs, guérites, mâchicoulis, ni avoir sans permission des seigneurs colombiers, garennes où chasser à quelque chose que ce soit ».

De tels privilèges – celui, par exemple, de se qualifier de « haut et puissant seigneur » – étaient sans portée juridique ; d'autres sont révélateurs d'une mentalité : le privilège, par exemple, des étudiants nobles de devenir bacheliers en droit en trois ans quand cinq ans d'études sont exigés d'un roturier. Seule comptait vraiment l'exemption de tailles, de corvées, de banalités, de logement de gens de guerre[4].

Du passé, la noblesse garde de grands domaines, sans doute le sixième des terres labourables, mais les deux tiers des forêts, des prés et des étangs ; sauf quelques exceptions, elle les exploite fort mal et essaye vers 1750, avec l'appui des parlements, de redonner vie aux droits féodaux. L'esprit de caste, si fort chez les nobles, qu'ils soient de robe ou de race, est d'abord un esprit de famille : le père de famille, l'aîné, sont toujours respectés et consultés ; les mésalliances, malgré quelques exemples éclatants, demeurent assez rares. Le culte de l'« honneur » dans lequel Montesquieu voyait le signe des sociétés aristocratiques est la première vertu noble ; il implique le respect des préséances, le souci de l'étiquette, la vanité et aussi le mépris pour tous ceux qui ne sont pas nobles ou le sont plus récemment ou moins parfaitement. « L'honneur n'est pas d'honneur tant qu'on ne peut vivre en noble » (Vauvenargues). Pour conserver sa noblesse, il faut vivre noblement, s'abstenir des « professions viles », « vivre de ses rentes », dira même Loyseau. Le noble qui fait le commerce ne perd pas sa noblesse, mais elle est mise en sommeil. On peut suivre au XIVe siècle dans les arrêts du Parlement de Paris (E. Dravasa, bibl. 346, p. 25) la formation de la théorie. Louis XI, favorable au commerce, accorda libéralement le « congé de marchander ». Un tel libéralisme n'est plus de mise au siècle suivant. Il apparaît bien aux Etats d'Orléans de 1560 que nobles et bourgeois étaient également hostiles à toute innovation : l'article 109 de l'ordonnance d'Orléans défend à tout gentilhomme (mais aussi aux officiers de justice) « le fait et trafic de marchandise à peine d'être imposés à la taille » : la Coutume de Bretagne parle en ce cas de « noblesse dormante ». De leur côté, les juristes, Tiraqueau et Loyseau notamment, dresseront la liste des métiers dérogeants, liste assez variable d'ailleurs suivant les provinces. Un édit de décembre 1701 permit aux nobles le commerce en gros. En 1756, un livre de l'abbé Coyer, *La Noblesse commerçante,* proposa aux nobles de reprendre le pouvoir de l'Etat en pratiquant le commerce. Quelques nobles nantais et malouins devinrent armateurs. En Flandre et en Hainaut, des nobles participent à l'exploitation des mines de charbon. Dans l'ensemble pourtant, les préjugés furent les plus forts. Pour ne pas déroger, les nobles se condamnaient à l'oisiveté et à la pauvreté ; ils tenaient avant tout à des privilèges qui, au XVIIIe siècle, paraissaient d'un autre âge[5].

II. LIBERTÉ ET SERVITUDE

A la fin de l'époque carolingienne, les différences qui, en France comme en Allemagne, opposent la liberté à la servitude paraissent encore claires. La condition des *servi* reste très proche de l'esclavage antique : la soumission au maître demeure sans limite ; il peut exiger du *servus* tout son travail, est seul juge de ses délits, et l'aliène à sa volonté. Au contraire, le mot « liberté » n'a pas dans les actes des XIe et XIIe siècles de sens bien précis : il peut impliquer une franchise ou une exemption, parfois même la générosité d'un bienfaiteur, le statut privilégié d'une église ou d'une terre ; la liberté peut comporter des degrés et des restrictions. *Servitus* ou *servitium* peuvent désigner le service vassalique mais aussi une redevance, un tribut, une corvée, une obligation militaire. Dans l'Est, en Lotharingie surtout par tradition carolingienne, l'élite cultivée conserve l'idée exprimée par les *Capitulaires* (*Capitularia,* éd. Boretius, I, p. 145) comme par Adalbéron que le *liber* s'oppose au *servus*. De même les actes du Midi méditerranéen exaltent, sans doute par souvenir romain, la liberté naturelle des hommes. Il existe encore en Espagne, en Roussillon, en Provence, des esclaves pour la plupart d'origine africaine ; ils sont considérés suivant le Droit romain, non comme des personnes mais comme des choses (C. Verlinden, *L'Esclavage dans l'Europe médiévale,* 1955), mais, du moins à Avignon, le baptême suffit à les affranchir (P. Ourliac, bibl. 568, p. 148).

A l'inverse des *potentes* du Xe siècle, les vassaux et surtout dans le Midi, les propriétaires alleutiers avaient une indépendance qui équivalait à la pleine liberté. Ainsi, en Aquitaine, en Languedoc, en Catalogne, mais aussi en Bourgogne et en Flandre, beaucoup de lignages paysans demeurent propriétaires de leurs terres, échappent à toute dépendance féodale et conservent par là une liberté qui, d'après les chartes, les fait souvent considérer comme des *nobiles viri*.

Pourtant, hors de ces cas extrêmes, la distinction de la liberté et de la servitude n'est jamais catégorique ; des hommes qualifiés de libres doivent des services ou subissent quelques incapacités. Il existe des chevaliers-serfs et des paysans en « libre servitude ». Suivant un texte du XIIIe siècle, les habitants d'Aurillac sont libres, bien que leur condition ait « une saveur de servitude et soit contraire à la pleine et entière liberté » (R. Grand, *La Paix d'Aurillac,* 1945, p. CLXVIII). Le lot commun des paysans, s'ils ne sont pas propriétaires, est d'avoir un *dominus* et de lui devoir des services. Ce maître peut être le propriétaire d'un grand domaine et la condition des paysans auxquels il a concédé quelques terres n'est guère différente de celle des colons romains ; ils habitent sur leurs tenures et les cultivent ; ils sont aussi requis pour cultiver les terres que le maître s'est réservées ; ils doivent des corvées pour les semailles, les labours, les moissons, les charrois ; ils doivent aussi acquitter des redevances en argent ou plus souvent en nature qui représentent la location de leur tenure, parfois même accomplir des travaux fixés par l'usage. Le système atteint sa perfection avec le régime domanial, représenté par la villa carolingienne et pratiqué, par exemple, par l'abbaye de Saint-Germain-des-Prés. Là où les structures foncières n'ont pas la même rigueur – en Bretagne, dans le Maine, dans tout le Midi –, le propriétaire a autorité sur « ses paysans ». La disparition du pouvoir central, en privant ceux-ci de tout recours au souverain, assure la toute-puissance des seigneuries locales : le droit de ban, l'exercice de la justice aggravant encore la domination des propriétaires. Là où la féodalité est le plus fortement organisée – dans l'est de la France, en Bourgogne, en Champagne –, la condition des populations rurales devient misérable. Elle l'est beaucoup moins en Normandie où l'autorité du duc s'est mieux maintenue; en Bretagne ou en Languedoc, beaucoup de paysans conservent une relative liberté[6].

La seigneurie unit dans une même dépendance des paysans d'origines très diverses : descendants d'hommes libres qui n'ont pu accomplir le service militaire que leur imposaient au IXe siècle les *Capitulaires* et qui ont dû céder leur propriété à un puissant voisin ou à l'Eglise, anciens colons attachés à la terre, descendants d'esclaves ou d'affranchis demeurés sous la dépendance du grand propriétaire, étrangers, qualifiés dès le IXe siècle d'hommes *extranei* ou d'« hôtes », souvent installés sur des terres défrichées. Tous ont été parfois qualifiés de « demi libres » (expression critiquée par Léo Verriest, *Revue du Nord,* 1939, p. 108 et 126) sans que les rédacteurs des chartes parviennent à les distinguer. Ils usent, suivant les régions, pour les désigner, des termes les plus divers : *homo de potestate, homo de corpore, homo proprius, naturalis, ligius, questalis,* plus couramment aux XIIe et XIIIe siècles *servus, mancipium* et pour les femmes *ancilla.* Parfois, l'origine de la dépendance est précisée ; elle peut venir de la tenure, pour le *servus de casalagio,* le *questalis de bonis,* ou atteindre la personne pour le *servus* ou *homo de corpore.*

Les redevances publiques ou privées de l'époque carolingienne se sont maintenues, et le maître impose en outre quelques « mauvaises coutumes ». La charge la mieux caractérisée est une capitation, *capaticum* ou « chevage », due par chaque chef de famille et souvent fixée seulement à quatre deniers. Les redevances réelles, cens, champart, *agrarium* ou *decimum,* normalement servies en nature, sont liées à la possession d'une tenure ; les paysans doivent encore des corvées, des services militaires, ils subissent les banalités du four et du moulin, parfois le droit de gîte ou d'albergue qui oblige à recevoir le maître et à le nourrir un jour ou deux. Le paysan, a-t-on répété, est « taillable et corvéable à merci ». La formule est parfois excessive. L'exploitation seigneuriale n'est pas seulement limitée par la pauvreté des redevables et par la pitié de beaucoup de maîtres ; dès l'époque de Louis le Débonnaire, il est question de révoltes paysannes en Flandre (*Cap.* 821, Boretius, t. I, p. 301). En 997, une insurrection assez grave éclate en Normandie. Les communautés plaident contre leur seigneur ou rachètent les droits les plus vexatoires. A une époque où la main-d'œuvre est rare, l'intérêt du seigneur est de ne pas pousser les plus entreprenants à s'enfuir ou à chercher asile dans une ville ou dans une autre seigneurie.

Cela même indique le sens de l'évolution : si au XIe siècle des charges ou des déchéances – taille, mainmorte, formariage – sont le lot commun des populations rurales, beaucoup parviennent à s'en affranchir aux siècles suivants ; ils seront bourgeois ou vilains libres. Ceux dont la condition ancienne sera maintenue et parfois aggravée constitueront la classe des serfs. Au fonds ancien que constituait l'existence des servitudes se substitue souvent avec le secours de textes romains sur l'esclavage, la définition juridique d'une condition servile.

La taille et la mainmorte

Les pouvoirs reconnus au seigneur lui donnaient le droit d'imposer à ceux qui dépendaient de sa justice des redevances qualifiées d'*exactio,* de *petitio,* et au début du XIIe siècle généralement de « taille » et dans le Midi de « queste » ; ceux qui les devaient étaient les « taillables » ou « questaux ». Suivant le dicton coutumier : « Totes les choses que vileins a sont a son seigneur. » A l'époque de Pierre de Fontaines (XIX, 8) qui la rapporte, la règle apparaît comme un archaïsme ; au XIIIe siècle, en effet, nombreux étaient ceux qui avaient obtenu que la taille ne soit plus « à merci » ou « haut et bas », c'est-à-dire arbitraire, mais « abonnée », c'est-à-dire limitée par la coutume ou par une charte. En bien des lieux néanmoins, le seigneur pouvait toujours invoquer la nécessité pour se saisir des vivres (dont beaucoup de chartes urbaines lui imposent le paiement). Parfois même, en Bourgogne par exemple, les créanciers d'un seigneur pouvaient saisir les biens appartenant aux hommes de la seigneurie.

L'idée que le patrimoine du vilain est à son seigneur apparaît mieux encore au cas de succession : la « mortaille » ou « mainmorte », qui permet au seigneur de se saisir de la succession de ses sujets, a été, aux XIe et XIIe siècles, une coutume générale. Sauf dans l'Ouest, la mainmorte paraît avoir existé dans tous les pays de coutume. Elle a été établie à la fin du XIe siècle dans le fief de Saint-Denis, et Suger en affranchit les habitants en 1125. A Vézelay, en 1137, les bourgeois se plaignent que les moines se saisissent de leurs successions au détriment de leurs frères et sœurs. Les habitants de Bourges et d'Orléans seront affranchis de la mainmorte par Louis VII.

Le droit des descendants est généralement reconnu au moins s'ils habitent la seigneurie ; au contraire, la succession collatérale et, là où il est pratiqué, le testament, sont vus avec défaveur : les meubles et le bétail sont les premiers concernés. A Namur sont abolies en 1212 les « coutumes indécentes » qui frappaient les chevaliers (L. Génicot, bibl. 422, t. II, p. 124). En Dauphiné, les *milites* sont mainmortables (J. Roman, *RHD,* 1885, p. 674) et le droit de tester n'est concédé aux nobles du Queyras qu'en 1311 (Giordanengo, *Le Droit féodal dans les pays de droit écrit,* XIIe-XIVe *siècles,* thèse dactyl., 1980, p. 212).

Il semble bien – l'origine de telles pratiques ne pouvant être trouvée ni dans le pécule de l'esclave romain, ni dans les pratiques franques – qu'il faille rattacher la mainmorte au droit du seigneur de confisquer les successions vacantes : elles sont des « echoistes » et s'il n'y a pas de descendant doivent « estre en garde de justice » (*TAC Normandie,* art. 66). Celui qui se prétend héritier doit en obtenir la restitution (qui est l'équivalent de notre envoi en possession) et celle-ci permet au gardien de dicter ses conditions. Il impose le « rachat » de la succession, rendant les immeubles et conservant les meubles, prenant une partie de ceux-ci ou exigeant une certaine somme d'argent. On peut concevoir l'âpreté des conflits qui opposèrent les vilains à leurs seigneurs, et que l'on ne connaît que par les accords qui les terminèrent. Les bourgeois, de nombreux vilains, obtinrent, souvent à prix d'argent, l'exemption de la mainmorte ; au XIIIe siècle, y être soumis, comme devoir la taille à merci, apparaît la marque d'une condition servile.

Le serf, comme le dit Beaumanoir (n° 1452), « s'il muert il n'a nul oir fors que son seigneur, ne li enfant du serf n'i ont riens s'il ne le rachatent au seigneur ainsi comme feroient estrange ». Beaucoup de seigneurs ecclésiastiques acceptent de limiter le prix du rachat à quelques deniers. En Hainaut et en Flandre, le seigneur prenait au titre de la mainmorte le « meilleur catel », un meuble ou une tête de bétail. La mainmorte interdisait tout testament au serf sauf en Champagne et en Beauvaisis pour cinq sous (P. Petot, bibl. 588). Tant que le serf demeurait dans sa seigneurie d'origine, sa succession était assez misérable ; mais au XIIIe siècle, beaucoup de serfs habitèrent les villes et quelques-uns s'enrichirent tout en demeurant soumis à leur seigneur de corps qui pouvait revendiquer leur succession.

La mainmorte paraît avoir eu sa plus grande portée au XIIe siècle. Le mot, qui appartient à la langue vulgaire, implique qu'un bien retombe, par suite de la mort de son actuel détenteur, aux mains de son propriétaire éminent : le seigneur succède au mainmortable à défaut d'héritier (comme aujourd'hui l'Etat hérite à défaut de successible). Jacques d'Ableiges (II, 26) dit nettement : « Le serf mort saisit le vif son seigneur. » Si le seigneur prend tous les meubles, il a, comme tout héritier, la charge des dettes (*Ancienne Coutume de Champagne,* chap. LX).

Tandis que les droits du lignage noble sont exaltés, la famille du mainmortable est privée de toute succession. Pour le conjoint survivant, le Parlement imposa l'application des règles du régime de communauté. Pour les parents, la mainmorte était tenue en échec par le maintien fréquent de communautés familiales existant souvent entre frères et sœurs (qui d'après la coutume de Bordeaux n'héritent pas l'un de l'autre). Cela même renforce l'idée communautaire qui, comme on l'a vu, inspire toujours le droit des classes paysannes. Les communautés sont « taisibles », c'est-à-dire qu'elles résultent en fait de la vie commune entre parents ou même entre étrangers. Il suffit, dit Beaumanoir (n° 625), pour « faire compagnie » de « trahoir ensemble à un pain et à un pot un an et un jour puisque li mueble de l'un et de l'autre sont mellé ensemble ». La communauté a un chef, le chef de chanteau, qui la dirige et la représente ; anciennement, elle survit au départ ou à la mort d'un associé ; c'est-à-dire que non seulement il n'y a pas exercice de la mainmorte, mais que toute succession ne profitera qu'aux « parsonniers ».

Le formariage

Le pouvoir qu'exerce le seigneur lui confère normalement le droit d'autoriser ou même d'imposer le mariage aux manants qui dépendent de lui. L'idée apparaît si normale que le seigneur de fief et le roi lui-même en usent de même avec leurs vassales. La nécessité d'une *licentia matrimonii* apparaît en Normandie comme en Berry ou en Hainaut ; le seigneur peut la consentir moyennant finance ; il peut aussi la refuser au cas de « formariage » (le mot apparaît au début du XIIIe siècle), c'est-à-dire d'un mariage hors de la seigneurie. Un tel mariage lui ferait perdre un paysan et aussi tout droit sur les enfants qui en naîtraient. Des transactions apparaissent dans les chartes : accords entre le seigneur du mari et celui de la femme, partage des enfants, compensation pécuniaire, abandon des meubles et des tenures par le formarié.

Pour l'Eglise, qui seule a compétence en la matière, le mariage est un sacrement que tout chrétien peut recevoir ; encore faut-il, s'il s'agit d'un esclave ou d'un non-libre, que celui-ci obtienne l'autorisation de son maître. C'est encore la doctrine de Gratien (C.29, qu.2, c.8) et de Pierre Lombard. Une décrétale d'Alexandre III (vers 1160) interdit cependant absolument d'annuler un mariage s'il a été célébré. Le non-libre peut seulement être châtié par son maître ; « il convient, dit Beaumanoir (n° 1452), qu'il fine à la volonté de son seigneur ». Le droit laïque permet en Laonnais de confisquer les biens du formarié ; plus généralement, on le frappe d'une amende que l'Eglise s'emploie à modérer et qui, suivant le droit canonique, doit être prononcée par la justice. Le paiement d'une telle taxe devient au XIIIe siècle le droit commun et, comme la mainmorte, elle sera considérée comme une marque de servitude. Dans toutes les chartes urbaines, les bourgeois se font reconnaître le droit de marier leurs enfants comme ils le voudront.

Le droit romain et la condition servile

L'évolution sociale du XIIe siècle, l'émigration vers les villes souvent favorisée par la royauté, le contact des droits savants et le poids de la terminologie romaine, devaient conduire à distinguer le vilain libre de celui qui restait grevé de charges jugées serviles et que l'on qualifie désormais de *servus*. Pierre de Fontaines, dans le passage déjà cité (XIX, 8), appelle le jugement de Dieu sur ceux qui ne font nulle différence « entre vilein et serf » ; sur les premiers le seigneur « n'a mie plenière poesté » et s'il exige d'eux plus qu'il n'est accoutumé, il commet un vol ; au contraire le serf demeure soumis à l'arbitraire de son maître.

Le *servus* du XIIIe siècle n'est pas un esclave, il est une personne et non une chose, il est baptisé, son mariage n'est pas une union de fait, un *contubernium*, mais un sacrement ; il exerce la puissance paternelle sur ses enfants et la puissance maritale sur sa femme ; il n'est plus entièrement soumis aux ordres de son maître. Quand le *Conseil à un ami* affirme qu'entre le serf et son seigneur il n'y a d'autre juge que Dieu, il définit la condition de l'esclave et non celle du serf, puisque celui-ci peut plaider contre son seigneur et faire appel au roi (*Olim*, t. I, p. 567) ou même au pape. De même les références au pécule romain ne peuvent servir de justification à la mainmorte puisque le serf possède un patrimoine (G. Chevrier, *Les Transformations des sources de la mainmorte, MHDB,* 1950-1951, p. 21). Les historiens eux-mêmes ont été souvent enclins à prendre à la lettre les formules romaines des actes et à attribuer à la condition servile une précision et une homogénéité qu'elle n'avait pas à l'origine.

En cela apparaît bien le rôle et sans doute la malfaisance du Droit romain : la connaissance du *Digeste* et plus encore du *Code* a conduit à substituer à l'imprécision et au relatif libéralisme des pratiques anciennes une rigueur savante et à opposer catégoriquement la liberté à la servitude. Chez les théologiens et les canonistes, dans les ordonnances royales ou les chartes apparaît le même thème littéraire : la liberté naturelle est exaltée ; le royaume, dit Louis X (*Ordonnances*, t. I, p. 583), « est nommé royaume de France » car « selon le droit de nature chacun doit naître franc » (M. Bloch, *Rois et Serfs*, p. 132). Il s'agissait en fait, pour le roi, de faire payer plus cher aux serfs qu'il affranchissait la liberté ainsi exaltée.

La réalité apparaît très différente de la théorie :

1. *Jostice et Plet*, après les *Institutes* de Justinien (I,3), affirme que les serfs, comme les esclaves romains, ont tous la même condition. Beaumanoir, en bon connaisseur de la pratique, dit plus exactement : « ceste manière de gens ne sont pas tuit d'une condicion, ainçois sont plusieurs condicions de servitudes » (n° 1452). Il y a, poursuit-il, des serfs qui sont à ce point « sujets » que le seigneur peut prendre tout ce qu'ils ont « à mort et à

vie » et d'autres qui sont traités plus débonnairement et qui ne doivent que ce qu'ils sont accoutumés de payer. Aucune charge n'est universellement imposée aux serfs et ne peut être tenue pour caractéristique de la condition servile : le chevage ou *census de capite* que l'on a voulu considérer comme recognitif de la servitude n'existe ni dans l'Ouest ni dans le Centre ; la mainmorte ou le formariage s'atténuent ou disparaissent et sont souvent remplacés par une taxe fixe.

2. Il existe anciennement un servage personnel, imposé à la personne, et un servage réel, lié à la possession de certains biens ; le premier confère au seigneur le droit de « poursuite », c'est-à-dire de rechercher le serf fugitif, au besoin avec le secours de la justice royale, ou tout au moins d'exiger le paiement des services dus même si les serfs sont allés « servir au manoir hors de la juridiction à leur seigneur » (Ph. de Beaumanoir, n° 1457). Le servage réel, plus fréquent dans le Midi, rappelle le colonat romain : l'homme est vraiment le « serf de la glèbe » (M. Bloch, *Mélanges historiques*, t. I, 1963, p. 356-378) ; il est vendu avec la terre cultivée, les services sont liés à sa tenure et il peut, au moins en théorie, s'en affranchir en abandonnant celle-ci. Dans le cours du XIIIe siècle, réalité et personnalité se confondent souvent dans le Midi. Les défrichements, la création de villes ou de villages libres étaient pour les serfs une invitation à fuir et on conçoit que les propriétaires qui craignaient la désertion de leurs terres aient souvent imposé aux serfs d'héritage une promesse de fidélité qui prit la forme d'un hommage (P. Ourliac, bibl. 568, p. 125-141). De même dans les pays de coutumes, en Champagne et en Bourgogne, la résidence dans un pays où la servitude est de droit commun, l'installation sur une tenure servile, la « prise de meix », entraînent une servitude personnelle.

3. L'influence des droits savants apparaît enfin dans les incapacités qui frappent les serfs ; ils ne peuvent témoigner en justice contre une personne libre (Ph. de Beaumanoir, n°s 1176, 1297 et 1259) ; ils n'ont pas accès aux ordres sacrés s'ils n'ont pas été au préalable affranchis. En commentant ces règles, les romanistes et les canonistes en accentuent encore la rigueur.

4. La naissance demeure cependant la source normale du servage. Si l'un des parents était libre, les solutions des XIIe et XIIIe siècles sont fort diverses ; en Champagne, par exemple, dans les pays entre Aube et Marne, l'enfant suit la condition de sa

mère ; il a le choix de sa condition entre Seine et Aube ; il est libre dans la prévôté de Troyes, « veuille ou non » (A.M. Patault, *Hommes et femmes de corps en Champagne méridionale à la fin du Moyen Age*, 1978).

La conception ancienne était que l'enfant né d'un mariage inégal suive, comme l'admettait déjà l'*Interpretatio* du *Bréviaire d'Alaric*, la pire condition. Le principe romain suivant lequel *partus ventrem sequitur* va cependant prévaloir. Il est repris par Beaumanoir (n° 1314 : « Voirs est que servitude vient de par les mères. ») et par de nombreuses coutumes. La Coutume de Bourgogne attribue cependant à l'enfant la condition du père tandis que les Coutumes de Nivernais et de Bourbonnais le réduisent à « demeurer de la pire condition ».

Dès le XIIIe siècle, les affranchissements collectifs ou individuels, souvent acquis ou même imposés à prix d'argent, avaient fait disparaître le servage dans la plupart des provinces. Là où il s'est maintenu, il paraît prendre, du fait même du démantèlement de la seigneurie, une plus grande rigueur : dès lors que les paysans peuvent s'évader, le maître s'emploiera à les tenir et à les retenir en les soumettant à un statut plus précis ou en leur imposant un aveu.

Vers 1300, le servage subit une véritable mutation ; il ne subsiste que dans l'Est et dans le Centre (Coutumes de la Marche, d'Auvergne, de Nivernais, Bourbonnais, Bourgogne) où il paraît même prendre au XVIe siècle un nouvel essor. Suivant Du Moulin, plus de dix mille paysans, chassés en 1556 par la guerre de Picardie ou de Normandie, furent accueillis comme serfs par les seigneurs de Franche-Comté. Les servitudes anciennes sont maintenues : la Coutume de Vitry (art. 144) connaît encore le formariage ; la mainmorte est normalement imposée à tous les serfs, qualifiés couramment de « mainmortables ». Dans beaucoup de communautés du Jura, non seulement le serf ne peut aliéner son fonds sans le consentement du seigneur, mais tous les habitants – le juge châtelain, le notaire, le curé – sont soumis à la mainmorte ; les propriétaires sont mainmortables alors que les fermiers ne le sont pas (J.-M. Augustin, bibl. 189). Cette rigueur avait au moins un résultat bienfaisant (on a parlé d'« irénisme des mainmortables », E. Le Roy Ladurie, bibl. 504, p. 562) : elle conservait aux paysans des terres que les bourgeois ne pouvaient acheter sans devenir eux-mêmes mainmortables. Les coutumes admettent cependant que le seigneur ne peut saisir la succession à l'encontre des enfants qui vivent en communauté avec leurs parents, ce qui explique l'existence, dans les pays de servage, de communautés taisibles.

Les autres conditions

La condition de ceux qui ne sont ni nobles ni serfs est loin d'être uniforme. Les paysans, libres ou affranchis – vilains libres ou roturiers – supportent encore de nombreuses charges : taille, banalités, parfois corvées ou services militaires ; ce sont ces charges que suppriment ou limitent les chartes urbaines. Toutes accordent aux bourgeois, outre le droit d'administrer leur ville, la liberté d'établissement, des garanties judiciaires et générales, des exemptions fiscales ou militaires. Il y a cependant bien des degrés et des nuances dans les libertés ainsi concédées. Certains consulats du Midi sont d'infimes villages dont les habitants sont encore très proches du servage. Dans l'Ouest, et spécialement en Bretagne, les bourgeois sont assimilés aux « gens de basse condition » ; au contraire, le privilège accordé aux bourgeois des grandes villes les place dans une condition fort proche de celle des nobles : les bourgeois de Paris peuvent tenir des fiefs sans payer le droit de franc-fief ; ils exercent sur leurs enfants la garde noble ; ils peuvent saisir-arrêter les biens de leurs débiteurs forains. En Normandie, les tenures urbaines – ou bourgages – sont dévolues comme les fiefs à l'aîné. En Flandre et en Artois, le droit urbain est de très bonne heure opposé au droit des campagnes et il s'applique à tous les habitants de la ville (F.L. Ganshof, *TR*, 1951, p. 387-416). Dans le Midi, au contraire, où les chartes urbaines paraissent bien exprimer le droit applicable aux pays d'alentour, le droit des bourgeois est avant tout un *jus mercatorum* soucieux de la liberté des conventions, de la preuve et de l'exécution des obligations.

Les bourgeois revendiquent partout la liberté de disposer de leurs biens par testament. Leur préoccupation, quand il s'agit de leur patrimoine ou de leur famille, rejoint cependant celle des nobles : « vivre noblement » apparaît comme la meilleure réussite bourgeoise [7].

Les clercs sont libres par état et jouissent, outre de privilèges honorifiques, d'exemptions traditionnelles : service militaire (car ils appartiennent à la *militia Christi*), taille, corvées, banalités, péages. Le privilège du for les rend en principe justiciables des seuls tribunaux ecclésiastiques ; le privilège dit du canon *Si quis suadente diabolo* (*Décret*, 17, 4, 29) frappe d'excommunication majeure quiconque leur ferait violence. Ils doivent, en revanche, « vivre cléricalement », s'abstenir de tous les *negotia saecularia*, du commerce, de métiers dégradants, et, pour les clercs majeurs, observer le célibat.

Des incapacités spéciales atteignent les moines au jour de leur profession religieuse qui est tenue pour une mort au monde. La Novelle 5 de Justinien ouvrait aussitôt leur succession au profit du monastère. La solution est souvent retenue dans le Midi au XIVe siècle (P. Ourliac, bibl. 568, p. 150), mais elle apparaît si préjudiciable à la famille que les Coutumes (*Summa de legibus*, XXXII, 2) et le Parlement de Paris (*Olim*, t. I, p. 529 ; t. II, p. 76) admettent la théorie de la mort civile privant le religieux profès de toute personnalité ; sa succession est ouverte au profit de ses héritiers actuels ; il est désormais incapable de contracter, de posséder des biens, ou de venir à la succession de ses parents. Les canonistes français, Gilles Bellemère notamment, admettent que *ingressus pro mortuo reputetur*. La règle fut reprise par un édit de François Ier de 1532 qui, bien qu'il ne concernât que le Dauphiné, fut appliqué dans tous les pays de droit écrit et repris au XVIe siècle par la plupart des coutumes. Une maxime de Loisel exprime le droit commun : « Religieux ne succèdent point, ni le monastère pour eux, et si ne peuvent de rien disposer. » Le pouvoir royal dut cependant intervenir pour éviter les abus : les ordonnances d'Orléans (1560) et de Blois (1579), un édit de 1768 fixèrent une majorité spéciale pour faire profession. Les Parlements veillaient à l'application de ces règles et contrôlaient la sincérité des vœux, et pour les jésuites leur caractère (simple ou solennel).

Pour le droit féodal, les bâtards ou les aubains (ou étrangers, de « aliban » : « qui appartient à un autre ban ») sont dans une situation quasi servile, du fait qu'ils sont des isolés n'ayant ni passé, ni seigneur. La mainmorte qu'ils subissent prend pour eux des formes particulièrement dures : le droit de bâtardise et le droit d'aubaine permettent au seigneur de se saisir de leur succession même en présence d'enfants légitimes. Beaucoup de bâtards sont fils de prêtres et l'accès à la cléricature leur est interdit à raison de leur naissance irrégulière (p. 191) ; ils sont soumis au chevage et au formariage, ne peuvent recevoir de donations ni être témoins ou juges. Cependant, du fait même qu'ils n'ont pas de famille, Beaumanoir (n° 1456) les considère comme libres même s'ils sont nés d'une serve.

Les solutions des coutumes varient suivant les régions. Elles sont plus rigoureuses en Champagne, en Berry, en Bourbonnais et généralement dans l'Ouest. Si le testament est normalement interdit aux aubains et aux bâtards, la tendance très nette est d'admettre la succession de leurs enfants. Les bâtards nobles sont souvent élevés dans la famille de leur père, et par là exemptés de toute macule servile : Guillaume Longue-Epée était le fils d'une captive de Rollon ; son fils Richard et Guillaume le Conquérant étaient également bâtards. Dans beaucoup de coutumes le père ou la mère peuvent faire des donations raisonnables à leur enfant illégitime ou tout au moins, s'il s'agit d'enfant adultérin, assurer sa subsistance.

A l'égard des étrangers, chaque groupe social réagit avec sa propre sensibilité. Beaucoup de villes les admettent à condition qu'ils s'établissent en achetant une maison ou acquittent à prix d'argent le droit de résider. Dans les vallées pyrénéennes, en revanche, l'arrivée d'un nouveau venu provoque une assemblée générale de tous les habitants soucieux de ne pas avoir à partager leurs pâturages et leurs forêts, ce qui peut rappeler le titre *De migrantibus* de la loi salique (XLVIII, II)[8].

Le plus souvent, le forain n'est en paix que si un bourgeois accepte de le prendre sous sa protection : il est soumis à la contrainte par corps et à la saisie foraine ; il ne peut avoir accès aux tribunaux qu'en fournissant une caution (qui est à l'origine de notre caution *judicatum solvi*). Entre villes voisines, l'usage de représailles est constant : des lettres de marque sont délivrées contre l'étranger dont un compatriote a causé quelque dommage à un habitant de la ville ou de la seigneurie où il réside.

Dès le XIIIe siècle, la royauté s'efforce de substituer son droit à celui des seigneurs justiciers. En Orléanais, les *Etablissements de saint Louis* (II, 30) admettent que « bastard ne puet faire autre seigneur que le roy ». Dès 1267, le Parlement de Paris (*Olim*, t. I, p. 668, 843, 913) attribue au roi les échoites des bâtards et des aubains. C'était, spécialement pour les aubains, affirmer, au-dessus de la diversité des seigneuries ou des villes, l'unité du royaume. En 1301, Philippe le Bel (*Ordonnances*, t. I, p. 338) ordonne une enquête sur les coutumes pour apaiser les résistances des seigneurs ; ceux-ci obtiennent, lors de l'insurrection féodale de 1315, la reconnaissance de leurs droits.

La lutte des officiers royaux reprit aussitôt. Elle se heurte cependant à de vives oppositions qui apparaissent dans les coutumes rédigées de l'Ouest, du Centre, à Auxerre ou à Sens. Du moins, est-il admis que le roi peut accorder à des étrangers les mêmes droits qu'aux régnicoles. Il s'agit le plus souvent des marchands qui fréquentent les foires ou s'établissent dans le royaume, les Castillans en 1364, et, par la suite, certains marchands italiens. Dès le début du XIVe siècle, le roi délivre des « lettres de naturalité » (le terme subsistera jusqu'en 1840). Leurs bénéficiaires étaient à l'origine qualifiés de « bourgeois du roi », ce qui les soumettait aux seules juridictions royales et les affranchissait du droit d'aubaine, mais ne leur conférait pas forcément la qualité de régnicole. Laurent de Médicis, en 1519, et le duc de Savoie, en 1702, obtinrent de telles lettres.

On a souvent dit que les juifs étaient considérés comme des étrangers. En droit, ils sont bannis du royaume depuis l'ordonnance de 1394 et leur présence est simplement tolérée. En Guyenne, les juifs expulsés d'Espagne et du Portugal en 1492-1496 se couvraient d'une apparence de conversion et jouissaient d'une assez large tolérance, confirmée par des lettres patentes d'août 1550. Un édit de 1723 leur reconnut le droit de vivre selon leurs usages et de faire un testament. Certains deviennent au XVIIIe siècle bourgeois de Bordeaux. Les juifs d'Alsace sont reconnus comme sujets du roi depuis l'annexion de la province ; un arrêt du conseil de 1686 les autorise à commercer. Il en est de même à Metz. A Paris, les juifs peu nombreux subissent d'incessantes vexations de la police jusqu'à un arrêt de 1777 qui leur accorda la liberté de commercer.

Quant aux protestants, la révocation de l'édit de Nantes, le 17 octobre 1685, leur interdit le culte public et bannit les ministres du royaume ; leurs enfants doivent recevoir le baptême catholique le jour de la naissance ; ils peuvent cependant « en attendant qu'il plaise à Dieu les éclairer comme les autres, demeurer dans les villes et lieux du royaume ». La résistance organisée des protestants fit annuler cette relative tolérance : la déclaration du 8 mars 1715, l'édit du 14 mai 1724, les contraignent à l'exil, ou pour ceux qui néanmoins demeuraient en France, leur dénient tous les droits civils. Les intendants, les gouverneurs, les parlements appliquèrent rigoureusement ces textes jusque vers 1760. Les excès commis heurtent l'opinion éclairée et le gouvernement doit surseoir aux mesures vexatoires dès la fin du règne de Louis XV.

III. L'ÉGALITÉ

La diversité des conditions juridiques s'expliquait par la diversité des « états ». Chacun connaît les services qu'il doit rendre et revendique les privilèges qui en sont la contrepartie : à la *potestas* du seigneur s'opposent les *libertates* des vassaux nobles comme des tenanciers paysans. Il s'agit à l'origine d'un véritable contrat religieux fondé sur la foi du serment, contrat social puisqu'il fixe le *status* de chacune des parties et lui donne une place dans la société. Une telle conception convenait à une époque d'économie rurale exclusive, stable et fermée. Elle est légitimée par l'Eglise qui loue les mérites des travaux les plus humbles, fait de l'obéissance un devoir et justifie l'équilibre nécessaire entre l'autorité et la liberté.

L'apparition d'une classe de marchands et d'artisans donne naissance à une espèce nouvelle de *laboratores* (Marcel David bibl. 328 et 329). La diversité de leurs conditions fait apparaître des solidarités nouvelles qui s'expriment par l'existence de groupes ou de « corps » ; chacun de ces corps reprend pour lui-même la conception de la liberté-immunité, c'est-à-dire de franchises ou de privilèges qui assurent, suivant la formule de saint Thomas (*Summa theol.*, IIa IIae, qu. 47, art. 10-2), à la fois le bien propre de ses membres et le bien commun. Les corps s'agrègent dans les ordres qui maintiennent la division ternaire de la société, en conservant et en développant leurs particularités. L'inégalité est la règle, car chacun s'emploie à se distinguer des autres.

Le roi, en apparence, ménage les corps et les ordres, respecte leur diversité, maintient leur hiérarchie ; de ce fait, la société est comme figée et ira se sclérosant de plus en plus. Le maintien des privilèges de chaque corps devient une affaire d'Etat dont est saisi le Conseil du roi : ainsi « l'ordre de marcher » à une procession du Saint-Sacrement ordonnée par François Ier (Bibl. nat. man., fr. 23675, fº 51) ; ainsi encore l'édit « des carrosses », fixant les « honneurs de la Cour » réservés en 1760 aux familles remontant au-delà de 1400. L'étiquette, les préséances, la vanité fixaient le « rang » de chacun, qui est « la prérogative de seoir ou de marcher » (Loyseau). Nobles et bourgeois se complaisaient dans de tels privilèges. Ils ne faisaient qu'exprimer la toute-puissance du roi. *Renart le contrefait* révèle bien, vers 1340, l'opinion populaire : « Bourgeois est pair à comte », ce que Loisel traduit :

« Sergent du roi est pair à comte » (nº 32). Plus crûment, Saint-Simon dira que les agents du roi ont « les moyens continuels de protéger et de mortifier grands et petits, de soulever et de maintenir ceux-ci contre les autres ».

Les ordres et les corps n'ont d'autres libertés que celles que le roi leur accorde : il peut faire des nobles par des lettres d'anoblissement, conférer des titres de noblesse, accorder aux villes une charte de commune ou aux métiers leur statut, créer des « bourgeois du roi », affranchir des serfs, naturaliser des aubains, dispenser même de l'application d'une coutume. L'affirmation du droit royal, déjà très nette aux XIVe et XVe siècles, apparaît au plein jour sous des rois aussi puissants que François Ier ou Henri II, dans la nomination des officiers, la désignation des fermiers, l'organisation de l'armée. Aux théories corporatives qui considèrent les corps composant la société comme des formations naturelles et des organismes autonomes s'opposent le pouvoir monarchique et son génie égalitaire. Le préambule d'un édit de mars 1696 rappelait que « le titre de la source de la noblesse est un présent du prince qui sait récompenser avec choix les services importants que les sujets rendent à leur patrie » (R. Mousnier, bibl. 146, t. I, p. 106). Le roi ne veut connaître que des sujets, c'est-à-dire des individus. Comme le dit Tocqueville : « Toute puissance centrale qui suit ses instincts naturels aime l'égalité et la favorise ; car l'égalité facilite singulièrement l'action d'une semblable puissance, l'étend et l'assure. » L'Etat va jouer en somme deux rôles à la fois, garantissant en apparence les privilèges anciens, et les ruinant par souci de régner sur des sujets.

La nature et la loi

L'idée d'une égalité des « enfants d'Adam » avait couru tout au long du Moyen Age. Elle est reprise par le *Roman de la Rose* comme par les prédicateurs de carrefour ; les ordres mendiants comme les sectes hérétiques expriment une protestation contre la hiérarchie sociale ; Loyseau lui-même justifie les privilèges de la noblesse par l'« ancien droit et disposition de l'Etat » en l'opposant « au droit de nature comme la liberté » (*Traité des ordres*, IV, 38-40). Domat renchérit : « Tous les hommes sont égaux par leur nature, c'est-à-dire par l'humanité qui fait leur essence. »

L'aspiration à l'égalité devient au XVIIIe siècle dénonciation des privilèges « dont on sentait de plus en plus le poids et dont on apercevait de moins en moins la cause » (Tocqueville). Les articles *Privilèges* et *Egalité* de l'*Encyclopédie* donnent le ton. Voltaire a bien perçu que là était la faille de l'Ancien Régime ; il faisait dire aux serfs du Haut-Jura qui appartenaient aux chanoines de Saint-Claude : « Nous sommes des bêtes de somme ; les moines nous chargent tant que nous vivons ; ils vendent notre peau quand nous sommes morts et jettent le corps à la voirie. » A cela Rousseau vient ajouter la note passionnée qui convenait à l'époque. La franc-maçonnerie exalte l'esprit égalitaire qu'elle fait régner entre ses membres ; les salons, les cafés, les sociétés locales font écho, et la déclaration d'indépendance américaine affirmera solennellement que « tous les hommes sont égaux ».

Les corporations de métier et les corvées furent supprimées par les édits de Turgot de février 1776. Dans des remontrances célèbres, le Parlement de Paris reprochera à ces édits « d'amener le désordre qui serait la suite inévitable de l'égalité absolue » en provoquant « le renversement de la société civile dont l'harmonie ne se maintient que par cette gradation de pouvoirs, d'autorités, de prééminences et de distinctions qui lient chacun à sa place et garantit tous les états de la confusion ». (Flammermont, *Remontrances au Parlement de Paris*, t. III, 1898, p. 279).

Les édits de Turgot furent rapportés après son renvoi ; Necker inspira l'édit d'août 1779 qui, à la suite de l'émotion provoquée par les pamphlets de Voltaire, abolit « les vestiges d'une féodalité rigoureuse ». Les serfs (qualifiés de mainmortables) dépendant du domaine de la couronne étaient affranchis. Pour ceux qui appartenaient à des seigneurs et qui étaient considérés comme leur propriété, le roi regrettait « que l'état de ses finances ne lui permette pas de les racheter », mais il invitait leurs maîtres à les affranchir et renonçait à percevoir tout droit de ce chef. Le droit de suite était aboli dès que « le serf aura acquis un véritable domicile dans un lieu franc ».

Le « fanatisme » que manifestait l'exclusion des protestants était dénoncé par La Fayette, par Malesherbes comme par le baron de Breteuil, secrétaire d'Etat de la Maison du roi. Le Parlement de Paris intervient en 1787 et est suivi par l'Assemblée des notables. L'édit de Versailles du 19 novembre 1787 réintègre enfin les protestants dans leurs droits civils, leur permettant d'exercer toutes les professions, mais les excluant des charges de judicature ou municipales. Le catholicisme reste cependant la seule religion établie : les protestants ne peuvent former un corps ; ils doivent contribuer à la réparation des églises et leurs pasteurs ne peuvent prendre officiellement cette qualité.

L'état civil et le domicile

L'existence d'un Etat suppose qu'il connaisse le nombre de ses sujets, leur âge, leur nom, leur domicile, leur capacité. Par souci de facilité, l'administration avait longtemps préféré traiter avec les communautés et les corps qu'avec les individus : le montant de la taille, par exemple, était fixé pour chaque paroisse et celle-ci devait la répartir entre les habitants.

Les progrès de l'administration apparaissent dans le souci, nouveau au XVIe siècle, d'individualiser les sujets par leur nom, leur état civil et leur domicile et de les soumettre à des règles uniformes. Le Moyen Age n'avait connu pour l'état des personnes d'autre mode de preuve que la notoriété ou l'enquête : la majorité était, au témoignage de Beaumanoir (n° 556), prouvée par des témoins le plus souvent suspects. On changeait son nom pour prendre celui de la terre ou du fief que l'on avait acheté, ce qui selon Montaigne (*Essais*, I, 46) était un « vilain usage et de très mauvaise conséquence », qui faisait « le plus mêler et méconnaître les races ».

L'ordonnance d'Amboise de 1555 interdit de changer de nom et d'armes sans la permission du roi. L'exemple le plus célèbre de tel changement est celui du fils du procureur Rollet, qualifié de « fripon » par Boileau, qui fut autorisé à s'appeler Saint-But. L'ordonnance de 1555 ne fut pas enregistrée et le Code Michau de 1629 qui reprenait ses dispositions ne le fut pas davantage. La royauté n'intervint, par de nombreuses ordonnances et dans un but fiscal, que pour rechercher les usurpateurs de noblesse ; hors ce cas, les changements de nom et l'usage de « noms de guerre » étaient couramment tolérés.

L'Etat ancien n'est pas laïque et l'état civil paraît lié à l'état religieux. Les registres de baptême ou de mariage avaient été, jusqu'au XVIe siècle, fort irrégulièrement tenus par les curés. Quelques abus étaient notoires : celui, par exemple, de cacher la mort des clercs et parfois même de dissimuler leur cadavre pour permettre à ceux qui attendaient un bénéfice de « prendre date » à Rome.

Les préoccupations administratives de la monarchie et son désir de mieux contrôler les curés apparaissent dans l'ordonnance de Villers-Cotterêts de 1539 : les registres de baptême devaient être établis en « forme de preuve » et déposés au greffe du bailliage. L'édit de Blois de 1579 (art. 181), toujours dans le but d'éviter « les preuves par témoins touchant les naissances, mariages, morts et enterrements des personnes », ordonne aux curés d'apporter aux greffes « dans les deux mois après la fin de chaque année les registres de baptêmes, mariages et sépultures de leurs paroisses ». L'édit de 1667 donna aux actes ainsi dressés un caractère authentique et imposa de les tenir en double.

Pour les protestants, l'édit de Nantes avait autorisé les consistoires à tenir registres des baptêmes et des mariages. Sa révocation priva les protestants, s'ils refusaient le baptême ou le mariage, d'un prêtre catholique, de tout état civil. Sauf en Alsace où le traité de Munster reconnut aux luthériens un statut privilégié partiellement étendu aux calvinistes par le traité d'Osnabrück, les baptêmes et les mariages des réformés n'étaient pas enregistrés et leurs enfants, considérés comme bâtards, ne pouvaient leur succéder.

La même incertitude existait pour la fixation du domicile pourtant essentielle à raison de la diversité des coutumes, puisque du domicile dépend la loi fixant par exemple l'âge de la majorité ou les règles applicables à un contrat de mariage ou à une succession. Peu de questions ont suscité anciennement autant de controverses. Pothier définit le domicile comme le lieu où une personne a établi le siège principal de sa demeure et de ses affaires. La Coutume de Paris (art. 173) exige, comme beaucoup de chartes urbaines, une résidence d'an et jour, ce qui devint la règle commune (A. Loisel, bibl. 64, n° 900). En fait cependant, les changements de domicile étaient difficilement admis et l'on retenait volontiers, suivant la solution donnée par de nombreux textes romains, l'*origo*, le domicile d'origine, c'est-à-dire le domicile des parents. Toujours pour éviter les modifications abusives du statut personnel, le Parlement de Paris reconnut même, par un arrêt du 6 septembre 1670, qu'un individu peut avoir plusieurs domiciles : le domicile d'habitation qui n'est acquis hors d'une volonté certaine que par une résidence de dix ans, le domicile « de dignité » ou de « nécessité », qui est celui où l'on exerce une charge ou une fonction, le domicile légal imposé au mineur ou à la femme mariée, le domicile religieux permettant le mariage et constitué, d'après un édit de 1697, par une résidence d'un an dans la paroisse. Une telle imprécision avait tant d'inconvénients pour les plaideurs que l'ordonnance de Villers-Cotterêts de 1539 (art. 23) leur avait imposé de « déclarer ou élire leur domicile au lieu où les procès sont pendants ». Par la suite, les édits royaux multiplièrent les cas où l'élection de domicile est imposée : par exemple, les « personnes ayant seigneuries ou maisons fortes » dont il est dit qu'elles malmenaient les sergents porteurs d'une citation sont tenues par un édit de février 1580 d'élire domicile « à la plus prochaine ville royale de leur résidence ordinaire[9] ».

La législation révolutionnaire

Le 26 août 1789, la Déclaration des droits de l'homme pose le principe de l'égalité civile. Après la nuit du 4 Août, l'Assemblée s'attaque à la féodalité, aux privilèges et à l'ordre corporatif. Sont ainsi supprimés, sans indemnité : « les droits tant féodaux que censuels, ceux qui tiennent à la mainmorte réelle ou personnelle », les droits de chasse et colombiers, les justices seigneuriales, les dîmes. La noblesse héréditaire est pour toujours abolie : « aucun citoyen ne pourra prendre que le vrai nom de sa famille » ; les armoiries, les livrées, les titres de Monseigneur, d'Excellence, les ordres de chevalerie, et les décorations sont interdits (23 juin 1790 et 6 août 1791) comme les droits d'aînesse et de masculinité (28 mars 1790). Le brûlement des archives pouvant prouver la noblesse suivit (24 juin 1792).

La Déclaration de 1789 se bornait à dire que « nul ne peut être inquiété pour ses opinions même religieuses ». La liberté du culte n'est reconnue que par la Constitution de 1791 ; un décret du 24 décembre 1789 admettait cependant les protestants à tous les emplois civils et militaires. Une législation fort complexe devait leur permettre de rentrer en possession des successions dont ils avaient été exclus, tandis que les descendants d'émigrés étaient réintégrés dans la nationalité française (16 juillet 1790).

Dès le 6 août 1789 les étrangers sont assimilés aux régnicoles. Un décret du 2 mai 1790 les naturalise à condition qu'ils prêtent le serment civique. Le droit d'aubaine est aboli le 7 août 1790 et un décret du 8 avril 1791 autorise les étrangers à recueillir « les successions de leurs parents même français ».

Seule fit difficulté la situation des juifs et des bâtards ; pour ceux-ci, ils ne furent assimilés aux enfants légitimes que par la loi du 2 brumaire an II. La Constituante hésitait à ouvrir un débat sur la condition des juifs. Elle reconnut, le 28 janvier 1790, la qualité de citoyens aux juifs espagnols, portugais et avignonnais ; un simple arrêté régla partiellement la situation des juifs parisiens. Une mesure générale est enfin prise le 27 septembre 1791 : les juifs deviennent citoyens actifs à condition de prêter le serment civique et de renoncer ainsi à tous leurs anciens privilèges. A Metz et en Alsace, le décret devait se heurter à une longue opposition.

La Constitution de 1791 (II, art. 7), en même temps qu'elle faisait du mariage un « contrat civil », promettait qu'il serait établi « pour tous les habitants sans distinction le mode par lequel les naissances, mariages et décès seraient constatés ». La Constituante avait sans cesse écarté la question à raison de ses incidences politiques ; une loi des 20-25 septembre 1792 décida enfin la laïcisation de l'état civil et confia aux municipalités la tenue des registres [10].

L'égalité est un principe simple, mais qui comporte bien des applications différentes et permet des orthodoxies successives : la Convention concéda des privilèges aux patriotes ou aux prêtres mariés et frappa d'incapacités multiples les émigrés, les hors-la-loi ou les suspects. L'œuvre accomplie par la Constituante n'en est pas moins considérable. Au lieu de la diversité des ordres, des corps, des pays, des villes et des communautés, est proclamée l'égalité de tous devant la loi, « soit qu'elle protège, soit qu'elle punisse ». C'était poser les fondements d'un nouveau « code des lois civiles » qui avait été promis aux Français par la Constitution de 1791 et qui ne sera publié qu'en 1804.

CHAPITRE II

SAISINE, POSSESSION, PROPRIÉTÉ

Avoir la jouissance d'une chose, la posséder, en être propriétaire, les expressions paraissent équivalentes : l'homme a toujours le même désir d'imposer sa maîtrise sur les choses et de la rendre légitime en affirmant son droit.

Les civilistes modernes voient dans la propriété un droit subjectif : le propriétaire est sujet de droit, juridiquement protégé comme tel, « courbant les non-propriétaires devant sa propriété souveraine »[1]. Le Droit romain classique, même s'il n'a pas connu les droits dits subjectifs, conçoit la propriété comme un *jus in re* : la propriété est le droit d'user d'une chose (*usus*), d'en percevoir les fruits (*fructus*), d'en disposer ou de la détruire (*abusus*). Par nature ce droit est exclusif, perpétuel et, malgré quelques restrictions, absolu ; l'usufruit ou les servitudes sont également des droits réels mais, limitant le droit du propriétaire, ils sont considérés comme des droits sur la chose d'autrui (*jura in re aliena*).

La conception des droits subjectifs est maintenant discutée de tous côtés ; elle paraît inutile, artificielle, sinon artificieuse. Elle est le produit d'un effort d'abstraction et convient à des systèmes juridiques individualistes qui formulent les règles de droit en les rapportant à l'individu. Reprise par les glossateurs du Droit romain, adaptée par eux à l'ordre féodal, la conception d'un droit individuel de propriété sera développée au XVIIIe siècle et triomphera dans le Code civil (section III).

Le propriétaire détient normalement la chose qui lui appartient ; propriété et possession peuvent cependant être dissociées ; au droit peut s'opposer une situation de fait créée par l'abandon, l'erreur ou l'usurpation. De telles situations introduisent un trouble dans l'ordre juridique mais elles créent une apparence que le préteur romain protège comme telle en accordant au possesseur des interdits. Le Droit romain construira une théorie de la possession à l'image de celle de la propriété : la meilleure possession est celle qui s'est prolongée, qui résulte d'un titre, qui a été conservée de bonne foi. Une telle conception convenait à un Etat policé où le droit domine toujours le fait. Elle sera développée par les glossateurs et aussitôt reprise par les juges royaux qui trouvaient dans la reconnaissance des actions possessoires le moyen d'étendre leur compétence.

Les théories romaines de la propriété et de la possession sont le résultat de l'élaboration savante de la jurisprudence romaine ; elles heurtent directement les conceptions plus réalistes de tous les droits coutumiers. La loi des XII Tables ne connaît que le fait matériel de l'*usus* : l'usage d'une chose, s'il est prolongé pendant un ou deux ans, fait acquérir la propriété par l'usucapion ; de même l'*usus* du mari fait tomber la femme sous sa puissance. Le droit franc n'a pas une idée différente : la maîtrise d'une chose a valeur de titre ou de symbole. Le groupe social est très étroit, très fermé et aussi très conservateur ; chacun connaît ses voisins et contrôle ses actes. Les biens ne valent que par l'usage qu'on en fait et cet usage suffit à prouver qu'on en est « saisi », « investi », « vêtu ». La chose appartient forcément à celui qui est en « saisine », c'est-à-dire qui en a à la fois la propriété et la jouissance.

L'idée de saisine est essentielle à la compréhension de l'ancien droit. Elle a été trop souvent négligée, dissimulée ou obscurcie par les commentaires qu'elle a suscités. Elle donne pourtant leur cohérence aux dispositions des coutumes, qu'il s'agisse du droit des biens, des successions, du statut de la famille ou des communautés villageoises (section I).

Entre le réalisme coutumier de la saisine et la précision savante donnée par les romanistes au droit de propriété, le conflit était irréductible : deux conceptions du droit, deux logiques s'opposaient. Au contraire, une conciliation était possible entre saisine et possession : l'une et l'autre sont fondées sur une situation de fait ; les idées coutumières subiront en quelque sorte une greffe romaine ; elles seront enrichies, parfois déformées, mais maintiendront leur originalité du point de vue procédural, du moins jusqu'au XIVe siècle (section II).

I. LA SAISINE

« La technique de l'ancien droit porte dans le trait fondamental de l'extériorité » (Ihering). Pour les Romains, à l'époque des XII Tables, comme pour les Germains, le droit ne peut être que l'image d'une puissance réelle, nous dirions aujourd'hui objective. Le droit sur une chose suppose une puissance sur cette chose, puissance apparente, connue et reconnue de tous, manifestée par l'usage qu'on en fait, par le profit qu'on en retire. La question ne se pose pas différemment selon qu'il s'agit d'une terre, d'une arme, d'une bête, voire d'un esclave : seuls diffèrent l'usage et le profit qu'on peut en attendre[2].

Le pouvoir sur la chose est exprimé dans les actes francs par les mots de *gewere* (d'où viendront « garant » ou « garenne »), de *mundium* ou de *manus*, d'*investitura*, enfin de saisine (de *sakjan* ou *satjan*, haut allemand *sezzen*, latin vulgaire *sacire* plutôt que *satire*). Le mot traduit toujours le fait d'« avoir » une chose ; avoir une chose, ce n'est pas obligatoirement en être propriétaire, mais la posséder ou la détenir matériellement, en avoir l'*usus* et le *fructus*. La conception est germanique, mais son réalisme même l'a imposée au Droit romain vulgaire qui, comme l'a bien montré Ernst Lévy (bibl. 505, p. 19-61), confond les notions classiques de *possessio*, de *dominium* et de *jura in re*.

La saisine, dont l'importance est bien connue en Allemagne (A. Heusler, bibl. 457 et 458) et en Angleterre (Joüon des Longrais, bibl. 475), est également essentielle pour le droit français.

1. Elle transcende l'opposition de droits collectifs et individuels comme la distinction des meubles et des immeubles. Une terre qui n'est pas cultivée ne supporte aucun usage ; en revanche, l'usage d'une terre ou d'un troupeau peut être collectif, alors que les chevaux ou les armes sont normalement personnels. En ce sens, les lois barbares distinguent les biens non marqués qui ne sont pas identifiables et les biens marqués dont la revendication est possible. Il n'y a de bien véritable que celui qui est l'objet

d'une jouissance durable, et celle-ci peut être plus ou moins prolongée : elle peut durer le temps d'une vie, mais elle peut aussi apparaître perpétuelle, ce qui opposera aux droits transitoires de l'individu la permanence que représente la famille.

2. Tandis que la propriété romaine était exclusive, les saisines peuvent être multiples, comme l'utilité que peut avoir une même chose : sur un même champ, les premières et les secondes herbes, sur un étang, l'évolage et l'assec peuvent aujourd'hui encore appartenir à des propriétaires différents[3]. Au regard de la saisine, de telles situations sont normales : il peut y avoir sur un même lieu une saisine du propriétaire, de la douairière, du baillistre, du mari, du gagiste, du fermier, voire du seigneur et du vassal. La saisine peut être virtuelle : ainsi celle du nu-propriétaire pendant l'exercice de l'usufruit ; ainsi encore, croyons-nous, celle des parents sur le bien familial. Son titulaire actuel le détient, mais s'il vient à le vendre, le droit de la famille est affirmé par le retrait lignager et, s'il vient à mourir, les héritiers entrent immédiatement en possession car « le mort saisit le vif ».

3. Les aliénations sont rares et la saisine concerne l'*usus* plus que *l'abusus*. Quelques coutumes gardent encore au XIIIe siècle l'idée que, sauf le cas de pauvreté jurée, les immeubles ne peuvent être vendus (en Artois, en Hainaut, mais aussi dans le droit des Pyrénées). La vente ou la donation ont cependant toujours existé mais, si elles supposent préalablement un accord entre les parties, la transmission de la saisine devra s'entourer de solennités de nature à la faire connaître à tous : déclaration devant les *boni homines* qui siègent au *mallus*, déguerpissement de l'aliénateur auquel répond l'investiture ou prise de possession de l'acquéreur. L'usage de signes ou de symboles est général : la tradition de la charte qui relate l'acte, d'un fétu de paille, d'un rameau d'arbre, de l'huis d'une porte, des clefs, pour une église du missel ou de la nappe d'autel, met le nouveau propriétaire en saisine. Le symbolisme de la main garde le principal rôle et notre langage juridique l'a conservé : on « tient en sa main » ou « en main ferme », on a la main « vêtue », « garnie », « morte », on « vide ses mains ». Pour une communauté on parlera de « main commune » *(zu gesammter Hand)*. Au symbole peut s'ajouter l'investiture en justice et souvent la prise de possession réelle : l'acquéreur fait le « tour du propriétaire », boit et mange dans la maison, laboure un champ, plante un arbre. Il en est d'ailleurs

de même de l'héritier qui doit confirmer sa saisine de droit par une possession de fait.

4. Le délai d'an et jour était connu du Droit romain comme de toutes les lois barbares : il est constamment invoqué en matière de saisine. Le droit repose sur l'*usus* et celui-ci est perdu s'il n'a pas été exercé pendant une année entière ; celui qui revendique un bien ou une succession, qui poursuit la punition d'un criminel, doit agir dans l'an et jour. Passé ce délai, le droit est éteint et cette idée de prescription extinctive (et non acquisitive) se retrouvera au XIIIe siècle dans toutes les coutumes.

Ainsi dépouillée de toutes les discussions érudites qui ont souvent dissimulé l'essentiel, la conception de la saisine est parfaitement cohérente. Tout droit réel est conçu sous la forme d'une saisine ; les utilités immédiates, partagées ou virtuelles, que peut avoir une même chose sont traduites par des saisines qui peuvent se superposer sans entrer en conflit ou faire double emploi. Un droit ne peut être affirmé ou transmis que sous la forme d'une saisine.

La persistance de la notion de saisine

La saisine correspond si bien à une réalité qu'elle peut éclairer certains aspects du droit moderne qui répondent mal aux catégories du droit civil : on ne peut expliquer les actuels droits de préemption que comme l'expression des saisines successives reconnues par exemple au propriétaire, au fermier et à la communauté des agriculteurs (les professionnels de l'agriculture de la loi de 1946 ou les SAFER de la loi de 1962). La théorie des droits potestatifs imaginée par la doctrine italienne (*Nuovo Digesto italiano*, t. III, p. 872) n'est que la reprise de l'idée de saisines successives. L'idée de biens « marqués » est réapparue avec les automobiles ou les navires. Dans le Code civil, l'entrée en possession des héritiers (art. 724), des légataires universels (art. 1004), des exécuteurs testamentaires (art. 1026) répond à l'ancienne idée de la saisine reprise encore dans l'attribution des actions possessoires comme dans la faculté accordée au propriétaire de saisir les meubles garnissant la maison louée (art. 2102).

Tous les coutumiers des XIIIe et XIVe siècles pensent la condition des biens en termes de saisine : l'investiture apparaît aussi bien dans les pratiques du Nord que dans celles du Midi, spécialement au cas de donation puisque « donner et retenir ne vaut » ; le baillistre a la saisine (*TAC Normandie*, ch. 87) qu'il devra retransférer à l'héritier ; les biens acquis avant le mariage par un époux sont dans quelques coutumes du Nord (Bergues, Gand) propres si l'époux a requis la saisine, acquêts dans le cas contraire.

Toutes les formes anciennes de l'investiture symbolique se retrouvent dans les coutumes ; souvent (en Bretagne, mais aussi à Auch ou à Toulouse), les ventes d'immeubles font l'objet d'un ban lu à la messe du dimanche ou publié à son de trompe. La saisine du fonds par un baillistre ou par un créancier gagiste « emporte saisine des fruits ». Quant au délai d'an et jour, il se retrouve partout en tous domaines. Il est sans cesse invoqué devant le Parlement ou l'Echiquier de Normandie ; il permet aux parents de retraire le bien vendu, au seigneur de confisquer une succession vacante, il crée la communauté taisible et confirme même parfois la communauté conjugale.

La saisine ne peut concerner les choses dites fongibles qui se consomment par le premier usage ; seuls les biens qui produisent des revenus périodiques sont susceptibles de saisine : un fonds de terre, un moulin, une église, des dîmes, des profits de justice ou de confiscation. Le maréchal de Lévis revendique en 1269 (*Olim*, t. I, p. 317) la saisine « de brûler les hérétiques condamnés par les inquisiteurs et de confisquer leurs meubles ». En cela, la saisine rejoint l'idée primitive du fief qui, surtout dans le Midi, est à l'origine assimilée au profit que l'on peut tirer d'une chose [4].

La saisine suppose que le bien puisse être identifié, la marque est le signe sensible de la propriété sur une arme, sur une bête, mais aussi, par des bornes ou des croix, sur une terre (ce qui paraît établir que toutes les terres n'étaient pas appropriées et que l'occupation des terres en friche était possible). Au cas de vol, par exemple, le propriétaire doit, suivant la loi salique, protester dans les trois jours, appeler les voisins (d'où le proverbe « Le cri fait le larron »), suivre les traces du voleur, enfin identifier l'objet grâce à sa marque. L'action a un caractère pénal très marqué (que conserveront les actions possessoires). De même le déplacement de bornes a toujours été considéré comme un vol grave (*Jostice et Plet,* chap. V, 3).

Les coutumes les plus archaïques connaissent une catégorie de biens, les cateux, dont l'énumération surprend : bois et taillis non coupés en temps utile, arbres fruitiers non greffés, blé et herbes proches de la moisson (ce sont les cateux *verts*), bâtiments légers déplaçables, partie mobile des moulins, parfois même maisons (ce sont les cateux *secs*). Les actions qui les concernent, leur dévolution successorale sont soumises à des règles fort originales ; la Coutume de Normandie les oppose nettement aux fiefs (*Summa*, 87, 2) : ce sont manifestement les biens dont l'usage n'est pas perpétuel mais momentané et qui, de ce fait, ne peuvent intéresser la famille (cf. p. 232).

L'opposition des « saisines » et des « chattels », même si sa portée a varié, est fondamentale en droit anglais et elle tient à la différence admise entre la propriété réelle et personnelle (bibl. 475, p. 155). En Angleterre, on ne plaide plus au XIIIe siècle sur le *jus* (ce qui conduirait au duel judiciaire) mais sur la saisine : l'empirisme propre au droit anglais, le fait que le droit n'existe que dans et par l'action en justice, le système du jury (qui au contraire des légistes français aime les cérémonies et les symboles) assureront outre-Manche la conservation de l'ancienne idée de saisine et en développeront les conséquences en dehors, malgré l'effort de Bracton, du vocabulaire romain.

Famille et communauté

La saisine des immeubles n'est pas de même nature que celle des cateux ou des meubles ; elle doit au bien sur lequel elle s'exerce une permanence que ne peut avoir un droit viager. Les Coutumes de Normandie et de Lille assimilent l'usufruit à un catel (*Livre Roisin,* p. 44) ; au contraire, la règle « le mort saisit le vif » rappelle que l'héritier, s'il appartient à la famille, acquiert la saisine des biens successoraux dès la mort de son auteur (alors que les dettes ne sont pas normalement transmissibles) : c'est donc que l'héritier avait ce que les auteurs allemands ont appelé un droit d'attente (*Anwartschaft*) et que le droit anglais qualifie de propriété en expectative : un droit acquis à une saisine ultérieure, tandis que le défunt ne possédait qu'une saisine momentanée.

Les coutumes donnent encore au XIIIe siècle sa pleine portée à cette saisine en interdisant toute aliénation des biens familiaux. L'aliénation de l'immeuble ouvre en effet entre la famille et l'individu un conflit que les actes des XIe et XIIe siècles essaient de résoudre ; la solution la plus courante est fournie par l'institution de la *laudatio parentum :* les parents interviennent à la vente pour l'approuver. Il s'agit au XIe siècle de tous les parents, proches ou lointains ; au XIIe siècle, le seul consentement des successibles immédiats paraît requis. Faute de *laudatio,* les parents sont fondés à attaquer la vente ou la donation ; le plus souvent, des transactions interviennent, qui ont été conservées par des cartulaires : les donataires, le plus souvent des moines, acceptent d'indemniser le réclamant pour garder le bien. Dès le XIIe siècle dans l'Ouest, notamment en Anjou et en Poitou, la pratique de l'offre au « proisme » (attestée par une lettre d'Innocent III, *PL,* p. 215, p. 34) est courante : le bien doit être offert au plus proche parent et, s'il refuse d'acheter, la vente est possible.

Partout les mêmes droits sont reconnus à la famille, mais il paraît bien que le droit de l'héritier présomptif est plus net en Normandie et dans les pays de l'Ouest (où prévalent les idées lignagères). Au XIIIe siècle, le droit de disposition de l'individu est plus nettement affirmé. Les ventes d'immeubles, surtout dans le Midi, sont fréquentes, la pratique des testaments devient plus courante. Un compromis est trouvé par les institutions du retrait lignager et de la réserve coutumière qui maintiennent les droits des parents sur les biens venus de la famille tout en les limitant dans une mesure jugée « raisonnable ».

Aux droits de la famille s'ajoutent souvent les droits reconnus à des communautés villageoises. Il est possible que celles-ci aient été à l'origine constituées par les membres d'une même famille et que la saisine collective qui leur est reconnue ne soit que le vestige des attributions de terre qui leur avaient été faites. Cette saisine peut expliquer l'institution fort mal connue du retrait de voisinage comme la pratique de publier trois fois à la messe du dimanche toutes les ventes d'immeubles : un « voisin » ainsi averti peut retraire le fonds vendu à un étranger (P. Ourliac, bibl. 568, p. 210). Dans de nombreuses villes, les chartes de coutume reconnaissent un droit de retrait aux bourgeois à l'encontre de tout nouveau venu [5].

L'occupation ou la concession des terres vacantes crée forcément une solidarité entre tous ceux qui ont participé au défrichement. Plus nettement encore, il y a des biens dont l'usage ne peut être que collectif : ainsi les forêts, les pâturages de montagne, les landes ou même les jachères. Si l'on raisonne en termes de saisine et non de propriété, la situation juridique de tels biens est fort simple : le droit des communautés se fonde sur l'usage qu'elles en ont. Il peut exister sur une même forêt ou une même montagne concours de plusieurs usages, et dans chaque communauté la coutume désigne les bénéficiaires : résidants ayant « feu allumant », propriétaires d'un fonds ou d'une maison. De tels usages sont nécessaires à la vie en montagne et existent encore. Ils ont toujours été âprement défendus par les communautés qui, en cela, luttaient contre l'idée d'un droit de propriété absolu et exclusif, qu'il s'agisse comme l'admettront au XVIe siècle les parlements d'attribuer cette propriété au seigneur ou, suivant la théorie physiocratique reprise par les lois révolutionnaires, d'un partage entre les habitants[6]. De tels partages imposés au XVIIIe siècle au nom de l'égalité défavorisaient en fait les plus pauvres qu'ils privaient du pâturage commun (Marc Bloch, bibl. 225) ; là où ils furent maintenus, les droits anciens furent considérés comme des servitudes et les communautés furent souvent astreintes à produire un titre.

II. LA POSSESSION

La possession du Droit romain protège non le droit, mais l'apparence du droit ; l'existence par conséquent d'un rapport de fait entre un individu et une chose. Traditionnellement on parle du *corpus* qui est la détention matérielle de la chose. La possession est protégée comme telle par les interdits désignés par le premier mot de leur formule *(utrubi, uti possidetis, unde vi),* c'est-à-dire par un ordre donné par le magistrat de respecter ou de rendre la possession de celui qui en jouissait même indûment.

La notion romaine primitive de l'*usus,* fort analogue à la saisine, a été perdue de vue dans les commentaires des jurisconsultes classiques qui, au-delà du fait matériel qu'était le *corpus,* ont recherché le titre qui le colore *(animus),* et ont analysé les vices qui pouvaient entacher la possession.

Le Droit romain ne fournissait cependant que des solutions d'espèce que Savigny et Ihering dans une discussion célèbre ont tenté de systématiser. Pour Ihering, fidèle à son idée d'« extériorité » du droit, la possession n'est que la défense avancée de la propriété ; elle est protégée parce que l'apparence répond le plus souvent à la réalité et que le possesseur est normalement le propriétaire. Pour Savigny, soucieux d'une explication historique, le possesseur est protégé au nom de la paix publique ; tout pouvoir a la volonté de lutter contre la violence et toute atteinte à l'ordre établi est une voie de justice privée qui doit être réprimée. Au Bas-Empire, la montée de la violence explique l'extension des remèdes possessoires et la portée de l'interdit *momentariae possessionis* qui réprime toute dépossession violente (bibl. 155). De même, à l'époque franque le respect de la saisine est lié à l'idée de paix publique : l'Eglise la revendique pour elle-même et Charlemagne se proclame *imperator pacificus.* Les *Fausses Décrétales* fabriquent, en l'empruntant à l'interprétation du *Bréviaire d'Alaric,* la fameuse décrétale *Redintegranda* qui sera reprise par Gratien (C. III, qu. I, c. 1-4) et que traduit bien l'adage *spoliatus ante omnia restituendus :* tout « spolié » doit être rétabli dans sa possession, les évêques privés de leur siège, mais aussi les propriétaires privés de leurs biens : il ne peut y avoir de *vis legitima,* et toute action violente, même si son auteur prétend qu'il avait le droit pour lui, doit être réprimée.

Au XIIe siècle, une telle préoccupation est très nette en Normandie : l'autorité reconnue au duc lui permet d'intervenir contre toute atteinte portée à une possession paisible : une requête lui est adressée que suit un ordre du bailli convoquant le violateur à la plus prochaine assise (R. Besnier, bibl. 221). L'ordre prendra normalement la forme d'un bref du duc (*TAC,* 25), bref de nouvelle dessaisine ou bref de « mort d'ancêtre » si l'on revendique la saisine d'une succession. Les coutumiers normands ne parlent guère de propriété mais toujours de saisine, et celle-ci prend dans la *Summa* bien des traits de la possession romaine. La « clameur de haro » peut au contraire être rapprochée de la Loi salique : c'est l'appel aux voisins au cas de dépossession flagrante, qui permet de poursuivre un voleur et de le livrer à la justice (H. Pissard, *La Clameur de haro dans le droit normand,* 1911). Le haro peut être crié même en matière civile au cas de violence manifeste.

Chaque province a ses solutions propres. Les *Fors de Béarn* connaissent une action pénale pour « assaut de maison » et le vicomte paraît avoir délivré des lettres de sauvegarde fort proches du bref anglais. En Anjou, en Touraine, en Poitou, existe l'applègement : la chose litigieuse est mise sous main de justice. Anciennement d'après les *Usages d'Orlénois* (*Etablissements,* II, 13, 18), le plaignant doit mettre quatre deniers sur l'objet qu'il revendique, ce qui rappelle apparemment des pratiques de l'époque franque. Dans le droit parisien, l'influence romaine est au contraire fort apparente et elle aboutira à une conception très originale des actions dites possessoires. Si les *Etablissements de saint Louis* et *Jostice et Plet* suivent souvent littéralement les textes romains, Beaumanoir les domine et les adapte aux besoins de l'époque : saisine et possession sont conciliées pour permettre au roi et à ses baillis de maintenir l'ordre et de protéger la propriété ; les deux actions de force et de nouvelleté que mentionne Beaumanoir (F. Olivier-Martin, bibl. 148, t. II, p. 45-72) répondent bien aux deux fonctions reconnues à la possession ; elles ne sont autres que la réintégrande et la complainte du droit actuel :

1. L'action de force a le même objet que l'interdit *Unde vi* ou la décrétale *Redintegranda* dont les solutions avaient été reprises par la décrétale *Saepe contingit* de 1215 (X, II, 13, 18). Si mon cheval m'est enlevé par la force, explique Beaumanoir (n° 985), il serait mauvais que je doive pour le reprendre « être justicié de la justice » et contraint au duel judiciaire par le voleur qui préférera « combattre qu'être pendu sans bataille ». Le cheval me sera rendu cependant « non par force mes par justice ». Un trait de mœurs est là pour rappeler la violence de l'époque : un gentilhomme auquel on vole son cheval peut le reprendre (exercer « contreprise ») mais bien souvent il reprend avec le cheval « quanqu'il povoit trouver » et provoque ainsi « es mouvemens de guerre et de morteu haines », ce que le recours à la justice de « nostre souverain le roi » doit empêcher.

Pour l'action de force, aucune condition de fond n'est exigée : elle est donnée de « quel que chose que se soit, bonne ou mauvese » (même à un voleur quitte à le pendre ensuite) et « de quel que tans que ce soit, soit grans ou petis » (que la saisine soit ou non d'an et jour) ; « qui m'oste cette saisine sans jugement ou sans justice, je doi estre resaisis avant tout euvre, se je le requier » (n° 980). L'action a aussi un caractère pénal très net : celui qui a pris de force doit payer l'amende royale de soixante sous. Ce qui est traduit par un proverbe populaire : « Où force vient, justice prend » (J. Morawski, bibl. 551, n° 1567).

L'action sera appelée au siècle suivant la réintégrande, mais son sens sera quelque peu perdu de vue. Les romanistes ne comprennent pas que l'action soit donnée même à celui qui ne peut prétendre à la possession : au fermier, par exemple, contre le bailleur. L'ordonnance de 1667 confond la réintégrande avec les autres actions possessoires. Il n'en est que plus curieux de rappeler que la réintégrande a été redécouverte par le droit actuel qui lui rend sa fonction ancienne : l'action est, d'après la Cour de cassation, une « mesure d'ordre et de paix publique qui procède du principe que nul ne peut se faire justice à soi-même » (Cass. civ., 9 avril 1960) ; la loi du 9 juillet 1975 et le décret du 28 mars 1979 accordent l'action au fermier même s'il détient le fonds depuis moins d'un an et des arrêts l'ont même admise contre l'Administration (Cass. civ., 16 avril 1973 et 8 juillet 1975).

2. Beaumanoir connaît encore l'existence de deux actions possessoires, l'action de nouvelle saisine et l'action de nouvelleté ; on les distingue assez mal et le nom de complainte leur sera généralement donné. L'application des règles romaines, encore incertaine au XIIIe siècle, s'impose au siècle suivant. La saisine annale est spécialement protégée, mais elle doit équivaloir à une possession : le *Grand coutumier* dira : « naist saisine de possession et non e contrario ». Le caractère pénal de l'action disparaît pour laisser place aux solutions romaines : l'action est inapplicable aux meubles ; elle est réelle, exercée contre le détenteur de la chose, et non dirigée personnellement contre l'auteur du trouble ; elle doit être exercée dans l'année. La saisine persiste même s'il y a eu dépossession ; elle doit être fondée sur une juste possession, ce qui conduit à apprécier les titres des parties et par conséquent non plus le fait mais le droit.

L'action en complainte commence au XIVe siècle par la délivrance de lettres royales, analogues aux brefs normands : injonction était faite au bailli d'agir « sommairement », de saisir le bien ou de le confier moyennant caution à l'une des parties (recréance au demandeur, maintenue au défendeur) et, ayant procédé à une enquête, « d'ôter le trouble et empêchements de nouvelleté ». Le *Grand coutumier* (p. 253) qui décrit longuement cette procédure indique que, vers 1340, l'action d'un président au Parlement, Simon de Buci, a été décisive : c'est bien l'époque où l'action perd sa simplicité initiale, au point qu'une ordonnance de 1347 rappelle que des procès qui devraient être brefs sont devenus « immortels ». Les praticiens s'étaient ingéniés à multiplier les cautèles de procédure et à mêler les questions de propriété (le pétitoire) au possessoire. Ce qui fera dire à Loisel (n° 728) que dans la possession il y a toujours « du droict de propriété entremeslé ».

Le procès possessoire était en effet l'occasion pour les parties de produire tous leurs arguments, et cela même pouvait expliquer la fréquence des actions de saisine : plus de la moitié des procès rapportés aux *Olim* les concernent et l'historien du règne de Philippe III a été surpris que « la saisine ait une valeur extraordinaire, supérieure même en quelque sorte à celle du droit de propriété » (C.V. Langlois, *Le Règne de Philippe III,* p. 267). La raison de ce succès est à la fois d'ordre pratique (comme le disait déjà Beaumanoir les procès sur la saisine ne peuvent conduire au duel judiciaire), et d'ordre politique : le maintien de la paix publique que réalise l'action de saisine incombe au roi et justifie son intervention. Pierre de Fontaines (chap. 32, 1) constate que les baillis et prévôts enlèvent aux seigneurs justiciers « le plet de desseisines et de force faite en possession » ; le juge royal, s'il est premier saisi, n'a pas à renvoyer l'affaire devant le juge naturel. Beaumanoir (n° 214) paraît même considérer que ces affaires constituent un cas royal qui ne peut appartenir qu'au souverain (E. Perrot, *Les Cas royaux,* 1910, p. 188). Arme de lutte contre les justices seigneuriales, l'action de saisine est plus efficace encore contre les justices d'Eglise. Par le biais du possessoire, les Parlements en sont venus à juger au XIVe et au XVe siècle tous les procès concernant les dîmes ou l'attribution des bénéfices ecclésiastiques (J.-L. Gazzaniga, bibl. 415).

La monarchie administrative se désintéresse presque de l'action possessoire : l'exigence d'un titre écrit due à l'ordonnance de Moulins enlevait à la possession son principal avantage. Les coutumes rédigées ne consacrent que peu d'articles à la matière. Les règles romaines prévalent et l'intérêt majeur reconnu à la possession est de permettre la prescription. L'ordonnance sur la procédure de 1667 confond, dans une même réglementation, la réintégrande et la complainte et impose le non-cumul du possessoire et du pétitoire, ce qui impose au juge du possessoire de ne rendre qu'une demi-justice sans considérer les titres des parties, et donne toute son importance au procès pétitoire [7]. Les questions de propriété, à raison même de l'évolution sociale, sont désormais primordiales.

III. LE DROIT DE PROPRIÉTÉ

Les historiens du siècle dernier ont développé l'idée dite du communisme primitif : la propriété d'abord collective se serait rétrécie à la tribu, au village, à la famille, élargie ou restreinte, pour devenir enfin individuelle. Les historiens ont toujours eu beaucoup de peine à abandonner le mythe d'une communauté primitive souvent « extrapolé à partir de quelques exemples mal compris » (E. Le Roy Ladurie, bibl. 504, p. 527[8]).

En fait, propriété collective et propriété individuelle ont toujours coexisté et, au moins pour le Moyen Age, les problèmes doivent être posés plus en termes de jouissance ou de saisine que de propriété. Une montagne, par exemple, n'est en hiver la propriété de personne ; le roi, un seigneur, peuvent revendiquer des droits allant de la police à la propriété ; mais la saisine véritable appartient à ceux qui y mènent leurs troupeaux : communauté de village ou de hameau, familles ou individus (*supra*, p. 212).

Le modèle imposé par le Droit romain est, au contraire, d'une logique parfaite : la propriété est par essence individuelle ; le *dominium ex jure Quiritium* portant sur un fonds romain fait de ce fonds l'empire du propriétaire ; il est maître absolu chez lui, du ciel qui est au-dessus de sa tête comme du tréfonds, des constructions ou des plantations qui s'y incorporent par accession. Son *dominium* ne peut être ni partagé ni suspendu par une modalité, terme extinctif ou condition résolutoire. Ce droit est qualifié de droit réel : l'homme a un droit non seulement au bien dont il est propriétaire – *jus ad rem* – mais sur ce bien – *jus in re* ; ce droit est immédiat et opposable à tous, *erga omnes* ; il permet d'agir contre celui qui détient le bien (ce qui est le droit de suite) et d'obtenir la restitution contre quiconque (ce qui est le droit de préférence). La propriété est si bien confondue avec la *res* que l'on dit : *rem meam esse* (cette chose est mienne), ou que l'on recourt au datif : *est mihi*. Chose et personne sont ainsi confondues, la propriété devient le prolongement et l'exaltation de la personnalité ; elle est un droit, c'est-à-dire une représentation que chaque époque va concevoir avec ses idées propres. Même à Rome ce type de propriété était réservé aux citoyens romains et ne débordait pas le cadre de la cité (R. Besnier, *Annales*, 1937, p. 321). Dans les provinces, le sol appartenait au Sénat ou à l'empereur qui en concédaient la jouissance aux particuliers. Quant à la conception médiévale, elle oscille entre la notion pragmatique que représente la saisine, et l'abstraction d'un droit absolu : la saisine appartient au droit vulgaire ou populaire et sa souplesse convenait à l'époque féodale ; la propriété demeure, par la précision même qui lui est reconnue, une idée savante dont le Droit romain assurera progressivement le succès.

Les alleux

A l'époque franque le mot de *proprietas* est encore quelquefois employé, mais le terme courant est celui de *possessio*. Les préambules des actes s'attachent cependant à définir la liberté plus ou moins grande dont peut jouir le possesseur : liberté de ne pas subir des redevances ou des corvées, surtout liberté de donner ou de vendre. Le mot « alleu » devient d'usage général sans que sa signification apparaisse toujours nettement : il s'agit anciennement de bien hérité, ou possédé en propre, d'un immeuble, enfin d'une propriété pleine et entière[9].

L'origine des alleux a été obscurcie à plaisir : Henri Pirenne, par exemple, soucieux de prouver que la liberté était une nouveauté des XIe et XIIe siècles due à la « renaissance du commerce et de l'industrie », et par conséquent d'essence économique, niait l'existence, au siècle précédent, de paysans ou de terres libres. Leur disparition était d'ailleurs impliquée par l'idée d'une anarchie féodale et d'un « glissement » général vers le servage (M. Bloch, bibl. 223, p. 192). Il suffit pourtant de parcourir un quelconque cartulaire pour constater, en toutes régions mais surtout dans le Midi, la persistance de propriétés alleutières. Que la féodalité ait fait la « guerre à l'alleu », la chose est certaine ; beaucoup de propriétaires donnèrent leurs terres à un seigneur pour les reprendre à titre de fiefs ou de censives (on parle de fiefs de reprise). On admettra couramment en pays de coutumes que « nulle terre sans seigneur », mais au témoignage même de Beaumanoir (n° 688) cela signifie simplement que les terres du Beauvaisis devaient des redevances au comte et étaient soumises à sa justice.

La pression féodale n'en fut pas moins très forte et elle apparut au plein jour lors de la rédaction des coutumes. Les coutumes de l'Est comme celles de Bourgogne et d'Auvergne demeurèrent cependant favorables aux alleux en admettant la présomption que « nul seigneur sans titre ». Dans tous les pays de droit écrit prévaut la même règle : *lex romana, mater allodiorum*. Si en Provence, le principe est remis en question au XVIIe siècle, en Guyenne et en Languedoc l'allodialité reste fréquente (R. Boutruche, bibl. 236).

Il se peut qu'à l'origine l'alleutier ait possédé une juridiction foncière sur les hommes qui habitaient sa terre : le jugement par des prud'hommes qui existe un peu partout en garderait le souvenir

(P. Ourliac et M. Gilles, bibl. 19, t. I, p. 51). A certains alleux, que l'on qualifiera au XIVe siècle de nobles, peut être attachée une justice haute ou basse, hors ce cas, l'alleutier restait justiciable d'un seigneur, mais il ne dépendait pas de lui.

Cependant l'alleu est toujours considéré comme une terre franche, librement transmise entre vifs ou à cause de mort sans qu'elle supporte des droits de mutation (*Grand coutumier*, II, 33). Loisel dira « tenir en franc-alleu est tenir de Dieu tant seulement fors quant à la justice ». Les possesseurs de certaines terres – Yvetot, Boisbelle, Henrichemont, Bidache – se prétendaient « souverains » et indépendants du royaume ; on conçoit que la royauté ait voulu tout au moins affirmer ses droits : d'après l'Ordonnance de 1629 (art. 383) toute terre ne relevant d'aucun seigneur sera censée relever du roi ; c'est la directe royale universelle à laquelle s'opposèrent toujours les pays de franc-alleu et notamment le Languedoc.

Sur sa terre l'alleutier possède tous les droits du propriétaire romain : comme le dira Bartole (D.21.16.25), ayant à la fois la propriété et les fruits, il a le *dominium* complet.

Les tenures

L'alleu ne demeure pas moins dans la société médiévale une singularité. Jusqu'en 1789 la conception normale est celle d'une propriété divisée. Le propriétaire romain qui accorde à un emphytéote un droit de longue durée, le roi qui donne un bénéfice à un de ses fidèles, le grand propriétaire qui concède à des paysans des terres à cultiver ou à défricher reconnaissent à ceux-ci un droit sur la chose et ce droit, par la force ou la durée qu'il peut acquérir, démembre la propriété. De telles concessions sont toujours faites à charge de services, aide militaire, redevances, corvées, mais celui qui en bénéficie a l'usage de la chose, il la « tient » et la retient si on veut la lui reprendre (d'où le nom très général de « tenure » ; bibl. 156).

Le modèle vaut pour tous les pays et pour toutes les époques. La concession peut prendre la forme ou l'apparence d'un contrat ; elle peut aussi impliquer des rapports de domination et de dépendance, concerner les services les plus divers, durer le temps d'une vie, être transmissible ou héréditaire, faite à une famille, à un groupe ou à un village. Souvent, le concédant est un grand propriétaire qui assure ainsi la culture de ses terres : ce système dit domanial existe aussi bien dans l'ancienne Egypte, au Japon, en Russie, en Afrique qu'en Occident. La complexité de l'exemple français vient de la conjonction de la propriété et de la seigneurie féodale. Si la féodalité n'est pas issue du régime domanial, elle en subit l'influence et en prend les apparences (*supra*, p. 19). Il est difficile, s'agissant souvent du même *dominus*, de distinguer les redevances ou les corvées dues par l'exploitation de la terre au propriétaire – on parle alors de seigneur foncier –, les cens ou services payés au seigneur justicier, détenteur de la justice et du ban et les divers tributs imposés à raison de la condition personnelle du tenancier.

La conception de la tenure est si compréhensive qu'elle va être étendue aux rapports du seigneur et de son vassal ; comme le paysan reçoit des terres à charge de payer des cens, le vassal, chevalier ou châtelain, va recevoir un ensemble de profits lucratifs : terres, péages, droits de justice, dîmes, qui rémunèrent le *consilium* et l'*auxilium* qu'il doit à son seigneur et que l'on considère comme des services « nobles ».

Entre les parties existent forcément à l'origine des rapports personnels de compagnonnage, de clientèle ou de dépendance. Le seul fait que la tenure soit héréditaire ou aliénable conduit à la dégradation de cet *intuitus personae*. Le droit du tenancier, en se consolidant, comme le droit du fermier ou du locataire aujourd'hui, se charge de réalité ; le bien fait désormais partie du patrimoine de celui à qui il avait été « baillé » ou « loué » ; il possède sur lui un droit réel, rival de celui du propriétaire.

Passé le XIIIe siècle, la féodalité presque disparue comme organisation politique commande le régime des biens. Jusqu'à la Révolution, les tenures constituent la forme normale de propriété et leur étude n'intéresse plus que le droit privé. La tenure noble est partout qualifiée de fief ; les vassaux devaient à l'origine un service militaire proportionné à l'importance des biens qu'ils avaient reçus ; ils répugnent dès le règne de Philippe le Hardi à le prêter, enlevant ainsi au fief sa véritable raison d'être : il devient une propriété honorable, conférant à son possesseur de nombreux privilèges que les services rendus ne justifient plus et soumis à des règles qui rappellent ses origines :

1. Le contrat est conclu par l'hommage, qui est prêté par le vassal à son seigneur et qui implique une fidélité réciproque.

L'hommage est suivi de la remise du fief qualifiée d'investiture ou d'ensaisinement, car elle « vêt » le vassal et lui confère « la saisine ». A l'investiture réelle ou symbolique est ajouté ou substitué, dès le XIVe siècle, un acte écrit qui la relate et constitue la reconnaissance ou aveu du vassal.

2. Chaque coutume a ses règles propres et sa conception de l'aînesse et de la masculinité. L'héritier doit renouveler l'hommage et parfois payer un droit de mutation ou rachat.

3. Au moins au XIIe siècle, le fief peut être vendu même à un roturier (p. 179). L'acheteur doit être « présenté » au seigneur – comme aujourd'hui, en cas de cession de bail le nouveau fermier doit être agréé par le propriétaire –, ce qui, autrefois comme aujourd'hui, n'allait pas sans quelque marchandage. Les coutumes imposèrent une solution jugée raisonnable : ou le seigneur refuse d'autoriser la vente et exerce une préemption qualifiée de retrait féodal, ou il accepte d'accorder l'investiture à l'acquéreur en percevant un droit de mutation généralement fixé au *quint*, c'est-à-dire au cinquième du prix.

4. En cas de déshérence, le fief fait retour au seigneur ; un manquement du vassal ou le défaut d'hommage étaient sanctionnés par la commise, c'est-à-dire la reprise du fief prononcée d'office par le seigneur à raison de son droit de justice.

La sous-concession du fief est possible et presque à l'infini : le vassal du seigneur supérieur devient seigneur de son propre vassal. Ainsi se constituent les chaînes vassaliques qui, toutes, aboutissent au roi ; celui-ci, suivant l'image toujours reprise, est au sommet de la pyramide féodale comme « souverain fieffeux du royaume ».

Les fiefs étaient recherchés à raison de considérations aristocratiques : les règles de succession favorisaient les aînés ; les droits qui pouvaient y être attachés, justice, garenne, ou colombier flattaient la vanité de leurs possesseurs et cette vanité prend parfois encore au XVIIIe siècle des formes presque humiliantes : tel ce vassal qui doit conduire la mule de l'évêque de Cahors la jambe droite nue, et le servir pendant le dîner ; tel encore Riquet de Caraman poursuivant pour félonie un de ses vassaux qui avait négligé de lui rendre hommage (J. Bastier, bibl. 209, p. 210).

Il n'empêche que les fiefs ne constituent plus que des formes vides : Mme de Sévigné se moque des nobles bretons assez ridicules pour exiger l'hommage de leurs vassaux quand un acte de notaire suffisait. La foi réciproque n'a plus de sens. La commise doit être demandée à la justice royale et elle est rarement prononcée. Le droit du vassal va sans cesse en se consolidant, tandis que les droits de mutation en sont venus à constituer le seul profit véritable du seigneur. Les fiefs ne sont plus, à la veille de la Révolution, que « des ombres d'honneur, des squelettes dépouillés des nerfs qui les soutenaient et les faisaient mouvoir » (Boutaric, *Traité des droits seigneuriaux*, 1751, p. 93).

Les tenures roturières ou serviles sont fort différentes suivant les régions. Elles concernent aussi bien les maisons des villes que les fonds ruraux ; pour ceux-ci elles sont adaptées aux modes de culture, régies par des usages si forts que quelques-uns existent encore et frappent d'ailleurs par leur « modernisme » et la faveur qu'ils marquent pour l'exploitant. Ainsi le bail à domaine congéable en Bretagne : tandis que le seigneur conserve la propriété du sol, le tréfonds, l'exploitant a la propriété des édifices ou superficies dont, s'il est congédié, il peut obtenir le remboursement (art. 904 à 925 du Code rural) ; ainsi encore le bail à complant, dans lequel le preneur doit complanter le fonds loué, mais acquiert la propriété de la vigne ou des arbres ainsi plantés, et parfois même la propriété de la moitié de la parcelle louée (art. 926 à 936 du Code rural). L'emphytéose, qui connaît actuellement un regain de faveur, est pratiquée dans tout le Midi et peut prendre des formes très différentes, féodales, dans quelques provinces, simplement foncières ailleurs. L'albergement du Dauphiné et de Savoie, la locatairie perpétuelle du Languedoc, le bordelage du Bourbonnais et du Nivernais ne sont que des variétés d'emphytéose. Le champart pratiqué un peu partout, l'*affacheria* comtadine, la métairie perpétuelle de la Marche et du Limousin, sont des baux à métayage. Le bourgage normand, l'échevinage flamand et artésien, le bail héréditaire alsacien étaient régis par des usages qui variaient souvent de village à village. Toutes les tenures étaient transmissibles mais avec souvent des règles très particulières : seuls les enfants succèdent à la métairie perpétuelle et les mâles au bail héréditaire.

Partout était pratiqué le bail à cens (dénommé, dans le Midi, bail à fief), de sorte qu'on peut le prendre comme exemple de ces baux à longue durée qui constituent jusqu'au XVIIIe siècle le droit commun de la propriété.

1. Comme pour le bail à fief, il faut remonter à un contrat originaire : la maison ou la terre est concédée à charge de service

pécuniaire, normalement le paiement annuel d'un cens le plus souvent très modique et considéré comme recognitif. Aucun hommage n'est prêté et le censitaire n'est pas tenu personnellement (mais *propter rem*) et il peut abandonner le fonds – c'est le déguerpissement –, car sa dette est purement réelle.

2. La censive devient, plus tôt même que le fief, héréditaire ; les cadets et les femmes succèdent normalement mais une préférence est parfois donnée aux enfants qui ont cultivé la terre avec leurs parents (comme aujourd'hui au cas d'attribution préférentielle d'une exploitation agricole). L'héritier ne doit solliciter aucune investiture et souvent ne paie pas de droit de mutation.

3. La censive peut être vendue mais l'intervention du seigneur censier est nécessaire. Il peut retenir le bien en exerçant le retrait censuel (vite tombé en désuétude en bien des endroits), ou au contraire investir l'acquéreur en se faisant payer les lods et ventes, c'est-à-dire un droit de mutation couramment fixé au douzième du prix.

4. Le défaut de paiement du cens est sanctionné par la commise, mais comme pour le fief celle-ci doit, dès la fin du Moyen Age, être demandée à la justice et elle est fort rarement prononcée.

La théorie du double domaine

Les coutumiers du XIIIe siècle parlent peu des fiefs. Beaumanoir les oppose aux villenages et ne traite guère que du droit successoral. Les romanistes vont au contraire adapter au fief et à la censive les concepts romains.

Ils analysent le contrat de fief comme une donation avec charges, ce qui est également admis par les *Libri feudorum* (II, 23) et conduit à assimiler la commise à une révocation pour ingratitude. Plus difficile était de rendre compte de la situation du vassal et du censitaire ; ils ont reçu l'investiture de la chose c'est-à-dire la saisine ; à l'opposé d'un locataire, ils ont donc une possession que l'on qualifiera de « naturelle », et peuvent agir, par exemple, pour revendiquer le bien, *tanquam dominus* (*Libri feud*, II, 8-43) ; l'action qui leur est donnée n'est pas celle qui appartient au propriétaire, l'action *directe* du propriétaire quiritaire mais l'action *utile* que le préteur donnait aux propriétaires provinciaux. La situation du vassal ou du censitaire est ainsi assimilée à celle d'un emphytéote auquel était accordée une action réelle (D., VI.3).

De l'action on remonte au *dominium* qu'elle sanctionne : le concédant a le domaine direct, c'est-à-dire la véritable propriété, le vassal ou le censitaire possède le domaine utile. Les deux domaines portent sur une même chose mais ils sont indépendants et nettement distingués par Accurse (*CJ*, X.15, 1).

Les romanistes français vont perfectionner l'analyse ; celle-ci convenait en effet si deux personnes seulement étaient en présence (ce qui est normal pour une censive), elle ne répondait pas en revanche à l'existence de chaînes féodales. Revigny admet le caractère relatif de chaque *dominium* : vis-à-vis de son seigneur de fief, un vassal a le domaine utile, mais à l'égard de son vassal, il a le domaine direct. Seul le roi ne peut être vassal : il a la directe universelle du royaume : tous les fiefs et les justices du royaume sont tenus de lui en fief ou en arrière-fief.

En arrière-plan, on peut retrouver le souvenir de la saisine ; l'habileté technique des romanistes, la connaissance de la pratique qu'avaient les docteurs orléanais, les a conduits à infléchir la rigueur de la propriété romaine. De même qu'un fonds peut supporter plusieurs saisines, de même il peut y avoir, dira Revigny, « autant de domaines qu'on voudra *diversis respectibus* ». Le domaine de chacun devait être défini par les droits qu'il comporte : pour le domaine direct, le droit de recevoir l'hommage ou le cens, de conférer l'investiture, de percevoir les lods et ventes ou d'exercer la commise ; pour le domaine utile, essentiellement le droit de jouir de la chose, d'en recueillir les fruits et de l'aliéner plus ou moins librement [10].

Les romanistes par leur analyse transforment les droits nés du fief en simples rapports fonciers. La distinction des deux domaines répondait trop bien à la réalité pour qu'elle ne soit pas aussitôt adoptée par la pratique. Jacques d'Ableiges (II, 11) la reprend en opposant la seigneurie « profitable » à la seigneurie « directe ». On dira bientôt pour celle-ci la seigneurie « éminente » ou simplement la « directe ».

Le cadre ainsi fourni par les glossateurs était interprété fort différemment par les coutumes, chacune réglant suivant son génie propre les droits ou les profits, rachat, quint, lods et ventes, attachés à la directe. L'analyse juridique permettait de mieux préciser le contenu de chaque domaine mais aboutissait aussi à leur donner plus de rigueur et donc à les opposer. Les articles concernant les directes provoquèrent bien des conflits entre le tiers état et la noblesse (p. 149). Les réformations furent plus défavorables à celle-ci, les commissaires royaux s'étant toujours efforcés de limiter les prérogatives de justice et les droits fiscaux considérés par Du Moulin comme « des servitudes lourdes, odieuses pour ne pas dire sordides » (*Coutume de Paris*, I, 23, 2, n° 3).

Le Parlement de Paris aura aux XVIe et XVIIe siècles la même attitude et sa jurisprudence aboutira à démanteler le domaine direct pour les fiefs au profit du roi, pour les censives au profit des tenanciers.

Du domaine utile à la propriété

L'armée et la justice concernent désormais le roi. Les seigneurs, s'ils exercent encore une justice foncière sur les tenures roturières, ne jugent plus leurs vassaux. Ils doivent recourir aux juges royaux pour faire prononcer la commise ou la saisie du fief : le retrait féodal lui-même suppose une procédure dirigée contre l'acquéreur ; ce qui était l'attribut normal de la seigneurie directe est considéré désormais comme une voie de fait que Du Moulin réprouve car nul ne peut se faire justice à soi-même. L'hommage n'est plus qu'une forme vide. En cas de mort du vassal, la saisine ne revient pas au seigneur et l'héritier acquiert les fruits avant toute investiture. Au cas où le fief, par retrait, par déshérence ou par commise, fait retour au seigneur, celui-ci doit respecter les droits réels, rentes ou hypothèques, constitués par le vassal, ce qui prouve bien que la patrimonialité du fief est pleinement reconnue.

Sur les fonds roturiers, l'emprise des justices seigneuriales s'exerce encore ; elles jugent les délits ruraux, imposent le paiement des droits seigneuriaux ou des banalités, non sans beaucoup de diversité selon les villages. Au XVIIIe siècle les conflits paraissent plus fréquents et plus chargés de passion ; souvent la directe a été achetée par des bourgeois ou des gens de justice qui irritent les paysans en recherchant à la fois des profits et des satisfactions de vanité (J. Bastier, bibl. 209).

Le fait majeur demeure pourtant la consolidation des droits des tenanciers. En l'espace de deux siècles s'est accompli un transfert du droit analogue à celui qui est en voie de se produire aujourd'hui au bénéfice des locataires ou des fermiers. La crise démographique du XIVe siècle, les ravages de la guerre de Cent Ans avaient servi les tenanciers ; beaucoup de terres étaient revenues à la friche et au buisson ; le manque de main-d'œuvre entraînait une dépréciation des fonds et un abaissement notable des redevances. La rédaction des coutumes et la jurisprudence des tribunaux royaux affaiblissent encore les droits des seigneurs : la maxime : « Nul seigneur sans titre », là où elle était admise, imposait la production d'un titre qui, pour les concessions les plus anciennes, avait souvent été perdu. La saisie, faute de paiement, laisse le censitaire en possession du fonds ; la commise est rarement admise ; le retrait censuel encore pratiqué en Normandie paraît un archaïsme ; en cas de vente, la mise en saisine par le seigneur est facultative pour l'acquéreur. Au XVIIe siècle, les droits du seigneur direct se réduisent communément à la perception d'un cens infime et aux droits de mutation payés en cas de vente (mais non de donation) et revêtent de ce fait un caractère purement fiscal : le tenancier est devenu le véritable propriétaire du fonds. La valeur relative des deux domaines équivaut à la quotité des lods et ventes : à Paris où elle est du douzième du prix, la directe d'une maison vaut normalement le dixième du prix du domaine utile. Les directes rurales sont un peu plus appréciées à raison surtout des droits honorifiques ou seigneuriaux qui souvent y sont réunis.

Pour Pothier, le domaine direct n'est plus qu'« un domaine de supériorité » et non un « domaine de propriété » ; celui qui le possède ne peut être qualifié de propriétaire mais « simplement seigneur » (A. Piret, bibl. 610). L'*Encyclopédie* (t. XIV, p. 898) dit de même que la « seigneurie directe est celle qui n'a pas la propriété de la chose mais seulement la supériorité et la mouvance. La seigneurie utile, c'est la propriété ». La seigneurie directe devait encourir, au XVIIIe siècle, une double condamnation : celle des philosophes qui la tenaient pour une usurpation féodale, celle des physiocrates qui y voyaient une servitude entravant la liberté, « annexe inséparable de la propriété ». Il serait souhaitable que les terres fussent libres comme les hommes (Le Trosne), que sur un seul héritage il n'y ait pas « une multitude de maîtres » (Boncerf). Voltaire ironise dans sa *Lettre du révérend père Polycarpe*, cependant que Morelly et Mably demandent, au nom du droit naturel, la suppression de l'« impitoyable propriété » et le retour à « l'heureuse communauté de biens », et que Rousseau proclame que « les fruits sont à tous et que la terre n'est à personne ».

L'idéologie bourgeoise rejoignait les doléances paysannes. Les décrets qui suivirent la nuit du 4 Août distinguèrent la féodalité dominante et la féodalité contractante. A celle-ci étaient rattachés les droits qui représentaient « le prix et la condition d'une concession primitive du fonds », tels que cens, rentes, lods et ventes qui étaient déclarés rachetables. Les rachats étaient facultatifs et individuels et dans quelques régions ils furent assez nombreux (Ferradou, *Le Rachat des droits féodaux dans la Gironde*, 1928). C'était une « révolution par la loi » qui fut vite dépassée. Les décrets des 25-28 août 1792 et du 17 juillet 1793 suppriment « tous les droits féodaux, censuels, fixes et casuels ». Seules exceptées (ce qui provoqua, après 1800, une abondante jurisprudence), les rentes purement foncières, c'est-à-dire les contrats qui ne confèrent pas à l'exploitant le domaine utile : ainsi les baux à complant de Nantes, les baux à domaine congéable de Basse-Bretagne ou certaines emphytéoses méridionales.

La Déclaration des droits de l'homme fait de la propriété un droit « inviolable et sacré » ; le Code civil renchérit en définissant la propriété comme « le droit de jouir et de disposer des biens de la manière la plus absolue ». Le propriétaire devient un monarque absolu : l'expression due à Portalis a pu paraître outrée ; elle exprime bien le triomphe de l'individualisme jacobin. Tout démembrement, tout partage, toute restriction compromet l'édifice social. Les propriétaires participent au droit divin de l'ordre établi, et jusqu'en 1848 les régimes censitaires leur reconnaissent le pouvoir politique – celui qu'exerce à l'époque la bourgeoisie conquérante.

Les servitudes

Le réalisme du droit médiéval s'accommodait fort bien de l'existence de limitations à la propriété : accéder à une parcelle enclavée, prendre l'eau d'une rivière, avoir une vue sur le fonds voisin sont choses normales et réglées par les usages. Le passant peut cueillir les fruits des haies car « tout ce qui vient de la haie est proie » (Loisel, n° 282). De même en ville « tout mur est mitoyen » (Loisel, n° 269). Nul n'imaginera, avant le XVIe siècle, que la vaine pâture ou le glanage puissent être des servitudes : entre les besoins de la communauté et les droits du propriétaire les usages établissent l'équilibre nécessaire. L'usufruit apparaît comme une propriété viagère qui confère à son titulaire la saisine, et pour les romanistes un *quasi-dominium* (P. Masson, *Contribution à l'étude des rapports de la propriété et de l'usufruit chez les romanistes du Moyen Age et dans le droit français*, 1933).

Pour le Droit romain, au contraire, la servitude est une restriction aux droits du propriétaire et cette conception va prévaloir aux XVIIe et XVIIIe siècles : une servitude est établie par un titre, c'est-à-dire par la volonté du propriétaire. La règle « nulle servitude sans titre » prévaut dans les coutumes rédigées. Une concession est faite au cas de partage du fonds à la situation de fait ; encore est-elle rattachée à une volonté présumée : on attribue au propriétaire qui aliène une partie de son fonds et retient l'autre partie l'intention tacite d'établir sur celle-ci les servitudes que l'état des lieux fait apparaître raisonnables. C'est la destination du père de famille admise par Bartole, et par de nombreuses coutumes (*Ancienne coutume de Paris*, art. 91 ; *Nouvelle coutume de Paris*, art. 215) et reprise par le Code civil (art. 692 et 694). Dans les pays de droit écrit la servitude peut être prescrite, mais une prescription immémoriale est exigée (Provence, Languedoc), et toute prescription est exclue pour les servitudes discontinues. Les mêmes divergences apparaissent pour la vaine pâture : elle est considérée par les coutumes du Centre comme une servitude ; elle doit être fondée en titre mais il est généralement admis que « la possession immémoriale vaut titre » (Loisel, n° 714).

De même les règles anciennes qui concernaient l'usufruitier disparaissent (*Grand coutumier*, p. 195 et 239). La saisine lui est désormais refusée, alors que Bartole le considérait comme le mandataire du propriétaire (ce qui donnait plus de souplesse à leurs rapports). On revient strictement avec Domat et Pothier, aux règles romaines en reconnaissant à l'usufruitier, comme au titulaire d'une servitude, un *jus in re aliena*, opposé à celui du nu-propriétaire.

Les servitudes, même si elles facilitent les rapports de voisinage, apparaissent, dès lors qu'un droit exclusif est reconnu au propriétaire, comme une atteinte à sa liberté et « contraires au droit de la nature » (Bourjon). Il n'y a pas, encore aujourd'hui, de matière où l'apparente logique de la réglementation heurte plus nettement la réalité.

CHAPITRE III

LES BIENS

La saisine et la propriété s'exercent sur des biens et expriment la maîtrise que l'homme prétend sur eux ; maîtrise de fait pour la saisine, maîtrise de droit pour la propriété. La saisine ne considère les choses que pour ce qu'elles sont : un cheval, une maison, une terre, et elle ne peut concerner que des choses corporelles. La propriété est conçue comme un droit. Elle peut porter sur des valeurs immatérielles et l'application qui en est faite aujourd'hui aux droits dits intellectuels fait bien apparaître son caractère de fiction : les droits d'auteur, la clientèle en viennent à être considérés comme des biens susceptibles de propriété.

Dans tout système juridique, il est nécessaire de classer les biens selon leur nature, l'usage qu'on en fait ou la valeur qu'on leur reconnaît. Tout classement dépend de l'état social, mais aussi de conceptions juridiques ou philosophiques (section I).

Le droit coutumier à l'origine s'est peu préoccupé de distinguer les divers moyens d'acquérir un bien : la saisine peut être acquise par succession (et il en sera traité à l'occasion de celle-ci) ; elle peut résulter de la prise de possession d'un bien qui n'appartenait à personne (ce que le Droit romain qualifie d'*occupation*) ; ou d'une jouissance prolongée (c'est la *prescription*) ; il peut enfin y avoir transfert de saisine au cas de vente ou de donation.

Si l'occupation et la prescription par cela même qu'elles répondent à des situations de fait, sont conciliables avec l'idée de saisine (section II), l'aliénation pose un tout autre problème : pour le Droit romain, la propriété est un droit personnel et le titulaire d'un droit peut librement le transférer par un contrat, lequel est simplement créateur d'obligations. Le Droit romain admet, par exemple, la vente d'une chose qui n'existe pas encore ou même la vente de la chose d'autrui. Pour le droit coutumier, la libre disposition de l'individu est limitée pour les immeubles par les droits de la famille ; et pour les fiefs ou les tenures par les droits reconnus au seigneur direct. Une vente suppose un transfert de la saisine, c'est-à-dire une tradition matérielle du bien, qui comporte forcément une certaine publicité. Comme toujours les solutions romaines prévaudront, mais elles seront longues à s'imposer, plus pour les immeubles que pour les meubles, et plus encore pour les donations que pour les ventes (section III).

I. LA DISTINCTION DES BIENS

Pour un droit archaïque, les choses sont réparties d'après l'utilité qui leur est reconnue. Le Droit romain ancien, répondant aux besoins d'une société paysanne, distinguait les *res mancipi* qui étaient les choses jugées précieuses, fonds de terre, esclaves, animaux de labour, servitudes rustiques, et les *res nec mancipi*. Le droit coutumier ancien classait les biens par rapport à la saisine. Les biens devaient être individualisés (ce sont les biens « marqués ») ; ils peuvent appartenir à la famille (on parlera couramment d'héritages), ou, comme les cateux, à l'individu.

La catégorie des cateux sera maintenue en Artois, en Flandre et à Metz, et l'énumération qui en est donnée ne répond à aucune idée générale : le blé est catel à partir du 15 mai ; les bâtiments légers sont des cateux, tandis que les maisons sont des héritages ; d'après le *Coutumier d'Artois* (XXXIX), les arbres qui portent fruits sont des héritages sauf « cherisier, boccage et mesplier qui ne sont mie enté ». La plupart des coutumes gardent quelque souvenir de la catégorie des cateux en lui donnant parfois une portée imprévue : en Artois, par exemple, les jachères labourées une fois et non encore ensemencées ne sont pas considérées comme des héritages ; il en est de même des arbres de haute futaie qui ne portent pas de fruits, à moins qu'ils ne soient mis en coupe réglée (p. 210).

Dès l'époque franque les chartes qualifient les biens de meubles et immeubles, sans nettement les distinguer. Normalement, les cateux seront assimilés aux meubles et les héritages aux immeubles.

Beaumanoir (n° 672-678) tente une première synthèse en reconnaissant aux immeubles un triple caractère : ils « ne peuvent être mus », ils produisent des revenus « qui valent par années », ils sont perpétuels, car « héritage ne peut faillir ».

Pour les coutumes, la distinction devient essentielle : la perpétuité reconnue aux immeubles répondait à leur souci de sauvegarder les droits de la famille, tandis que les individus pouvaient se satisfaire d'une fortune mobilière ; les meubles « suivent la personne », *mobilia ossibus inhaerent* ; quant aux immeubles (qui peuvent être des alleux ou des fiefs), s'ils ont été hérités, ils sont qualifiés de *propres*, et la famille a sur eux des droits plus ou moins virtuels ; l'individu peut, au contraire, disposer librement des acquêts qu'il a faits. Dans une succession, dans la liquidation de la communauté entre époux, pour le retrait lignager, le sort des propres est différent de celui des acquêts (sans d'ailleurs que, dans les trois cas, la définition du propre soit exactement la même).

L'apport du Droit romain et plus encore celui de la scolastique, toujours soucieuse de division (*dividendo investigat*) va conduire à des distinctions plus subtiles. La théologie enseignait que la connaissance véritable ne porte ni sur le concept qui est une forme vide, ni sur la chose elle-même que son instabilité rend insaisissable, mais sur le concept de l'essence rapporté à un modèle. Pour Cicéron, qui est à l'époque l'*auctor* par excellence, les choses existent par ce qu'elles sont (*quae sunt*) mais aussi par la représentation qu'on en a (*quae intelliguntur*). On peut ainsi remonter du particulier à l'universel et concevoir l'idée d'une *summa divisio rerum* qui existe encore dans le Code civil et que Loisel (n° 194) exprime par la maxime : « Tous biens sont meubles ou immeubles. »

Les premiers coutumiers s'en tiennent à un critère matériel : les objets « scellés à fer ou à clou » à une maison sont réputés immeubles par un arrêt du Parlement de 1280 (Boutaric, t. I, p. 220). Les meubles sont « de légier muables d'ung lieu en aultre sans destruction de edifice ou par despouillement de héritaige » (*Grand coutumier*, II, 12). L'immobilisation peut venir de la nécessité ou de la volonté du propriétaire : les pailles et engrais, les semences, les animaux de labour, les canons d'un château fort et leurs boulets (*Somme rural*, I, 8-16), les vases sacrés d'une chapelle, les clés d'une maison, les pigeons des colombiers et les lapins des garennes, les abeilles des ruches sont immeubles par la volonté expresse ou présumée du propriétaire.

A partir du XVIe siècle, le rôle ainsi reconnu à la volonté devient prépondérant surtout dans le jeu des régimes matrimoniaux : on peut réputer immeuble une dot en argent ou, au contraire, « ameublir » un immeuble (*Coutume de Paris,* art. 93).

La glose d'Accurse (*Dominia rerum, Inst.*, 2, 6, pr.) constatait que les meubles sont choses de peu de prix : *mobilium vilis est possessio* ; les coutumes vont donc considérer comme immeubles les biens ou les droits qui constituent l'essentiel des fortunes nobles ou bourgeoises : les droits féodaux, les cens, les rentes, les dîmes, les douaires (*Grand coutumier*, II, 12) et, quand leur vénalité est reconnue, les offices (*Coutume de Paris*, art. 95) ; les rentes constituées sont dans les pays de droit écrit et dans beaucoup de coutumes réputées immeubles si elles sont perpétuelles (quoique rachetables) ; il en est de même, après de longues discussions, des rentes viagères.

Le Droit romain opposait aux biens corporels (*quae tangi possunt*) les droits incorporels, comme les créances ou les dettes (*quae in jure consistant*). Pour Bartole, ils ne sont ni meubles ni immeubles. Le *Grand coutumier* (II, 12) s'en tient à cette vue réaliste : les meubles ne peuvent être que ce qu'on peut « palmer et tenir à la main ». L'idée de *summa divisio* fit pourtant admettre que tout ce qui n'était pas immeuble était meuble. La Coutume réformée de Paris (art. 89) décide que les cédules et obligations portant sur des sommes d'argent sont réputées meubles. La rente assignée sur un fonds, considérée comme *pars fundi*, est, au contraire, une dette réelle. Les actions elles-mêmes seront considérées comme meubles ou immeubles selon la chose à laquelle elles tendent.

L'idée de patrimoine, aujourd'hui considérée comme un prolongement de la personnalité, est étrangère à l'ancien droit : les biens d'un individu sont distingués d'après leur origine ou leur affectation ; lors de la succession, chaque bien suit sa loi propre, ce qui fera dire à Loisel (n° 313), évoquant le pécule des soldats romains : « Les Français, comme gens de guerre, ont reçu divers patrimoines et plusieurs sortes d'héritiers d'une même personne. » L'unité n'existe que pour les meubles et les dettes qui « tiennent aux os ».

II. L'OCCUPATION ET LA PRESCRIPTION

On a beaucoup disserté depuis Grotius et Rousseau sur le droit du premier occupant ; si ce droit est toujours reconnu, il suppose, pour être exercé, qu'il existe des biens vacants ou sans maître, et qu'aucune autorité n'interdit au premier venu de s'en saisir.

Au Bas-Empire se pose la question des *agri deserti*. Une constitution de Constantin passée dans le *Bréviaire d'Alaric* (X,4) accorde la possession à ceux qui ont cultivé une terre fiscale. La loi des Burgondes (54,2), et plus nettement la loi des Bavarois (16,2) reconnaissent le droit de celui qui essarte. Quand il s'agit, après les raids musulmans, de repeupler la Septimanie, des *Capitulaires* de 812, 815 et 816 réglementent l'*aprisio* ou occupation des terres vacantes. A partir du XIe siècle les contrats de peuplement et, dans le Midi, les chartes de sauvetés attribuent des lots de terres à ceux qui les mettent en culture. L'Eglise a toujours favorisé les défrichements par une réduction de la dîme due par les *novalia* (X, 3, 30, 13). Une bulle de Sixte IV de 1476 autorise même un tiers à cultiver, contre le gré du propriétaire, une partie d'un domaine laissé en friche. La même idée permettait en Languedoc d'attribuer à celui qui promettait de les cultiver les terres abandonnées depuis plus de trois ans (Guyot, *Dictionnaire*, v° « Occupation »). Notre droit connaît pareillement la concession des terres dites abandonnées (lois des 27 août 1940 et 19 février 1942 ; Code rural, art. 39).

L'attribution des biens vacants pose la question de l'autorité ou du pouvoir. La royauté a toujours prétendu à la souveraineté des *regalia*, ce qui comprenait aussi bien les *res publicae* que les *res communes* du Droit romain [1]. Pour le droit féodal encore exprimé par Loisel (bibl. 64, n° 263), « biens vacquans, terres hermes et espaves appartiennent au haut justicier ». Il a pu exister anciennement un droit de la communauté rurale et la conciliation avec le droit du défricheur était réalisée par la notion de saisine : celui qui avait cultivé un fonds pendant un an et un jour sans opposition des voisins en acquérait la propriété ; c'est la règle admise par le titre 45 de la *Loi salique* comme par de nombreuses chartes urbaines qui accordent la bourgeoisie après un an et un jour de résidence [2].

Plus précieuse encore que la propriété des terres devait être pour les Francs la liberté de la chasse et de la pêche : le gibier et le poisson étaient des *res nullius* dont chacun pouvait se saisir ; c'étaient aussi « mets de prince ». Jusqu'au XIVe siècle, sauf des restrictions tenant à l'usage de certains engins ou filets, les non-nobles peuvent chasser « à chiens, à lièvres, à connins, à lévriers ou chiens courans, ou à chiens, à oisel et à baston » (*Grand coutumier*, I, 4). Mais le roi ou les seigneurs peuvent réserver pour leur seul usage les garennes, forêts ou viviers (*Olim*, t. I, n°s 12 et 16), garennes fermées qui sont des réserves ou garennes ouvertes qui permettaient de chasser sur les terres des manants de la seigneurie et rendaient ce droit odieux.

A la fin du Moyen Age, la chasse est revendiquée par les nobles comme un privilège de classe. Charles VI l'interdit aux non-nobles et cette interdiction est aggravée par François Ier et par l'Ordonnance sur les eaux et forêts de 1669 : le droit de chasse devient un attribut de la souveraineté et ne peut être exercé que sur concession du roi. Le gibier n'est plus considéré comme une *res nullius* mais comme un accessoire du fief. Il reste aux paysans le braconnage, le droit de chasser sans armes les nuisibles et, dans quelques provinces, la jouissance de droits jadis concédés aux communautés par les seigneurs justiciers.

Le poisson de mer appartient à celui qui le pêche ; il en était de même, jusqu'à l'Ordonnance de 1669, du poisson pêché dans les rivières navigables. Pour les autres rivières, la discussion fut toujours ouverte entre les seigneurs justiciers qui avaient la police des cours d'eau et les seigneurs fonciers ou les censitaires qui prétendaient en avoir la propriété. En fait, la pêche, moins « noble » que la chasse, était permise par les usages ou les chartes urbaines et même par quelques coutumes.

Les épaves de mer appartenaient anciennement aux batteurs de grève, souvent habiles à provoquer les naufrages ; tel saint Godric de Finchal, dont l'histoire est bien connue (H. Pirenne, *Histoire économique de l'Occident médiéval*, 1951, p. 199). Elles furent ensuite attribuées aux seigneurs dont la réputation n'était pas meilleure (*TA Coutume de Normandie*, 67), sous le nom de droit de bris, de lagan ou de naufrage. L'Ordonnance de 1681 en fit un droit royal. Les « choses égarées » ne sont considérées comme épaves que si elles ne sont pas réclamées pendant un an (L. Delisle, bibl. 44, n° 511 ; Beaumanoir, n° 1644). Elles reviennent par droit de confiscation aux seigneurs justiciers.

Pour le trésor la solution coutumière qui attribue couramment la « fortune d'or » au roi, et la « fortune d'argent » au baron

(*Etablissements de saint Louis*, I, 94) est mise en échec par la tradition romaine favorable aux droits du propriétaire et de l'inventeur (Loisel, n°s 265-267).

L'âpreté des conflits provoqués par la chasse et la pêche dont on retrouve l'écho dans les cahiers de 1789 comme dans les lois révolutionnaires, illustre bien la répugnance de tout ordre juridique établi à admettre que l'occupation peut faire acquérir la propriété ; l'existence de la *res nullius* paraît une anomalie ; le droit du premier occupant s'oppose aux droits de police ou de confiscation du roi ou du seigneur justicier comme au droit de propriété du seigneur foncier ou du censitaire.

L'article 713 du Code civil disposant que les « biens qui n'ont pas de maître appartiennent à l'Etat » a pratiquement enlevé tout intérêt à l'ancienne théorie de l'occupation. La chasse et la pêche exigent un permis ; l'attribution des terres vacantes une autorisation du préfet ; les épaves fluviales sont vendues au profit du domaine et les règles de l'Ordonnance de 1669 leur sont toujours applicables ; les épaves terrestres doivent être déposées dans un bureau de police ; seuls les meubles abandonnés sont encore susceptibles d'appropriation.

Le droit moderne, s'il reprend en cela les prétentions des seigneurs et de la royauté, n'en reconnaît pas moins bien souvent les droits de l'occupant. Si l'occupation des locaux d'habitation ou professionnels et la mise en culture d'une terre abandonnée tiennent à des réalités sociales bien différentes de celles du Moyen Age, elles ne répondent pas moins à la même conception juridique : un droit est reconnu à celui qui a acquis la jouissance et l'usage d'une chose ou qui la met en valeur par son travail.

La prescription

L'usage qui se prolonge devient légitime et tous les systèmes juridiques reconnaissent au temps passé la vertu de transformer le fait en droit. Seuls varient selon l'état social les délais et la technique. Le droit franc admet la solution la plus réaliste : après un an et un jour, toute réclamation est interdite et la saisine permet de garder la chose ; on parlerait aujourd'hui de prescription extinctive ou de forclusion. Le Droit romain, au contraire, a toujours admis l'idée que la possession fait acquérir la propriété, mais, par souci juridique ou moral, il en a restreint la portée :

dans le *Code théodosien* et dans le *Digeste*, le délai normal pour les immeubles est de trente ans et la bonne foi est exigée ; ce délai est réduit à dix ou vingt ans si le possesseur a un juste titre et porté à quarante ans pour les biens du fisc ou des églises.

Dès le haut Moyen Age, ces délais sont connus sans doute par l'action de l'Eglise qui y trouvait une protection contre les spoliations : les lois barbares, des édits de Childebert II et de Clotaire II, le *Petrus* (3, 10) ou le *Brachylogus* (2, 9) les mentionnent. Au XIIIe siècle, la plupart des coutumes les admettent et parfois même additionnent le délai franc et le délai romain pour admettre des prescriptions de onze ans (*Coutume de Reims*, 168), de vingt et un ans (*Coutume de Hainaut*), de trente et un ans, voire de quarante et un ans (*Coutume de Soule*, 28).

L'exigence de la bonne foi est bien comprise et Beaumanoir (n° 687) a assimilé l'enseignement des glossateurs d'Orléans : la « tenure » de dix ans donne la propriété si on a une « cause suffisante ». La tenure de trente ans a le même effet « sans nulle autre raison mettre en avant ». La prescription n'en est pas moins pour les romanistes un *iniquum subsidium* et les canonistes, par souci d'équité, exigeront toujours une bonne foi continue, qui, contrairement aux règles romaines, doit donc exister non seulement au moment de la prise de possession, mais persister jusqu'au bout (décrétale *Vigilanti* d'Alexandre III, et c. 41, du concile de Latran de 1215, X, 2, 26, 5 et 20). Gratien distingue nettement la prescription, de trente ans admise contre un propriétaire négligent (*odio petentis*) et la prescription de dix à vingt ans en faveur de celui qui croit avoir un juste titre d'acquisition (*favore possidentis*). Au for interne, le possesseur est moralement obligé de restituer le bien prescrit à son véritable propriétaire, ce qui fait que la prescription doit être invoquée et ne peut être suppléée d'office par le juge (*cf.* encore art. 2223 du Code civil), mais aussi que le roi peut en relever pour juste cause.

Au XIVe siècle, les règles romaines sont généralement appliquées par le Parlement et mieux encore par les officialités : la prescription est suspendue comme en Droit romain en faveur des mineurs et aussi, depuis un arrêt de 1333, de ceux qui ont été légitimement empêchés d'agir (cf. *Décret de Gratien*, II, 16, 3, glose CJ, 7.40.1). La portée du droit acquis par le possesseur est plus grande qu'en Droit romain puisque sa propriété est considérée comme libre de toutes charges, ce qui concerne le cas très pratique des rentes ou des charges réelles, comme l'hypothèque ou l'usufruit, qui grevaient les fonds et qui s'éteignent par dix ou vingt ans si elles n'ont pas été mentionnées dans l'acte d'acquisition du propriétaire actuel (*AC Paris*, art. 66-67 ; *NC* art. 114).

Bien des divergences cependant demeuraient, qui tenaient tout à la fois à la persistance de l'ancienne conception de la saisine, aux contradictions existant entre les textes romains, et aussi à la jurisprudence et à la doctrine.

1. L'an et jour permettent toujours d'acquérir la protection possessoire et, à l'inverse, sont un délai de forclusion pour de nombreuses actions : actions en garantie en cas de vente ou de partage (*TAC Normandie*, chap. 83), ou de revendication au cas de saisine : de nombreuses chartes urbaines (Lorris, Laon, Poissy) interdisent après un an toute réclamation contre l'acquéreur d'un immeuble. Les coutumes de l'Ouest ont connu, pour purger toutes les charges réelles qui grevaient les héritages, un délai d'un an qui, jugé trop bref lors de la rédaction des coutumes, fut porté à cinq ans.

2. Les textes romains prêtaient aux interprétations les plus diverses : la prescription qui est de dix ans entre présents est de vingt ans entre absents ; l'absence vient d'une habitation à plus de dix lieues pour la *Coutume de Sedan* (art. 313), hors du bailliage pour le Parlement de Paris ; hors du diocèse pour les officialités ; hors du royaume pour le Parlement de Toulouse ; en Boulenois et en Ponthieu le délai était toujours de vingt ans ; il est de trente ans en Artois.

Les Parlements du Midi, comme les Coutumes de Normandie et de Bourgogne, n'admettent, sur le fondement de la Novelle 119, que la prescription de trente ans, mais n'exigent pas la bonne foi continue. Les mêmes divergences existent pour la définition du juste titre, pour l'appréciation de la bonne foi, des causes de suspension, d'interruption ou de jonction des possessions. Les simples détenteurs, usufruitiers ou fermiers ne peuvent prescrire contre leur titre *etiam per mille annis*.

3. Bien des droits, comme les usages forestiers ou pastoraux, avaient une origine si ancienne qu'elle était inconnue ; le titre primitif, s'il avait existé, était le plus souvent perdu et la preuve devient alors pour la glose une *probatio anguillarum*, aussi insaisissable que l'anguille. Du Moulin (*Coutume de Paris*, XII, 7, n° 14) admet que la prescription immémoriale équivaut au titre : elle peut être invoquée pour les servitudes (à Senlis mais non à

Paris), pour les banalités, pour les corvées. Entre seigneur et censitaire et à l'égard du roi, la question est discutée ; ce que rappellent deux maximes de Loisel : « La possession immémoriale vaut titre » (n° 714) et, à l'inverse : « Qui a mangé l'oie du roi, cent ans après en rend la plume » (n° 713). Le Parlement de Paris, fidèle en cela à l'opinion de Du Moulin, admet la première opinion, tandis que le Conseil du roi lie l'imprescriptibilité absolue à l'inaliénabilité du domaine de la Couronne.

La prescription des meubles

Les meubles sont susceptibles de saisine mais celle-ci à raison même de leur nature passe facilement de main en main. Pour les coutumes, la répression du vol est essentielle : celui qui a perdu l'usage de sa chose peut, comme en droit franc, la « suivre » et la reprendre s'il la trouve « en autrui main ». Le détenteur peut se défendre en prouvant « qu'il l'acheta sans fraude et en marchié » et en appelant son vendeur en garantie (Beaumanoir, n° 739) ; il peut aussi recourir au duel judiciaire pour prouver son innocence (*Jostice et Plet*, 19, 1, 2 ; *Etablissements de saint Louis*, I, 95, et II, 18). L'action en revendication gardera ce caractère pénal dans les coutumes les plus traditionnelles (*TAC Normandie*, 82 ; *For de Morlaás*, 87, 282).

S'il ne s'agit pas d'une chose volée, le Droit de Justinien admet une usucapion de trois ans qui est reprise par de nombreuses coutumes. Certaines exigent le juste titre et la bonne foi (Melun, Amiens, Anjou, Maine), d'autres une prescription de trente ans (Paris, Berry), de vingt ans (Boulenois) ou de dix ans (Bretagne). En fait, l'action en revendication intéresse surtout les vendeurs de meubles non payés, le droit coutumier répugnant à admettre la règle romaine suivant laquelle l'acheteur devient propriétaire par simple tradition et avant tout paiement. La revendication du propriétaire est admise au XIVe siècle par le Châtelet sous la pression des corporations parisiennes hostiles aux brocanteurs et aux achats en foire. Aux XVIIe et XVIIIe siècles, l'intérêt du commerce l'emporte et il conduit à protéger l'acquéreur. Pothier admet qu'il puisse prescrire par trois ans et que sa possession fasse présumer le juste titre ; mais, sans doute par scrupule janséniste, il exige tout au moins la bonne foi. Bourjon (II, 1,

6) ne mentionne plus le délai de trois ans et donne la formule qui fera fortune : « En matière de meubles, la possession (de bonne foi) vaut titre de propriété. »

III. PROPRIÉTÉ ET CONTRAT

La saisine d'un objet ne peut être dévolue à l'acquéreur que par la remise matérielle de l'objet vendu. Pour le Droit romain classique, au contraire, la vente fait acquérir un droit à la chose vendue mais non forcément la chose elle-même : le vendeur est simplement tenu par une obligation de bonne foi de faire tradition de la chose vendue. Le Code civil, poussant à l'extrême le rôle de la volonté, admet que la vente est « parfaite » entre les parties, c'est-à-dire que la propriété est transférée, dès qu'il y a accord sur la chose et sur le prix, quoique la chose n'ait pas été livrée ni le prix payé (art. 1583). Cette conception savante (et d'ailleurs fort contestable) est le résultat de la longue évolution qui, du réalisme de l'ancienne saisine, a conduit au XVIIIe siècle à l'exaltation du rôle de la volonté.

L'aliénation d'un immeuble apparaît, dans la plus ancienne tradition coutumière, une chose fort grave qui ne peut être justifiée que par la « pauvreté jurée » et, souvent, par l'autorisation des parents. Pour les *Etablissements de saint Louis* (chap. 130), celui qui vend sa terre est un prodigue, c'est-à-dire un fou. *Jostice et Plet* (VIII, 3) répète que l'on peut vendre son héritage « por son besoing, non por son preu ». La *Coutume d'Artois* ne permettra l'aliénation que par « trois voies : par l'assentimens et le gré de son hoir, par povreté, pour achater plus souffisant heritage » (Boutillier, tit. 67). La *Coutume de Valenciennes* n'autorise la vente que faute d'héritier en ligne directe. Aux XVIIe et XVIIIe siècles, encore, on peut mesurer la persistance de ces idées dans la fréquence des clauses d'inaliénabilité stipulées dans les contrats de mariage et dans les testaments.

Une vente doit être solennisée par des formes qui en assurent la publicité : déclarée à l'époque franque dans une assemblée populaire, *mallus* ou *placitum*, concrétisée par des rites qui marquent la livraison de la chose. Dans les actes du Midi, la vente prend aux Xe et XIe siècles la forme d'un abandon du bien réalisé devant les *probi homines* dont il est dressé une notice qui le rappelle. Les formes impliquent le transfert de la saisine ; elles varient beaucoup selon les régions, ce qui montre bien leur formation spontanée (*cf.* p. 208) : on tire la barbe du nouveau propriétaire (car sa propriété est aussi solide que sa barbe) ; il fait du feu dans l'âtre, change le signe des bornes, laboure un sillon. La tradition emprunte souvent la forme d'un symbole : remise de la charte relatant l'acte, d'une motte de terre, d'une branche d'arbre ou du couteau qui a servi à la couper, d'un vase plein d'eau pour un étang, de la corde de la cloche ou d'un missel pour une église, aujourd'hui encore des clés pour une maison. Parfois aussi les coutumes (en Normandie, en Bretagne, mais aussi en Gascogne comme à Toulouse) imposent, pour les projets d'aliénation comme pour les projets de mariage, la publication de bans faits à la messe trois dimanches successifs. Logiquement, l'accord des parties et, pour une vente, le paiement du prix précèdent l'ensaisinement ; après celui-ci, en effet, le droit de l'acquéreur est devenu incontestable.

Les formes vont être compliquées par le jeu des principes féodaux ; dès que les fiefs et les tenures sont devenus héréditaires, le seigneur va s'interposer entre le vendeur et l'acheteur et prétendre mettre celui-ci en saisine : l'aliénation suppose une dessaisine ou devest, c'est-à-dire la remise du bien au seigneur de qui il est tenu, et une investiture, vêture ou vest. Le vendeur doit dire à son seigneur : « Sire, j'ay vendu à tel tel héritage, ou tel cens, ou rente, sur tel héritage mouvant de vous en censive pour tel pris, si m'en dessaisi en votre main et vueil et vous requiers que le dict acheteur ensaisiniez » (*Grand coutumier*, II, 23). Pour un fief, le nouveau vassal doit aussitôt prêter foi et hommage.

L'investiture prend d'ordinaire une forme symbolique : remise d'une motte de terre, ou raim (rameau) ou bâton ; pour un fief, d'un gant, d'une épée ou d'une bannière ; le seigneur peut exercer le retrait si la coutume l'y autorise et percevoir les droits de mutation (p. 224). Il délivre normalement des lettres de saisine qui permettent à l'acquéreur de prendre possession du fief ou de la censive.

Partant d'idées identiques, les coutumes, au gré des traditions locales, en viennent à des solutions fort disparates :

1. Dans le Nord et dans l'Est, sans doute en souvenir des pratiques carolingiennes, l'investiture est nécessaire : dans les pays dits de nantissement (*cf.* allemand *nehmen*, ancien français, *namps*, nants, gage) l'acquéreur est « nanti » par le seigneur (*Coutume de Hainaut*, 94 ; Artois, 71 ; Vermandois, 126). Le droit qu'il acquiert lui est garanti et toutes les charges qui n'ont pas été publiées sont purgées. En Hainaut, en Luxembourg, à Amiens, les aliénations sont enregistrées par les greffes royaux et seigneuriaux, ce qui équivaut à notre transcription et assure la publicité de tous les droits réels, et notamment des hypothèques. A Metz, la « prise de ban » impose l'intervention dans toute aliénation des échevins qui investissent l'acquéreur par quatre bans successifs. Le droit allemand, par la pratique de l'*Auflassung*, admet pareillement la transmission de la propriété par justice (ce qui est à l'origine du système moderne des livres fonciers).

Ces formes, qui rejoignent celles du droit moderne, ont été toujours mal comprises par les romanistes et par les parlements. La Coutume de Paris fut introduite à Metz en 1641. Un édit de juin 1771 qui abolissait l'usage des nantissements fut appliqué dans le ressort du Parlement de Paris, en Picardie et en Vermandois, mais rejeté par le Parlement de Flandre et le Conseil souverain d'Artois.

2. La pratique des bannies survit en Bretagne jusqu'à la Révolution : après les trois publications exigées, la vente est « certifiée » par la justice qui délivre la propriété à l'acquéreur, purgée de toutes les charges qui la grevaient.

3. Dans les pays de droit écrit, l'investiture seigneuriale est normalement exigée (à Agen, 38 ; Gontaud, 162). Les glossateurs admettent bien, comme le Droit romain, la nécessité d'une tradition, mais celle-ci peut être suppléée soit par la remise de l'acte de vente, soit même par la clause dite de constitut possessoire par laquelle le vendeur se constitue possesseur pour l'acquéreur (Azon, D. 7, 32, 2), par exemple en conservant l'usufruit de la chose vendue ou en devenant locataire. C'était un moyen commode de tourner la règle toujours maintenue par les romanistes postérieurs que la propriété ne peut être transférée, même pour des alleux, *solo consensu*. Au moins dans le Sud-Ouest, il paraît bien que par souvenir des anciens usages autant que par fidélité au Droit romain, les tribunaux aient exigé encore au XVIIIe siècle une prise de possession réelle de l'acquéreur. La volonté, pense-t-on, ne peut aller contre la nature des choses : le vendeur ne

peut transférer une possession qu'il n'a pas et entre deux acquéreurs doit être préféré celui qui a été mis en possession réelle (*Coutume de Toulouse*, art. 93 et les commentaires).

4. Les Coutumes d'Ile-de-France, plus soucieuses de permettre les transactions, et plus ouvertes au Droit romain, admettent au contraire que les héritages peuvent être librement vendus. Beaumanoir invoque le droit que « chascuns puet fere au sien à sa volonté comme donner ou vendre ou despendre » (n° 1510). Le droit commun coutumier va s'employer à tourner les règles romaines et à réduire la portée de l'investiture seigneuriale. Dès le XIVe siècle, les notaires insèrent dans les contrats des clauses dites de constitut ou de dessaisine-saisine relatant une tradition feinte : « Appréhension de fait équipolle à saisine. » Si le vendeur a la possession, il peut la transmettre à l'acquéreur sans qu'il soit besoin de demander l'investiture au seigneur : il suffit de notifier à celui-ci la vente et de lui payer les droits de mutation. Pour les fiefs, c'est au seigneur d'exiger l'hommage : « Tant que le seigneur dort, le vassal veille. »

Les inconvénients d'un tel système, même s'ils étaient atténués par l'intervention des notaires, ne sont pas douteux : les transferts de propriété se font dans le secret et l'acquéreur n'est jamais assuré ni que son vendeur est propriétaire, ni que le fonds n'est pas grevé de charges ou d'hypothèques occultes. Cette clandestinité servait le désir de conserver le secret des familles[3], mais elle marque surtout le triomphe de l'individualisme. L'idée que la volonté suffit, hors de toute tradition, à transférer la propriété est exprimée par Grotius (*De jure belli*, 2, 8, 25 ; 2, 12, 15) et par Puffendorf ; elle chemine chez Domat (*Loix civiles*, 1, 2, 2), heurte les romanistes mais convient fort bien aux physiocrates qui prônent la libre circulation des biens. La loi du 11 brumaire an VII sur la réforme hypothécaire imposera la transcription de toutes les aliénations ; mais ces dispositions, pourtant fort judicieuses, furent abrogées par le Code civil[4].

La vente des meubles suivait, en principe, les mêmes règles, mais l'objet vendu est normalement livré à l'acheteur dont cette tradition fait présumer le titre. La seule difficulté concerne le vendeur non payé : la jurisprudence parisienne lui accorde une revendication spéciale (*Coutume de Paris*, art. 176), tandis que les parlements du Midi lui reconnaissent seulement un privilège au cas de revente du bien.

Pour les donations, l'idée d'un transfert consensuel est plus difficilement admise : « Promettre et tenir sont deux » (Loisel, n° 647). Lors de la première rédaction des coutumes, la règle que « donner et retenir ne vaut » exprime bien la nécessité de l'ensaisinement du donataire ; seules, cependant, quelques coutumes persistent à l'exiger (Reims, 231 ; Laon, 53 ; Senlis, 242). Plus généralement, la pratique admet la possibilité d'une réserve d'usufruit ou du constitut possessoire, mais impose la présence de notaires et de témoins pour maintenir une certaine publicité. « Dessaisine et saisine faicte en présence de notaires et de tesmoings vaut et equipolle à tradition » (Loisel, n° 734).

Le retrait lignager

Il est normal, dès lors que la famille possède sur les « héritages » une saisine au moins subsidiaire, qu'elle intervienne dans leur aliénation. Cette intervention, même si elle n'a pas partout la même portée, est constante dans les actes des Xe et XIe siècles[5]. Les parents interviennent à l'acte pour donner leur approbation (*laudatio parentum*, p. 211) ; s'ils ne l'ont pas fait, ils ne manquent pas de le contester (*calumniare*, anc. fr. *challenger*).

Il est bien difficile d'apprécier exactement les droits prétendus par la famille : ses interventions paraissent plus fréquentes dans le Midi, ce qui peut simplement tenir au fait que la liberté de l'individu y était plus grande et les aliénations plus fréquentes. Il est normal, au contraire, dans le Nord et dans l'Ouest, que le vendeur justifie l'aliénation par la nécessité, la dureté du temps et sa pauvreté ou même le rachat d'un captif. En Bretagne, il est courant de procéder à une enquête pour découvrir tous les parents, les « rameaux » d'une parentèle, dit un acte de 1050 (R. Grand, « Quelques survivances régionales d'une communauté de famille », *RHD*, 1952, p. 178-194). L'autorisation est forcément donnée par les parents vivants et il ne paraît pas, au moins avant le XIIe siècle, que les héritiers présomptifs soient seuls en cause : toute la famille est intéressée à l'aliénation et les actes mentionnent l'intervention de toute la « parentèle », des « proches » ou des *consanguinei*. La *laudatio* était parfois rémunérée, l'exemple le plus net étant fourni par ce nouveau-né sur le berceau duquel on pose quatre deniers *in testimonio* (*Cartulaire Saint-Père*, t. II, n° 75, acte de 1126).

Aux XIe et XIIe siècles, les monastères sont en butte à de fréquentes *calumniae* et leurs archives gardent le souvenir des « rachats » qu'ils doivent consentir, reconnaissant par là le droit des parents. Dans les Cartulaires d'Angers, de Chartres, de Redon, de telles transactions sont fréquentes. Elles le sont plus encore dans la région pyrénéenne et elles interviennent souvent après une ordalie ou un duel. Les donataires se défendent en invoquant une possession plus ou moins longue. Pour la plupart des chartes du Nord, il s'agit seulement d'une saisine d'an et jour (loi de Beaumont, Saint-Omer, Abbeville).

L'autorisation des parents concerne surtout les donations ; pour les ventes, il paraît normal que le bien vendu soit par préférence offert aux parents. Une clause en ce sens existe dans les actes de donations faites aux églises si le bien donné venait à être revendu par elles. A Bourges, une lettre d'Innocent III (*PL*, p. 215, p. 34, VI, n° 34) mentionne la coutume suivant laquelle : *ne cuiquam patrimonium suum vendere liceat nisi tali qui sit ei propinquior in linea parentele*. Les Chartes de Beauvais (1182) et d'Amiens (1190), des chartes bretonnes du début du XIIIe siècle, l'ancienne Coutume de Touraine-Anjou, font allusion à des pratiques analogues. Pour les Coutumes basques dont on connaît l'archaïsme, l'aliénation n'est possible, encore au XVIe siècle, que du « consentement de l'aisné émancipé ou du prochain qui par la coustume doit succéder » (Soule, XVIII, I ; Labour, V, I).

En Provence et en Languedoc, la tradition romaine l'emporte, et la libre aliénation des immeubles est normalement admise. Dans le Sud-Ouest, au contraire, les parents peuvent au moins, dès le XIIe siècle, exercer le « torn », c'est-à-dire la reprise du bien vendu, à condition d'agir dans un très bref délai (P. Ourliac, bibl. 568, p. 199-226). En Normandie, il y a trace d'un système original qui aboutit à partager le bien vendu entre l'acheteur et les parents (L. Delisle, bibl. 44, n° 91). Dans le Nord, les ventes sont toujours vues avec défiance et l'héritier doit y consentir. Dans la région parisienne, dans l'Ouest, il doit exister une « cause raisonnable » de vendre les héritages (Beaumanoir, n° 1094), mais il est aussi « raisonnable » de préférer un parent à un étranger, ce que permet le retrait lignager qui apparaît vers 1220 à Paris, en Poitou, en Bourbonnais, en Normandie, un peu plus tard en Bretagne et en Champagne. La vente est permise et le prix et les conditions en sont librement débattus ; mais les parents peuvent reprendre pour eux le marché et évincer l'acquéreur.

L'institution va être modelée par la pratique et elle fournit un parfait exemple de l'élaboration coutumière du droit (L. Falleti, bibl. 362).

1. Aux délais anciens, souvent fort brefs, est substitué le délai d'an et jour. Naïvement, Beaumanoir (n° 1387), dans un passage déjà cité (p. 102), raconte qu'il existait dans des villes du Beauvaisis la coutume de publier les bans de vente et que les parents devaient « rescourre » dans les quinze jours ; cette coutume lui paraît mauvaise et si des justices inférieures l'appliquent, le requérant devra faire appel au bailli et il aura « bon appel ». Quant aux formes, elles vont être chargées de symboles et fort rigoureuses : le retrayant doit offrir en justice la « bourse », c'est-à-dire le prix et les loyaux coûts, montrer l'argent, le faire tinter, assister à toutes les audiences : le retrait doit être fait « à deniers découverts ».

2. Le retrait n'existe pas en droit commun, au cas de donation et d'échange (qui ne comportent pas de prix) mais seulement au cas de vente. Il ne concerne normalement que les immeubles propres : « en aqueste n'a point de retraite » (Beaumanoir, n° 1358) ; cependant les coutumes de l'Ouest (Normandie, Bretagne, Touraine, Poitou) comme certaines coutumes du Nord (Lille, Ypres) ou des pays de droit écrit (Bordeaux) sont assez favorables à la famille pour permettre le retrait des acquêts. Tout parent a le droit de retraire (même au trentième degré, dira Pothier), s'il pouvait hériter du bien (ce qui conduit à appliquer au retrait les règles successorales). En Auvergne, pour les acquêts, la préférence est donnée aux parents paternels (*cf.* p. 259). Logiquement, la préférence est généralement donnée au lignager le plus proche (Beaumanoir, n° 1407) qui évince les parents plus éloignés et doit, au contraire, partager avec les lignagers de même degré ; quelques coutumes poussant à l'extrême les préoccupations lignagères (Bretagne, Hainaut, Flandre) préfèrent l'aîné et le mâle. De droit commun, cependant, tous les parents sont considérés comme ayant vocation égale (ce qui manifeste bien l'idée d'une communauté familiale) et le plus diligent l'emporte. La règle est introduite dans la première *Coutume de Paris* (art. 178), dans les coutumes voisines, dans les coutumes de l'Est (Sedan, art. 219 ; Saint-Mihiel, IX, 2) comme dans les coutumes du Centre (Bourges, VI, I ; Berry, XIV, 5).

3. Le retrait, répètent tous les commentateurs, est « contre droit écrit » ; il est un droit « haineux » et de ce fait subit aux XIVe et XVe siècles un certain discrédit. La technique romaine permet cependant de préciser la portée de l'action en retrait : celle-ci est une action réelle qui peut être exercée contre un sous-acquéreur. Aux améliorations faites par le premier acquéreur, on applique les règles romaines des impenses ; surtout, le retrait n'est pas une revente mais une substitution à l'acquéreur dont l'acquisition est rétroactivement éteinte : les droits qu'il avait pu consentir sur le bien vendu disparaissent, tandis que les droits qu'il possédait avant la vente, l'usufruit par exemple, s'il a acheté la nue-propriété, sont rétablis.

4. L'opinion populaire est souvent favorable au retrait et cette faveur apparaît bien dans l'application qui, dans quelques régions, en est faite aux meubles. Si les retraits de vivres ou de bétail répondent à des préoccupations communautaires (p. 187), les parents ont le droit de retraire le meuble vendu après saisie, parfois même de revendiquer l'argenterie de famille ou des objets précieux (auxquels on reconnaît alors la qualité d'immeubles). La règle générale demeure cependant que « meubles ne cheent en retrait » (F. Garrisson, bibl. 406)[6].

Né au XIIIe siècle, ayant à l'origine pour objet de fixer une limite précise aux droits de la famille, accordé à l'héritier présomptif et modelé pour chaque coutume suivant sa conception du droit successoral, subissant aux XIVe et XVe siècles l'hostilité du Droit romain qui explique son discrédit dans le Midi, le retrait lignager va connaître lors de la rédaction des Coutumes une véritable renaissance due à l'évolution sociale : la « grandeur des maisons » est sans cesse alléguée et elle paraît reposer sur la permanence du patrimoine. Le commentateur de la *Coutume de Bourges* explique que le retrait y a été introduit « en faveur de la race et de la conservation du nom qui ne se conserve point sans richesse ». En Boulonnais, alors que l'ancienne coutume ne consacrait que cinq articles au retrait, la Coutume de 1521 en traite en soixante-six articles. Tiraqueau publie sur le retrait un traité célèbre ; un édit de Henri III de 1581, qui sera fort mal appliqué, le généralise pour des raisons fiscales dans tout le royaume. En Picardie, en Artois et en Flandre au XVIe siècle, le retrait est maintenu pour les fiefs mais souvent supprimé par les coutumes urbaines pour les biens roturiers. Montesquieu (*L'Esprit des lois,* V, 9) dira encore que, dans une monarchie, il est nécessaire que « le retrait lignager rende aux familles nobles les terres que la prodigalité d'un parent aura aliénées ».

Les praticiens, au contraire, critiquaient le nombre infini des procès provoqués par le retrait, ses « formalités ridicules » et la mauvaise foi de la plupart des retrayants. Les économistes condamnaient l'entrave apportée à la libre circulation des biens et, à la suite, les Cahiers de 1789 demanderont la suppression de « restes honteux » de la féodalité « dans un temps éclairé et qui va devenir libre ». L'abolition sera prononcée par la loi du 17 juillet 1790, votée par l'Assemblée nationale pour favoriser la vente des biens nationaux. Une loi de la Convention du 2 septembre 1793 ajoutera « qu'il ne pouvait plus exister aucune espèce de retrait ».

Le Code civil n'avait conservé que trois cas de retrait (d'indivision, successoral et litigieux), ce qui marquait bien le caractère absolu reconnu à la propriété. Le droit moderne multiplie au contraire les droits de préemption fort proches du retrait dont bien souvent ils reprennent la technique. La parenthèse individualiste ouverte en 1789 est ainsi refermée : on reconnaît à un fermier ou à un locataire par exemple, comme jadis aux parents, un droit virtuel qui conduit à les préférer à un acquéreur étranger et tient en échec la volonté du propriétaire.

CHAPITRE IV

LA FAMILLE, LA FEMME ET L'ENFANT

Au Xe siècle, dans tout l'Occident, l'Eglise impose la conception de la famille et du mariage qui la fonde. La société carolingienne était une société de transition qui professait les principes chrétiens plus qu'elle ne les pratiquait. Le désordre est partout ; l'exemple vient de la cour impériale : Charlemagne a eu onze épouses ou concubines connues et sa Cour est riche de bâtards, d'amants de ses filles et de cousins marginaux. Son neveu Pépin a conclu en Italie un « mariage germanique » ; les rapts sont fréquents et n'épargnent ni les moniales ni les veuves. Il n'est pas rare que des maris tuent leur femme pour se remarier (J. Devisse, bibl. 336, p. 373). La prohibition de l'inceste est si souvent répétée qu'elle suffit à en prouver la fréquence. Les évêques associés aux comtes par la législation carolingienne dans le gouvernement du peuple chrétien s'efforcent de discipliner toute la vie sociale. Aux violences, ils opposent la conception de l'ordre et de la paix ; la paix est la *pax super pacem* qui ne peut exister que par la paix des consciences et des familles.

En interdisant l'usage des pénitentiels qui permettaient tous les accommodements, le concile de Paris de 829 ouvre le champ à la législation canonique : à la rigueur de tabous venus souvent d'une magie ancestrale (P. Browe, bibl. 253) comme aux mœurs de l'aristocratie franque, les faux capitulaires opposent une discipline très stricte. L'unité et l'indissolubilité du mariage sont affirmées par Hincmar († 882) et par un groupe d'évêques réformateurs. S'ils apportent à cette construction une hantise toute cléricale de la luxure et de l'impureté, une hostilité aux femmes qui, même en rêve, sont une occasion de pécher, ils n'en admettent pas moins la liberté des époux et, sur le fondement de la Genèse (II, 24), l'obligation pour le mari de quitter son père et sa mère pour s'attacher à sa femme et ne faire avec elle qu'une seule chair.

Le rapt, l'inceste et l'adultère sont condamnés par les Capitulaires comme par les conciles (P. Daudet, bibl. 324, I, p. 35). L'interdiction de l'inceste vient du Lévitique (XVIII, 6-19) ; elle a été reprise par les Actes des Apôtres (XV, 19 et 28 ; XXI, 25) et sans cesse étendue. Grégoire le Grand avait permis, comme le *Code théodosien*, le mariage à partir de la « troisième génération ». Au contraire, Isidore de Séville, reprenant la définition de la parenté de l'*Interpretatio* de la loi des Visigoths (*Sent. Pauli*, IV, II, 8) interdit le mariage jusqu'au septième degré. Les papes du VIIIe siècle, les évêques et les faux capitulaires maintiendront ce principe : « Nul ne doit prendre femme dans sa parenté aussi loin que le droit des successions la reconnaît. » Autant que d'une répulsion instinctive contre l'inceste constatée par tous les sociologues, il s'agit pour l'Eglise du souci d'abolir les usages germaniques, rappelés par exemple dans les lettres de saint Boniface, et de réagir contre la promiscuité qui pouvait exister dans de petites communautés rurales.

La précision de la règle, sa portée générale, le lien établi entre l'interdiction du mariage et le droit de succession devaient conduire les clercs à définir nettement la parenté et donner à celle-ci une portée concrète : la famille s'oppose aux « autres » ; le mariage, comme l'avait dit saint Augustin, établissait une sorte de médiation, une semence d'amour, *seminarium charitatis*, en réalisant l'alliance de deux familles étrangères. La solidarité de la famille était comme renforcée par la loi d'exogamie qui permettait de définir, sans incertitude ni arbitraire, le groupe que constituaient les parents.

Justement, vers l'an mil, la famille devient la seule force et la seule autorité sociales : dans la ruine de toute autorité publique, l'intervention des parents, la crainte de la vengeance sont considérées même par les petites gens, comme une sauvegarde. Pour les *potentes* leur force est, plus que dans leur domaine, dans l'assistance d'une parenté nombreuse, vaillante, capable de défendre leur vie, leur honneur et leurs biens. Les chroniqueurs de l'époque, tel Raoul Glaber, racontent paisiblement les luttes entre familles, tandis que les chansons de geste les idéalisent et par là même les justifient.

A la mort du roi Robert, alors que la royauté est au plus bas

(J.-F. Lemarignier, bibl. 502), l'Eglise pose les jalons d'une réforme à la fois morale, sociale et politique. Pour restaurer l'ordre chrétien, le concile de Limoges de 1031 entreprend tout à la fois de réprimer l'inceste des laïcs et le concubinat des clercs, de mettre fin aux guerres privées et de protéger les femmes et les enfants en imposant à tous la paix de Dieu ; enfin de donner leur pleine portée aux sentences d'excommunication ou d'interdit. Contre la violence et les désordres qui à l'époque sont partout, seule la menace des censures ecclésiastiques peut imposer la loi du mariage et la paix des familles [1].

En affirmant le rôle de la famille, en imposant l'autorité du père sur les enfants et du mari sur la femme, l'Eglise était en plein accord avec la société laïque ; les prêtres ne pouvaient avoir cependant la même morale que les laïques, non par souci de domination mais par simple fidélité à l'Evangile. A plus ou moins long terme le conflit était inéluctable. L'indissolubilité du mariage et l'interdiction de répudier la femme stérile, l'indépendance relative reconnue au couple, la liberté de choisir son époux, l'égalité de principe de l'homme et de la femme, compromettaient forcément les stratégies familiales. Pour l'Eglise, la famille doit protéger l'individu et non comme le pensent les laïques, le dominer et limiter en toutes choses sa liberté (section I) ; la femme, d'après la Genèse, demeure l'égale du mari (*simile sibi*), son aide (*adjutorium*), mais elle doit être aimée (I Cor., VII.10) et non asservie (section II). La famille se perpétue par l'enfant, la seule fin du mariage étant la procréation (section III). L'enfant intéresse pourtant le droit moins par ce qu'il est que par ce qu'il deviendra et, surtout s'il est orphelin, par ses biens plus que dans sa personne (section IV).

I. LA PARENTÉ ET LA FAMILLE

Le rôle que joue la famille aux XIe et XIIe siècles tient à la ruine de l'Etat mais aussi à la désagrégation des anciennes communautés ethniques dont la cohésion avait été maintenue par la personnalité des lois. Pour les petites gens le cercle familial se restreint aux cousins proches dont la filiation est connue. Pour les *potentes*, l'ancienne idée de clan aristocratique persiste ; l'histoire devient généalogie et l'éloge d'un grand personnage ne peut aller sans celui de ses ancêtres (B. Guenée, bibl. 438, p. 64 ; G. Duby, bibl. 354). Les chants épiques développent cette mystique de la parenté (p. 44) ; avant même d'être le chef d'un clan de vassaux, le baron est un chef de famille ; entre parents l'entraide est permanente ; ils sont les amis « charnels » ou « naturels », associés pour défendre l'honneur du nom.

La communauté de sang comprise comme une unité biologique conduit à un orgueil de race et à la recherche par le mariage d'alliances glorieuses. Adalbéron, pour faire élire Hugues Capet, reproche à Charles de Lorraine, descendant de Charlemagne, d'avoir épousé une femme « inégale » car elle est la fille d'un vassal (J.-M. Van Witter, *Miscellanea... Niermeyer*, 1967, p. 113). Trois siècles plus tard, les tournois seront interdits à ceux qui ont épousé une roturière (P. Contamine, bibl. 318, p. 194).

Cette exaltation du lignage peut paraître aux modernes un fruit de l'imaginaire[2], elle ne répond pas moins pour les hommes de l'époque à une réalité sentie et vécue imposant, dès qu'un parent est en danger, l'intervention de tout le lignage. A l'ancienne vengeance germanique, le droit féodal substitue une réglementation très stricte de la guerre privée. L'offensé est le chevetaigne ou chef de guerre et il peut appeler à son aide tous ses parents qui doivent « guerroyer » avec lui : l'obligation existe jusqu'au septième degré puisque, d'après le droit canonique, la parenté s'étend jusque-là. Beaumanoir (n° 1686), à la fin du XIIIe siècle, lie encore très nettement les deux choses : « L'on se vengeait... par droit de guerre jusqu'au septième degré de lignage et ce n'était pas merveille car avant le septième degré, on ne pouvait faire mariage. »

Les guerres entre familles peuvent se perpétuer par une « haine sans fin » : dans la Chanson de Renaud de Montauban, Charlemagne impose la paix au lignage Aymon et au lignage Ganelon : « Charles a fait la pais, si sont entrebaisié. » Au moins jusqu'au XIIIe siècle et à l'institution (à une date inconnue) de la Quarantaine le roi, le péril créé par l'appartenance à un lignage donne la mesure de sa cohésion. La guerre pouvait être ouverte par « simple fait », une rixe ou une dispute, et aussitôt tous les parents du chevetaigne se trouvaient en guerre sans même le savoir et pouvaient être victimes d'une embuscade.

Si la guerre privée est l'expression extrême de la solidarité du lignage, celle-ci apparaît longtemps dans tous les actes de la vie privée : si un crime est commis, c'est un devoir pour les « enfants, neveux ou parents prochains » de venger leur « ami » (*Jostice et Plet*, XIX, 4, 2 ; J. Yver, bibl. 701). C'est encore un devoir d'assister un parent dans un duel judiciaire (bibl. 83, p. 65) ou de cautionner sa dette pour le libérer de prison (L. Cailleaux, *La Solidarité familiale (à Reims)*, *RHD*, 1964, p. 283-89). Dans un procès, l'institution bretonne du « finport » oblige à mettre en cause tous les parents du défendeur (Olivier-Martin, *Mémoire de la société historique de Bretagne*, 1921, p. 37-96). Les parents interviennent couramment à une aliénation pour la confirmer ou la garantir. La veuve qui veut marier sa fille doit réunir un « conseil de lignage » (*Etablissements de saint Louis*, I, 67) et le consentement des parents est jugé par la Cour du roi (*Olim*, II, 56, 8) nécessaire à la licéité du mariage d'une orpheline (J. Turlan, bibl. 675, p. 494). De même le mari qui fixe le douaire de sa femme doit avoir le conseil de ses « amis » (Beaumanoir, n° 445). L'internement d'un aliéné suppose encore l'intervention des parents, car elle porte atteinte à la réputation de la famille. De même si l'injure faite à un individu atteint sa famille tout entière, elle peut en demander réparation.

La limitation au quatrième degré de l'empêchement de mariage (p. 258), la lutte patiente poursuivie par Philippe Auguste et ses successeurs contre l'autorité des lignages et l'évolution politique qu'elle traduit, conduisent à une restriction du cercle familial. Au XIVe siècle, à côté des « plus prochains du lignage » apparaît le groupe des « amis charnels » (Beaumanoir, n° 513) : groupe aux contours incertains, lié par une « amitié » qui est souvent le souvenir d'une origine commune et qui impose son intervention dans tous les actes graves : un procès ou la protection des orphelins par exemple (J. Turlan, bibl. 677).

Les grandes familles urbaines ont la même conception du lignage que la noblesse. La même solidarité familiale existe encore chez les paysans qui « cousinent » volontiers. En tout cas, toutes les classes se trouvent d'accord pour maintenir l'intégrité du patrimoine familial : le droit de succession, la réserve héréditaire, le retrait lignager, traduisent, avec beaucoup de diversités locales, la même reconnaissance des droits de la parenté. La richesse assure « la splendeur des familles ». Le souci d'ascension sociale des bourgeois équivaut au désir des nobles, jugé ridicule par Montaigne (II, 8), d'assurer « l'éternité du nom ».

A la fin du Moyen Age, contre la montée de l'individualisme et de l'esprit laïque, la famille fait front. Dans la mesure même où les coutumes rédigées établissent une certaine égalité des partages, la discipline familiale devient plus stricte ; le testament, le contrat de mariage, permettent, par un jeu complexe de legs, de renonciations ou de fidéicommis, d'exclure les cadets et les filles. L'Etat s'institue protecteur des familles, ce qui le conduit à renforcer encore l'autorité paternelle ou maritale.

Tout dans la société de la Renaissance travaille à l'unité et à l'ordre. Le pouvoir domestique est forcément le reflet du pouvoir politique et s'organise sur son modèle. L'idéal monarchique s'impose aux familles et il est parfaitement représenté par le *paterfamilias* romain. Le roi, disait Erasme dans l'*Institutio principis*, doit gouverner ses Etats « comme un père sa propre maison » ; il est à la fois « bon prince » et « bon père de famille », c'est-à-dire monarque absolu ; « au bon prince, tout peut être permis ».

La famille romaine était une famille patriarcale placée sous l'autorité du père ou du patriarche exerçant la *patria potestas* sur tous ses descendants. Le modèle sera assoupli et nuancé mais il prévaudra jusqu'au XIXe siècle. Philippe Ariès (bibl. 171) a justement insisté sur l'apparition au XVIe siècle du thème iconographique de la famille : les scènes de famille, le repas de famille, la récitation du bénédicité regroupent le mari, la femme, les enfants, les serviteurs. Pour Van Dyck et pour Le Nain, la famille devient à la fois le centre de vie des bourgeois et des paysans et l'image de la vertu. La Sainte Famille devient un modèle de piété désormais proposé aux laïques aussi bien par les protestants que par les jansénistes et, semble-t-il, avec une particulière insistance en Flandre et en Lorraine. C'est bien la substitution de la famille « nucléaire » ou conjugale à l'ancienne mystique du lignage[3].

Tout lien n'est pourtant pas rompu avec la « famille large ». Le ménage reste le plus souvent dépendant de la parenté même s'il a une habitation séparée. Toujours la « protection » familiale est invoquée et mise en œuvre. Dans toutes les classes sociales la maison devient comme le symbole de la famille. Un noble doit « soutenir l'honneur de sa maison » (*Le Cid*, I, 9). Le droit d'aînesse assure la conservation du « principal manoir ». Pour les paysans, la maison, même si elle est misérable, accueille les frères et les sœurs non mariés, et la famille demeure un sentiment et, pour peu qu'on ait quelque fortune, une réalité économique.

La parenté

La parenté fonde la famille et, dans celle-ci, assigne à chacun une place précise. Elle se calcule et, surtout pour la succession, établit un ordre de priorité qui, pour l'anthropologue, est toujours révélateur des structures sociales élémentaires. Tandis que la famille constitue un ensemble, la parenté est classificatrice.

Le Droit romain calculait en ligne collatérale les degrés de parenté par rapport à l'ascendant commun : des frères sont parents au deuxième degré, des cousins germains au quatrième. Les peuples germaniques définissent, au contraire, la parentèle en termes de « souche », une souche comprenant tous les descendants d'un individu ou d'un couple : la première parentèle sera celle des descendants, la seconde, celle des descendants du père ou de la mère, la troisième, qui comprend les oncles et les cousins germains, celle des descendants des grands-parents. Tandis que les romanistes prennent volontiers pour représenter la parenté l'image de l'arbre avec son tronc, ses branches et ses rameaux, les peuples germaniques adoptent l'image du corps humain en faisant correspondre à chaque articulation, épaule, coude, poignet, un degré de parenté. On ne compte la parenté qu'en remontant à l'auteur commun (et non comme dans le système romain, dit souvent de l'échelle double, aussi en redescendant).

L'Eglise qui avait d'abord suivi le calcul romain, adopta le système germanique qui représentait la *computatio vulgaris*. L'interdiction de mariage entre parents au septième degré romain ayant été admise par les conciles, les papes du VIIIe siècle l'exprimèrent exactement par la troisième ou la quatrième génération (ou articulation). L'équivoque née de tels calculs (le septième degré romain équivalant en effet à la troisième ou à la quatrième parentèle), l'extension généralement donnée au droit de succession, toujours aussi la répulsion de l'inceste, firent vite prévaloir dans les *Fausses décrétales* et dans le *Décret de Gratien* (XXXV, qu.2, c.21) la solution la plus rigoureuse (J. Fleury, bibl. 378) sans que l'on parvienne cependant à décider clairement si la parenté s'étendait jusqu'à la sixième génération ou parentèle ou jusqu'à la septième.

Les inconvénients et même l'irréalisme de l'extension ainsi donnée à la parenté et à l'inceste furent aussitôt critiqués par les romanistes et même par des théologiens rigoristes comme Pierre Damien. Il fallait pour trouver l'ancêtre commun remonter deux siècles en arrière et, à supposer que chaque ménage ait eu seulement deux enfants, l'interdiction concernait plusieurs milliers de personnes. Non seulement une si lointaine parenté était bien difficile à prouver, mais, si elle l'était, elle entraînait la nullité de mariages contractés de bonne foi et pouvait fournir aux grands un excellent moyen de rompre leur union (B. Bruguière, bibl. 255).

Une réforme s'imposait. Le concile de Latran de 1215, constatant les graves difficultés *(dispendium)* d'une prohibition trop étendue, limita l'empêchement, et par là même la parenté, au quatrième degré – ce qui correspond néanmoins au septième ou huitième degré romain. La même limitation fut admise pour les guerres privées (*supra*, p. 255). Pour le droit de succession, les coutumes conservèrent leurs règles propres : en Bretagne la parenté cessait au neuvième degré, en Normandie, au septième, dans le Centre (Marche, art. 218 ; Berry, XIX, 1), la succession est possible tant que la parenté peut être prouvée, ce que reprit la loi du 17 nivôse an II (art. 75). La tradition était si forte que le Code civil de 1804 admit que les parents succédaient jusqu'au douzième degré.

La parenté est trop chargée de mythes pour être définie par un simple calcul : on explique aujourd'hui le droit d'un parent à succéder par l'affection présumée que lui portait le défunt et qui répondrait à la proximité de degré. Les règles successorales anciennes font, au contraire, apparaître un système taxonomique bien différent.

Le Droit romain donnait toujours la préférence à la parenté paternelle, ou agnation, sur la parenté maternelle. Les dispositions des lois barbares sont, au contraire, fort équivoques : la loi salique (tit. LIX) attribue la succession à la mère, au frère et à la sœur, à la sœur de la mère ; la loi ripuaire (tit. LVI), à la sœur de la mère ou du père, mais la fille est exclue de toute succession. Comme le dit la loi des Thuringiens (II, 30), l'hérédité ne peut aller « de la lance au fuseau » que s'il n'existe aucun parent de la ligne paternelle jusqu'à la cinquième génération (K. Kroeschell, « Söhne und Töchter in germanischen Erbrecht » in *Studien für Wilhelm Ebel,* 1981, p. 87-116). Le droit visigothique était plus favorable à la ligne maternelle et encore au XIe siècle l'indication fréquente dans les actes méridionaux de la filiation maternelle paraît indiquer une origine visigothique.

Si un individu n'appartient qu'à une « maison », il appartient à deux lignages. Les coutumes dites communautaires (p. 87) s'attachent plus à la communauté d'habitation qu'à la communauté de sang ; celle-ci, au contraire, est essentielle pour les coutumes lignagères : seule, la parenté décide de la succession ; elle s'impose aux parents comme aux enfants, à l'encontre de tout contrat de mariage ou de tout testament. La vocation successorale est inaltérable et inamissible : la loi du lignage domine et elle impose l'image de l'arbre : la famille est faite de branches ou de rameaux qui tous procèdent d'une souche commune et participent de la même sève. Avec une inflexible logique la coutume de Normandie ajoute que le lignage est « tout mâle ». Les femmes n'en font pas partie et ne peuvent, par conséquent, prétendre à aucune vocation successorale. Cette supériorité reconnue à la parenté paternelle peut venir d'un lointain passé et tenir à des traditions ethniques : elle peut aussi exprimer le sentiment de la classe féodale ; encore faut-il noter que la même exclusion de la mère et de la parentèle maternelle existe dans la Coutume de Toulouse et dans la Coutume d'Auvergne, l'une et l'autre étrangères à toute idée féodale.

La parenté maternelle prévalait-elle, au contraire, en Flandre ? Verriest l'a soutenu en se fondant sur quelques textes qui paraissent fort nets (bibl. 689). En Champagne et aussi sans doute en Barrois et en Artois, il a toujours été affirmé que la noblesse se transmettait par la mère. Dans le droit pyrénéen, la fille aînée hérite de la maison de préférence à ses frères plus jeunes. L'origine de ces diverses règles peut être d'ailleurs assez différente. En Flandre, il paraît s'agir de pratiques communautaires et semi-serviles ; en Champagne, l'expression « fils de franche femme » témoigne sans doute d'une opposition de classe aux bâtards qualifiés couramment de « fils de putain ». En Béarn, on a prétendu remonter à la tradition du peuple cantabre chez qui, au dire de Strabon, les filles héritaient de leurs parents.

L'étude des successions fera apparaître l'opposition très nette qui existe entre les coutumes lignagères et les coutumes communautaires, ce qui permet de déceler des « structures de parenté » très différentes. Les coutumes lignagères donnent un effet absolu à la parenté ; elles imposent l'égalité des héritiers, la représentation à l'infini et sont hostiles à toute succession des ascendants. Chaque parent a sa place marquée dans l'arbre généalogique et les biens « descendent » vers lui sans jamais pouvoir « remonter ». On a pu parler du principe de « troncalité » (Braga da Cruz, bibl. 247). Les coutumes communautaires sont moins sensibles aux liens du sang qu'à l'existence de la communauté et du ménage : soit qu'elles lient, comme les coutumes flamandes, la vocation successorale à l'habitation commune, soit qu'elles reconnaissent, comme les coutumes du Midi, le droit du père de famille de choisir son successeur. Le partage par lits et le douaire des enfants qui en est le substitut dénotent toujours des tendances communautaires.

Parenté naturelle

Si la parenté existe par la filiation, la famille et le mariage sont des institutions sociales. Forcément une discordance peut exister : la famille rejette les bâtards qui sont nés hors mariage ; elle peut au contraire accueillir un étranger en lui reconnaissant une filiation fictive.

Le Droit romain classique était favorable à l'adoption et ignorait le *spurius* parce qu'il ne concevait qu'une parenté civile ou politique. Pour tous les droits barbares, au contraire, le lien du sang est essentiel : les enfants nés d'une concubine dès lors qu'ils sont reconnus font partie de la famille, et peuvent même, tels Thierry ou Charles Martel, succéder à leur père.

Dès le IVe siècle (*Code théodosien*, IV, 6) l'Eglise avait été hostile aux *spurii* et aux *vulgo concepti*. Les conciles francs leur interdisaient l'accès aux ordres sacrés mais le droit canonique demeure à leur égard modéré (*Décret de Gratien*, dist. LVI). La naissance hors mariage constituait cependant une tache originelle (*macula bastardiae*) fortement sanctionnée par l'opinion : en 1013, le peuple de Bourges ne veut pas recevoir comme archevêque un bâtard d'Hugues Capet. Les coutumes traduisent bien le sentiment populaire en frappant les bâtards de nombreuses déchéances (*supra*, p. 194).

Le sentiment des familles est parfois bien différent : « Bâtards de roi sont princes » ; les bâtards d'un père noble peuvent en porter le nom et les armes (brisées d'une barre dite de bâtardise) ; ils sont nobles et, pourvu qu'ils ne soient pas fils d'une serve, peuvent accéder à la chevalerie. Les bâtards succèdent normalement au duché de Normandie ; ce qui est sans doute lié à la mystique du sang développée par les coutumes lignagères. Au XVe siècle, les bâtards nobles, tel Dunois, font la force de beaucoup de lignages (M. Harsgor, « L'essor des bâtards nobles au XVe siècle », *RH*, t. 253, 1975, p. 319-354). Il fallut une ordonnance de Henri IV de 1600 pour imposer aux bâtards de famille noble de demander une lettre d'anoblissement (A. Loisel, n° 162).

La règle « nul n'est bâtard par sa mère » existe en Flandre et dans le nord de l'Artois. La même règle paraît avoir existé en Anjou et en Poitou (H. Regnault, bibl. 628, p. 51), ce qui établissait un droit mutuel de succession entre le bâtard et sa mère. Les témoignages littéraires (*L'Escouple*, le *Roman de Renart*) paraissent indiquer que la condition du bâtard empire au XIIIe siècle. Il n'a, d'après les coutumiers, « ne race, ne gent, ne ligne » : il ne participe pas à la guerre privée (Beaumanoir, n° 1686), ne succède ni à ses parents (*Summa de legibus*, XXV, 6), ni à des collatéraux (*Etablissements de saint Louis*, I, 102) ; lui-même ne peut avoir d'autres héritiers que ses descendants légitimes, et, suivant de nombreuses coutumes (surtout du Nord), ne peut, au moins par testament, disposer de ses immeubles (Boutillier, ch. XCV ; L. Chevailler, bibl. 291). Exclu en droit de la famille, le bâtard peut être néanmoins protégé, gratifié, voire accepté par elle. La mère reste souvent dans l'ombre car les amours illégitimes sont souvent des amours ancillaires.

Les documents sont fort laconiques et les statistiques proposées toujours sujettes à caution : il y aurait 3 à 4 % de bâtards dans l'armée au XVe siècle, à peu près autant dans la noblesse (P. Contamine, bibl. 318, p. 179 et 227), mais seulement 1,5 % dans le milieu judiciaire (F. Autrant, « Naissance illégitime et service de l'Etat », *RH*, 542, 1982, p. 289-303), avec un léger accroissement au siècle suivant. Au XVIe siècle, la tenue des registres de baptêmes comme l'obligation de déclarer les grossesses, imposée par un édit de février 1566, permettent des appréciations plus précises et font bien apparaître le petit nombre de naissances illégitimes. Au XVIIe siècle, à Nantes, on en a dénombré 2,5 % (J. Depauw, « Amour illégitime à Nantes au XVIIIe siècle », *Annales*, 1972, p. 1155-1182). Les diversités régionales qui ne tiennent pas toujours à la pratique religieuse sont fort nettes. Dans l'Ouest, 1 % des enfants baptisés sont de père inconnu. Il y en aurait plus du double dans le Midi, mais aussi en Flandre, en Wallonie et en Alsace où les coutumes sont plus favorables aux bâtards. Leur condition empire à la veille de la Révolution et le nombre des enfants abandonnés (mais il peut s'agir souvent d'enfants légitimes) augmente brutalement vers 1765.

La morale du XVe siècle est plus tolérante pour les bâtards que la morale janséniste du XVIIe siècle ; elles témoignent cependant de la même indulgence pour le père et de la même hostilité à la mère, le seul refuge pour celle-ci est le mariage qui permettra la légitimation de l'enfant[4].

Par crainte des infanticides ou des abandons de nouveau-nés, l'Eglise soumet les sages-femmes au contrôle de l'archidiacre et fait une obligation au père et à la mère d'entretenir leur enfant (X. 4, 17, 10). Comme le dit Loisel (nº 59) : « Qui fait l'enfant doit le nourrir. » La règle vient de la *Coutume de Hainaut* (85, 1), et elle sera reprise avec beaucoup de prudence par la jurisprudence laïque : la mère peut demander des frais de gésine et, s'il s'agit d'une servante, une présomption de paternité pèsera jusqu'au XVIIIe siècle sur le maître de maison. Une fille séduite (mais non une femme de mauvaise vie) peut, dans les douleurs de l'accouchement et sous serment, désigner le père de l'enfant : *Creditur virgini parturienti, asserenti se pregnantem esse ab aliquo.* La déclaration ainsi faite par la mère ne faisait pas entrer l'enfant dans la famille du père, mais elle lui donnait droit à des aliments et permettait à la mère, si elle prouvait la séduction, d'obtenir des dommages-intérêts.

De telles actions suscitaient à la fin de l'Ancien Régime beaucoup de défiance : elles troublaient les familles et Montesquieu (*L'Esprit des lois*, XXIII, 6) rappellera le respect que la société doit au mariage ; elles venaient souvent, comme le diront les rédacteurs du Code civil, de « femmes impudentes qui troublent le repos de l'homme dont les cheveux avaient blanchi dans l'exercice de toutes les vertus ».

Le droit révolutionnaire, moins par souci de protéger les familles que d'affirmer la liberté du père, devait admettre deux solutions opposées à celles de l'ancien droit : la paternité ne pouvait être recherchée mais librement affirmée dans une reconnaissance ; en revanche, dès qu'elle était établie, la parenté naturelle avait des effets analogues à la parenté dite légitime. Le droit du Code civil, en refusant toute recherche de paternité, reprit et aggrava les tendances des anciens Parlements, plus dures aux enfants naturels que ne l'avait jamais été le droit canonique.

L'adoption et l'affiliation

Le droit barbare connaissait l'adoption qui donnait une postérité à ceux qui n'en avaient pas. Elle est au contraire inconnue du droit coutumier qui ne peut admettre que l'intrusion d'un étranger porte atteinte aux droits de la famille. Dans le Midi cependant, et spécialement en Provence, la tradition romaine demeure. Au Moyen Age, quelques actes d'adrogation ou d'adoption (selon qu'il s'agit d'un orphelin ou d'un fils de famille) sont dressés par les notaires, mais les stipulations des actes suffisent à prouver que l'enfant ne fait pas partie de la famille ; l'adoptant s'oblige seulement à l'entretenir et à le diriger, et, s'il s'agit d'une fille, à la doter[5].

Dès le XVe siècle, de tels contrats deviennent fort rares car on leur préfère une autre institution plus souple, plus concrète plus proche des nécessités de chaque jour, l'affiliation, qui, si elle est encore assez mal connue, ne devait pas moins être fort anciennement pratiquée. L'homme âgé qui possède des terres qu'il ne peut exploiter, ou une boutique qu'il ne peut plus tenir, s'attache un homme jeune, l'affilie : ils contractent entre eux une société où l'un apporte un capital, l'autre son travail, et qui profitera à tous les deux. Souvent comme en Périgord (A. Dumas, bibl. 355) l'accord est conclu à l'occasion du mariage d'une fille : l'affilié « entre gendre » dans la famille de sa femme dont il reprend personnellement l'exploitation.

L'existence d'un fratriarcat a été découverte chez les peuples les plus divers (J.-N. Lambert, *Aspects de la civilisation à l'âge du fratriarcat*, 1958). La parenté fraternelle est en effet la plus forte puisqu'elle repose sur un « double lien » (E. Champeaux, bibl. 278, p. 247). Le compagnonnage guerrier est exalté par les chansons de geste ou les romans : ainsi Roland et Olivier, Ami et Amile, Yvain et Lancelot, ainsi encore le pacte conclu entre Du Guesclin et Clisson. Associés dans la vie et dans la mort, deux chevaliers en viennent même à échanger ou à mêler leurs armoiries – ce qui aurait surtout existé en Champagne, en Bretagne, en Bourgogne, en Picardie et en Artois (J.-B. de Vaivre, *CR Ac. Inscr.*, 1982, p. 371-383).

La même fraternité fictive peut exister entre paysans ou artisans : en Provence les affrèrements (souvent confondus avec des affiliations) font l'objet de contrats reçus par les notaires ; ils sont souvent qualifiés de sociétés universelles ou de donations réciproques et entraînent une confusion des patrimoines : les parties s'interdisent de faire un testament et révoquent celui qu'elles avaient pu faire ; elles se promettent *per oris osculum* une mutuelle assistance ; l'argent qu'elles possèdent sera mis dans une caisse à deux serrures (P. Ourliac, bibl. 559).

Le plus souvent, de telles associations n'ont pas laissé de traces écrites car elles constituaient des communautés taisibles, bien difficiles parfois à distinguer des communautés villageoises. Dans les montagnes d'Auvergne, par exemple, un village est fait de plusieurs mas ou hameaux qui procèdent d'anciennes communautés familiales. En Provence, en Languedoc, où prévalent les idées romaines, il s'agit de simples communautés d'intérêts. Là, au contraire, où les tendances du droit sont communautaires – en pays flamands, en Bourgogne, dans le Centre, en Angoumois ou en Saintonge –, les affrèrements (ou les affiliations) sont fréquents : ce sont des associations de deux ou trois ménages établissant entre eux une communauté de biens mais ne créant aucune parenté (J. Hilaire, bibl. 453). Au XVe siècle, la pratique des affrèrements est souvent liée, dans le Sud-Ouest, en Quercy et en Bordelais par exemple, à la remise en culture par des familles associées des terres dévastées par la guerre. Il a dû en être de même pour les défrichements des XIe et XIIe siècles et dans le Midi beaucoup de lieux-dits gardent le nom des concessions faites à plusieurs paysans unis ou non par des liens de famille : on parle du *casal* des Cazot ou des Fino. Au XVIe siècle, quelques coutumes mentionnent encore l'affiliation ou l'affrèrement, là où ils étaient le plus pratiqués (Saintonge, I, 1 ; Bourbonnais, art. 265 ; Nivernais, XXIII, 25 ; Saint-Amand, XXVI). En Provence, au contraire, les affrèrements deviennent rares entre paysans (Aubenas, bibl. 114, p. 1-10) ; ils sont souvent dans les villes le fait d'artisans et créent entre associés le *jus fraternitatis* propre aux sociétés commerciales.

Le droit de la Révolution

Aux XVIIe et XVIIIe siècles, tous les auteurs considéraient que l'adoption était abolie en France. Seule était admise l'adoption par lettres royales : l'adopté pouvait relever le nom et les armes de l'adoptant et, quant aux biens, était considéré comme un donataire. Les souvenirs romains, la croyance que la famille reposait sur la volonté, l'idée aussi que l'adoption pouvait réaliser la fusion des classes et permettait d'imiter la nature et aussi l'hostilité au célibat aboutirent au décret de principe du 18 janvier 1792 : « Tous les peuples libres ont eu des lois sur l'adoption. » La Convention prononça elle-même quelques adoptions : celle de la fille de Le Peletier assassiné, celle des enfants de condamnés dont les biens étaient confisqués et qui devaient être « nourris et élevés par la Nation ».

La discussion reprit lors du vote du Code civil. Désormais, « c'est la nature qui fait les familles » et l'adoption n'est plus qu'« une quasi-paternité fondée sur le bienfait et la reconnaissance » (Rapport Berlier) : l'adoption n'avait que des effets limités, elle n'était permise qu'à des personnes âgées, sans descendants et pour des individus majeurs que l'on aurait élevés ou qui auraient sauvé la vie de l'adoptant « soit dans un combat, soit en le retirant des flammes ou des flots » (art. 345). On ne pouvait mieux manifester la volonté de maintenir la famille dans son ancien statut.

II. LA FEMME

Ni le Droit romain, ni le droit barbare ne marquent une particulière hostilité à la femme. A Rome, elle est vite libérée de la tutelle perpétuelle qui anciennement pesait sur elle, et même de la puissance maritale ; elle est protégée par le sénatus-consulte Velléien qui lui interdit d'intercéder pour autrui et notamment de garantir les engagements de son mari. L'*imbecillitas sexus* qui lui est reconnue signifie que sa faiblesse doit être protégée par le droit. Les lois barbares soumettent les femmes au *mundium* de leur père ou de leur mari, mais il s'agit d'une protection autant que d'une autorité. Si les droits saxon et lombard sont plus rigoureux, les droits burgonde et visigoth reconnaissent à la femme la capacité d'administrer ses biens et de consentir à son propre mariage.

Dès le Ier siècle, l'Eglise appelle la femme à la même vie chrétienne que l'homme (Dauvillier, *Les Temps apostoliques*, 1970, p. 417) ; elle n'est pas, comme dans la religion juive, exclue du culte, mais ne peut, comme dans les cités grecques, accéder au sacerdoce : elle ne doit « ni enseigner, ni faire la loi à l'homme mais se tenir tranquille » (Tim. 2, 11-12). Si les veuves et les vierges sont spécialement consacrées aux « affaires du Seigneur » (I Cor. 7 ; I Tim. 5, 9-10), la vocation normale de la femme est le mariage : elle doit être soumise à son mari, car le mari est chef de la femme (*vir caput mulieris*) ; il doit aimer sa femme « comme son propre corps », « comme le Christ a aimé l'Eglise » (Eph. 5, 21-33).

Le Moyen Age

Les textes apostoliques, s'ils fixent la doctrine invariable de l'Eglise, conduiront souvent les interprètes à insister sur la soumission nécessaire de la femme. On fera dire à saint Augustin qu'elle est « une bête instable qui fomente les crimes et trouble les hommes ». Pour les clercs, elle est la source de tous les péchés et Gratien recueillera tous les textes qui font d'elle une servante, voire une esclave (*ancilla*) de son mari (C.33, qu.5, c.11 et 12) et lui interdisent, comme aux serfs, de témoigner en justice.

Les auteurs de fabliaux, les clercs lettrés qui connaissent Ovide et écrivent le *Roman de Lancelot* ou le *Roman de la Rose* renchérissent encore : le Moyen Age est misogyne. La femme est entremetteuse, magicienne, frivole, perverse, dissipatrice, soucieuse de la mode. Les lettres de rémission, même si elles ne concernent que des cas d'exception, font bien apparaître la fréquence des adultères (auxquels sont souvent mêlés des prêtres) et les violences exercées par les maris contre les femmes infidèles.

La même veine antiféministe se retrouve chez tous les auteurs coutumiers : la femme doit obéir à son mari et suivre ses « raisonnables commandements » ; elle peut être « corrigée » si elle veut « faire folie de son corps » ou si elle n'obéit pas ; Beaumanoir (n° 1631) et la *Summa* normande (85, 8 ; 100, 3) indiquent que la correction doit être raisonnable et « sans mort », que le mari ne peut crever les yeux de sa femme ou lui briser un bras ; la coutume d'Ardenbourg en Zélande admet « qu'il se chauffe les pieds dans son sang pourvu qu'elle n'en meure ».

Les diversités provinciales sont cependant certaines. Les coutumes brabançonne et liégeoise, les coutumes de l'Est et du pays romand gardent le souvenir de la « tutelle du sexe » et traitent la femme comme une mineure. Dans l'Ouest, et spécialement en Normandie, la femme est soumise toute sa vie à l'autorité de son mari ou de sa famille et même une veuve doit être « tenue ès mains » (*Summa*, 41, 1), serait-ce par son petit-fils[6]. Le testament lui est interdit par les coutumes de Hainaut, de Normandie et de Bretagne ; en Artois, mais aussi en Nivernais et en Bourbonnais, l'autorisation du mari est exigée.

Dans tout le Midi, au contraire, la femme possède une plus grande liberté, son père et ses frères interviennent souvent en sa faveur ; les règles du régime dotal lui assurent une certaine indépendance ; elle conserve en principe la jouissance des paraphernaux et Revigny dira que son mari, qui devrait payer les frais de ses obsèques, a tout intérêt à la bien traiter. Elle est « servante » mais aussi « dame ». Il est fréquent, dès le XIe siècle, qu'une femme hérite d'une seigneurie. Dans le testament du mari, elle est souvent instituée *domina et senhoressa* (Garcia-Granero Fernandez, bibl. 403, p. 147). La clause est fréquente à Montpellier (L. de Charrin, bibl. 282) comme en Forez (L. Boyer, bibl. 244). Les usages de Catalogne et, dans les Pyrénées, les stipulations du contrat de mariage, reconnaissent à la veuve un usufruit universel[7].

Toutes les chartes urbaines du Sud-Ouest frappent la femme adultère et son complice de la peine de la course : ils doivent parcourir la ville nus, la femme tirant l'homme « par où il avait péché ». Le délit n'est cependant constitué que si un magistrat les avait trouvés *nudus cum nuda*. (J.-M. Carbasse « La répression de l'adultère dans les coutumes du Rouergue », *Etudes sur le Rouergue*, 1974, p. 107-113).

Il faut se garder pourtant de toute vision manichéenne (M. Rouche, « La femme au Moyen Age, histoire ou hagiographie ? », *Revue du Nord*, 1981). Le fait communautaire contribue partout à assouplir la rigueur juridique : la femme est l'associée du mari, elle doit même en Flandre intervenir à ses actes ; elle le supplée s'il est en fuite, emprisonné, ou même simple d'esprit. Devant le Parlement, la femme peut plaider si elle y est autorisée ; elle peut même contracter des dettes qui, si elles sont « en sommeil » pendant le mariage, seront poursuivies après la mort de son mari : « si tôt que son baron est mort, la femme revient à sa pleine poosté (capacité) » (Beaumanoir n° 1335). Dans tous les fabliaux, elle est gardienne du feu, c'est-à-dire du foyer (M.-Th. Lorcin, *RH*, t. 268, 1982, p. 3-15). S'il y a des femmes battues, il existe aussi des maris battus : dans le Nord, la Saint-Laurent devient la fête des maris « dur menés » (R. Vaultier, *Le Folklore pendant la guerre de Cent Ans d'après les lettres de rémission*, 1965, p. 407). Un fabliau raconte un duel judiciaire entre sire Hain et dame Anieuse pour savoir qui portera culottes, celles-ci étant le gage du combat. Les moralistes, tels saint Louis dans ses *Enseignements* à sa fille, ou son contemporain, Philippe de Novare, recommandent aux femmes la piété et l'obéissance.

Beaucoup de femmes de l'aristocratie, mais aussi, dans le Midi, beaucoup de bourgeoises, ont reçu une solide éducation ; elles lisent les romans et écoutent des poésies. Les troubadours avaient fixé les règles de l'amour courtois qui, aux siècles suivants, seront reprises dans le code chevaleresque : le chevalier doit aimer plus « finement » que le vulgaire et le culte de la « dame » ne peut aller sans prouesse guerrière. Une telle idéalisation de la femme demeure cependant fort artificielle. Elle n'a pas dépassé le cercle restreint qu'atteint cette littérature et ce serait entrer dans le jeu de la rhétorique médiévale que de la prendre trop au sérieux. Dans la fameuse querelle du *Roman de la Rose,* Jean de Montreuil attaque violemment en 1400, contre Christine de Pisan et aussi contre Gerson, les « prudes femmes » qui doivent être « serves de l'homme » et ses attaques ont toujours été retenues comme une preuve de la misogynie médiévale (E. Hicks, *Le Débat sur le Roman de la Rose,* 1977) ; mais, deux ans plus tard, le même Montreuil écrit une longue diatribe contre son confrère en humanisme, Gontier Col, qui avec sa femme « se croit tout permis », la traite « non en compagne mais en captive faite sur l'ennemi et esclave achetée » (A. Coville, *Gontier et Pierre Col et l'humanisme en France au temps de Charles VI,* 134, p. 63). Les hommes, conclut Montreuil, sont des juges iniques, sévères pour les femmes et indulgents pour eux-mêmes.

Les mœurs de l'époque sont certes fort libres ; la cour de Charles VI est celle de « Dame Vénus » et les récits des *Cent Nouvelles nouvelles* (éd. Champion, 1928) sont à l'image de la cour. La fréquence des rapts, des violences, des adultères, est confirmée tant par les registres d'inquisition que par les lettres de rémission ; ce serait pourtant prêter aux femmes du Moyen Age des sentiments qu'elles n'avaient pas que de prétendre par exemple qu'elles étaient attirées vers l'hérésie cathare par une protestation inconsciente contre l'injustice sociale qu'elles subissaient (G. Koch, *Frauenfrage und Ketzertum im Mittelalter,* 1962).

La femme noble, dit-on souvent, n'a d'autre choix que le couvent ou le mariage, mais dans celui-ci elle devient l'associée. Pour le théologien Pierre Lombard, qui fut évêque de Paris, la femme n'est sortie ni de la tête d'Adam, car elle serait son maître, ni de ses pieds, car elle serait son esclave, mais de son flanc, ce qui prouve qu'elle est sa compagne et son amie.

Le symbole exprime fort bien la réalité : la femme noble, même si elle lisait des romans courtois, était capable non seulement de gouverner ses biens ou son douaire et de diriger sa maison, mais, en toute occasion, de remplacer son mari ; bien souvent, à la mort de celui-ci, elle est son exécutrice testamentaire. Il en est de même des femmes de la bourgeoisie qui, pour le *Ménagier de Paris,* écrit à la fin du XIVe siècle, doivent avoir l'œil à tout. A la campagne, le rôle de la femme est toujours essentiel ; on fait appel à elle pour toutes sortes de travaux agricoles ; elle s'occupe des bêtes ; elle file et elle tisse ; elle a, comme dit Christine de Pisan, « soucis et labeur », mais parfois aussi grâce à son activité « grande suffisance ». Beaucoup de femmes, enfin, exercent un métier et obtiennent de ce fait une pleine capacité si le mari leur « a donné pouvoir de faire aucune marchandise » (*Jostice et Plet,* IV, 11 ; Beaumanoir, n° 1336). Si elles exercent moins qu'en Angleterre (Eileen Power, bibl. 626, p. 69) le grand commerce, elles tiennent boutique, sont brodeuses, gantières, cordonnières, parfois même forgerons ou orfèvres.

Si la méfiance des clercs persiste, le succès que connaît le culte de la Vierge est le signe d'une réhabilitation de la femme : dans l'exaltation mystique d'un Odilon de Cluny ou d'un saint Bernard, comme dans les légendes populaires des *mirabilia.* Dès le XIe siècle, la Vierge de Chartres est célébrée et elle apparaît en songe à la mère de Guibert de Nogent ; la Vierge du Puy est l'objet du pèlerinage des chevaliers et des troubadours ; vers 1140, le « couronnement de la Vierge », le « triomphe de la Vierge » apparaissent au tympan des cathédrales ; un siècle plus tard, dans tout le Sud-Ouest, les plus modestes églises possèdent une statue de la Vierge tenant l'Enfant sur ses genoux. L'apogée du culte marial se situe au XIIIe siècle ; il est infléchi ensuite vers la dévotion à la Sainte Famille qui annonce par exemple la dévotion que Gerson porte à saint Joseph.

L'Epoque moderne

Le XVIe siècle ne marque pas, en apparence, de rupture. La condition des femmes de paysans et d'artisans ne varie guère, sauf peut-être au début du siècle par une note de prospérité et de gaieté qui apparaît dans les récits : à la campagne, les femmes participent aux veillées et aux fêtes ; dans les cours, dans les cénacles, elles ont acquis une autorité dont *L'Heptaméron,* composé en 1545, fournit le meilleur témoignage (L. Febvre, *Amour sacré, amour profane, autour de L'Heptaméron,* 1944, 2e éd., 1971).

Il semble bien que ce soit chez les bourgeois que les changements sont les plus nets : beaucoup d'entre eux sont parvenus à un degré de culture dont témoignent tous les écrits du temps ; ils se soucient avant tout de leur famille et de leurs enfants, mais curieusement dans tous les récits qui les concernent les femmes apparaissent fort peu ; pourtant les inventaires après décès prouvent qu'elles sont habillées strictement mais richement et les contrats de mariage qu'elles ont plus de fortune que leurs maris.

Le ton de cette société bourgeoise est donné par les officiers : ils sont à la fois juristes et humanistes et la « querelle des femmes » revient souvent dans leurs propos. Ainsi, dans le célèbre cénacle de Fontenay-le-Comte où se retrouvent deux franciscains érudits, correspondants de Budé, Rabelais et Pierre Amy, et quelques hommes de loi dont le plus célèbre est Tiraqueau, le Trinquanelle du *Tiers Livre,* alors lieutenant de la sénéchaussée. Pour répondre à une apologie de la femme, que venait de publier Amaury Bouchard, Tiraqueau rédige entre 1513 et 1524 le *De legibus connubialibus* où, à l'aide d'innombrables citations grecques et latines, il entreprend d'établir l'incapacité de la femme. Le prétexte de l'œuvre est le commentaire de la Coutume du Poitou pour laquelle « la femme est en pouvoir de son mary ». Les contrats que la femme consent pendant son mariage sont irrémédiablement nuls ; elle ne peut plaider ou accepter une succession sans avoir reçu une autorisation spéciale de son mari. Les textes romains sur l'*imbecillitas sexus* sont allégués, mais l'esprit est surtout coutumier : la femme ne peut nuire à son mari et comme tous ses actes sont suspects, tout commerce juridique lui est interdit. Rabelais ne fera presque que traduire Tiraqueau : « Quant je diz femme, je diz un sexe tant fragil, tant variable, tant muable, tant inconstant et imperfeict que Nature me semble s'estre esguarée de ce bon sens par lequel elle avait créé et formé toutes choses, quant elle a basty la femme... Certes Platon ne sçait en quel ranc il les doive colloquer, ou des animaux raisonnables, ou des bestes brutes. » (*Tiers Livre,* XXXII).

Les idées de Tiraqueau furent aussitôt reprises par Du Moulin et admises par les coutumes réformées : la femme est une mineure et sa condition est pire que celle d'un mineur, puisqu'elle ne peut même pas accomplir seule les actes qui lui seraient avantageux (par exemple, d'après l'Ordonnance de 1731, accepter une donation).

La jurisprudence accentue encore cette rigueur : le mari doit intervenir à tous ses actes et il n'est pas responsable sur ses biens des délits qu'elle peut commettre. La femme adultère peut, sur la plainte de son mari, être enfermée dans un couvent et, au bout de deux ans, doit prendre le voile : la peine vient de la Novelle 134 devenue l'authentique *Sed hodie* et la femme est dite « authentiquée ». Si la femme, dira Loisel, « vit comme esclave » (n° 107), elle « meurt libre » car, dans la plupart des coutumes, elle peut faire un testament valable (p. 267).

L'incapacité de la femme répondait si bien au sentiment de l'époque qu'elle prévalut aussi dans le Midi : il paraît normal que la femme confie au mari la gestion de ses biens propres ; et, même si elle les a gardés « à part soi », les parlements lui interdisent d'en disposer. Elle ne peut plaider sans son mari et les renonciations à la protection que lui conférait le sénatus-consulte Velléien (ou authentique *Si qua mulier*) sont devenues de style, ce qui permet à la femme, par exemple, de s'engager pour son mari.

L'incapacité juridique qui frappe désormais la femme répond à la situation qui lui est faite dans la famille bourgeoise. Elle est maîtresse dans sa maison, souvent consultée et écoutée pour la gestion du patrimoine ou l'établissement des enfants, mais toute activité extérieure lui est interdite : le mari doit demeurer le « chef, le seigneur et le maître » (*Ecole des femmes,* III, 1). On a dit que la femme était plus irrationnelle, plus vive, plus proche de la nature que l'homme, ce qui convenait mieux à la société « ouverte » du Moyen Age qu'à l'époque suivante (*La Femme dans la littérature italienne de la Renaissance,* éd. A. Rochon, 1980). La famille devient plus secrète, plus soucieuse d'autorité et de discipline. L'ordre social l'impose, mais aussi la religion. La Bible en main, Calvin considère l'autorité du mari comme légitime et de sa part la faiblesse comme aussi coupable qu'une sévérité excessive. L'enseignement des jansénistes, cette « aristocratie de la classe moyenne » (Sainte-Beuve), n'est pas bien différent : le respect et l'obéissance sont dus au mari comme au père. Le grand Arnaud se comporte même à l'égard de la Mère Angélique, comme un patriarche. Pour lui, comme pour saint Augustin, la paix d'une maison ne peut exister que dans la juste correspondance de celui qui commande et de ceux qui obéissent (*Cité de Dieu,* XIX, 13). Le même modèle existe dans toutes les classes sociales. Pour les paysans aisés que décrit Restif, les filles sont élevées strictement, ne devant jamais dire ni oui ni non ; le père lit la Bible, récite à haute voix les prières, fait régner par le fouet une autorité domestique qui ne va pas souvent sans indulgence ; mais la mère l'emporte par l'intelligence, la tendresse qu'elle a pour ses enfants et, en définitive, règne discrètement sur la ferme de La Bretonne (*La Vie de mon père,* éd. Rouyer, 1970 ; *Monsieur Nicolas,* éd. Pauvert, 1959).

A la veille de la Révolution, l'éclat des salons ne peut dissimuler que Voltaire, Rousseau, Diderot ou Mirabeau entendent « borner les femmes aux timides travaux du ménage ». Madame Roland, l'héroïne préromantique, demandera aux hommes d'être « fiers, terribles et savants, tout cela sans nous et par tout cela de nous dominer ». Bien loin d'admettre l'égalité des femmes, la Convention prononcera la fermeture de leurs clubs et leur interdira ses tribunes. Le divorce même, s'il est présenté, en 1792, comme un moyen d'affranchir les femmes de la « perfidie des maris », est aussi destiné à libérer le mari de liens devenus insupportables.

Le Code civil, plus encore que l'ancien droit, fera preuve d'un antiféminisme foncier. L'autorité maritale tient à l'ordre public comme au droit naturel, et elle est encore renforcée ; l'incapacité de la femme est presque absolue : elle ne peut être tutrice (sauf d'un de ses descendants) ou siéger dans un conseil de famille, elle ne peut être témoin aux actes ; si elle quitte le domicile conjugal, elle peut y être ramenée par la force publique et contrainte à « remplir ses devoirs et à jouir de ses droits en toute liberté ».

III. L'ENFANT

Si la littérature a toujours fait une grande place à la femme, elle ne s'occupe guère de l'enfant. Des enfants de l'époque, on connaît surtout les prouesses qui annoncent les héros qu'ils deviendront : Roland, à six ans, tient tête à Charlemagne ; Guillaume et Vivien, à dix ans, massacrent les Sarrasins. L'enfant est aimé pour l'avenir qui est en lui et Rabelais demeure fidèle à cette éthique : si l'enfant Pantagruel fait l'admiration de son père, il est avant tout le continuateur du lignage : « mon antiquité refleurira en ta jeunesse ».

La vie au Moyen Age est courte ; l'enfance est vite passée et vite oubliée ; vers treize ou quatorze ans on arrive à l'âge adulte où l'on doit travailler, faire la guerre et, pour les filles, se marier. Jusque-là les enfants n'existent que dans le cadre familial. Leur survie même est aléatoire et le sentiment demeurera jusqu'au XVIIIe siècle qu'il faut avoir beaucoup d'enfants pour en conserver quelques-uns.

Ce n'est guère avant le XVe siècle que les peintres et les sculpteurs s'intéressent à l'enfant, et ce ne sera qu'au XVIIe siècle qu'il apparaîtra couramment dans les portraits de famille. Dans le traité des *Quatre âges d'homme,* Philippe de Novare dira que « l'enfant aime la personne qui le nourrit de son lait » et que « ceux qui élèvent les enfants les aiment et en ont naturellement pitié ». De fait, pour la noblesse et la bourgeoisie, un transfert d'affection se fait de la mère à la nourrice ; le roi René élèvera un mausolée à sa nourrice. Montaigne, qui rappelle sa petite enfance dans la chaumière de sa nourrice, se plaint qu'on aime les enfants « comme des guenons et non comme des hommes ». Jusqu'au XVIIe siècle, l'enfant appartient au monde des adultes, il participe à leurs fêtes et à leurs jeux, il vit avec eux, qu'il soit page, apprenti, clerc ou étudiant. Dans toutes les classes sociales les sentiments sont spontanés et les habitudes fort libres (P. Ariès, bibl. 171).

La réaction viendra des moralistes, comme Gerson, des régents de collège, enfin de la famille. Dans la mesure où celle-ci se replie sur elle-même, elle impose sa discipline à l'enfant. Les jésuites rejoignent ici Port-Royal pour découvrir les vertus d'enfance, l'innocence, la piété. C'est l'époque où la « première communion » devient une grande cérémonie familiale. L'enfant est tenu à l'écart du monde, élevé rudement dans la famille, et ses relations avec ses parents sont faites de respect et de crainte. Montesquieu écrira, en 1730 (*Pensées et fragments inédits,* t. II, 115), que les sentiments naturels et l'éducation des enfants « paraissent quelque chose de bas et de peuple » ; autant que d'attitudes sociales il s'agit pourtant de comportements individuels : La Fontaine regarde ses enfants sans plaisir tandis que Racine parle avec émotion de sa « petite famille ».

Au XVIIIe siècle, la famille s'ouvre et sourit, et chacun se plaît à raconter son enfance. Diderot, Marmontel, Restif de La Bretonne ont eu une enfance heureuse, mais ce sont des enfants du peuple. L'éducation de Chateaubriand, coupée de vagabondages, est « sauvage » quoique profondément religieuse. L'autorité du père est toujours absolue. Dans l'aristocratie et dans la bourgeoisie qui la copie, les enfants sont livrés aux domestiques et aux précepteurs. Tout change avec Rousseau : la bonté naturelle reconnue à l'enfant, sa sensibilité le mettent à la mode. Bernardin de Saint-Pierre reprendra le même thème. Les âmes sensibles sont émues, mais l'autorité de la famille n'est pas pour autant entamée. L'idée demeure que bien aimer, c'est aussi bien diriger et bien châtier.

La continuité du droit est à cet égard fort remarquable : le *mundium* germanique ne diffère guère dans sa conception de la *patria potestas* romaine, au moins pour les enfants en bas âge :

1. La puissance paternelle sur la personne de l'enfant est quasi absolue. Ce serait s'immiscer dans l'intimité des familles que d'assigner des limites au droit de correction ; le père peut battre son fils sans le blesser, le séquestrer dans une chambre, décider librement de son établissement et, par exemple, le « donner » à un monastère ; en revanche, il est responsable de ses délits. Toujours équitable, Beaumanoir essaie cependant de mettre quelques limites à cet absolutisme : la mère participe à la puissance paternelle (n° 631) et peut remplacer son mari empêché ; au moins dans des cas extrêmes, si l'enfant n'a pas « soufisant soustenance », si le père est « si fol qu'il n'a en lui ne conseil ne areance (décision) », sa déchéance peut être prononcée ; elle le sera en fait fort rarement. L'autorité du père peut aller jusqu'à faire interner un enfant dans une prison publique. Ce droit est absolu, et il fallut un arrêt de règlement de 1673 pour interdire l'incarcération des enfants âgés de plus de vingt-cinq ans. Le père qui tue son fils ne peut être, d'après certains textes coutumiers, condamné à mort (*Etablissements de saint Louis,* I, p. 249).

2. Tout ce que peut acquérir le fils appartient au père. La règle est toujours appliquée dans le Midi, avec les seules limites que connaissait le Droit romain : pour les gains des militaires *(peculium castrense)* ou des magistrats *(peculium quasi castrense)*. L'existence d'une communauté de vie et de travail suffit à justifier l'existence d'une caisse commune. Outre le gain du travail, l'enfant

peut avoir un patrimoine propre (les biens hérités de sa mère ou donnés par ses grands-parents, par exemple) ; en pays de droit écrit, on reconnaît au père un usufruit légal ; en pays coutumiers, il a normalement l'administration et la jouissance.

3. Le fils de famille ne possédant rien ne peut s'obliger sans l'assistance de son père. Les coutumes tendent à rendre celui-ci responsable des délits commis par ses enfants. Mais au XIIIe siècle encore, la tradition de l'abandon noxal est très vivace : le père peut refuser de défendre son fils et l'abandonner à son sort.

Emancipation et majorité

En Droit romain, la puissance paternelle ne cesse que par la mort du père. En fait, la règle répondait aux nécessités d'une communauté familiale dont le père était normalement le chef. Les considérations de fait l'emportent en pays de coutumes et sont exprimées par l'adage : « En France, puissance paternelle n'a lieu » (Loisel, n° 37). Le Midi reste au contraire fidèle aux règles romaines et celles-ci, au moins à partir du XVIe siècle, infléchiront les solutions coutumières.

En pays coutumiers l'autorité du père cesse avec la vie commune : le fils qui abandonne la maison ou en est rejeté est émancipé. Pour les coutumes du Nord, il n'est plus « parçonnier », ne peut « ni manger, ni boire, ni dormir en l'hôtel de son père » : ce que Loisel exprime en disant que « feu et lieu font mancipation » (n° 38). Là où la tradition communautaire est moins nette, on exige soit une cérémonie symbolique (par exemple la rupture du pain, qui met l'enfant « hors de pain et de pot »), soit une décision de justice, soit même un acte de notaire. En Poitou (*Vieux coutumier,* p. 195), l'émancipation est taisible pour le roturier ; mais doit être expresse pour les nobles. Il est, d'autre part, généralement admis que le mariage émancipe. Même émancipé, l'enfant ne jouit que de la capacité d'administrer ses revenus, et le plus souvent un curateur lui est désigné.

L'idée d'une majorité émancipatrice apparaît dès le XIIIe siècle dans les coutumes du Bassin parisien et de Champagne, tandis que d'autres coutumes y répugnent : les coutumes du Nord tant que le fils est en « celle », c'est-à-dire en communauté ; les coutumes de Berry, de Bourbonnais, de La Rochelle et aussi de

Bretagne qui sont fidèles aux idées romaines. Le groupe des coutumes de l'Ouest définit la capacité de l'enfant en fonction des biens qu'il possède : le fils de famille est traité comme le mineur orphelin pour les immeubles (mais il est fort rare qu'il en ait). A la fin du XVIe siècle encore d'après Loisel (n° 161), les enfants demeurent toujours en la « mainbournie de leur père et mère » et ce n'est qu'au XVIIIe siècle que le droit commun admet que l'enfant soit pleinement majeur à vingt-cinq ans.

Avec des diversités régionales, la portée reconnue à la puissance paternelle exprime bien l'évolution de la famille :

1. Au Moyen Age, si le père et la mère sont vivants et si l'enfant ne possède rien, la question de sa capacité ne mérite pas d'être posée. L'émancipation peut être pour l'enfant une peine subie ou, au contraire, une libération demandée. Dans les pays de droit écrit, la pratique de l'émancipation, expresse ou tacite, aboutit à restituer une large capacité aux fils de famille. Il est normal au moins dans les villes que le fils de famille passe des contrats ou rédige sinon un testament, du moins une donation à cause de mort ; étudiant, il s'oblige pour les dépenses courantes. L'emprunt – jugé particulièrement dangereux – lui est au contraire interdit par application du sénatus-consulte Macédonien. L'incapacité du fils de famille n'est pas mieux exprimée que celle de la femme mariée. L'Eglise reconnaît d'ailleurs aux mineurs la liberté de se marier ou d'entrer dans les ordres.

2. A partir du XVIe siècle, l'application des règles romaines est assortie de quelques nuances dans les pays de coutumes ; elle devient au contraire très stricte dans le Midi : le père a l'usufruit des biens de ses enfants, il peut refuser de les émanciper même au cas de mariage (sauf en Auvergne et en Lyonnais) et exerce la puissance sur ses petits-enfants. L'Etat a pu parfois tenir en échec l'autorité paternelle – par exemple si le père abuse de son droit de correction, ou, après la révocation de l'édit de Nantes, s'il veut élever ses enfants dans la religion protestante – mais, normalement, la discipline familiale apparaît essentielle au maintien de l'ordre public. Ce serait mettre celui-ci en péril que de permettre aux enfants de choisir leur époux, d'entrer ou de ne pas entrer en religion contre le désir de leurs parents. Les enfants ne peuvent ni témoigner ni plaider contre leur père et celui-ci n'est pas tenu de les établir et, pour les filles, de les doter. Sauf

en Normandie, le principe coutumier demeure que « ne dote qui ne veut ». Les Ordonnances de 1556 et 1579 précisent les cas où des parents, s'ils ont à se plaindre de leurs enfants, peuvent les exhéréder. Même pour les enfants majeurs, le dérèglement des mœurs et spécialement le désir de contracter un mariage « déshonorant », l'habitude d'entreprendre des procès étaient considérés par les parlements comme une preuve de démence et de prodigalité : la sanction était la désignation d'un curateur ou d'un conseil judiciaire ; et parfois même (comme pour Mirabeau) la détention par lettre de cachet.

3. Les pratiques répondaient si bien à l'opinion que la législation révolutionnaire se borna à quelques réformes limitées : abrogation de la puissance paternelle sur les majeurs, par la loi du 28 août 1792, suppression de l'exhérédation. Le droit de correction est maintenu mais la durée de l'emprisonnement est limitée et l'avis d'un tribunal de famille exigé ; le consentement des parents au mariage de leurs enfants est requis jusqu'à l'âge de vingt et un ans ; la puissance du père paraît imposée par la nature et la proposition de Robespierre – qui voulait enlever à sept ou huit ans les enfants à leurs parents pour les élever en commun dans le respect des idées nouvelles – ne fut jamais discutée.

Le Code civil, ici encore, revint aux idées anciennes. L'enfant, même majeur, doit être « saisi d'un respect sacré à la vue des auteurs de ses jours » et si « la nature et la loi relâchent pour lui les liens de la puissance paternelle, la raison vient en resserrer les nœuds ». Le droit pour un père de délivrer contre ses enfants un « ordre d'arrestation » est présenté comme un acte « de fidélité aux principes conservateurs et à la vraie magistrature domestique ». Jusqu'à vingt-cinq ans l'autorisation paternelle est imposée pour le mariage. On veut sortir « de la tourmente qui a tant bouleversé les têtes, tant menacé d'une subversion totale toute idée de subordination et de révérence filiale » (rapport du tribun Albisson, sur les articles 271 à 278 du Code civil).

IV. GARDE, TUTELLE ET CURATELLE

La mort de la mère ne change pas la situation des enfants : le père continue d'exercer sur eux la puissance paternelle et possède l'administration ou l'usufruit des biens hérités de la mère. Seules

les coutumes fortement communautaires, en Flandre méridionale et en Lorraine, admettent que la puissance du père veuf cesse pour faire place au bail ; le « lit brisé » prive d'ailleurs le père de la succession de ses enfants.

La mort du père fait normalement du mineur un héritier ; plus que de l'enfant, les coutumes vont se préoccuper de ses biens et du conflit presque obligé qui existe entre la mère et la famille paternelle. On se désintéresse presque, au XIIIe siècle, du mineur qui ne possède que des biens roturiers : sa situation est normalement réglée par la famille (*Etablissements de saint Louis*, L, 141 ; Beaumanoir, n° 513). Au contraire, pour les fiefs, les règles coutumières sont toujours fort précises.

Garde noble et garde bourgeoise

La mort du vassal a « dégarni » le fief ; ni le mineur ni sa mère ne peuvent le servir et il doit être « baillé » ou « gardé » jusqu'à la majorité de l'enfant. L'évolution que connaît la féodalité apparaît bien dans le choix du gardien et dans les pouvoirs qui lui sont reconnus : suivant la formule de Chateaubriand, à l'institution primitive succèdent le temps des privilèges et le temps des vanités.

1. Comme toujours, la Normandie et, jusqu'au XIIe siècle, la Bretagne, conservent dans la garde seigneuriale l'esprit de l'ancien droit : le fief est repris par le seigneur qui perçoit les revenus, acquiert les meubles et acquitte les dettes. Il existe entre seigneur et vassal des rapports quasi familiaux et il paraît normal que le seigneur assure l'éducation de l'orphelin. La garde cessera quand celui-ci sera armé chevalier ; le fief lui est rendu mais le seigneur n'a aucun compte à lui faire.

Les fiefs les plus importants sont gardés par le duc ; le roi succède au duc en 1204, mais la garde royale devient vite une mesure fiscale : les officiers royaux la mettent aux enchères entre les parents du mineur.

2. Dès le XIIe siècle, dans la plupart des coutumes, le fief est dévolu au plus proche parent qui puisse le servir. La règle sera appliquée au royaume en cas de minorité du roi ; elle implique, si l'orphelin possède des fiefs paternels et des fiefs maternels, qu'il ait deux gardiens. Loisel dira encore (n° 167) : « Bail se règle le

plus souvent suivant les successions et se donne coutumièrement à ceux qui sont les plus proches du côté d'où le fief vient. » Le gardien, étant l'héritier présomptif du mineur, est aussitôt soupçonné de « vouloir plus la mort des anfanz que la vie » (*Etablissements de saint Louis*, I, 121). Il paraît donc normal de dissocier la garde des biens de celle de la personne, ce qu'expriment crûment les *Assises de Jérusalem* : « Ne doit mie garder l'agnel qui doit en avoir la pel. » Dans la région parisienne et dans l'Ouest, on accorde volontiers le bail à la mère ; en cas de remariage de celle-ci, les coutumes les plus féodales (Bretagne, Maine) la privent du bail ; d'autres (Anjou, Artois) imposent à son second mari d'être cobaillistre, en le reconnaissant comme « chevalier servant ». Le service du fief pouvait être une charge fort lourde, car le baillistre outre des services, devait pourvoir à l'entretien de l'enfant : il paie de sa personne et il paraît légitime qu'il ait une jouissance complète des revenus de son pupille.

Anciennement, la garde n'existait que pour les fiefs. Elle ne concernait pas, en revanche, les fonds roturiers que pouvait posséder un mineur noble : c'est ce système de réalité absolue que consacre encore le *Grand coutumier* (p. 302) et que rappelle Loisel (n° 174) : « En vilainie, cotterie ou roture n'y a bail. »

3. Quand les fiefs sont vendus et achetés et que le service de guerre n'est plus rendu, la garde devient un profit ou un privilège revendiqué par la noblesse : on parle couramment de « garde noble ». L'origine de l'institution est si bien perdue de vue qu'elle peut être exercée, à défaut de la mère, par les ascendants qui ne peuvent succéder aux fiefs. Dans les coutumes rédigées, la garde noble a perdu son caractère réel et elle porte sur tous les biens du mineur. Si le principe demeure que le gardien a l'usufruit des immeubles et acquiert la propriété des meubles, les praticiens s'efforcent d'en limiter la portée et de protéger les intérêts du mineur. En fait, la garde noble n'est plus, dans les derniers siècles de la monarchie, qu'une tutelle plus distinguée et honorable que les autres : elle flatte la vanité d'une classe en rappelant l'ancien droit féodal.

L'institution d'une garde bourgeoise répond au désir des bourgeois d'imiter les nobles. La royauté l'accorda comme un privilège personnel aux bourgeois de quelques grandes villes : Paris, Orléans, Etampes, Tours, Bourges... Elle est attribuée aux parents ou aux ascendants du mineur bourgeois ; le gardien gagne les fruits des immeubles et n'est pas astreint aux mêmes obligations que le tuteur. L'institution se confond à la fin du XVIe siècle (*Nouvelle coutume de Paris*, art. 267) avec la garde noble.

L'orphelin « sous-âgé » est dans la même condition qu'un fils de famille, mais la majorité a pour lui plus d'importance puisqu'elle met fin à la garde et que ses biens doivent lui être rendus. Le jeune noble est majeur quand il est armé chevalier, parfois à quinze ans (Beaumanoir, n° 546), parfois à vingt ans (*Summa* normande, XXXI, 3), la jeune fille très souvent à quinze ans ou au jour de son mariage. La garde bourgeoise finit normalement à l'âge de la majorité roturière, qui intervient à quatorze ans.

La tutelle

A l'époque carolingienne, la protection des orphelins incombait au roi ou à ses agents ; à l'époque suivante, cette protection sera parfois, comme en Normandie, assurée par le seigneur : on parlera de garde, de bail, de tutelle ; l'Eglise, sur les fondements de nombreux textes de la Bible qui recommandent d'avoir pitié des orphelins, intervient souvent pour les protéger. Dans les villes, cette protection est assignée par les chartes municipales à la communauté bourgeoise : à Lille, à Dunkerque, à Gravelines (où existe l'institution des gard'orphèmes), mais aussi en Normandie, en Bourgogne et dans tout le Midi.

Tandis que les règles relatives à la garde des fiefs sont de bonne heure érigées en coutumes, la protection des mineurs roturiers est liée à l'exercice de la justice, mais aussi à des habitudes qui s'imposent aux juges. En pays burgonde et visigothique, l'idée d'une tutelle protectrice confiée à la mère persiste ; dans le Nord, la tradition germanique place l'enfant sous la puissance d'un de ses parents – au point qu'il n'a plus d'existence juridique et que ses droits « dorment ». Partout, la famille exerce une sorte de surveillance et elle intervient dans les cas graves, par exemple pour autoriser le mariage de la fille (*TAC Normandie*, XIV, 1). On peut croire, sans que les textes en donnent une preuve précise, à l'existence d'un véritable conseil de famille auquel participent, au-delà de la famille, les amis et les voisins, c'est-à-dire la communauté villageoise tout entière (comme intervient dans les villes le corps de bourgeoisie). Souvent enfin, le mineur est consulté lui-même sur le choix de son tuteur, et, en

Normandie, on admet même qu'à sept ans il abandonne sa mère pour vivre avec son oncle (R. Génestal, bibl. 420, p. 60). Pour les *Etablissements de saint Louis* (I, 141), le mineur doit « savoir dire à qui il lui plaît mieux à aller de ses parents ».

La protection ainsi développée était souvent qualifiée de tutelle, et cette désignation même va faciliter la substitution aux conceptions coutumières des règles plus précises de la tutelle romaine. Beaumanoir (n°s 570-577) met toute son habileté à concilier les deux traditions tout en affirmant les droits du roi ou, en Beauvaisis, du comte :

1. La garde des orphelins appartient au seigneur dont ressortissent les enfants, sous le contrôle du comte ou du bailli. Ceux-ci doivent veiller à ce que les enfants ne meurent « par défaut de nourriture » et, s'ils ont des biens, « leur baillier une manière de garde qu'on apele tuteurs ».
2. Le tuteur gère les biens (« il procure les besoignes as enfans »), il reçoit un salaire et rend compte de sa gestion au seigneur.
3. Pour les actions réelles, l'ancien système de la « dormition » des actions prévaut ; toute procédure est suspendue jusqu'à ce que l'enfant puisse agir lui-même. Pour les actions personnelles, au contraire, le tuteur doit « répondre » aux créanciers qui ne peuvent attendre.
4. Il n'est plus vrai de dire que « li enfant de poosté (roturiers) sont tous jours en aage (capables) ». Ils sont capables comme les genstilshommes, à quinze ans et les femmes à douze ans (n° 536).

Au XIVe siècle, la réception du Droit romain est accomplie, souvent grâce à l'action des officiers royaux ; la tutelle n'est plus comprise comme un pouvoir mais comme une protection ; le tuteur n'est plus nommé *ad hoc* pour un procès par exemple, mais pour assister le mineur en toutes circonstances ; il a la charge de l'enfant et on lui attribue la puissance paternelle. Une ordonnance de 1330 permet au tuteur de représenter le mineur même pour une action réelle (il restera de l'ancienne dormition des actions la règle que la prescription ne court pas contre un mineur ; art. 2252 du Code civil). Enfin, comme en Droit romain, la tutelle est une charge publique imposée par la justice que, sauf excuse valable, le tuteur ne peut refuser : « Toutes les tutelles sont datives » (Loisel, n° 165). Les règles romaines prévalent encore dans l'exercice de la tutelle : obligation du tuteur de faire inventaire, d'agir en bon père de famille et de rendre des comptes, hypothèque légale du mineur. Cependant le conseil des parents est toujours requis : il intervient dans les actes les plus graves : la désignation du tuteur, l'aliénation des immeubles ou le mariage du mineur (Ordonnances de 1579 et 1639). Quelques coutumes (Orléans, Artois) accordent de droit la tutelle au survivant des père et mère ; d'autres (Auvergne, Bretagne), comme le Droit romain, reconnaissent la tutelle testamentaire.

La pratique des pays de droit écrit n'était guère différente : si le juge désigne le tuteur, il prend l'avis d'un conseil des parents et doit confirmer la désignation de tuteur qu'a pu faire le père dans son testament[8].

Le mineur est normalement incapable et tous les actes qu'il pourrait accomplir seraient nuls ; les règles romaines ne concernent que les impubères, mais jusqu'à vingt-cinq ans le mineur peut obtenir, au cas où il aurait accompli un acte dommageable, une *restitutio in integrum*. La règle qui est déjà connue de Beaumanoir est parfaitement assimilée par la pratique coutumière, ce qu'exprime l'adage célèbre : *Minor restituitur non tanquam minor, sed tanquam laesus* ; ce n'est pas l'acte lui-même qui est réprouvé, mais les conséquences économiques qu'il peut avoir. Il est légitime s'il a tourné en faveur du mineur ; il est au contraire nul s'il est jugé lésionnaire. L'Ordonnance de Villers-Cotterêts de 1539 (art. 134) permet au mineur de poursuivre jusqu'à trente-cinq ans la « cassation » de ses contrats.

Les règles romaines sont d'ailleurs fort loin d'être, même dans le Midi, appliquées strictement. Elles sont tenues en échec jusqu'au XVIe siècle par le serment qu'a pu prêter le mineur et qui, dès qu'il a l'âge de raison, suffit à l'engager[9]. Toujours, d'autre part, les juges statuent en équité. Au Moyen Age, la tutelle ne prend pas fin à l'âge fixé pour la majorité (qui ne concerne que la garde). Aux XVIIe et XVIIIe siècles, il existe une tendance très nette à prolonger la tutelle, confondue avec la curatelle, jusqu'à vingt-cinq ans.

Les déments et les simples d'esprit

Il a toujours appartenu à l'autorité publique et à la famille de pourvoir à la protection des déments et des simples d'esprit. Beaumanoir (n° 1061) ne fait qu'exprimer l'opinion générale en disant que le « forcené » et le « fol naturel » « ne savent pas ce qu'ils font ». Le fou furieux ne peut être qu'un possédé qu'il faut traiter par des exorcismes, enfermer ou enchaîner comme un criminel. Hors ce cas, la famille doit assurer la garde des aliénés et la conservation de leurs biens. La vigilance familiale s'étend d'ailleurs à tous ceux dont le comportement peut paraître insensé : les femmes « folles de leur corps », les sourds-muets, les vieillards débilités par le grand âge ou les prodigues qui dilapident leur patrimoine. Parfois, comme à Limoges, les villes prennent des mesures de sauvegarde ; un tuteur *ad hoc* peut être nommé à celui qui est qualifié d'*ydiota, prodigus et bonorum suorum dissipator*. Le Parlement de Paris admet, dès le début du XIVe siècle, que de telles désignations soient faites par les baillis royaux (*Olim*, t. II, p. 661 ; t. III, p. 181). Au XVIe siècle, les tribunaux en viennent à exercer une véritable censure des mœurs : ils frappent d'interdiction les veuves qui se remarient « follement » (Ordonnance de Blois de 1579, art. 182) ou les fils de famille qui veulent contracter un « mariage vil ». L'honneur de la famille et la protection du patrimoine importent plus que la personne de l'incapable.

L'aliéné et le prodigue sont pareillement dotés d'un tuteur ou d'un curateur permanent et tout acte juridique leur est interdit. L'influence du Droit romain est certaine, encore que son application soit peu rigoureuse : les décisions du Châtelet de Paris sont rendues *in factum* et prononcent souvent des interdictions temporaires ou partielles, le plus souvent après que les parents ont été entendus et qu'une enquête a été faite. Dans les cas les moins graves, on nomme, au lieu d'un curateur, un conseil judiciaire qui doit intervenir seulement pour certains actes.

L'interdiction ne concerne que les biens ; le tuteur ou le curateur doit assurer la garde et l'entretien de l'aliéné. Beaucoup de simples d'esprit erraient librement. Si les cas de folie collective, assimilés à la sorcellerie, sont durement réprimés (J. Heers, *Fêtes des fous et carnavals*, 1982), le Moyen Age marque parfois presque de la tendresse aux « innocents ». Les rois et les princes ont leurs

« fous » à qui leur prétendue folie permet de tout dire (M. Lever, *Histoire des fous de cour*, 1983).

La police des aliénés n'est soumise à aucune règle précise. Si la famille « ne peut subvenir à leurs besoins » de manière que « la tranquillité publique ne soit pas troublée », les malades « sont conduits par les officiers chargés du maintien de l'ordre dans les hôpitaux destinés à les recevoir » (Des Essarts, *Dictionnaire de la Police*, v° « Folie »). Sous l'impulsion de saint Vincent de Paul, un quartier des hôpitaux généraux leur est réservé ; ils sont traités non comme des malades mais comme des vagabonds. A Paris, les incurables, au nombre de 1 009 en 1786, sont reçus aux Petites-Maisons, à Charenton et à Bicêtre et, pour les femmes, à la Salpêtrière. Joseph II, en 1781, devait constater la condition misérable qui leur était faite et, par une instruction de 1785, Louis XVI tenta d'améliorer leur sort. Les premières réformes seront dues à Pinel, nommé en 1792 directeur de Bicêtre.

La loi des 16-24 août 1790 imposa pour les demandes d'interdiction l'avis d'un conseil de famille et du ministère public ; les municipalités devaient « obvier aux événements fâcheux qui pourraient être occasionnés par les insensés et les furieux laissés en liberté ». Un décret du 2 septembre 1793 remit en cause les interdictions prononcées sous la monarchie et la Constitution de l'an III priva des droits de citoyen les individus interdits pour cause de « fureur, de démence ou d'imbécillité ». Ces règles devaient passer dans le Code civil. L'internement d'un aliéné devait être suivi, pour éviter tout arbitraire, de son interdiction. La seule discussion porta sur la condition des prodigues : dissiper son patrimoine parut en 1804 un « vice honteux », mais l'interdiction une sanction trop grave ; on décida seulement de donner au prodigue un conseil judiciaire.

CHAPITRE V

LE MARIAGE

La définition donnée vers 240 par Modestin (D.25.2.I) a été reprise jusqu'au XIXe siècle par tous les juristes : le mariage est la *conjunctio maris et feminae et consortium omnis vitae*, mais aussi la *communicatio divini et humani juris*. C'est que le mariage engage l'avenir de la société et de la famille ; en lui le divin se mêle à l'humain, le civil au religieux ; l'union des époux est sacralisée par des rites, leur choix commandé par le milieu social, leur comportement imposé par des règles morales ou des croyances religieuses.

Dès son origine, l'Eglise chrétienne oppose les lois de Dieu qui s'imposent en conscience (on dira plus tard au for interne) aux lois de l'Empire (le for externe), et cette opposition persista même après l'Edit de Milan ; l'Eglise est associée à l'Etat mais ne le supplante pas : tandis que les conciles condamnent le divorce, le Droit de Justinien le maintient.

La même opposition, aggravée par l'état social, existe à l'époque franque. Si les conciles élaborent les règles de discipline, ce sont les capitulaires qui fixent les conditions du mariage et les tribunaux publics qui jugent les affaires matrimoniales.

Au IXe siècle, l'action des évêques supplée aux défaillances du pouvoir royal ; elle poursuit l'idéal de moraliser la société et de soumettre la famille aux principes chrétiens, ce qui ne peut aller sans le strict respect de l'Ecriture et des canons qui fixent les règles du mariage. Le mariage par l'unité de chair qu'il établit entre les époux ne peut être qu'unique : ce qui condamne la polygamie ou le concubinat et impose l'indissolubilité du mariage. Celle-ci est de droit divin car elle est fondée sur le texte des

Evangiles de Marc (X, II) et de Luc (XVI, 18) : *omnis qui dimittit uxorem suam et alteram ducit, maechatur* ; Matthieu (XIX, 9) rapporte le même texte mais en ajoutant : *nisi ob fornicationem*. Pour saint Paul (Ephes, V, 32), le mariage est un « mystère » ; saint Ambroise et saint Augustin, justifiant ainsi l'indissolubilité, diront un sacrement.

Le bon usage du mariage assure la discipline des mœurs : l'Eglise condamne absolument l'adultère et l'inceste ; le mariage est un remède à la concupiscence et « le mari doit rendre à sa femme ce qu'il lui doit » car « ils ne peuvent se soustraire l'un à l'autre » (Iª Co., VII, 2-4) (E.M. Makowski, « Marital Debt », *Journal of Medieval History*, 1977, p. 99-114).

L'évêque responsable de ses fidèles a la charge d'enquêter sur leurs mœurs. Un texte de saint Matthieu (XVIII, 15-18) justifie la *denunciatio evangelica* : tout fidèle doit avertir son frère du péché qu'il commet et, s'il ne s'amende pas, dénoncer sa conduite à l'Eglise. Cette obligation est imposée à l'époque carolingienne aux *testes synodales* qui en chaque lieu doivent en conscience informer l'évêque ou l'archidiacre des péchés qu'ils connaissent ou qu'ils suspectent : les fidèles soupçonnés doivent se disculper ou faire pénitence. Cette procédure des *causae synodales*, longuement exposée au début du Xᵉ siècle par l'abbé Réginon de Prum, fonctionne encore localement aux XIVᵉ et XVᵉ siècles. Elle permet à la communauté paroissiale de contrôler le comportement de chaque fidèle et à l'évêque de réprimer les péchés publics ou même privés et spécialement l'adultère, l'inceste, la répudiation de la femme, le concubinage ou l'avortement.

Les évêques assuraient ainsi leur autorité pastorale sur le peuple chrétien ; ils ne pouvaient l'imposer aux grands. En 860, Hincmar de Reims, dans l'affaire du divorce de Lothaire II, admet encore la compétence au moins concurrente des juges laïcs et il accepte le remariage de Judith, fille de Charles le Chauve, avec Baudouin de Flandre. En 981 Louis V, en 989 Robert II [illegible]ient leur femme, et l'Eglise doit reconnaître le fait accompli.

Le concile de Limoges déjà cité (p. 253) et le concile de Reims de 1049 rompent avec cette tolérance. Ils sont soutenus par les conciles romains et par la papauté qui, après un siècle d'éclipse, entend soumettre tous les chrétiens à la loi de Dieu. La réforme grégorienne est, avant tout, une réforme des mœurs : aux clercs est imposé le célibat, aux laïques le bon usage du mariage. La compétence des juges d'Eglise est nettement affirmée par le concile de Tours de 1060, par Nicolas II en 1059, par Alexandre II en 1063, véhémentement par Grégoire VII en 1074.

M. Duby a bien montré (bibl. 354) combien cette morale des prêtres s'opposait à la morale des guerriers. La discipline de l'Eglise prévaut sur les intérêts ou les caprices qui, dans les lignages nobles, faisaient et défaisaient les mariages ; la complaisance ou la timidité de quelques évêques ne font que mieux ressortir la netteté de la position romaine. Les règles canoniques sont encore tenues en échec pour le remariage d'Anne de Kiev, veuve de Henri Ier († 1060) avec Raoul de Valois, mais Philippe Ier qui avait répudié sa première femme en 1092 pour épouser Bertrade de Montfort, femme de Foulque IV d'Anjou – violant d'après le pape quatre fois la loi canonique – dut, après douze ans de lutte, se soumettre. La défaite du roi marque le triomphe des idées grégoriennes : grâce à l'action des légats pontificaux, grâce aussi à la fermeté doctrinale du grand canoniste Yves de Chartres, les évêques sont devenus les seuls juges de toutes les questions matrimoniales et, le choix du juge impliquant le choix de la loi applicable, toutes les questions concernant le mariage seront régies désormais par le Droit canonique (section I).

Ce droit est accepté par les hommes du Moyen Age, car il répond à leurs sentiments et à leurs attitudes : le mariage, par le caractère sacramentel qui lui est reconnu, participe de la permanence de la famille. Les critiques ne visent pas l'indissolubilité du mariage mais la liberté de choix reconnue aux époux. Nicolas Ier avait, en 866, nettement fixé la règle qui faisait des époux les ministres du sacrement : *Sufficiat solus eorum consensus de quorum conjunctionibus agitur* (*Décret Gratien*, C. XXVII, qu.2, c.2). Les familles ne s'accommodaient de cette liberté que parce qu'elles la contrôlaient. Les attaques viendront des « hérétiques de l'an mil » (H. Taviani, *Annales*, 1977, p. 1074), des manichéens ou des cathares qui réprouvent la stabilité du mariage ou le mariage lui-même. Plus que l'institution, les œuvres littéraires, le *Mariage Rutebeuf* ou *Joufroi de Poitiers*, critiquent les unions mal assorties ou les femmes acariâtres (J.-C. Payen, bibl. 117, p. 413). Dans les lais de Marie de France, « le mariage reste une valeur sûre et même une valeur refuge. Ni l'adultère ni le concubinage ne s'étalent impudemment » (P. Ménard, *Les Lais de Marie de France*, 1979, p. 141). Jusqu'au XVe siècle, personne ne discute vraiment les règles canoniques et l'application qui en est faite par les officialités.

Le XVIe siècle est, au contraire, raisonneur et critique. Déjà saint Thomas avait considéré le mariage comme une institution de droit naturel ; les réformés nieront son caractère sacramentel, ce qui conduit à sa sécularisation. La doctrine gallicane fait écho par désir de protéger les familles contre la trop grande liberté que le droit canonique reconnaissait aux époux (section II).

L'union des deux époux est aussi celle de deux familles et de deux patrimoines : d'où l'importance des conventions matrimoniales qui déterminent les apports de la femme et du mari et le sort de leurs biens, de leur vivant ou après la mort de l'un d'eux (section III).

I. LA DOCTRINE CANONIQUE DU MARIAGE

L'œuvre des Carolingiens avait été avant tout morale, la stabilité du mariage assurant celle de la famille. (P. Toubert, *La Théorie du mariage chez les moralistes carolingiens*, bibl. 137, p. 233-285). Les réformateurs grégoriens, à raison de leur exaltation du célibat, ont souvent été taxés d'ascétisme ; tous les théologiens reconnaissent cependant l'éminente dignité du mariage : l'union conjugale est comme sublimée en tant que métaphore de l'union mystique du Christ et de l'Eglise. Les sermons de saint Bernard sur le Cantique des Cantiques évoquent avec beaucoup de réalisme le *carnale conubium* qui permet le *spirituale matrimonium*. Richard de Saint-Victor († 1173) exalte l'amour conjugal dans son traité *Les Quatre Degrés de l'amour* (J. Leclercq, bibl. 492, p. 49) : il faut rendre à Dieu ce qui est à Dieu mais au conjoint ce qui lui est dû ; suivant le texte de la Genèse, les époux seront deux en une seule chair ; leur affection est unique (*singularis*) puisqu'ils doivent quitter leur père et leur mère ; le mariage doit être pour eux ce « jardin d'amour » du Cantique des Cantiques.

Cette pastorale du mariage va être vulgarisée vers la fin du XIIe siècle par les Sommes des confesseurs (M.-M. Sheehan, bibl. 654). Elle répondait certainement mieux à la mentalité populaire que la *fin' amor* des troubadours. La sexualité existe et l'amour est une sorte de folie que le mariage discipline puisque entre époux il ne peut y avoir que des péchés véniels (bibl. 134, p. 53).

L'adultère est condamné, car il est une atteinte à la foi conjugale et à la famille. Au contraire, les unions hors mariage et même la prostitution sont considérées avec quelque indulgence [1].

Les théologiens du XIIe siècle étaient restés très soucieux de concilier l'idéal chrétien et les réalités sociales. Plus proches de celles-ci, les canonistes vont donner aux préceptes moraux une portée précise. Ils fixent des règles strictes, répriment les abus et les infractions et construisent une théorie du mariage qui s'impose par sa force et sa logique.

Gratien, suivant sa méthode (C.XXVII, 2), établit une concordance entre la doctrine romaine, reprise par Isidore de Séville, du mariage consensuel (*consensus facit matrimonium*) et la tradition des Pères de l'Eglise, surtout de saint Augustin, qui fait dépendre l'existence du mariage de la *commixtio sexus*. La question posée suivant la mode scolastique est celle de la *sponsa duorum :* la jeune fille qui s'est engagée (*sponsa* ne signifie pas ici fiancée) à un homme peut-elle rompre cet engagement pour en épouser un autre ? Gratien l'admet, car, entre le *sponsus* et la *sponsa*, le mariage est seulement commencé (*initiatum*) mais non parfait (*ratum*) s'il n'a pas été consommé.

A cela le théologien Pierre Lombard objecte, vers 1150, que ni la consommation ni même la bénédiction nuptiale n'ajoutent rien au consentement ; il suffit d'en rechercher la portée : s'il s'agit d'une promesse future, de *verba de futuro*, il n'y a que de simples fiançailles qui peuvent être rompues : si, au contraire, les *sponsi* ont exprimé la volonté actuelle et présente d'être mari et femme par des *verba de presenti*, le mariage est parfait et indissoluble. La distinction ainsi faite répondait aux mœurs de l'époque : on fiançait surtout par intérêt ou par souci politique des enfants fort jeunes en remettant le mariage à l'âge de la puberté (G. Le Bras, bibl. 488).

La théorie de Gratien, par l'importance qu'elle donnait à la *copula carnalis*, répondait bien à une conception populaire ; la théorie du Lombard, plus irénique, convenait aux théologiens et fut adoptée par l'école parisienne. Non sans tâtonnements (*Decretales ineditae sec. XII,* 1982, n°s 32, 71, 72, 98), Alexandre III la fit prévaloir (X.14.4.3 et 6). Le mariage existe par l'échange des consentements des époux. Aucune bénédiction n'est nécessaire, aucun témoin n'est exigé – ce qui peut rendre fort difficile, en cas de mariage clandestin, la preuve du mariage.

Si aucune forme n'est imposée au mariage, le droit canonique fixe strictement les conditions de fond. Certains empêchements sont dits prohibitifs, par exemple l'interdiction de se marier pendant le temps du Carême ou de l'Avent, ou après avoir fait vœu de chasteté ; une pénitence peut être imposée aux contrevenants, mais le mariage reste valable. Les empêchements dirimants sont au contraire absolus et leur inobservation frappe le mariage de nullité : ainsi en est-il anciennement de la bigamie et de l'inceste. On sait l'extension donnée à la parenté (p. 257), ce qui, surtout dans des communautés étroites (le Groenland où Alexandre III doit admettre la nécessité de dispenses, *Decretales ineditae*, n° 86), n'allait pas sans d'immenses inconvénients.

A la parenté naturelle on assimile l'affinité ou alliance (c'est-à-dire le rapport qui existe entre un époux et la parenté de l'autre et que l'on étend aussi loin que la parenté) et aussi la parenté spirituelle créée par le baptême ou la confirmation entre parrain, marraine ou leurs enfants et filleul ou filleule.

Le mariage était également nul si le consentement des époux n'avait pas été valablement donné (au cas de folie par exemple) ou s'il avait été vicié par la violence et l'erreur. En cette matière cependant, les solutions sont très prudentes : la violence doit être insurmontable et ne peut résulter de la simple crainte révérentielle des parents ; elle est en outre couverte par le consentement ultérieur de l'époux violenté. L'autorité du seigneur sur le serf ne peut empêcher celui-ci de contracter un mariage valable car si le servage est de droit humain, le mariage est de droit divin. L'erreur sur la fortune ou sur la condition (croyant épouser une vierge, on épouse une prostituée, *Décret*, CXXIX, qu.I) ne doit pas être retenue ; seule peut être invoquée l'erreur sur la personne. Quant au dol, il ne peut être qu'un *dolus bonus* puisqu'il a conduit, même au prix de quelque manœuvre, à conclure un mariage : ce qu'exprimera ironiquement Loisel (n° 89) par l'adage célèbre : « En mariage, trompe qui peut. »

Comme tout contrat, le mariage exige enfin la capacité : l'impuberté (mais parfois *malitia supplet aetatem*) et l'impuissance (souvent attribuée à un maléfice) sont des empêchements dirimants. De même le mariage d'un chrétien avec une personne qui n'est pas baptisée est radicalement nul ; si le mariage a été contracté entre deux « infidèles » et que l'un d'eux se convertisse, un texte de saint Paul autorise la rupture car on ne peut marier « la lumière avec les ténèbres » (II Cor., VI, 14) : c'est le privilège paulin.

Le mariage était anciennement permis au prêtre et à l'évêque (I Tim., III, 2-4) ; seul est interdit comme au *flamen dialis* le remariage. Tandis que l'Eglise orientale conservera toujours cette règle (J. Dauvillier et C. de Clercq, bibl. 327), la discipline romaine recommandait le célibat (mais permettait au clerc marié de conserver sa femme en vivant avec elle comme frère et sœur). Partout, cependant, la règle était fort mal observée et les fils de prêtres succédaient aux bénéfices de leur père. Contre ce nicolaïsme, la réaction grégorienne fut d'une violence extrême : le prêtre marié est dégradé et excommunié, mais son mariage demeure valable. Ce fut le concile de Latran de 1139 et après lui Gratien et Alexandre III qui admirent l'empêchement dirimant tenant aux ordres sacrés. Il s'agit cependant d'une règle venant de l'Eglise et non du droit divin, ce qui permet de légitimer les usages des églises nationales et autorise même les dispenses (A. Esmein, bibl. 359 ; J. Dauvillier, bibl. 325).

La doctrine classique interpréta ces règles avec une grande rigueur logique [2]. L'indissolubilité est absolue ; le texte déjà cité de l'Evangile de Matthieu permet au mari de se séparer de sa femme adultère mais non de se remarier. Le mariage subsiste même si l'un des époux est absent ou atteint de lèpre et les canonistes admettent que l'époux sain doit cohabiter avec le lépreux et lui rendre le devoir conjugal. On prend en effet à la lettre le texte de saint Paul : chaque époux a un droit réel sur la personne de l'autre et peut exercer contre lui une action pétitoire ou une action possessoire pour lui faire réintégrer le domicile conjugal ; l'officialité de Paris en vient même à fixer la fréquence des rapports (deux fois par semaine) auxquels doit se prêter chaque époux.

L'Eglise ne fut jamais hostile au remariage des veufs ; elle suit en cela l'opinion populaire qui y voit le meilleur remède à l'incontinence ; simplement la bénédiction nuptiale n'est pas normalement accordée au cas de secondes noces, et l'homme qui s'est marié deux fois, qualifié de bigame au spirituel, ne peut accéder aux ordres sacrés. En revanche, toute union hors mariage est une fornication réprouvée.

Le mot de *divorcium* toujours employé ne s'applique qu'à la décision du juge d'Eglise autorisant la séparation des époux : quand ils ont tous deux prononcé le vœu de chasteté, par exemple, pour que l'un d'eux puisse entrer en religion ; quand, au cas d'adultère, d'apostasie ou d'hérésie de l'un des époux, la vie conjugale apparaît impossible, on admet la séparation « du lit et de la table », *quoad thorum et mensam* ; ou encore quand la nullité du mariage est reconnue (on parle alors de *separatio sacramentalis*). Le principe demeure, même s'il est souvent fort mal appliqué, que les excès et sévices graves ne peuvent mettre fin à la cohabitation et que toute séparation amiable est interdite. Vers la fin du XIVe siècle, les officialités prononcent simplement à la demande de la femme la *separatio quoad bona* qui lui rend la jouissance de sa dot.

L'application de ces règles donnait aux justices d'Eglise une véritable censure des mœurs. Elles connaissaient normalement de la validité du mariage et des fiançailles (Beaumanoir, n° 313) et par conséquent des conventions matrimoniales, de la légitimité ou de la bâtardise des enfants et ainsi de leur aptitude à succéder. Si l'existence même du mariage était discutée, la preuve devait en être rapportée, mais la *copula carnalis* intervenant après des *verba de futuro* faisait présumer le consentement ; il en était de même du fait de vivre comme mari et femme, et il était fréquent que l'une des parties demande à l'officialité de constater le mariage. En pareil cas, au moins dans le Midi, des concubins précautionneux font dresser par notaire un acte pour établir que, malgré l'apparence, ils ne sont pas mariés (P. Ourliac, bibl. 568, p. 162). Une fille séduite peut obtenir que le séducteur lui soit « adjugé » pour mari si elle peut prouver qu'il y a eu entre eux échange de promesse.

Les officialités peuvent connaître de tout rapport hors mariage mais elles limitent leurs interventions, surtout quand elles agissent d'office, aux cas jugés les plus graves : viol, naissance illégitime ou clandestine, relations entre fiancés, concubinage des clercs ou des religieuses. Sauf scandale public, l'adultère n'est poursuivi que sur la plainte du mari trompé. Les officialités peuvent encore accorder, dans le cas d'absence d'un époux, une *licentia nubendi* ; elles peuvent intervenir pour fixer les conditions de la vie conjugale et limiter le droit de correction du mari ; elles peuvent même, concurremment avec les justices civiles, accueillir l'action d'une fille mère qui demande des frais de gésine, ou le payement d'une dot ou encore, au cas de séparation des époux, statuer sur la restitution de la dot et la liquidation de la communauté (L. Pommeray, bibl. 614, p. 309-399 ; J.-P. Lévy, *L'Officialité de Paris et les questions familiales à la fin du XIVe siècle*, bibl. 110, p. 1265-1294). Toute résistance est sanctionnée par des peines d'amende ou de prison, l'interdiction de contracter tout mariage ou même par l'excommunication.

La plupart des difficultés tenaient soit à l'extension donnée à la parenté, soit à la validité reconnue aux mariages clandestins. Les officialités font preuve, au moins en Angleterre, d'« équité et de compassion » (C. Duggan, bibl. 134, p. 59-87). Vers 1200, la pratique des dispenses pontificales permet de lever les empêchements qui ne tiennent qu'au droit naturel. Les dispenses, fort onéreuses, concernent surtout les empêchements de parenté au troisième ou au quatrième degré mais elles demeurent assez rares (J. Dauvillier, bibl. 325, p. 212-221). Le concile de Latran de 1215 et de nombreux conciles locaux interdisent les mariages clandestins mais sans les frapper de nullité.

Normalement le mariage est l'occasion d'une cérémonie dont les usages qui remontent souvent à l'Antiquité et, à partir du XIIe siècle, les statuts synodaux règlent les formes : échange des anneaux ou d'une pièce de monnaie, rédaction d'un contrat de mariage, surtout célébration *in facie ecclesie :* les époux assistent à une messe publique célébrée dans la paroisse de l'un d'eux ; ils sont placés sous un *pallium* ou voile et reçoivent souvent à « l'huis du moutier » et après que le prêtre a recueilli leur consentement, la bénédiction nuptiale ; il est d'usage à Paris qu'ensuite le prêtre aille bénir le lit nuptial [3]. La célébration depuis le concile de 1215 doit être précédée par la publication à la messe du dimanche de bans imposant à chacun de dénoncer les empêchements qu'il connaîtrait [4].

Si la conception consensuelle avait beaucoup d'inconvénients, elle permettait au moins de sauvegarder la liberté des époux : le mariage du serf est valable même s'il est conclu sans l'accord du seigneur, et Alexandre III a nettement indiqué que la sanction du formariage ne pouvait être qu'une amende dont les évêques se sont employés à modérer le taux (p. 189). De même, le seigneur peut, d'après le droit féodal de l'Ouest, imposer à sa vassale le mari qu'il a choisi (*Summa* normande, XXXI, 13 ; *Etablissements de saint Louis*, I, 67 ; *cf.* P. Petot, bibl. 595). Si celle-ci passe outre, son mariage est valide. Surtout, l'autorisation paternelle n'était pas nécessaire au mariage des enfants qui, dès leur puberté, pouvaient conclure un mariage pourvu que leur consentement ait été libre (et qu'il n'y ait eu par conséquent ni rapt ni séduction).

II. LA RÉACTION LAÏQUE

Jusqu'au XVe siècle les juridictions laïques, quand elles sont saisies incidemment – pour la délivrance d'une dot ou d'un douaire, par exemple – d'une question de mariage, appliquent rigoureusement les règles canoniques (*Olim*, t. I, p. 460). Elles reconnaissent la validité des mariages des enfants de famille sauf à relever contre eux le crime de rapt s'il est prouvé par exemple que la femme a été enlevée ou séduite (*Olim*, t. III, p. 1012).

La contestation vint des humanistes et elle fut de la part d'Erasme fort précise. Pour lui, Pierre Lombard est un « rhapsode » qui, en voulant assurer le salut des époux, aboutit souvent à faire leur malheur. D'après saint Paul, le mariage n'est pas un sacrement puisqu'il ne confère aucune grâce spéciale, mais un « mystère » qui réalise la parfaite amitié de l'homme et de la femme. La jurisprudence des officialités est source de confusion : on considère comme mariés des gens qui ne voulaient pas l'être ; on préfère le mariage secret au mariage véritable et on annule celui-ci pour réhabiliter l'autre. Dans une série de libelles publiés entre 1516 et 1526, chacun des empêchements est critiqué et souvent tourné en ridicule : on permet à un vieillard d'avoir une épouse de douze ans mais non à un filleul d'épouser la fille de son parrain.

Pour être voilée, l'attaque n'en est pas moins dirigée contre le concile de Florence qui avait, en 1439, qualifié le mariage de sacrement, contre l'intrusion de l'Eglise dans la vie des familles et contre le célibat des clercs (E.-V. Telle, *Erasme de Rotterdam et le septième sacrement*, Genève, 1954).

Les mêmes idées sont reprises nettement par Luther dès 1520 : il repousse le lourd appareil de la scolastique mais aussi le « juridisme » et l'ascétisme catholique. Sa doctrine se veut proche de la vie et chargée de réalité : Dieu a créé les instincts et c'est égal abus de faire ce qu'il défend et de défendre ce qu'il permet. Il faut rejeter les gloses qui ont obscurci et étouffé les textes évangéliques. Les affaires matrimoniales sont des affaires de conscience et de foi. Erasme avait déjà dit que le mariage ne pouvait subsister si l'*affectus conjugalis* avait disparu. Luther hésite néanmoins à admettre le divorce ; il ne le conçoit que comme une sanction : au cas d'adultère, au cas où, comme dans le privilège paulin, l'un des époux se comporte en païen.

Calvin va fonder une orthodoxie nouvelle et aboutir à des règles très fermes qui seront suivies à Genève, mais aussi, après 1560, grâce surtout à Théodore de Bèze, par les protestants français. Le pouvoir royal laisse faire car la liberté de culte lui paraît comporter le droit de « publier et célébrer les mariages ». Le divorce n'est admis qu'au cas d'adultère ; il sera toléré par le synode de Verteuil en 1567 pour cause d'absence ; le mariage demeure consensuel ; le caractère sérieux des consentements est contrôlé par le consistoire et il est attesté par l'accomplissement de formes qui demeurent traditionnelles. Sur les empêchements de parenté, les solutions locales sont fort diverses. Il est admis, enfin, sous l'influence des ordonnances royales, que les parents peuvent demander la nullité du mariage auquel ils n'auraient pas consenti, mais beaucoup de communautés répugnent (comme les luthériens) à admettre la nullité si le mariage a été consommé.

En fait, les solutions sont moins novatrices que les théories ; si la technique du droit canonique est abandonnée, les jugements des consistoires témoignent de la volonté de moraliser la société et aussi d'une confusion fréquente du for interne et du for externe. Le résultat le plus net est un progrès certain de la laïcisation du mariage et de l'autorité de l'Etat (P. Bels, bibl. 212 ; F. Wendel, bibl. 697).

Les conceptions gallicanes

Les idées des réformés ne sont guère différentes de celles des catholiques. Au concile de Trente, les mêmes questions furent longuement discutées : le mariage, est-il décidé dès 1547, est bien un sacrement ; il devient, en revanche, un contrat solennel : la publication des bans est imposée, mais sans être sanctionnée par la nullité du mariage ; la célébration doit avoir lieu en présence du « propre curé » de l'un des époux ou de son délégué ; celui-ci doit interroger les époux et recevoir leur consentement ; il n'est pas pourtant le ministre du sacrement (et la bénédiction nuptiale n'est jamais imposée) : le curé est seulement un témoin nécessaire dont la présence, ainsi que celle de deux autres témoins, est exigée pour la validité du mariage ; il doit tenir un registre qui fait preuve du mariage. Quelques réformes de détail restreignent la portée de la parenté spirituelle ; le rapt est considéré comme un empêchement absolu ; mais malgré la pression des princes et spécialement des ambassadeurs français, le concile ne peut se résoudre à prononcer la nullité des mariages contractés par des enfants en puissance sans le consentement de leurs parents. Un tel mariage ne peut qu'être annulé s'il est clandestin et célébré en l'absence du propre curé ; la présence de celui-ci suffit, au contraire, à sa validité (décret *Tametsi*). L'Eglise, est-il dit dans le décret final (1563), « déteste et prohibe ces mariages », mais à raison même de leur caractère de sacrement, ne les annule pas.

Le décret *Tametsi* visait tous les chrétiens de rite latin et il devait entrer en vigueur après sa publication dans chaque paroisse. C'est dire que le décret ne fut pas publié dans les pays où dominaient les protestants – Angleterre, Ecosse, Etats protestants d'Allemagne – et par conséquent ne fut pas applicable aux catholiques qui y résidaient et qui pouvaient se marier valablement hors de la présence de leur curé. Aux Pays-Bas, Philippe II ordonna, en 1565, la publication du décret mais, après la révolte de Guillaume d'Orange de 1568, le culte catholique fut interdit, ce qui conduisit la papauté à admettre en 1602 la validité des mariages contractés hors de la présence du curé. La même règle fut admise dans certains pays de mission et, en France, sous la Révolution (J. Dauvillier, bibl. 326).

Charles IX avait interdit la réception en France des canons du concile de Trente. Les dispositions relatives au mariage apparaissaient cependant si judicieuses que la publication des bans, la présence du propre curé et la tenue des registres de mariage seront imposés par l'Ordonnance de Blois de 1579 et reprises avec des nuances locales par les statuts synodaux (C. Piveteau, bibl. 612) : les règles canoniques changeaient de nature et, devenant des lois de l'Etat, pouvaient être modifiées ou précisées par lui ; on exigea, par exemple, quatre témoins au lieu de deux, on précisa la compétence des curés des époux, on admit même, jusqu'à l'Ordonnance de 1667, la preuve par témoins des mariages des « personnes de village, basse et vile condition ». Surtout le pouvoir royal, n'ayant pu obtenir du concile qu'il interdise le mariage des fils de famille, entreprit d'y pourvoir lui-même.

Un édit de Henri II de février 1557 avait fixé l'âge de la majorité matrimoniale à trente ans pour les fils et à vingt-cinq ans pour les filles[5]. La présence du propre curé suffisait à la validité du mariage mais l'époux encourait des sanctions indirectes (exhérédation, perte des donations ou des legs), laissées à l'arbitraire du juge. Des lois successives (Edit de Blois de 1579, Déclaration de 1639, Edit de 1697, Déclaration de 1730) aggravèrent les peines, manifestant bien l'autorité qui, désormais, est reconnue par l'Etat aux pères de famille et qui répond au vœu exprimé par les Etats généraux de 1576 et de 1614.

Même après leur majorité les enfants doivent s'adresser à un juge royal qui les autorise à faire à leurs parents une sommation respectueuse, c'est-à-dire à aller avec deux notaires recueillir leur consentement ou leur refus. Surtout, toute subornation d'un mineur, sous prétexte de mariage, est qualifiée de rapt et puni de mort. Ce faisant, l'autorité laïque n'empiétait pas sur la compétence de l'Eglise puisqu'il est toujours en son pouvoir de fixer une incrimination et de punir les coupables : ce que Loisel traduira par la maxime : « Il n'est si bon mariage qu'une corde ne rompe » (n° 114).

La peine de mort fut quelquefois appliquée et encore en 1758 à raison de l'atrocité des « circonstances », c'est-à-dire de violences. En fait cependant, plus que la mort du ravisseur, on souhaitait aboutir à la nullité du mariage. Les juristes gallicans (le Toulousain Jean de Coras dès 1557, Du Moulin) avaient soutenu, contrairement à ce que devait admettre le concile de Trente, la nullité du mariage du mineur non autorisé. Le concile ayant admis que le rapt était un empêchement au mariage, les parlements jugèrent que le rapt existait non seulement au cas de violence, mais de simple séduction : ce « rapt de séduction » suffit pour faire annuler le mariage (ce qu'avait admis une ordonnance de Henri IV de 1606). Le rapt permet aux parents d'agir par voie d'appel comme d'abus devant les parlements, et ceux-ci jugent avec passion de telles actions car la lutte contre les mésalliances leur paraît la meilleure sauvegarde de l'ordre social. La séduction est présumée du seul fait d'une inégalité de condition des époux ; elle peut être le fait d'une fille mineure ou d'une veuve et est parfois admise hors de toute vraisemblance.

Plus souvent encore, la nullité était prononcée à raison de l'inobservation des formes ou conditions imposées par les ordonnances royales : défaut de publication des bans, irrégularité des dispenses obtenues, compétence des propres curés de chacun des époux ou délai d'habitation dans la paroisse. Au fond, la pratique française n'admettait pas la compétence de l'Eglise.

A l'époque de la Fronde, un maître des Requêtes, nommé Gaulmin, imagina de contraindre le curé, souvent par la force, à assister hors de l'église à l'échange des consentements ; la pratique se répandit jusqu'à Puget-Théniers (M.-L. Carlin, *Annales de la faculté de Bordeaux*, 1978, p. 47-60). De tels mariages, dits « à la Gaulmine », étaient valables au regard de l'Eglise, puisque le curé n'est qu'un simple témoin. Sous la pression de l'opinion publique, le Parlement, en 1674, prononça néanmoins leur nullité, car la présence du curé ne doit pas être muette.

Les parlements en étaient venus, comme les officialités du Moyen Age, à décider de tout : ils annulaient les mariages, mais ils pouvaient aussi, au cas de rapt avec violence, condamner à mort le ravisseur s'il n'épousait pas la femme qu'il avait séduite. Toujours le mariage était préféré à la mort (B. Durand, *Aut nubere, aut dotare*, bibl. 138, p. 281-294). Des poursuites pouvaient même être exercées contre les curés qui avaient célébré un mariage irrégulier. Cette jurisprudence était parfois tempérée par la pitié qu'inspiraient aux juges les « pauvres filles » qui, si elles n'obtenaient pas d'être épousées, pouvaient recevoir une indemnité ou une dot.

Rien cependant mieux que les arrêts rendus (*Code matrimonial*, éd. Janet de La Guessière, 1778) ne peut montrer le clivage social des derniers siècles de l'Ancien Régime. L'attitude des parlements est inspirée par leur gallicanisme foncier qui justifie les interventions de la justice laïque pour protéger les mœurs et maintenir les droits de la famille. Ce souci est celui de la noblesse et plus encore de la bourgeoisie d'offices ; mais il est partagé par les classes les plus modestes : il s'agit, à Aix en 1681, de la mésalliance de la fille d'un cuisinier avec un cordonnier.

La doctrine justifiait ces interventions par la distinction subtile du sacrement et du contrat. Le contrat précède forcément le sacrement et saint Thomas lui-même reconnaissait que le contrat était régi par les lois civiles. Les auteurs gallicans se saisirent de la distinction pour affirmer que seul l'Etat pouvait « rendre ce contrat légitime ou invalide, rendre les personnes qui contractent habiles ou inhabiles au mariage ». Le contrat est la « matière » du sacrement dont il conditionne la validité. Le roi donne « des lois au contrat sans toucher au sacrement » et ses juges connaissent de toutes les « questions de fait » tandis que l'Eglise n'est compétente que pour le « lien », c'est-à-dire le sacrement lui-même (Durand de Maillane, *Dictionnaire*, v° « Mariage »).

Les civilistes modernes ont pareillement opposé le mariage-institution au mariage-contrat ; admettre celui-ci aboutit forcément à lui refuser la permanence : un contrat peut toujours être résolu par le *mutuus dissensus*. Le divorce est pour Montesquieu d'« une grande utilité politique » (*L'Esprit des lois*, XVI, 15 ; XXVI, 13) ; Voltaire ajoute qu'« un lien pourri ne peut être indissoluble » ; Diderot vante l'union libre à raison « du changement qui est en nous ». Pour les Cahiers de la noblesse aux Etats généraux, le divorce permettra « de ne plus rechercher dans le vice des plaisirs qu'on pourra trouver dans l'union légitime ». C'était l'opinion des « gens de bel air » plus que du peuple qui, dans son ensemble, demeurait fort attaché aux règles traditionnelles du mariage.

La laïcisation du mariage, en 1791, fut, comme la constitution civile du clergé, l'application des idées gallicanes. Ce fut d'ailleurs le célèbre canoniste Durand de Maillane, devenu député, qui rédigea le projet de loi. Pour conserver quelque pouvoir aux curés constitutionnels on ne leur enleva que le 20 septembre 1792 la tenue des registres de mariage : l'essentiel des règles anciennes était gardé mais l'officier d'état civil était substitué au prêtre pour recevoir le consentement des époux. En même temps était institué le divorce, prononcé par l'officier d'état civil même pour incompatibilité d'humeur. Des lois successives pour « éteindre les torches du fanatisme » supprimèrent toute forme et tout délai. Dès l'an III une réaction devait se manifester.

Le Code civil marque un retour aux idées du XVIIIe siècle. Le mariage est un contrat civil ; il est permis entre cousins germains mais la majorité matrimoniale est fixée à vingt-cinq ans pour les garçons et à vingt et un ans pour les filles ; l'exigence des bans est maintenue et la nullité peut être prononcée par les tribunaux dans tous les cas où elle était anciennement admise ; seul est supprimé l'empêchement tenant aux ordres sacrés ou aux vœux de religion. Sur l'intervention de Bonaparte, le divorce par consentement mutuel ou pour justes motifs fut admis, mais les formes en étaient très lourdes. Abrogé par la loi Bonald du 8 mai 1816, le divorce ne devait être rétabli en France que par la loi Naquet du 27 juillet 1884.

III. LE RÉGIME DES BIENS ENTRE ÉPOUX

Couramment, le « contrat de mariage » ne désigne pas le mariage lui-même mais les conventions pécuniaires négociées par les époux et plus encore par leurs familles : preuve certaine que les considérations d'intérêt sont bien souvent essentielles. Le contrat est un véritable pacte de famille qui concerne forcément le régime des biens entre les époux, mais parfois aussi la succession de leurs parents ou la condition qui sera faite aux enfants à naître. La force de la coutume et des habitudes est moins grande que pour la succession. Un héritier peut affirmer son droit ; un mari ou une femme doivent négocier le leur et les familles le feront pour eux en considération des avantages, moraux ou pécuniaires, qu'elles attendent de l'union. Le comportement de chacun dépend de traditions ethniques ou familiales qu'il est bien difficile de déceler.

Aux souvenirs romains s'attache l'idée d'une séparation d'intérêts entre les époux et d'une dot apportée par la femme à son mari *ad onera matrimonii sustinenda*.

La dot est, au contraire, dans la tradition franque, mais aussi visigothique, une *dos ex marito* que le mari donne à la famille de la femme elle-même et qui rappelle invinciblement un achat, ou une sorte de potlatch : la loi burgonde (XIV, 3 ; XXXIV, 2) la qualifie de *pretium uxoris*. C'est le *Morgengab*, don du matin, ou *pretium virginitatis* où l'on a vu un honneur fait à la femme : le trésor des Nibelungen est le *Morgengab* de Kriemhilt (A. Vandenbossche, *La* Dos ex marito *dans la Gaule franque*, 1953).

A l'époque mérovingienne, les deux traditions sont singulièrement mêlées : partout est rédigé un contrat, le *libellum dotis*, qui constituera la preuve du mariage et pour l'Eglise le distingue du simple concubinat. Gratien (XXX, qu.5, c.6) recueillera la règle : *nullum sine dote fiat conjugium* (A. Lemaire, bibl. 142, p. 415-424). La dot romaine est partout pratiquée. Les lois des Burgondes (XXII) et des Visigoths (III, 5 et 13) reprennent les textes du *Code théodosien* de même que les formules et les chroniques franques rapportent de nombreux exemples de donations faites à la fille par ses parents (et portant sur des meubles plus que sur des terres, Marculf, II, 10). En contrepartie, le mari fait des dons à sa femme, la *donatio ante nuptias* du Droit romain tardif n'étant pas très différente de la *dos ex marito* germanique ou *sponsalicium* : sur les biens ainsi donnés, la femme avait, en droit franc, un droit de propriété, ce qui, s'il n'y avait pas d'enfant du mariage, en privait la famille du mari ; d'où la tendance très nette à partir du VIe siècle à changer son droit de propriété en simple jouissance viagère (*Lex Burgund.*, XXIV, I ; *Cap. add. legi salicae*, I, 7 ; *Lex Visig.*, IV, 5, 2). Chaque famille en décide et, au Xe siècle, dans les chartes de Cluny, la femme obtient tantôt un simple usufruit (n° 1412 de 975), tantôt la « conquête » de la *dos ex marito* (n° 1398 de 974), tantôt seulement la moitié de celle-ci (n° 1390 de 974).

Aux droits que les époux tiennent de leur contrat de mariage s'ajoutent ceux qui naissent de la communauté de vie. De son vivant, le mari a droit, d'après le droit burgonde, à « la même puissance sur les biens de sa femme que sur sa personne » (*Lex Burgund.*, C). En pays franc, on parle avec insistance de la « collaboration » des époux, ce qui fait attribuer par la loi des Ripuaires (XXXVII, 2) comme par un capitulaire de 821 (Boretius, I, 301) le tiers des conquêts du mariage à la femme survivante : c'est la *tertia conlaborationis* dans laquelle on a voulu trouver, sans doute à tort puisque ce droit n'appartient à la femme que si elle survit à son mari, l'origine de notre régime de communauté.

Les grands personnages fixent librement leurs conventions matrimoniales. Le comte de Toulouse, Pons, en 1037, invoque « l'autorité des lois romaines, visigothes et saliennes » pour décider des droits qu'il accorde librement à son épouse, car « chacun peut disposer de ce qui lui appartient » (*HL,* t. V, col. 428). Il crée apparemment une tradition familiale puisque, en 1095, son petit-fils, Bertrand, reprend les mêmes clauses dans la donation qu'il consent à Hélène de Bourgogne (*Ibid.*, col. 738). Toutes les notions anciennes sont confondues, puisque la loi romaine est invoquée en préambule à un *sponsalicium* franc. De même à Montpellier jusque vers 1160, les contrats comportent tantôt une *dos ex marito*, tantôt une dot apportée par la femme. Au XIIe siècle, les deux formes se conjuguent, la dot reçue par la femme ayant pour contrepartie le *sponsalicium* promis par le mari (qualifié désormais à la romaine de *donatio propter nuptias*) (J. Hilaire, bibl. 450).

La plupart des contrats qui nous sont parvenus proviennent du Midi et concernent des familles comtales ou vicomtales. Partout, cependant, et même pour les plus démunis, la préoccupation première des époux n'est pas de prévoir les conditions de leur vie commune mais la dévolution des biens qui suivra la mort de l'un d'eux, et cela même apparaît dans la formation des coutumes : tandis qu'au début du XIIIe siècle le douaire de la femme veuve est pleinement reçu, les règles du régime matrimonial demeurent fort imprécises. Le témoignage de Beaumanoir (n° 445) à cet égard est fort net : il ignore presque la communauté conjugale mais traite longuement du douaire ; il indique même qu'avant de bénir les époux le prêtre doit interroger le mari sur le douaire qui a été convenu entre les deux familles. Ce qui montre bien l'importance sociale que donne l'Eglise à une institution destinée à protéger la femme, mais souvent vue avec défaveur par le droit féodal.

Le douaire de la femme

Le douaire est le résultat de la fusion de la *dos ex marito* et du *Morgengab* : « Au coucher gagne la femme son douaire » (Loisel, n° 124) et la conscience populaire y voit le « guerdon et récompense de la chasteté », d'où l'adage : « Au mal coucher, la femme perd son douaire » (*Gr. Cout*, 2, 32). Il n'appartient qu'à la femme veuve : « Jamais mari ne paya douaire » (Loisel, n° 125). Il constitue anciennement le seul droit de la femme et il a d'autant plus d'importance qu'elle n'hérite pas de ses parents et est sous l'autorité entière de son mari. Le mari « doue » sa femme lors du mariage, c'est-à-dire qu'il lui confère à son décès un droit (de propriété à l'origine) sur certains de ses biens immeubles, parfois même sur les biens de ses parents (*TAC Normandie* p. 81 ; Loisel, n° 121) : c'est le douaire conventionnel ou préfix[6].

Les coutumes viennent au secours des femmes qui n'ont pas été douées en leur reconnaissant un douaire dit coutumier (ou légal). Beaumanoir attribue la réforme à une ordonnance de Philippe Auguste de 1214 (P. Ourliac, bibl. 571) qui a pu ne concerner que les fiefs du domaine royal. La quotité en est fixée dans la région parisienne à la moitié de la dot. Dans les coutumes de l'Ouest, le douaire de la femme noble est du tiers, celui de la femme roturière, en Touraine et Anjou, de moitié (*Etablissements de saint Louis*, I, 15 et I, 137). A l'inverse, en Artois et à Amiens, le douaire noble est de moitié et le douaire roturier du tiers. En Poitou, les solutions sont très confuses jusqu'à la rédaction de la coutume, et la veuve roturière peut être privée de tout douaire. En Saintonge et en Auvergne, il n'existe que le douaire préfix.

Le mystère des origines est ici bien difficile à percer. Le douaire normand du tiers a été mis en rapport avec le droit des fiefs qui, en matière successorale, admet un disponible du tiers (tandis qu'en Anjou le disponible des rotures est de moitié ; J. Yver, bibl. 705, p. 22). On ne peut cependant ignorer la persistance jusqu'au XIe

siècle dans la famille ducale de Normandie de la tradition carolingienne du *sponsalicium* (L. Musset, *Les Apports scandinaves*, bibl. 103, p. 560). Le douaire porte sur les rotures comme sur les fiefs et il paraît bien appartenir au droit personnel des hautes classes qui, en Normandie, a été étendu aux roturiers (p. 85).

La même opposition entre droit noble et droit roturier existe dans le Nord, mais elle est résolue en sens inverse : les idées communautaires prévalent et l'institution du douaire est mal comprise : quelques villes (Amiens) ne connaissent que le douaire conventionnel ; il porte sur les biens acquis pendant le mariage, en Flandre, il est « réciproque » et appartient au mari survivant, ce qui en fait un aménagement de la communauté.

La partie des propres du mari constituée en douaire est soumise au même régime que la dot : le mari peut l'aliéner mais, si la femme lui survit, elle peut le revendiquer. Au cas de douaire préfix, l'assignation portait sur des immeubles déterminés ; au cas de douaire coutumier, le droit de la femme portait sur une quotité des biens du mari et imposait un partage avec les héritiers dont les coutumes fixèrent les règles avec beaucoup de subtilité. Un tel partage était mal supporté par la famille : « Femmes riches font enfants pauvres. » Des coutumes admirent que le douaire conventionnel ne pouvait dépasser le douaire légal (*Summa Normannie,* CI, 4), ou même qu'il l'excluait (Paris ; Loisel, n° 131). Le douaire, admit-on, pouvait être constitué par une rente en argent ; surtout, depuis l'ordonnance de 1214, la douairière légale n'est qu'usufruitière et les biens doivent faire retour à sa mort aux héritiers du mari, ce qui conduisait à assimiler le douaire à un gain de survie au même titre que les droits reconnus à la veuve par la plupart des coutumes : habitation pendant quarante jours ou plus dans la maison du mari, deuil, droit aux linges et hardes.

En fait, dès le XVe siècle, le douaire ne répond plus à l'état social mais bien souvent à un souci de vanité. Le douaire conventionnel sera fréquemment stipulé jusqu'au XVIIIe siècle (Lelièvre, bibl. 499, p. 108). Le douaire légal disparaît lors de la rédaction des coutumes, là où il n'avait pas de racines solides, dans le Nord, dans les provinces proches du droit écrit (Auvergne, Marche). Ailleurs (Anjou, Maine, Angoumois, Limousin), il ne subsiste qu'entre nobles, ou si la femme renonce à la communauté. En Bourgogne, la solution est inverse : la femme renonçante, faisant outrage à la mémoire de son mari, perd son douaire. Les solutions du droit commun coutumier sont toujours restrictives :

la femme peut renoncer à tout douaire dans son contrat de mariage, elle n'est pas héritière mais créancière de la succession ; elle devient usufruitière des biens qui lui sont assignés mais doit subir les charges habituelles.

Les lois révolutionnaires ne supprimèrent pas le douaire stipulé dans le contrat de mariage ; elles décidèrent seulement que les femmes ci-devant nobles devaient être traitées comme des roturières. Le Code civil ne mentionne plus le douaire mais il l'autorise comme toute donation que se font les époux dans leur contrat de mariage.

L'augment de dot

Le mot de douaire est parfois employé dans les pays de droit écrit ; les droits de la veuve sont aussi appelés *sponsalicium, osculum, agenciamentum* et plus couramment augment. C'est un gain de survie accordé à la femme en contrepartie de la dot qu'elle avait apportée au ménage (et qu'elle reprend augmentée). L'augment est stipulé dans le contrat de mariage et les clauses varient beaucoup : usufruit d'un immeuble ou rente en argent, gain du tiers ou de la moitié de la dot, ou « double dot », ce qui était la solution de Justinien dans la Novelle 97 devenue l'authentique *Aequalitas* pour la *donatio propter nuptias* et reprise par le *Petrus* (I, 113) comme par *Lo Codi* (V, 3).

Il a existé cependant en la matière des coutumes dont l'origine, la date, la portée sont fort équivoques (A. Gouron, bibl 432). La coutume de Montpellier (J. Hilaire, bibl. 450, p. 318) admet la liberté des conventions et telle paraît être la règle qui prévaut partout au XIIe siècle.

Au XIIIe siècle, le bon usage fixe à la liberté des parties une mesure « raisonnable », ce que reprennent dans tout le Sud-Ouest les statuts municipaux. Sans doute sous l'influence du droit Plantagenêt, la femme obtient un véritable douaire coutumier.

La quotité de l'augment est proportionnelle à la dot : le tiers pour une dot immobilière, le double pour une dot mobilière (P. Ourliac, bibl. 19, t. I, p. 75), au moins pour la *molher pusela*. On ne peut qu'être frappé de la disparité de ces règles qui rappellent tout à la fois le *Morgengab*, l'authentique *Aequalitas* et, pour la proportion du tiers, le douaire de l'Ouest.

Passé le XVIe siècle, malgré l'oubli où sont tombées les coutumes du Midi, les dispositions concernant l'augment sont appliquées par les parlements : en Lyonnais et en Forez, à défaut de convention des parties, l'augment est de la moitié de la dot immobilière. A Grenoble, il est de moitié pour les nobles et du tiers pour les roturiers ; à Toulouse (mais non hors de la viguerie), de moitié ; en Quercy, du tiers ; à Bordeaux, de moitié ou du tiers. Les mêmes divergences apparaissent pour la portée de l'hypothèque qui garantit le droit de la femme, pour le droit des enfants ou des créanciers, enfin au cas de remariage de la veuve (Bretonnier, bibl. 7, t. I, p. 29-74). Il n'y a pas de matière où, en se couvrant toujours de textes romains, les parlements du Midi aient abouti à de si grandes divergences et à une si parfaite confusion. Rompant avec les subtilités, le Parlement de Provence ignore l'augment et se borne à appliquer les règles romaines de la *donatio propter nuptias*.

L'augment est si bien conçu au XVIe siècle comme un gain de survie que, s'il est insuffisant, l'équité des parlements reconnaît à la veuve un droit d'usufruit sur la succession du mari.

Les origines de la communauté conjugale

Le douaire et la dot répondent à la logique d'une société qui ne conçoit la fortune qu'immobile et qui entend par le contrat de mariage fixer à jamais les droits de chacun ; si aucun enfant n'est né, le temps du mariage doit être effacé : le mari rend la dot et les héritiers de la femme le douaire.

Le régime de communauté répond à une autre logique. Le mariage est une aventure et en même temps une « compagnie » ; les époux vivent ensemble, travaillent ensemble (c'est la *collaboratio* de la loi ripuaire) ; ils acquièrent ensemble (ce sont les « conquêts ») ; et comme le dit Beaumanoir (n° 622) : « Compagnie se fait par mariage et si tôt comme mariage est fait, les biens de l'un et de l'autre sont communs par la vertu du mariage. » Ces idées sont forcément celles des bourgeois ou des marchands dont la richesse, au XIIIe siècle, est mobilière plus que foncière, et aussi celles des classes populaires qui ne font pas de contrats. La *Très Ancienne Coutume de Bretagne* (XLII) l'indique nettement : « Les meubles es bourgeois et es gienz de basse condition sont partis par coutume entr'eulx et leurs fammes et leurs enffanz tierz à tierz. » En Béarn, la communauté est le régime des cadets qui n'ont aucun droit aux biens familiaux. Dans tout le Nord, tandis que les biens roturiers entrent en communauté, les fiefs sont soumis au douaire.

On a voulu trouver à la communauté des origines celtiques, germaniques ou romaines, la rattacher à la pratique des communautés taisibles, à la « main commune » *(zu gesammter Hand)* allemande ou aux idées chrétiennes. Toutes ces influences ont pu jouer confusément, et inspirer les traditions ou les comportements familiaux ; les règles coutumières ne sont guère fixées avant le XIVᵉ siècle et elles dépendent, dans chaque région, de l'importance donnée aux communautés familiales et de la condition faite à la femme. Comme toujours, l'opposition la plus nette existe entre la Normandie et les pays picard et flamand : la Normandie ignore et même prohibe la communauté ; la femme dépend entièrement du mari et ne peut être son associée (*Summa,* 85, 8 ; 100, 3) ; la femme noble a son douaire (qui porte sur les acquêts du mari) ; la femme roturière a droit à un tiers des meubles (J.Yver, bibl. 703). L'inaliénabilité dotale, qui jusqu'à la Révolution fera l'originalité de la coutume normande, sera introduite au XIIIᵉ siècle par les cours d'Eglise (R. Génestal, *RHD,* 1925, p. 566-589).

La coutume normande, on le sait (p. 85), représente le droit des hautes classes, seul repris dans la *Summa.* A l'inverse, les coutumes des pays picards-wallons poussent à l'extrême l'idée de communauté en attribuant par le droit dit de ravestissement tout le patrimoine du ménage, les propres aussi bien que les acquêts, au survivant des époux au moins s'il est né du mariage un enfant « pleurant », et même si cet enfant est mort par la suite. A Douai, à Bapaume, à Tournai et en Flandre orientale prévaut la communauté universelle : tous les biens des époux sont confondus ; le survivant garde la jouissance de la masse commune (on parle de douaire réciproque), tandis que, s'il existe des enfants, la nue-propriété leur appartient (J. Yver, bibl. 707).

Entre la Normandie et la Picardie, l'opposition est celle d'un droit noble et d'un droit roturier. La même opposition existe en Ile-de-France et en Beauvaisis où la communauté se fait par coutume entre roturiers mais non entre gentilshommes (Beaumanoir, n° 629).

Là où la communauté familiale existe normalement entre les époux et leurs enfants, elle s'adapte à la communauté conjugale : c'est le cas des coutumes picardes ou flamandes qui expriment un droit urbain qui convient à des marchands ou des artisans. Dans les campagnes, les nécessités de l'exploitation agricole et parfois la persistance du servage ont souvent maintenu des communautés familiales plus étendues et ce sera par rapport à celles-ci que seront fixés les droits du conjoint, bru ou gendre, que son mariage introduit dans une communauté préexistante. Ainsi en Bourbonnais, en Auvergne, en Nivernais et dans beaucoup de régions de droit écrit. L'exemple du Nivernais, parfaitement étudié par J. Gay (bibl. 409), est, à cet égard, fort net : l'époux qui vient s'établir dans la famille de son conjoint est un « parsonnier » de l'association qu'elle constitue et son droit n'est consolidé que par la naissance d'un enfant ; la dot qu'il a pu apporter est confondue dans l'actif commun, mais elle lui sera restituée s'il quitte la société. L'idée d'une séparation d'intérêts entre le ménage et la famille n'apparaît guère avant 1450 dans les contrats de mariage et elle concerne les nobles ou les artisans beaucoup plus que les paysans.

Telle est bien, en effet, la portée du régime de communauté : partout, vers la fin du XIIIe siècle, un conflit existe entre les époux et leur famille et chaque coutume le règle en demeurant fidèle à son esprit.

La communauté des meubles est facilement admise à la fois parce qu'ils sont personnels et qu'ils ont peu de valeur. Au contraire les immeubles que chaque époux possédait au jour du mariage lui demeurent propres[7]. La difficulté naît pour les immeubles acquis pendant le mariage, qualifiés de conquêts : les époux en étaient au XIIIe siècle copropriétaires (*Jostice et Plet,* IX, 1, 4) et la Coutume de Bretagne dira encore que le mari et la femme sont « aussi grands en conquêts l'un que l'autre » (*TAC,* c. 217), ce qui était évidemment favorable à la femme qui devait consentir à leur aliénation. En 1373, une turbe parisienne fait tomber les conquêts en communauté et donne ainsi au mari le pouvoir d'en disposer librement (F. Olivier-Martin, bibl. 148, t. II, p. 189). On parlera désormais d'acquêts puisque « conquêts se font par deux, acquêts se font par un ». Les dettes sont également communes même si elles suivent le sort des meubles ; la solution est encore défavorable à la femme car « qui épouse le corps épouse les dettes » (Loisel, n° 94).

Les mêmes hésitations apparaissent quant au point de départ de la communauté. La règle commune est de le fixer au jour de la célébration du mariage ; mais les coutumes de l'Ouest maintiennent l'ancienne règle des communautés rurales qui se formaient par an et jour du seul fait de « manoir ensemble à un pain et à un pot », ce qui entraînait que « li mueble de l'un et de l'autre sont mellés ensemble ». En Bourgogne ou en Nivernais, la communauté n'existe que si la continuité de la famille est assurée par la consommation du mariage ou la naissance du premier enfant.

Au XIVe siècle, l'effort de la doctrine, surtout parisienne, sera d'agencer habilement les éléments ainsi fournis par la pratique pour créer un régime cohérent :

1. La communauté portera sur les meubles et les acquêts ; les époux sont « communs », et à la mort de l'un d'eux les biens se partagent entre ses héritiers et le survivant. Cependant la règle de partage ne prévalut que difficilement pour les meubles : beaucoup d'usages locaux les attribuent soit au survivant soit au mari. Au XIVe siècle encore, le préciput du conjoint noble permet à Paris à la veuve noble de les conserver.
2. Le mari demeure le maître et il peut disposer des biens communs. La « raison de compagnie » souvent invoquée tourne en fait à son bénéfice puisque, au moins jusqu'au début du XIVe siècle, la femme était réputée copropriétaire des conquêts qui ne pouvaient être aliénés qu'avec son consentement (*Jostice et Plet,* IX, 1, 4).
3. La communauté est grevée des dettes des époux antérieures au mariage mais aussi des dettes postérieures du mari. La femme veuve peut se trouver de ce fait dans une situation difficile. Aussi lui reconnaît-on le droit de renoncer à la communauté. La difficulté apparut quand le mari put engager les conquêts immeubles. Au XIVe siècle, la renonciation est considérée par la pratique comme un privilège des femmes nobles [8].

La communauté conjugale, telle qu'elle sera conçue par les praticiens parisiens, n'est ni noble ni roturière : elle est cependant une construction sociale qui oppose le ménage à la famille et, de ce fait, convient mieux à des bourgeois marchands ou artisans qu'à des nobles soumis à l'emprise du lignage ou à des paysans vivant en communauté familiale. L'opposition apparaît, par exemple, dans le droit parisien. Tandis qu'à Paris la puissance paternelle maintient la prééminence du conjoint survivant sur ses enfants, dans les campagnes de l'Ile-de-France existe l'institution de la communauté « continuée » entre le veuf et ses enfants. Au cas de remariage, la communauté continue avec le second conjoint et éventuellement avec les enfants de celui-ci (*Olim*, t. III, p. 1176 ; *Grand coutumier*, p. 365 ; F. Olivier-Martin, bibl. 148, t. II, p. 172).

La communauté dans les coutumes rédigées

L'évolution que connaît au XVIe siècle le régime de communauté révèle bien les mutations qui s'accomplissent ; le désordre monétaire bouleverse les prévisions des parties ; la rédaction des coutumes unifie le droit en supprimant les privilèges reconnus à la noblesse ; enfin, si l'humanisme conduit à accroître la liberté des contrats et à rapprocher la communauté d'une société, il ne se départ pas d'une hostilité aux femmes qui fait du mari le « seigneur et maître ». La théorie juridique, si bien agencée qu'elle paraisse, traduit fort exactement l'évolution sociale :

1. Sauf dans une province traditionnelle comme la Normandie, les parties peuvent librement convenir de leur régime, ameublir des immeubles, exclure les dettes antérieures au mariage, organiser un régime dotal ou une séparation conventionnelle, ce qui apparaît plus fréquent dans la noblesse et surtout dans la haute bourgeoisie d'offices. L'habitude de rédiger un contrat de mariage s'étend à toutes les classes de la société et l'intervention des notaires multiplie les cautèles (Lelièvre, bibl. 499). Après le mariage, en revanche, la doctrine impose la règle de l'immutabilité des conventions matrimoniales qui paraît seule susceptible de maintenir la paix des familles (R. Villers, bibl. 693).

Le choix du régime matrimonial est rattaché à l'autonomie de la volonté ; les époux mariés sans contrat sont réputés avoir choisi le régime imposé par la coutume de leur domicile : c'est dire que les règles des statuts personnels sont appliquées pour résoudre les fréquents conflits de coutumes. Seuls le Parlement de Rouen et le breton d'Argentré, par conservatisme provincial, y voient un statut réel.

2. La communauté est une « espèce de société » ; la femme cependant *non est proprie socia sed speratur fore* (Du Moulin, t. I, p. 477 et 880), ce qu'exprime encore un autre adage qui lui permet de faire un testament : « Si elle vit comme esclave, elle meurt comme libre » (Bourjon, t. I, p. 590). L'incapacité de la femme lui interdit même de disposer de ses propres ; la commu-

nauté en a la jouissance, et la femme ne peut par ses délits qu'en engager la nue-propriété. La femme majeure doit requérir l'autorisation de son mari mineur ; la doctrine explique même que la communauté n'est que virtuelle pendant le mariage, puisque le mari possède sur elle tous pouvoirs : il peut vendre, engager, même donner les biens communs (par exemple à un de ses parents pourvu que ce soit sans fraude, *Nouvelle coutume de Paris*, art. 225). « Si le mari vit comme maître, il meurt comme associé » (Bourjon, t. I, p. 569) et la femme vient au partage de la communauté.

3. Elle jouit cependant dans le partage de privilèges considérables, que lui reconnaissent aux XVIe et XVIIe siècles la doctrine et la jurisprudence. Elle peut renoncer à la communauté et ce droit encore refusé par la Coutume de Paris de 1510 (art. 115) lui est accordé en 1580 (*Nouvelle coutume de Paris*, art. 237). La doctrine à la suite de Du Moulin lui reconnaît vers le milieu du XVIe siècle le bénéfice d'émolument (*Nouvelle coutume de Paris*, art. 228), c'est-à-dire de n'accepter la communauté que sous bénéfice d'inventaire et sans être tenue sur ses propres des dettes. La théorie des récompenses lui permet dans le cas où le mari aurait aliéné, même avec son consentement, un de ses propres, de se porter créancière du prix et autorise un rétablissement comptable entre la communauté et le patrimoine propre de la femme et du mari. Enfin, par imitation de l'hypothèque dotale romaine, la femme bénéficie à partir du XVIIe siècle d'une hypothèque légale prenant rang, même pour les créances postérieures, du jour du mariage. Tous les droits de la femme, reprises, créances, douaire, sont couverts par cette hypothèque dont on a dit qu'elle ruinait le crédit des hommes mariés ; la femme peut cependant renoncer à son hypothèque et nul ne contractait avec le mari sans obtenir cette renonciation. C'était permettre à la femme d'intervenir en toute occasion et lui reconnaître en fait la capacité qui lui était refusée en droit.

L'application que fit la jurisprudence de ces règles fut souvent d'une extrême subtilité ; jamais sans doute le « juridisme » n'a été plus éclatant et ne s'est couvert de déclarations de principe aussi absolues. La communauté a perdu la spontanéité qu'elle avait à son origine et elle est apparue comme l'instrument de la domination du mari.

En fait, le régime matrimonial fournit bien l'image de la société : le mariage est une « compagnie », l'autorité du mari tient à l'ordre public monarchique et ne peut connaître aucune limitation ; mais la femme, presque ignorée du droit, est toujours présente ; elle intervient à tous les actes et, après la mort du mari, elle jouit de pouvoirs considérables, qu'on a même pu dire léonins. Il y avait, en définitive, quelque vérité dans l'opposition que le tribun Berlier faisait en 1804 entre le Nord et le Midi : la communauté convient aux « femmes affectionnées et attachées par leur propre intérêt aux succès communs », tandis que le régime dotal et la séparation d'intérêts qu'il postule supposent de « froides compagnes ».

Le régime dotal

Le simple fait d'une vie commune peut créer la communauté ; le régime dotal établit, au contraire, une séparation de biens entre les époux et suppose normalement un contrat, ce qui, jusqu'à la généralisation du notariat, ne peut convenir qu'aux familles riches.

Le régime dotal, on l'a vu, a prévalu en Normandie où la coutume répugnait à toute communauté. Il est parfois adopté en pays de coutumes par une stipulation expresse du contrat de mariage ; il demeure cependant essentiellement le régime des pays de droit écrit comme celui de l'Espagne et de l'Italie.

Suivant la tradition romaine, la femme apporte toujours une dot à son mari ; les autres clauses du contrat sont fixées par les familles dont le souci est beaucoup plus d'assurer les droits de la femme veuve que de régler le sort des biens du vivant des époux. La liberté demeure la règle et, jusqu'au XVe siècle, les notaires accommodent le Droit romain au gré des parties ; seule l'étude des contrats peut permettre de connaître les pratiques :

1. En Provence, les filles dotées sont normalement exclues de la succession de leurs parents. Il s'agit non d'une renonciation imposée lors du mariage par le père, mais d'une véritable coutume (J. Maillet, bibl. 524) ; dès le XIIe siècle, la règle est reprise dans les statuts d'Arles (1131) et d'Avignon (1154) et présentée comme un usage ancien. Vers 1162, le comte de Forcalquier en impose l'application aux nobles, bourgeois et « rustiques » dans son Etat (N. Didier, bibl. 339).

La même exclusion existe en Languedoc et dans tout le Sud-Ouest, mais elle n'a pas la même portée : la Coutume de

Montpellier de 1204 (ch. 58) exclut tous les enfants dotés, fils ou filles, la Coutume de Toulouse les fils émancipés ou exhérédés et les filles mariées par leur père ; à Bordeaux, un privilège de Jean sans Terre de 1206 innovera en obligeant, sur la demande des prud'hommes de la cité, les filles mariées « à se contenter de leur dot » (J. Lafon, bibl. 483, p. 52).

Des règles analogues se retrouvent en Gascogne, en Quercy, en Périgord et en Agenais. Dans tout le Sud-Ouest cependant, l'exclusion des filles paraît moins ancienne et moins générale qu'en Provence. Elle peut concerner le fils comme la fille et est justifiée par l'autorité paternelle et liée à la structure de la famille. Il est bien rare, en effet, au moins dans les familles paysannes, qu'un jeune ménage ait une existence séparée : comme en pays coutumier, si la femme vient vivre dans la famille de son mari, elle apporte sa dot et renonce à tout droit sur le patrimoine de sa famille ; si, au contraire, le mari « entre gendre » dans la famille de sa femme, la situation est inversée et c'est lui qui reçoit une dot. Mieux que le régime de communauté, le régime dotal permet de maintenir un équilibre entre les droits de l'époux adventice et ceux de la famille de son conjoint. En Béarn, au pays basque, le maintien de la maison familiale commande le choix du conjoint. Les filles peuvent en hériter comme le fils, mais le mariage d'un héritier et d'une héritière est réprouvé car il ferait disparaître une maison. Il est normal, au contraire, que l'héritier épouse une cadette et que l'héritière épouse un cadet ; la situation idéale est celle de l'échange des cadets : deux frères épousant deux sœurs, ce qui permet à chaque famille de compenser la dot qu'elle doit payer avec celle qu'elle doit recevoir.

2. Pendant le mariage, les biens dotaux sont normalement administrés par le mari qui en perçoit les revenus. L'aliénation de l'immeuble dotal est possible, mais exige normalement le concours de la femme, ce qui fait souvent dire que le mari n'en est qu'usufruitier. La femme a la libre disposition des biens qu'elle peut posséder hors de sa dot (ou paraphernaux), mais peut aussi en confier la gestion à son mari. Pouvoir entier du mari, capacité de la femme, gestion conjointe, les trois solutions apparaissent dans les actes. La capacité de la femme sur ses paraphernaux paraît être la règle ancienne, nettement attestée à Toulouse et à Bayonne. A Montpellier et en Périgord, la femme doit être autorisée par son père ou par un curateur (A. Dumas, bibl. 355, p. 253). Le plus souvent cependant, après 1250, les époux agissent

ensemble : le mari intervient à l'acte de la femme sans que l'on puisse déceler s'il y concourt, s'il l'autorise ou s'il le garantit.

3. Les mêmes disparités apparaissent au sujet de la restitution de la dot. A la mort du mari, la femme peut reprendre sa dot et éventuellement l'augment qui lui a été constitué. Si la femme meurt la première sans laisser d'enfant, le mari répugne à rendre la dot à la famille de sa femme. A Montpellier, la coutume de 1204 lui permet de conserver l'usufruit de l'immeuble dotal ; à Narbonne, il en retient la moitié en pleine propriété et à Toulouse, la totalité.

Le Sud-Ouest connaît l'institution du contre-augment qui permet au mari survivant de garder les meubles et les acquêts. A Lectoure, les droits du mari sont fixés d'après la durée du mariage : il garde la dot après trois ans de mariage. En cas de survie de la femme, les héritiers du mari jouissent d'un délai de remboursement pendant lequel la femme peut demeurer dans la maison du mari ; elle jouit des sûretés, caution ou gage immobilier, prévues dans son contrat de mariage ou dans les coutumes urbaines.

4. Le régime dotal n'était pas incompatible avec un régime communautaire ; ainsi la femme peut stipuler que tous ses biens présents et à venir seront dotaux ; ainsi encore comme à Montpellier, et à Narbonne, les époux peuvent faire donation au survivant de la moitié de leurs biens (J. Hilaire, bibl. 450, p. 269), ce qui équivaut à une stipulation de communauté universelle.

Dans tout le Sud-Ouest et dans les pays qui bordent le Massif central (p. 118), les tendances communautaires conduisent les époux, surtout paysans et artisans, à adopter le régime de communauté, parfois par un acte notarié, le plus souvent tacitement. C'est en Béarn le régime des cadets qui ne possèdent rien. Dans le Haut-Languedoc, en Guyenne, les époux, tout en adoptant le régime dotal, y joignent une société d'acquêts. Au XVe siècle, les époux concluent volontiers un contrat d'affrèrement qui crée entre eux, et parfois avec les parents ou les frères de l'un d'eux, ou même des tiers, une association de tous biens.

La faveur soudaine que connaissent les affrèrements entre 1450 et 1550 a été liée à la crise démographique et économique de l'époque (R. Boutruche, bibl. 237, p. 117). Les causes économiques peuvent, en effet, expliquer les affrèrements intervenus entre étrangers qui ont pu permettre surtout en Quercy et en Bordelais le défrichement de terroirs abandonnés ; pour les affrèrements entre époux, leur raison d'être a été fort bien indiquée par l'un des rares praticiens qui les mentionne, Jean Barbier d'Yssingeaux (*Viatorium utriusque juris,* 1478) : en Languedoc, explique-t-il, les affrèrements entre époux sont faits au préjudice des femmes qui les acceptent dans leur désir de trouver un mari ; la dot est apportée à la société conjugale et ainsi pour moitié au mari ou à ses héritiers. L'affrèrement n'est qu'une des manifestations de l'antiféminisme de l'époque.

La réception du droit romain

Jusqu'au XVe siècle les époux fixent à leur gré leurs conventions matrimoniales et les statuts urbains n'ont qu'une valeur supplétive : leurs dispositions expriment une commune opinion qui ne peut prévaloir contre une volonté clairement exprimée, et celle-ci, surtout à partir du XIVe siècle, tourne toujours à l'avantage du mari. Les glossateurs avaient retrouvé dans les textes romains des règles plus strictes qui, toutes, au contraire, sauvegardaient les droits de la femme : inaliénabilité absolue de la dot, obligation du mari de toujours la restituer, égalité, imposée par l'authentique *Aequalitas,* de la *donatio propter nuptias* ou de l'augment avec la dot. Ces règles, la pratique parvenait cependant à les éluder : l'inaliénabilité ne concernait ni la dot constituée en deniers, ni même l'immeuble dotal s'il avait été estimé (car l'estimation vaut vente au mari) ; la vente pouvait être confirmée par un serment sur lequel la femme ne pouvait revenir ; rien n'imposait au mari de laisser à la femme la gestion de ses paraphernaux ou de garantir sur ses biens la restitution de la dot ou la *donatio propter nuptias*.

Toutes ces solutions, fort périlleuses pour les femmes, laissaient aux maris toute liberté de disposer de leurs biens ; elles répondaient fort bien aux désirs de la bourgeoisie urbaine qui était la clientèle habituelle des glossateurs italiens.

A partir du XVIe siècle apparaît un tout autre esprit. Chacun des parlements du Midi a sa jurisprudence propre, mais tous marquent une grande faveur au régime dotal et y voient autant qu'une protection de la femme une sauvegarde des familles. On fait en somme deux parts dans la fortune du ménage, l'une abandonnée au mari, dont le sort dépend de sa gestion ; l'autre, immuable, qui demeure un fonds de réserve ; même au cas où les époux auraient dilapidé tous leurs biens, ils conservent tout au moins la dot comme une « table de naufrage ». L'inaliénabilité devient absolue pour le fonds dotal, et elle est étendue à la dot mobilière par la clause d'emploi imposant l'achat d'un immeuble avec les deniers dotaux. Surtout les droits de la femme sont garantis par l'hypothèque générale qui lui est reconnue au XVIIe siècle, et qui lui donne priorité sur tous les créanciers du mari. Enfin tous les parlements du Midi accordent à la veuve sans ressources suffisantes la quarte du conjoint pauvre. La quarte était donnée sur les biens du mari en propriété s'il n'y avait pas d'enfant, en usufruit, s'il y en avait (J.-M. Turlan, bibl. 676).

Quant à ses paraphernaux, la femme demeure, en principe, capable d'exercer tous droits et actions qui les concernent, ce qui marque bien la différence avec les pays de coutumes. Seuls, cependant, les parlements de Toulouse et d'Aix appliquaient rigoureusement cette règle. A Bordeaux, le mari est usufruitier des paraphernaux ; à Grenoble, il en jouit mais est comptable des fruits. Dans le ressort de droit écrit des Parlements de Paris et de Dijon, Lyonnais, Bresse, Bugey, la femme est au contraire incapable (Bretonnier, bibl. 7, t. II, p. 1-50).

Par la rigueur qui lui était ainsi reconnue, le régime dotal devenait une gêne pour les marchands dont il compromettait le crédit. Aussi les bourgeois de Lyon, du Forez et du Beaujolais obtinrent-ils du roi en 1644 un édit permettant à leur femme de consentir à l'aliénation du fonds dotal (G. Chevrier, *MHDB,* 1964, p. 77-96).

Lors de la discussion du Code civil, les députés du Midi réclamèrent avec véhémence le maintien du régime dotal. La Cour de Montpellier exprima même l'avis que la communauté était « le fruit de la barbarie des Francs cueilli dans les forêts de Germanie » (ce qui rappelle Montesquieu) et qu'il était « la pomme de discorde que le Nord jetait au Midi ». Au contraire, l'inaliénabilité de la dot était pour les physiocrates un non-sens économique, et le Conseil d'Etat y voyait une substitution dont la femme se grevait elle-même.

En définitive, le régime dotal fut maintenu et sa rigueur fut même aggravée. Il impliquait une méfiance de la famille de la femme contre le mari et devait connaître au XIXe siècle une lente désuétude. Il a été abrogé par la loi du 15 juillet 1965.

CHAPITRE VI

LA MORT : SUCCESSION ET TESTAMENT

Sur la désignation d'un héritier, chaque époque et chaque homme projettent une conception de la parenté, de la famille, de la propriété, de la liberté ou même de la mort [1].

A Rome, le premier privilège du citoyen est la *factio testamenti*, c'est-à-dire le droit d'instituer un continuateur de sa personne, de son patrimoine, de ses *sacra*. Le pouvoir du *pater*, qui anciennement lui survivait, cessera d'être absolu vers la fin de la République ; mais, dans le droit du Bas-Empire encore, la fonction du testament reste primordiale.

Les Germains, au contraire, ne connaissent pas le testament, et la chose paraît si étrange à un Romain que Tacite rapporte le fait dans la *Germania* (c.20) : *heredes tamen successoresque sui cuique liberi ; et nullum testamentum*. Rien, en effet, ne peut mieux opposer deux mentalités : le testament est l'œuvre de la volonté d'un individu ; il est l'affirmation d'une propriété absolue et perpétuelle. La succession *ab intestat* reconnaît, au contraire, que le droit qu'un homme a sur ses biens ne peut être que transitoire ; il peut emporter dans sa tombe les armes ou les bijoux qui lui sont personnels et qui sont périssables, mais la maison, la terre appartiennent au groupe, à la tribu ou à la famille ; il les tient d'eux et doit les leur laisser.

A l'époque franque, les traditions sont singulièrement mêlées. Les liens familiaux apparaissent aussi forts chez les Gallo-Romains que chez les Francs. L'idée romaine de propriété disparaît dans le droit vulgaire et la saisine exprime bien le droit virtuel reconnu à la famille ou à une communauté villageoise : le terroir défriché en commun est la propriété collective ou indivise des *vicini*. En Neustrie, jusqu'à un édit de Chilpéric Ier (561-584), les voisins succèdent par préférence aux filles. La *veziau* pyrénéenne doit remonter pareillement à une communauté originaire.

L'empreinte romaine demeure cependant plus forte dans l'ancienne Gaule narbonnaise : tandis que les lois franques ignorent le testament, la loi des Visigoths en précise les formes (II, 5, 3) ; la loi des Burgondes (LX, 1 et 2 ; XLIII, 1) l'autorise tout en indiquant qu'il est contraire à la coutume des « Barbares ».

Aux Xe et XIe siècles, on peut croire, malgré la pénurie des documents, que chaque pays reste fidèle à ses habitudes. La rupture des cadres sociaux, surtout au nord de la Loire, conduit l'aristocratie à une exaltation du lignage, les paysans à un resserrement des solidarités communautaires. L'évolution du Midi est moins nette : la féodalité n'y apparaît que très tard ; une classe de propriétaires, grands ou petits, subsiste et tout propriétaire se reconnaît le droit de disposer comme il lui plaît de ses biens. Un donateur le proclame orgueilleusement en 943 (*HL*, t. II, 78) : « Un homme d'origine noble a le droit de disposer de ses biens comme il le veut en faveur de l'Eglise comme de n'importe qui. » L'auteur de cet acte, bien qu'il soit apparemment d'origine franque, se recommande de l'autorité des « lois des empereurs et des consuls ».

Une telle liberté, même dans le Midi, demeurait le privilège de quelques très grands personnages. Pour les autres, les pratiques successorales viennent sans doute de fort loin : elles ne sont souvent ni germaniques ni romaines. Le vide juridique de l'époque a été comblé moins par des nouveautés que par des souvenirs. Les pratiques provinciales qu'exprimait au Bas-Empire le droit vulgaire ont forcément persisté et les facteurs ethniques se retrouvent dans les traditions familiales ou les conditions de vie.

Partout un conflit est ouvert entre la famille et l'Eglise. L'aumône permet de racheter les fautes d'une vi[illegible] ; mérites ainsi acquis sont même réversibles sur les ascendants et c'est un devoir de piété à leur égard que de disposer ainsi des biens que l'on avait reçus d'eux. La libéralité des fidèles atteint son apogée vers le temps de Charlemagne. Elle apparaît dans les actes et le souvenir en est gardé longtemps dans les documents littéraires : ainsi tout le début de *Garin le Loherain* retrace le malheur du chevalier qu'ont réduit au dénuement les donations de ses parents : il avait « grant paor de morir, ne regardoit son frère ne son fil, fame n'enfanz ne oir de lui i sist, trestout laissait pour amour Jhesu Crist » (J.-H. Grisward, « Individualisme et esprit de famille dans *Garin le Loherain* », bibl. 117, p. 385-396).

Le « resserrement » et l'« extension » du lignage signalés par M. Duby se manifestent à la fois par la disparition du testament dans la France du Nord et par l'intervention des parents qui donnent leur *laudatio* aux actes de disposition. Dans le Midi, l'emprise de la famille ne se manifeste guère avant l'an mil : à l'encontre de la liberté ou du caprice des individus sont désormais reconnus les droits supérieurs des parents. Tandis que les règles du régime matrimonial n'ont pas été fixées avant le XIVe siècle, les règles de la dévolution successorale appartiennent au plus ancien fonds coutumier. Elles donnent au droit de chaque province son caractère propre (cf. p. 83). Dans le Midi, les coutumes sont très vite supplantées par le Droit romain. Les coutumes du Nord subsistent et ne perdront qu'au XVIe siècle leurs traits les plus originaux (section I).

La coutume fixe autoritairement les droits des parents. Le testament permet de disposer des biens de famille en faveur de l'Eglise ou d'étrangers et, à ce titre, il sera vu au Moyen Age avec suspicion, plus encore que la donation puisque le testateur dessaisit ses héritiers tandis que le donateur, en principe, doit se dessaisir lui-même. Le testament peut permettre aussi le choix de l'héritier le plus digne, celui qui assurera l'avenir de la famille, à Rome perpétuera son culte familial, dans l'ancien droit maintiendra le nom et le patrimoine. Tandis que la succession *ab intestat* donne des droits égaux aux héritiers de même degré, le testament est, naturellement, inégalitaire : ce qui, surtout à partir du XVe siècle, explique la faveur dont il jouit (section III).

Entre les droits de la famille et ceux de l'individu, la conciliation est fournie par les institutions de la réserve et de la légitime : un testateur et, avec moins de netteté, un donateur ne peuvent aliéner qu'une quotité de leur patrimoine qui est dite « disponible » ; les autres biens constituent la « réserve » ou la « légitime » sur lesquelles le droit de la famille est absolu (section II).

I. LA DÉVOLUTION DE LA SUCCESSION

Partout, le choix des héritiers exprime une certaine conception de la famille ; cette conception varie avec la condition sociale et plus encore d'une province à l'autre : il n'y a pas de meilleur témoin des mentalités collectives que la dévolution successorale et l'image qu'elle suscite.

Pour les Normands, cette image est celle d'un arbre, c'est-à-dire essentiellement verticale ; l'arbre est enraciné dans la terre des ancêtres ; la « souche » représente l'origine, le tronc de la famille qui se divise en « tiges », en « branches » ou en « rameaux » faisant « fourche » avec le tronc. Chacun a sa place marquée et, comme on l'a vu, aucun transfert de biens n'est possible de la souche paternelle à la souche maternelle. En Béarn, l'image est celle de la maison, c'est-à-dire du groupe familial qui vit au même foyer et qui est normalement placé sous l'autorité du même maître. Le même caractère « horizontal » se retrouve en Picardie et à un moindre degré en Flandre : plus que par la sève ou le sang, la famille est constituée par la communauté de vie et par la communauté de biens. Les images retenues sont celles de la « table » où l'on vit « au même pain et au même pot », du « lit » qui unit les enfants nés d'un même mariage.

La dévolution des biens peut dépendre de la qualité des personnes ; elle dépend toujours de la nature des biens (p. 233). Tandis que pour le Droit romain et le droit moderne, la succession est unique, l'ancien droit règle différemment le sort de chaque bien d'après son origine : les coutumes s'intéressent peu aux meubles, à raison de leur minime valeur, et aux acquêts sur lesquels les héritiers ne peuvent rien prétendre. Au contraire, les biens propres appartiennent à la famille parce qu'ils ont été hérités des ancêtres ; et autant que d'une succession, il s'agit d'un « retour » (on dira dans le Midi un *torn*) dont les coutumes fixent minutieusement les conditions.

La dévolution des fiefs pose un tout autre problème : à l'origine, l'intérêt du seigneur et les conditions de la concession l'emportent sur les droits de la famille. Ceux-ci ne seront nettement affirmés qu'au XIIIe siècle et rapprocheront la condition des fiefs de celle des propres. Il s'agit d'un droit spécial de la classe féodale qui a été exalté par l'épopée et fournit du lignage un modèle idéalisé dont l'historien ne doit pas être dupe.

La succession aux propres

Il n'y a pas de matière où les solutions des coutumes soient plus disparates et aussi plus chargées d'histoire. L'opposition bien souvent signalée de la coutume de Normandie et des coutumes picardes-wallones aboutit ici à des solutions tout à fait divergentes.

1. En Normandie, l'égalité des fils est absolue : si le père a fait une donation à l'un d'eux, il doit la rapporter à sa succession (*TAC,* X, 2). Sauf dans les îles anglo-normandes (J. Yver, bibl. 702), ce rapport porte même sur les meubles et les acquêts que les parents auraient donnés à un de leurs enfants. Aucun enfant ne peut être avantagé car, comme dit la *Summa* (XXXV, I), un fils ne peut être meilleur que l'autre. Les enfants de lits différents ont des droits égaux. Enfin, les filles sont toujours exclues par leurs frères ; mariées, elles doivent s'en tenir à leur dot ; non mariées, elles sont sous la garde de leurs frères et doivent recevoir un « mariage avenant » (*TAC*, LXXX, 2), c'est-à-dire une dot suffisante pour trouver un mari de leur condition (R. Besnier, bibl. 217).

La même égalité existe entre les héritiers collatéraux, qui ne peuvent retenir ni legs ni donation du *de cujus*. A défaut d'enfant, le bien revient à la souche ; c'est-à-dire qu'il va de rameau en branchage, au descendant le plus proche de celui qui l'a acquis. La *Summa* (XXIV, 22) expose parfaitement le système dit parentélaire : le premier cercle est celui des frères et des neveux descendant du père, le second, celui des descendants du grand-père, oncles ou cousins germains, et ainsi de suite.

Enfin, aussi bien en ligne directe que collatérale, a lieu la représentation à l'infini : les enfants prennent la place de leur père et concourent par exemple avec leurs oncles ; à chaque branche les biens « descendent » vers tous les rameaux qu'elle forme et ne « fourchent » que faute de descendant vers une branche supérieure. Les ascendants n'ont aucun droit. Si une ligne n'est pas représentée, il n'y a pas dévolution de ligne à ligne mais confiscation par le seigneur.

On ne peut souhaiter meilleure image du lignage fait de la communauté de sang et donnant à chaque parent un droit incommutable aux biens qui viennent de ses « ancesseurs ». Aucune concession n'est faite ni au droit de la mère ni même à la volonté du père de famille. Il s'agit, comme on l'a dit, du droit d'une classe de propriétaires repris par les coutumes normandes.

2. A l'opposé, les coutumes du groupe picard-wallon sont nettement communautaires : sont héritiers tous les enfants qui sont en « sèle », c'est-à-dire qui vivent dans la maison ; ni les fils émancipés, ni les filles dotées ne peuvent venir au partage. Quand les aînés sont partis, le dernier-né reste souvent avec les parents, et plusieurs coutumes (Lille, Cambrai, Valenciennes) lui permettent de conserver la maison familiale : c'est la « maineté » qui caractérise les successions roturières (Lepointe, *RHD* 1946-1947, p. 134 ; *TR*, 1953, p. 297-309 ; Gilissen, bibl. 112, p. 231-250). L'exclusion des filles même non dotées est générale et existe aussi bien dans les successions roturières que dans les successions nobles.

Le père de famille peut faire un « enfant chéri », avantager un de ses enfants, donner « à l'un plus, à l'autre moins », permettre à l'enfant doté de revenir à la succession sans rapporter sa dot.

Le partage se fait par lits : les biens d'un premier mariage vont entièrement aux enfants qui en sont nés. C'est le droit de « dévolution » des pays de Mons et de Namur que Louis XIV devait invoquer du chef de sa femme. La succession dépend d'ailleurs du régime matrimonial : à Tournai et en Flandre occidentale, où l'on pratique la communauté universelle, les enfants du premier lit ont droit à la moitié des biens du ménage, mais restent en communauté avec le survivant pour l'autre moitié qu'ils partageront à égalité avec leurs frères et sœurs du second lit.

Les coutumes du groupe picard-wallon, comme les coutumes d'Ile-de-France et de Champagne, ignorent la représentation : l'hérédité va au plus proche en degré : en ligne directe, les petits-enfants ne concourent pas avec leurs oncles ni, en ligne collatérale, les neveux avec les frères du défunt.

Au moins dans les villes, la notion de propre est ignorée et, à défaut d'enfant, les immeubles sont, comme les meubles, dévolus au parent le plus proche.

3. Avec quelques atténuations, les règles normandes se retrouvent dans toutes les coutumes de l'Ouest, parfois aussi en Champagne. Ailleurs apparaissent souvent des influences communautaires diffuses. Dans la région parisienne, *Jostice et Plet* (XII, 21, 5) admet encore que « cil qui remaint en la sèle aura tot ce que père et mère aura ». L'enfant émancipé et doté peut cependant être rappelé à succession, mais il devra opter entre la dot ou la donation et sa part successorale. De même les coutumes de la

région parisienne connaissent le douaire des enfants qui, à la mort de la mère, attribue aux enfants du premier lit la moitié des propres paternels à titre de douaire.

La succession par lits est admise en Bourgogne, comme en Bordelais ou en Agenais. Dans tout le Midi, dans le Centre, dans l'Est, une grande liberté est laissée au chef de famille : à Montpellier ou à Toulouse, à Bordeaux, à Bayonne, il peut agir « à plaisir et à volonté ». Le même libéralisme apparaît au moins au XVe siècle dans les coutumes proches des pays de droit écrit : Auvergne, Marche, Berry, Bourbonnais, Bourgogne.

En ligne collatérale, les biens font retour à la famille, ce qu'exprime l'adage *paterna paternis, materna maternis*. L'application qui en est faite répond à la force reconnue à la parenté. Littéralement, la règle signifie qu'il est fait deux parts de la succession, l'une pour les parents paternels, l'autre pour les parents maternels ; de ce type étaient la Coutume de Meaux, beaucoup de coutumes de l'Est et du Midi. Les autres coutumes recherchent l'héritier en remontant plus ou moins loin : l'Ancienne coutume de Normandie est « souchère », comme les Coutumes d'Orléans, Melun ou Nantes, en exigeant que le bien aille à un descendant de l'acquéreur ; moins précises les coutumes « d'estoc et de branchage » (Berry, Lorris), les coutumes de « tronc commun » (Bourgogne, Sens), de « branchage » (Angoumois) enfin de « côté et ligne » (Paris, Bourbonnais, Amiens, Artois) imposent seulement une parenté avec l'acquéreur. La campagne de rédaction du XVIe siècle devait transformer la plupart des coutumes souchères en coutumes de côté et ligne.

Les coutumes ignorent les ascendants, sans doute parce qu'il est très rare que le *de cujus* possède des propres qui ne lui viennent pas d'eux : c'est ce qu'exprime la règle : « Propres ne remontent. » En Flandre et en Brabant existe une règle différente : un ascendant n'hérite de ses enfants que s'il n'est pas veuf, si la « table est entière ». Au contraire, en cas de « lit brisé », le survivant est exclu de la succession par ses enfants (frères et sœurs du *de cujus*) ; ici encore apparaît une idée de communauté. Le père et la mère sont en communauté avec leurs enfants et leur succèdent ; au contraire, la mort de l'un d'eux a rompu la communauté et ouvert le droit des autres enfants.

A côté des coutumes générales existent des règlements locaux qui y dérogent ; non seulement toute règle comporte toujours en quelque endroit des exceptions qui la contredisent, mais elle pose toujours le difficile problème de sa qualification juridique : celle, par exemple, de la définition des propres ; la catégorie est presque inconnue dans les villes flamandes tandis qu'en Normandie tout bien est réputé propre s'il n'est justifié du contraire. Inversement, dans la région parisienne, l'acquêt est toujours présumé. Le bien donné par un oncle est acquêt à Paris mais propre dans l'Ouest. Le bien acquis par un époux avant le mariage est acquêt de succession mais propre de communauté. En Auvergne, les meubles sont traités comme propres et « souchent et estoquent » (J. Maillet, bibl. 522, p. 434) tandis qu'ailleurs des immeubles peuvent être ameublis. L'application des règles du régime matrimonial ou de la réserve augmente encore ces disparités.

La succession aux fiefs

La dévolution des fiefs reprend souvent en exagérant leurs tendances les règles de la succession aux propres. La coutume a été assez lente à se former et elle représente l'esprit de la classe noble, très soucieuse, à la fin du XIe siècle, de réagir contre l'égalité des partages et d'éviter l'émiettement du patrimoine familial, toujours hostile aux femmes mais plus favorable, à partir du XIIe siècle, aux cadets. L'exemple de l'Italie normande ou de l'Orient latin montre bien que le régime féodal a pu se surimposer à une société sans modifier profondément la vie ou les coutumes des classes inférieures. Il en fut de même en France.

C'est autour du fief que s'accomplit le resserrement du patrimoine familial. L'ampleur du mouvement est bien connue par les sources littéraires. Les textes juridiques permettent d'en préciser les aspects régionaux. Dans l'extrême Nord comme dans tout le Midi, il existe un écart considérable entre le droit successoral des fiefs et celui des autres biens. Un rapprochement, au contraire, est très net en Normandie et dans toutes les coutumes de l'Ouest : la succession aux fiefs est, en quelque sorte, un modèle qui vaut pour tous les biens et pour toutes les classes sociales.

Le problème ne put se poser que quand la transmission des bénéfices aux enfants fut admise et en bien des régions, dès le Xe siècle, comme une convenance morale ; quant à l'hérédité véritable, au profit de la famille, elle n'est pleinement reçue, en Hainaut par exemple (N. Didier, bibl. 338), que vers la fin du XIe siècle. Plus qu'au droit antérieur, les coutumes répondent à l'usage suivi, au désir d'imiter les grands, aux *convenientiae* conclues entre seigneurs et vassaux. A partir du XIIIe siècle, l'influence des *Libri feudorum* et du droit savant (Meijers, bibl. 533, t. III, p. 261) a été sans doute plus grande qu'on ne le croit : elle contribuera, surtout dans le Midi, à donner aux coutumes une précision qui leur manquait.

Le fief étant concédé à charge de services, le meilleur héritier, pour le droit féodal, est celui qui est le mieux capable de rendre le *servicium competens* déterminé d'après l'importance du fief. Aux premiers temps de l'hérédité, il parut normal, de même que le royaume était partagé, qu'un père partage ses bénéfices entre ses enfants. De tels partages troublaient gravement l'ordre féodal et compromettaient les droits du concédant : le vassal qui a reçu un fief de haubert doit servir avec l'armure complète, des valets et au moins trois chevaux ; si le fief a été démembré, chaque part, comme le dit le *Conseil à un ami* (XXXIV, 8 et 9) n'est plus « sofisanz à servir ».

En Allemagne, une constitution de Conrad le Salique de 1037 établit l'indivisibilité. En Catalogne, le seigneur choisit lui-même l'héritier. En France, il est souvent stipulé dans le contrat d'inféodation qu'il n'y aura qu'un seul héritier et celui-ci peut être désigné par le père : ainsi fit, en 996, le duc de Normandie Richard Ier. Le discours politique de l'époque qui est tenu par des clercs est favorable à l'élection, c'est-à-dire au choix. Il était normal que le père choisît son fils aîné, et la coutume naît de la répétition de cette pratique : Rollon, Guillaume Longue-Epée, Richard Ier, Richard II, avaient toujours désigné l'aîné. Guillaume le Conquérant aurait voulu déshériter son fils Richard qui s'était révolté contre lui ; il dut se soumettre à la coutume et, tout en « sachant le malheur qui menace le pays soumis à son autorité », désigner Richard « parce qu'il était l'aîné » (R. Génestal, « La formation du droit d'aînesse dans la coutume de Normandie », *Normannia*, 1928, p. 157-179). Le roi Robert hésita à désigner son fils aîné et les comtes de Dreux ont toujours prétendu descendre du fils aîné de Louis VI.

L'aînesse fut étendue à tous les fiefs normands par une ordonnance de Henri Beauclerc (1110-1135). Elle fut reprise en Bretagne en 1185 sous l'influence des Plantagenêts par l'assise dite du comte Geoffroy ; en Champagne, par des assises de 1212 et 1224.

A l'origine, d'ailleurs, la coutume ne concerne que les grands fiefs et elle joue en faveur du seigneur et non de l'héritier puisque sa seule raison d'être est de maintenir l'intégrité du fief. La Coutume de Normandie, toujours très féodale, admet que si le père avait plusieurs fiefs, chacun d'eux est dévolu à un fils. En Poitou, existe parfois le système qu'on désigne par le mot irlandais de *tanistry*[2]. Le fief passe successivement aux différents fils et, à la mort du dernier, elle revient au fils de l'aîné (G. d'Espinay, « Le droit d'aînesse en Poitou », *RHD*, 1896, p. 477). Le Midi répugne à la féodalité et admet généralement le partage.

Au XIIe siècle, beaucoup de fiefs ne doivent plus le service militaire (p. 179), ils sont recherchés pour le prestige qui s'attache à leur possession comme la preuve de la dignité d'une famille. Les préoccupations familiales l'emportent désormais sur les idées féodales ; les images de la famille noble que renvoient les coutumes sont cependant fort diverses, et l'exclusion des filles et des cadets est loin d'avoir partout la même portée.

L'exclusion des femmes est sans doute la plus ancienne. Elles ne peuvent hériter en Normandie qu'à défaut de tout héritier mâle (*Summa*, XXIII, II ; R. Besnier, bibl. 217). Dans tout l'Ouest, les filles dotées sont exclues de toute succession (p. 85). Plus généralement, la fille est exclue par ses frères même plus jeunes ; et beaucoup de coutumes admettent l'exclusion totale en ligne collatérale : « Le masle est censé plus ancien que la femelle » (*Grand Coutumier*, p. 291). A Paris, il est admis que les femmes peuvent faire « le pont et la planche », transmettre à leur fils des droits qu'elles n'ont pas (ce qui sera invoqué en 1328 par Edouard III d'Angleterre, petit-fils de Philippe le Bel, contre Philippe de Valois).

Le fief, contrairement au royaume, peut cependant tomber en quenouille : dans le Midi, en Bourgogne, dès le Xe siècle, les femmes héritent des comtés. Faute de mâle, toutes les coutumes admettent les femmes. La Coutume de Normandie manifeste son mauvais gré en décidant que l'aînesse ne joue pas entre filles puisqu'aucune ne peut conserver le nom et les armes de la famille. La solution généralement admise est que la femme qui hérite d'un fief soit contrainte à se marier et que son mari devienne le « chevalier servant », ce qui confère au seigneur le droit sinon d'imposer un mariage, du moins comme on l'a vu, d'y consentir. Une telle pratique apparaît normale en Normandie où le duc a la garde des filles orphelines. Dans les autres provinces où la garde est confiée à la mère ou aux parents, ceux-ci doivent s'engager à prendre l'avis du seigneur avant tout mariage. Le roi lui-même impose à ses vassales le mari qui peut le mieux servir sa politique. Jamais, pourtant, la règle n'est pleinement reçue en coutume (P. Petot, bibl. 595).

L'aînesse ancienne, dite absolue, subsiste, comme pour le royaume, pour les grandes seigneuries et pour les fiefs de haubert : l'aîné prend tout, à charge de subvenir aux besoins de ses cadets en leur donnant un apanage. En Hainaut et en Cambrésis, l'indivisibilité ancienne demeure la règle. Plus généralement les coutumes prévoient un partage inégal : l'aîné obtient une « part avantageuse » de la succession, et on parle couramment d'« aînesse relative ». Dans toute la région parisienne et en Champagne, l'aîné prend en préciput le « principal manoir » et quelques terres alentour (« le vol du chapon »), c'est-à-dire le plus souvent la terre qui a donné son nom à la famille. Il reçoit, en outre, dans l'Ouest et en Flandre, les deux tiers des fiefs ; les deux tiers aussi à Orléans et à Paris, s'il n'y avait qu'un puîné, la moitié s'il y en avait plusieurs ; les trois quarts en Bourbonnais et en Auvergne. L'Artois, Tournai, Lille, Douai pratiquent le quintement : les puînés se partagent seulement le cinquième des fiefs. Au contraire, la Bourgogne et le Midi maintiennent l'égalité des enfants.

En ligne collatérale, entre filles, la plupart des coutumes, du moins au XIVe siècle, rejettent l'aînesse. Seules y restent fidèles les coutumes les plus féodales ; Touraine, Anjou, Maine, Bretagne, mais aussi les coutumes de Hainaut, d'Artois et moins nettement de Flandre. Les coutumes connaissaient une trentaine de manières d'appliquer le droit d'aînesse ; les solutions divergeaient pour le partage entre enfants de lits différents, pour la représentation de l'aînesse, pour la distinction des fiefs propres et des fiefs acquêts. Ici encore, l'opposition est très nette entre le Nord et l'Ouest.

Les coutumes du Nord en sont restées à une conception féodale ; les guerres privées persistent au XIVe siècle et l'ost, même à équipement réduit, est exigé des vassaux. Les plus petits fiefs demeurent chargés d'un service que l'aîné doit assurer. Le fief ne se confond pas avec les autres biens et même le fief acquêt ne tombe pas en communauté : il existe comme une incompatibilité entre l'esprit communautaire qui est celui des bourgeois ou des paysans et le droit des tenants-fiefs.

Dans l'Ouest, le droit familial de toutes les classes a repris à son compte les règles féodales. Le pays de Caux pratique pour toute succession l'aînesse absolue[3] ; l'exclusion des filles est générale en Normandie (J. Yver, bibl. 709). Tandis que pour les Coutumes de Paris et du Centre (Berry, Marche, Auvergne) seuls les fiefs se partagent noblement, dans tout l'Ouest, l'aînesse est étendue aux biens roturiers possédés par un héritier noble ; l'aîné est saisi de tous les meubles comme étant seul héritier maintenant l'unité de la famille et du patrimoine ; la *Summa* normande (98, 4) lui reconnaît une « dignité » qui impose le respect (*reverentia cum honore*) de ses puînés, ce qu'exprime parfaitement l'institution du parage.

Le parage et la coseigneurie

Le parage permet aux familles de maintenir autour de l'aîné leur cohésion et leur puissance que tout partage des fiefs compromet. L'institution répond à l'idée épique de la solidarité du lignage : les frères, comme les quatre fils Aymon, combattent ensemble et reconnaissent le plus brave pour chef.

Le parage est en voie de formation au XIe siècle (R. Génestal, bibl. 418) ; en Italie, où il est apporté par les Normands, il conservera toujours une forme archaïque, plus féodale que familiale (C. Cahen, bibl. 263, p. 89). A partir du XIIe siècle, en effet, les préoccupations familiales l'emportent, et elles sont bien exprimées par le droit héraldique dont la formation remonte à cette époque[4]. En Normandie, ses règles sont précisées par une ordonnance sans date de Henri II, reprise par le *Très ancien coutumier* (VIII, 2-5 ; IX, I). L'aîné devient le titulaire de tous les fiefs de la succession ; il est le chef parageur, le « miroir de fief », fait seul hommage au seigneur et rend seul les services dus ; il est le gardien de ses frères mineurs et le garant de ses puînés. Ceux-ci ne lui doivent aucun hommage, car il n'y a pas entre eux dépendance mais association. L'aîné n'est pas seigneur mais chef du lignage.

Bien que les textes en aient gardé fort peu de traces, cette forme de parage dit général a existé en Parisis (*Grand Coutumier*, II, 27), en Beauvaisis (Beaumanoir, n° 465), en Champagne, en Bourgogne (G. Chevrier, bibl. 306) ; il connaît au XIVe siècle un grand succès en Normandie et en Anjou. Il apparaît dans le Nord chaque fois que, par exception, un fief était partagé ; il a pu être parfois étendu aux alleux ou aux biens reçus par les filles ou par la veuve, et dure autant que la parenté, c'est-à-dire d'après la *Summa* normande (XXXIV, 5) jusqu'au septième degré.

On conçoit que les cadets aient mal supporté leur sujétion. Les plus hardis chercheront l'aventure, les Normands plus que tous autres. D'autres se révolteront contre leurs aînés et, pour rompre l'indivision, leur prêteront hommage pour leur part : le fief est ainsi démembré et ils deviennent les arrière-vassaux du seigneur primitif. Ce parage avec hommage, parfois appelé frérage, est très généralement pratiqué dans la région parisienne, en Champagne, en Bourgogne, en Berry. Le fait même que les puînés préfèrent l'autorité d'un seigneur à celle d'un frère indique bien – surtout en Ile-de-France – la rupture des solidarités anciennes : à raison des partages, les charges des fiefs sont devenues légères et l'unité familiale est en voie de disparaître.

Une ordonnance de Philippe Auguste de 1209 consacra cette évolution en imposant aux puînés de porter leur hommage non à leur frère mais au seigneur du fief. La royauté marquait ainsi son hostilité au groupe familial et sa préférence pour les liens vassaliques qu'elle pouvait mieux contrôler. En fait, cependant, l'ordonnance fut fort mal appliquée (P. Petot, bibl. 592) : même dans la région parisienne, en Vexin, à Montfort, à Montmorency, le parage subsiste, et les partages paraissent si nuisibles que les pères de famille s'ingénient à les éviter. Là où la coutume défaillait, les dispositions testamentaires et les ressources du Droit romain y suppléèrent : en 1333, Jean de Lévis obtient des lettres de Philippe VI soumettant la succession de sa famille au droit écrit et lui permettant, par le jeu des substitutions, de laisser tous les fiefs à l'aîné.

La tradition d'égalité était si forte dans le Midi qu'elle fut appliquée aux fiefs ; elle conduisit à l'institution d'une coseigneurie entre héritiers. Même les châteaux furent parfois divisés entre trente ou quarante parsonniers ; les parts furent mises en société et distribuées à chaque génération au gré des partages : c'est l'institution de la coseigneurie qui, partout où elle est pratiquée – en Agenais par exemple –, condamne la féodalité à l'impuissance. Il n'est pas sans exemple cependant, surtout en pays Plantagenêt, que l'aîné garantisse les services de tous ses parents (J. Poumarède, bibl. 620, p. 187). En 1278, Edouard Ier essaie même d'introduire l'aînesse en Gascogne. Seules, les familles qui, comme les Albret, s'affranchissent des coutumes, parviennent à se maintenir et à progresser.

La succession aux meubles et aux acquêts

La famille ne peut prétendre à aucun droit sur les biens acquis par le *de cujus* : ce n'est qu'après une transmission successorale qu'ils deviendront propres : « L'acquêt du père est le propre de l'enfant » (Loisel n° 208). Pour les meubles, ils ne « souchent ni estoquent ». Par nature, ils sont personnels : « Le meuble suit le corps » (Loisel, II, I, 12), ce qui traduit l'adage latin *mobilia ossibus inhaerent* (p. 233).

Par nature aussi, les meubles peuvent changer de mains ou se confondre dans une communauté. L'autorité sur une personne entraîne normalement la maîtrise sur les meubles qu'elle possède : le gardien, sur les meubles du mineur, le mari, sur les meubles apportés par la femme, le seigneur, sur les biens du condamné. La meilleure expression de cette idée est fournie par la mainmorte qui, au XIe siècle, permet au seigneur de se saisir des meubles du mort ; ce droit peut grever des hommes libres et même des bourgeois (P. Petot, bibl. 588) ; il est à l'origine du droit du meilleur catel qui, en Flandre et en Hainaut, permet au seigneur de prendre dans la succession les meilleurs meubles ou la meilleure bête (p. 188).

La mainmorte est inconnue dans l'Ouest ; à partir du XIIe siècle, elle ne frappera que les serfs et sera la marque de la condition servile : le plus souvent, elle n'est pas exercée contre les descendants mais aboutit dans toutes les provinces où subsistent des serfs à interdire tout testament et toute succession collatérale.

Au moins pour les successions roturières, l'usage le plus ancien paraît bien être le partage par tiers, connu en Normandie, en Bretagne, mais aussi à Amiens, à Bourges, en Catalogne, et, sans doute sous l'influence normande, en Sicile : un tiers de la communauté va à l'époux survivant, un tiers aux enfants du ménage, le dernier tiers étant la « partie au mort » (*Anciennes coutumes de Bretagne*, cap. LXII), destinée aux funérailles et à des legs pieux. Dans tout l'Ouest existe la « louable coutume » qui permet à l'évêque ou au curé d'entrer en possession du tiers des meubles d'un défunt.

L'ancienne coutume germanique ou scandinave fixait déjà au tiers la part des biens qui suivait le guerrier dans sa tombe : c'était la « part du mort » (*Todtentheil*) dont l'Eglise a fait la part de l'âme (Schultze, *Augustin und der seelteil*, Leipzig, 1928 ; J. de Malafosse, bibl. 110, p. 1311). En Provence, en Languedoc, en Dauphiné, en Anjou pour les nobles, le curé ne pouvait prendre qu'un lit garni, et le folklore atteste la longue persistance de tels usages. La « louable coutume » fut supprimée par l'Ordonnance d'Orléans de 1560, mais rétablie par l'Ordonnance de Blois de 1579 (art. 51).

Les enfants sont toujours appelés également à la succession mobilière de leurs père et mère ; l'égalité peut cependant être tenue en échec par les pratiques communautaires. L'enfant doté ou émancipé est hors de « sèle » ; mais il peut cependant être rappelé à la succession de ses parents (à Paris) ou même y revenir sans y être expressément rappelé (à Lille). En pareil cas, il doit normalement le rapport de ce qu'il a reçu à ses frères et sœurs. L'égalité, même en Normandie, est cependant moins nettement appliquée que pour les propres : un père peut librement disposer de son meuble (*TAC*, XIII, 2) ; en Vermandois, les meubles ne se rapportent pas (*Conseil à un ami*, XXXIV, 12) ; dans l'Est, le Centre et le Midi, les parents peuvent avantager en meubles un de leurs enfants « à plaisir et à volonté ».

Comme pour la succession aux propres, les coutumes communautaires pratiquent le partage des meubles par lits et n'admettent la représentation ni en Picardie, ni en Champagne, ni en Ile-de-France.

Les ascendants, même là où ils sont exclus de la succession aux propres, héritent des meubles avant les frères et sœurs. En ligne collatérale, quelques coutumes (Normandie, Auvergne, Marche, Toulouse) donnent la préférence aux parents paternels ; en règle générale, la succession va au parent le plus proche. Les coutumes du Nord (Flandre, Lorraine) et de l'Ouest (Anjou, Maine, Touraine), soucieuses d'assurer le retour des biens à la souche, pratiquent la fente : par une interprétation de la règle *paterna paternis*, on présume qu'une moitié des meubles vient du côté paternel, une moitié du côté maternel. Les mêmes coutumes appliquent la représentation en collatérale ; la Flandre y ajoute le privilège du double lien : les frères et parfois les parents germains ont une part double des utérins ou des consanguins ; étant doublement « liés », ils prennent dans les deux lignes. Meijers a vu dans ces règles le souvenir du droit ligurien. Elles aboutissaient à un fractionnement de la succession. Quelques coutumes poussaient la règle jusqu'à l'absurde en admettant la refente pour retrouver les « ramages » des grands-parents (Bretagne) ou même la représentation à l'infini (Artois).

Le droit commun des coutumes ignorait la fente et les solutions qu'elles admettaient étaient fort proches de celles du Droit de Justinien. Le rapport suivait les règles de la *collatio descendentium* de la Novelle 16 ; et le double lien admis par les Novelles 84 et 118 excluait, au lieu, comme en droit flamand de réduire leur part, les utérins et les consanguins au bénéfice des frères et sœurs germains qui, eux-mêmes, concouraient avec les ascendants. Enfin, la représentation n'existait que pour les enfants et les descendants de frères et sœurs.

Les règles romaines du double lien furent admises par quelques coutumes (Tours, Saintonge, Bourgogne, Nivernais) ; la représentation jugée équitable fut introduite lors de la rédaction, sous l'action de Christophe de Thou et de Du Moulin dans la Coutume de Paris et les coutumes voisines (mais non à Senlis et Blois). Enfin la Novelle 118 était d'application générale dans tout le Midi (E. Jarriand, bibl. 469). Les fiefs y étaient rares et la catégorie des propres n'existait que dans quelques coutumes du Sud-Ouest : de ce fait, les mêmes règles s'appliquaient aux meubles et à la plupart des immeubles.

La succession aux dettes

En droit coutumier, l'héritier succède aux biens mais ne continue pas la personne. Anciennement, celui qui hérite d'un immeuble doit bien acquitter les charges réelles, cens, rente, champart, dont il est grevé, mais n'est en rien tenu des dettes personnelles de son auteur. Au contraire, les meubles, par cela même qu'ils « suivent le corps », sont le « siège des dettes ». En Anjou, en Normandie, en Artois, l'aîné qui prend tous les meubles a la charge de toutes les dettes (*Etablissements de saint Louis*, I, 10).

La nécessité du crédit, la reconnaissance par la famille des « dettes d'honneur », l'habitude de stipuler dans les contrats *pro se et suis* firent cependant admettre que les créanciers pouvaient faire « grief à l'héritage » (Beaumanoir, n° 1593), mais seulement après avoir saisi les meubles. La règle ne fut nettement admise que par l'Ordonnance de Villers-Cotterêts de 1539 (art. 74) et par un arrêt du Parlement de 1562. Encore beaucoup de coutumes rédigées admettaient-elles expressément (Normandie, Touraine, Poitou, Bourbonnais, Amiens, Lille) que les immeubles doivent revenir aux héritiers francs : « Qui n'a que des immeubles est insolvable. »

En fait, la plupart des dettes étaient des rentes assignées sur un immeuble et grevaient celui qui en héritait ; pour les dettes purement personnelles, les coutumes qui, telle celle de Paris, admettaient qu'elles pouvaient être poursuivies sur des immeubles, devaient organiser la répartition entre les héritiers des diverses masses : ce qui donnait lieu à des complications presque inextricables.

Les trois derniers siècles

La rédaction au XVIe siècle avait souvent fait disparaître les dispositions jugées « odieuses » des coutumes qui étaient demeurées fidèles à l'ancien droit. Plus qu'en toute autre matière, l'influence du Droit romain et la jurisprudence des parlements préparèrent, par la voie du droit commun coutumier, l'unification que devaient réaliser le droit révolutionnaire et le Code civil (E. Meynial, bibl. 542).

La distinction des propres et des acquêts est maintenue, mais la présomption joue désormais en faveur de l'acquêt : « Tous biens sont réputés acquêts s'il n'appert du contraire. » Par une sorte d'érosion, les coutumes souchères deviennent, lors de la réformation, coutumes de côté et ligne (Orléans, Paris) ; d'autres, coutumes de simple côté ; et celles-ci, bien que moins nombreuses, sont considérées comme représentant le droit commun. On admet que si une ligne n'est pas représentée, les biens ne vont plus au seigneur ou au roi mais à l'autre ligne : « Où ramage défaut, lignage succède » (Loisel, n° 327). Le Parlement de Paris admet même en 1582, par application de l'édit romain *unde vir et uxor*, qu'à défaut de tout parent, le conjoint succède à la place du fisc.

Surtout, le Droit romain, toujours appliqué dans le Midi, s'impose aux pays de coutumes par sa technique. L'héritier apparaît désormais comme le continuateur de la personne : il est tenu des dettes non seulement sur son émolument mais *ultra vires* : la règle vient de loin ; les coutumes les plus lignagères avaient toujours admis que les vivants doivent payer pour les morts (*Etablissements de saint Louis*, CXXVI) ; Du Moulin lie l'obligation à la saisine reconnue à l'héritier : « le mort saisit le vif » implique, selon lui, que les héritiers du sang (contrairement au légataire universel) succèdent au passif comme à l'actif.

L'héritier peut limiter son obligation aux forces de la succession en l'acceptant sous bénéfice d'inventaire. Il s'agit d'une mesure d'équité, accordée dès le XIVe siècle, comme tous les « bénéfices » d'origine romaine, par des lettres de chancellerie. Les coutumes restent encore au XVIe siècle méfiantes et donnent la préférence sur l'héritier bénéficiaire à celui qui accepte purement et simplement la succession.

Les formes du partage, les rapports ou règlements auxquels il peut donner lieu, la garantie des lots, la prescription, la possibilité des copartageants d'invoquer une lésion sont soumis aux règles romaines. Il reste du droit coutumier quelques pratiques, celle, par exemple, que rappelle Loisel (n° 235) : « L'aîné lotit et le puîné choisit » et aussi un principe général maintenu par le Code civil : tandis que pour le Droit romain exactement appliqué dans le Midi, le partage est translatif, chaque héritier cédant sa part aux autres, Du Moulin, pour éviter le paiement des droits de mutation, impose l'idée que le partage coutumier est déclaratif : chaque héritier tient son droit directement du défunt et l'indivision est rétroactivement effacée : la solution était impliquée par la saisine reconnue à l'héritier.

Si le Droit romain apportait sa technique, il demeurait aussi foncièrement favorable à la dévolution testamentaire. Les testaments expriment, à partir du XVIe siècle, mieux que les règles coutumières, l'esprit d'une société foncièrement hostile à toute égalité des partages ; les substitutions fidéicommissaires sont pratiquées par toutes les classes (p. 352) ; l'exclusion des filles dotées est générale ; les avantages faits à l'aîné assurent l'éclat et la dignité des familles nobles comme le maintien de l'exploitation familiale. Les paysans des vallées de Barèges et de Lavedan qui admettent l'aînesse absolue rejoignent sur ce point les féodaux normands du XIIe siècle. L'importance prise par l'aînesse apparaît bien dans les critiques que le siècle des Lumières dirigea contre elle et que reprirent souvent les Cahiers de 1789.

Au nom de l'égalité, la loi des 8-14 avril 1791 supprima tous les privilèges tenant à l'aînesse, au sexe ou à la succession par lits. Par la loi des 17-21 nivôse an II, la Convention abolit la distinction des propres et des acquêts et établit un nouveau régime successoral dont le but avoué était de morceler au maximum les héritages et de toujours favoriser les héritiers jeunes. On admit le système des parentèles, la fente et la refente, l'exclusion des ascendants par les frères et les neveux, la représentation à l'infini, l'égalité des enfants naturels et légitimes ; en outre, la loi fut déclarée rétroactive et permit de revenir sur tous les partages faits depuis le 14 juillet 1789. On voulait « pulvériser » les successions pour détruire l'« orgueil aristocratique ». Comme celui-ci pouvait se réfugier dans les testaments, toute liberté fut refusée aux pères de famille d'avantager un de leurs enfants. Plus que des solutions ces lois formulaient des principes ; leurs dispositions étaient souvent inapplicables ou même incohérentes et elles durent être tempérées dès l'an IV.

Les rédacteurs du Code civil étaient élèves de Pothier, formés au Droit romain mais fidèles aux solutions modérées du droit commun coutumier. Ils admirent l'unité de la succession, mais supprimèrent la distinction des propres et des acquêts ; en ligne collatérale, la fente, qui anciennement ne concernait que les meubles, s'applique à tous les biens, une moitié allant aux parents paternels, une moitié aux parents maternels. Le père et la mère concourent chacun pour un quart avec les frères et les sœurs. La représentation n'est admise qu'en faveur des descendants et des neveux. Les droits de la famille sont nettement affirmés. Les parents héritent jusqu'au douzième degré, le conjoint ne venant qu'après eux (A. Dejace, bibl. 332).

II. LA RÉSERVE ET LA LÉGITIME

A l'origine du Droit romain, il y avait le testament. Un testateur peut tout faire ; mais il manquerait à l'*officium pietatis* en omettant ou en exhérédant sans raison ses enfants ou ses frères et sœurs. Ceux-ci peuvent, s'ils n'ont pas reçu une part « équitable » de la succession, attaquer le testament. Cette quotité équitable a été fixée par Antonin à la quarte légitime. Déjà la loi Falcidie protégeait l'héritier institué contre les legs excessifs en lui accordant le quart des biens (quarte Falcidie). Au Bas-Empire, on confond les deux quartes ; les glossateurs les appelleront indifféremment légitime ou Falcidie et, suivant la Novelle 18, admettront la quotité du tiers ou de moitié pour les enfants.

A l'inverse du Droit romain, le droit coutumier commence par affirmer le droit de la famille. Tout acte de disposition de l'individu est strictement contrôlé par les parents qui y interviennent. Comment, cependant, interdire les legs dictés par l'amitié, la bienveillance et surtout la piété ? De même qu'à Rome on avait fait appel à l'*officium,* on s'en remet, au XIIe siècle, à la raison : la raison impose la mesure même dans les aumônes ; il appartient au juge de limiter le « disponible » à une quotité raisonnable de la succession. Le Midi pense à cet égard comme le Nord : on attaque, en 1179, devant la Cour du roi une aumône parce qu'elle est immodérée et déraisonnable (J. de Laplanche, n° 486, p. 163) ; en écho, la coutume de Bordeaux recommande en la matière la « raison naturelle ».

Vers 1190, en Normandie, vers 1210 en Ile-de-France, un peu plus tard dans les autres provinces, la raison fait place à la coutume : la générosité permise ne doit pas dépasser le tiers, le quart ou le cinquième des propres : c'est le « disponible », le reste constituant la « légitime coutumière », plus tard appelée « réserve lignagère ». A la même époque, la légitime romaine est reprise dans beaucoup de chartes méridionales comme fournissant l'expression parfaite de la raison.

Si elles peuvent aboutir au même résultat, les deux institutions sont cependant fort différentes : la réserve porte sur les propres et elle profite à tous les lignagers qui ont sur elle un droit absolu ; la légitime est, au contraire, une action en retranchement des legs excessifs ; elle porte sur tous les biens compris dans la succession, mais ne peut être demandée que par les enfants et exceptionnellement par les frères et sœurs s'ils sont écartés par une *turpis persona.*

On a souvent expliqué l'apparition de la réserve comme celle du retrait lignager, par la disparition de la *laudatio parentum ;* sans être directement liées, les deux institutions traduisent la mutation de la société du XIIe siècle. Jusque-là, la famille intervenait à tous les actes de disposition ; ceux-ci étaient d'ailleurs rares, toute aliénation étant un manquement au devoir familial ; au point que même l'Eglise recevra, au XIe siècle, beaucoup moins de donations qu'aux siècles précédents. Au XIIe siècle, au contraire, chacun prétend disposer de son bien : les croisés pour subvenir au voyage d'outre-mer, les bourgeois pour les besoins de leurs affaires, d'autres plus simplement pour avantager un de leurs enfants ou de leurs parents. Dans le Midi languedocien, la guerre provoque une mobilité nouvelle des patrimoines ; la liberté laissée à un père de famille de disposer de ses biens à sa volonté paraît excessive. La réserve et la légitime naissent d'une réaction de défense des familles, surtout des cadets et des filles : elles mesurent exactement la liberté laissée à l'individu.

La réserve coutumière

La réserve est une *pars hereditatis* et chaque coutume va reporter sur elle sa conception de la succession.

On retrouve le groupe compact des coutumes de l'Ouest ; elles fixent le disponible au tiers mais, par faveur pour le lignage, elles en limitent la portée : la réserve joue à l'encontre des donations comme des legs ; elle porte en Normandie sur tous les meubles et les acquêts, sur une fraction de ceux-ci dans les autres provinces ; il semble même qu'au XIVe siècle on ne pouvait disposer en faveur d'un étranger que d'un usufruit ou viage.

Quelques coutumes du Nord, Picardie, Ponthieu, Artois, gardent mieux encore l'idée de l'indisponibilité des propres. La réserve est normalement des quatre cinquièmes ; en Picardie pour les fiefs, il ne peut s'agir que d'un usufruit ; en Artois, la donation est interdite ; à Lille, les acquêts sont réservés. Dans tout le Nord cependant, les solutions sont fort disparates ; tandis que dans certaines villes (Valenciennes, Amiens, Douai) les coutumes ignorent la réserve, les pays flamands l'étendent même aux donations. A Sedan, à Epinal, à Metz, la totalité des propres est réservée ; à Verdun, on ne peut léguer que le revenu de trois ans des immeubles.

Il existe une correspondance certaine entre les quotités ainsi retenues et le tiercement ou quintement des fiefs qui est la part dont un vassal peut disposer sans forfaire à son seigneur, et aussi la part que reçoivent les puînés. La règle féodale a été reprise pour les biens familiaux et étendue, parfois avec quelque retard, aux successions roturières. Jusqu'au XVe siècle, on oppose en Anjou la quotité noble du tiers à la quotité roturière de moitié.

Les coutumes du groupe parisien, dont les solutions sont souvent reprises par les coutumes de l'Est, donnent à la réserve une portée beaucoup moins stricte : elles la fixent aux quatre quints, mais ne l'étendent ni aux donations, ni aux meubles et acquêts (Beaumanoir, n° 404).

Les solutions coutumières apparaissent au XVIIIe siècle « pleines de bizarreries ». En fait, la réserve révèle peut-être mieux que toute autre institution les lignes de force du droit coutumier. Les solutions des coutumes de l'Ouest sont reprises en pays de droit écrit dans le domaine Plantagenêt, par exemple dans la Coutume de la Marche et dans la Coutume de Bordeaux. Quelques chartes de l'Agenais connaissent le disponible du tiers en valeur : tous les propres sont dévolus aux lignagers mais peuvent être grevés d'un legs en argent du tiers de leur valeur (P. Ourliac, bibl. 19, t. I, p. 69 ; t. II, p. 20). Les Coutumes de Dax et de Saint-Sever de 1514 ne fixent aucune quotité et reprennent l'idée ancienne des legs raisonnables. Il y a trace en Gascogne du disponible du dixième que l'on peut mettre en rapport avec la quotité fixée par le droit visigothique tardif.

Toutes ces coutumes restent fidèles à une conception ancienne de la famille qui apparaît aussi dans le fait qu'elles sont des coutumes d'égalité hostiles au testament. Dans le sud du domaine coutumier, au contraire, en Bourgogne comme en Berry, le Droit romain apparaît avant que les coutumes ne soient formées : il n'existe pas de réserve mais une légitime. En Auvergne et en Bourbonnais, on hésite entre la légitime romaine, qui paraît prévaloir au XIIIe siècle, et une réserve des trois quarts admise à la fin du XIVe siècle et portant sur tous les biens meubles et immeubles.

La légitime des pays de droit écrit

La légitime apparaît dans les premières compilations de Droit romain, le *Brachylogus* (II, 24), et le *Petrus* (I, 12), qui connaissent même le droit des *Novelles*. Elle est une atteinte à la liberté des testateurs et de ce fait beaucoup de statuts municipaux la rejettent. La question est posée à l'occasion de la quotité des dots, et les solutions reçues témoignent de la longue hostilité au Droit romain. En Provence, jusqu'au XVe siècle, les coutumes rejettent la légitime ; à Saint-Gilles, à Alès, à Montpellier, à Carcassonne, à Narbonne, à Toulouse, à Auch, à Agen, le droit de disposition du père de famille est absolu.

A ces coutumes anciennes s'opposent celles des villes nouvelles, spécialement des bastides fondées par Alfonse de Poitiers où la légitime est souvent mentionnée. Son extension est due aux légistes qui rédigeaient les chartes, mais aussi à l'action des officialités toujours sensibles à l'*officium pietatis* qui la justifie.

A partir du XVe siècle, les parlements appliquent les règles romaines, mais chacun les interprète à sa façon : le Parlement de Paris pour son ressort de droit écrit n'admet pas l'action en supplément de légitime de la fille dotée ; il est suivi par le Parlement de Bordeaux, mais contredit à Toulouse et à Aix. Pour les enfants non dotés, on juge à Bordeaux que la légitime doit être laissée à titre d'institution d'héritier, mais à Toulouse qu'un legs suffit. Les mêmes oppositions existaient sur le droit des ascendants à une légitime, sur le cumul pour l'héritier institué des deux quartes, légitime et Falcidie. L'ampleur de cette jurisprudence suffirait à montrer l'importance qu'avaient à l'époque les questions successorales.

La légitime en pays coutumier

Dès le XIIIe siècle, les praticiens, formés au Droit romain, connaissaient la légitime : Pierre de Fontaines (XXXIII) et Beaumanoir (n° 382) la trouvent plus « humaine » que la réserve, car elle protège les enfants même si la succession ne comporte que des meubles, et même contre les donations entre vifs ; elle a aussi plus de souplesse technique : elle est une *pars bonorum* (et non comme la réserve une *pars hereditatis*) et, par conséquent, se calcule sur l'actif net de la succession, après déduction des dettes et appartient même à un héritier renonçant.

Le désir de protéger le patrimoine conduisit au XVIe siècle, les rédacteurs des coutumes à y introduire plus ou moins directement les règles de la légitime. Dans l'Ouest, les meubles sont partout soumis à la réserve et subrogés aux propres. Les mêmes solutions sont reprises par les coutumes de Saintonge, de la Marche, de Sens et par beaucoup de coutumes de l'Est. En Vermandois, en Beauvaisis, à Lyon, à Châlons, la réserve concerne désormais les donations et, en présence d'enfants, les legs ne peuvent porter que sur les meubles ou les acquêts. A Paris, la coutume admet que les cadets peuvent, si la réserve est insuffisante, demander la légitime ; elle leur permet depuis une turbe de 1548, d'attaquer les avantages excessifs que pouvaient conférer à l'aîné le préciput et la quotité des quatre quints : Du Moulin justifie la solution par le droit naturel et, par le biais du droit commun coutumier, elle est introduite dans les coutumes muettes. La quotité en est fixée à la moitié de la part *ab intestat* sans tenir compte de l'aînesse. Les enfants doivent cependant opter entre la réserve et la légitime ; s'ils invoquent la légitime, les donations sont rapportées et on calcule la part *ab intestat* en divisant l'actif successoral par le nombre d'enfants.

L'« air doux et salubre » de la Coutume de Paris vanté par Brodeau devait inspirer désormais toutes les décisions de la jurisprudence. Elles atténuent par l'interprétation qu'elles en donnent les différences qui subsistaient entre les coutumes. La réserve est considérée comme une sorte de légitime et, autant qu'on le peut, soumise aux règles romaines. L'*officium pietatis* dû aux enfants devait l'emporter sur la protection coutumière du lignage. Pothier, par exemple, après avoir longuement étudié le « retranchement des donations pour la légitime des enfants », traite des « quelques coutumes » qui connaissent la réserve, laquelle fait presque figure d'archaïsme.

Dans un discours lu après sa mort par Talleyrand, Mirabeau, qui avait subi les rigueurs de l'ancienne puissance paternelle, demandait la réduction du disponible au dixième des biens sans que le testateur puisse l'attribuer à un de ses héritiers. Robespierre devait aussi défendre l'égalité absolue tandis que Cazalès faisait entendre la voix du Midi, toujours favorable à la liberté de disposer. Les idées de Mirabeau et de Robespierre se retrouvent dans la loi du 5 brumaire an II : toute distinction des propres et des acquêts étant abolie, il est interdit d'avantager un de ses héritiers. Ainsi la réserve subsistait plus forte que jamais puisqu'elle s'appliquait à la totalité de la succession ; elle assurait la division des successions car, comme le disait Cambacérès, « les grandes fortunes sont dangereuses dans une République ».

Une loi du 4 germinal an VIII atténua ces dispositions et le Code civil en revint aux idées de Cazalès, reprenant sous le nom de réserve les règles de la légitime romaine. Le testateur jouit d'une grande liberté : s'il n'a qu'un enfant il peut disposer de la moitié de ses biens, du tiers s'il en a deux, du quart s'il en a trois ou plus. Une réserve est accordée aux ascendants mais non aux collatéraux : le Tribunat pensait ainsi « resserrer les liens de famille » car dans l'attente d'un testament qui lui soit favorable, chacun « aura des égards et des ménagements » pour sa famille. Ce ne sont plus les liens du sang qui créent la parenté, mais l'intérêt et la volonté.

III. LES DONATIONS ET LES TESTAMENTS

Les IXe et Xe siècles suscitent un renouveau de ferveur religieuse dont suffit à témoigner l'essor clunisien. L'aumône apparaît la meilleure médecine des âmes malades et le moyen d'assurer son salut. De son vivant un donateur peut se vouer à Dieu en se dépouillant de ses biens ; la donation *post mortem* est sans doute moins méritoire – une longue tradition des églises gauloises ne reconnaît pas la validité du repentir *in extremis* – ; ce sont cependant les mourants qui craignent le plus la damnation et leurs libéralités ne peuvent qu'être agréables à Dieu et à l'Eglise. Elles sont cependant si dangereuses pour les familles qu'un capitulaire de 818 et le concile de Paris de 845 condamnent « l'âpreté des clercs » qui sollicitent des libéralités excessives « au risque de priver de leur héritage les légitimes ayants droit ».

Dans les pays francs ou bourguignons, la pratique du testament a disparu à l'époque carolingienne ; la donation remplit la même fonction : donation immédiate, et, plus souvent, donation à terme qui peut permettre au donateur de conserver jusqu'à sa mort la jouissance des biens donnés. Au contraire, dans le Midi et spécialement dans l'ancien domaine visigoth, les formes romaines sont conservées : on fait un testament en cas de péril grave, au moment d'entreprendre un pèlerinage ou une guerre ou plus souvent à son lit de mort. Si les formes diffèrent – la donation impose un dessaisissement tandis que le testament est révocable –, l'inspiration est la même : seul importe au moribond le salut de son âme ; le confesseur qui est à son chevet lui « suggère » des legs pieux, suscitant parfois les protestations des proches : l'intestat est souvent un déconfès (*Etablissements de saint Louis,* t. II, p. 150) et la sépulture chrétienne lui a été parfois refusée. La *Summa* normande (c. XX) qualifie de *desperatus* celui qui après une maladie de plus de neuf jours ne s'est pas confessé, et attribue ses cateux comme ceux du condamné à mort ou du suicidé au duc. La disposition est dirigée contre l'Eglise qui, surtout dans l'Ouest, revendique en tout ou en partie l'attribution des meubles du défunt (p. 330).

Si la donation porte sur un immeuble, un transfert au moins symbolique de la propriété est imposé. Souvent, le mourant se fait transporter dans un monastère et accomplit une *traditio per cartam* ou *super altare ;* souvent aussi, suivant en cela d'anciennes coutumes germaniques, la tradition est faite le jour de la sépulture par les héritiers. Ce devoir moral devient une obligation si le défunt a eu la précaution de nommer un *eleemosynarius* et de le charger d'« aumôner » raisonnablement. Cette pratique de l'exécution testamentaire est courante en Allemagne dès le VIIIe siècle et en France aux IXe et Xe siècles.

Au IXe siècle, les établissements religieux s'adressent aux vicomtes pour entrer en possession des donations qui leur ont été faites (*HL,* t. II, n° 57). Vite, cependant, les évêques réclament, comme en matière de mariage, une compétence exclusive. Elle leur est pleinement reconnue au XIIe siècle ; si aucun exécuteur n'a été désigné, l'évêque est considéré par les canonistes comme exécuteur légal avec le pouvoir de désigner un exécuteur datif, qui est une sorte de tuteur à la succession (R. Caillemer, bibl. 264). Ces formes juridiques très frustes suffirent à l'origine (M. Castaing-Sicard, bibl. 273) ; le but du disposant étant toujours de réaliser une aliénation en faveur de l'Eglise, il donne souvent à sa libéralité la forme d'une vente, le bénéficiaire payant un prix qualifié en Rouergue de *caritas.* Il s'agit d'un « contre-don » qui prouve la « charité » du monastère et qui surtout désarme les velléités de repentir du disposant ou les contestations de ses héritiers (G. Chevrier, bibl. 300, p. 3-15).

Les clauses des actes traduisent bien, vers l'an mil, le désarroi des donateurs : aucun juge, même dans le Midi, ne peut assurer le respect de leur volonté ; ils craignent la *calumnia* de leurs parents qu'ils menacent d'anathème ou d'amendes, mais en même temps leur permettent de reprendre le bien donné si les moines venaient à l'aliéner, les privant ainsi des secours perpétuels qu'ils attendaient d'eux.

La renaissance du testament

Le retour aux règles romaines est très net dès le XIIe siècle. *Lo codi* (VIII, 51-56) distingue nettement la donation simple et la donation à cause de mort et rappelle que la tradition est nécessaire à leur validité. La donation, affirme la glose, est un contrat qui impose la présence des parties. Le testament est, au contraire, l'acte unilatéral qui contient l'*ultima voluntas ;* il est donc toujours révocable, la volonté étant « ambulatoire jusqu'à la mort ». Le *Brachylogus* et le *Petrus,* fidèles aux formes romaines, n'admettent la validité du testament que s'il contient une institution d'héritier et est fait solennellement devant cinq ou sept témoins.

La rigueur de ces solutions heurte les canonistes qui leur opposent le texte de saint Matthieu (XVII, 16) enseignant que le témoignage de deux ou trois témoins suffit. Une décrétale d'Alexandre III (X, III, 26, 10), vers 1170, invoque la loi divine qui doit prévaloir sur les lois humaines et recommande la présence d'un prêtre. La volonté du testateur doit l'emporter sur la forme ; même la volonté supposée ou présumée suffit, ce qui conduit Innocent III (1202) à autoriser la pratique du testament par commissaire (X, III, 26, 13) : on peut déléguer à un tiers le mandat de faire un testament *post mortem.* L'exécuteur testamentaire devient pour les canonistes un véritable héritier qui peut disposer de la succession, tandis que les romanistes le considéreront comme grevé d'un fidéicommis.

Les romanistes et plus encore les canonistes affirmaient le droit de l'individu à disposer de ses biens ; ils reprenaient l'idée souvent exprimée dans le préambule des chartes du Midi que le droit de donner est le signe de la liberté (et on ajoute parfois de la noblesse, p. 318). Cette liberté est revendiquée au XIIe siècle par les bourgeois dont les romanistes épousent souvent les intérêts. Un marchand veut disposer comme il l'entend des biens qu'il a acquis. Même la classe aristocratique trouve parfois trop contraignantes les coutumes successorales. De leur côté, les théologiens, avec Abélard ou Pierre Lombard, exaltent la liberté chrétienne qui permet à l'homme de joindre les œuvres à la foi sans être, comme au temps de Moïse, soumis à la rigidité de la loi. On doit aimer, recommande Pierre Lombard, les parents qui sont nos proches, mais les mauvais fils et les parents indignes perdent cette prééminence : *Magis sunt diligendi boni qui nobis carne non sunt conjuncti quam mali carne conjuncti* (III, 29, 2). C'était dépouiller les liens de parenté de leur mystère et les rattacher non à l'ordre de la nécessité mais à l'ordre de la charité. C'était aussi, plus subtilement, opposer à l'empire des coutumes les droits de l'individu.

La portée de cette liberté est sans doute fort diversement comprise : pour l'Eglise, elle permet à chacun d'assurer son salut ou de réparer ses fautes ; pour les nobles mais aussi pour les bourgeois et pour les paysans, la liberté du père de famille est la meilleure garantie de son autorité ; pour le lignage, elle est une menace, de sorte que la faveur ou l'hostilité de chaque province dépend de l'idée qu'elle a de la solidarité familiale.

La tradition romaine n'avait jamais été perdue en Provence et en Septimanie. La publication du testament imposée par les Visigoths, encore pratiquée au Xᵉ siècle, oubliée, semble-t-il, au XIᵉ siècle, réapparaît dès 1121. Elle était faite devant un juge laïque et convenait surtout au testament verbal. Elle disparaîtra vite à raison des progrès du notariat[5].

Les formes du Droit de Justinien sont exactement observées vers 1150 ; le testament de l'évêque Ermengaud d'Agde, fait en 1149, contient une institution d'héritier ; Raymond Trencavel rédige de sa main son testament en 1154 et y ajoute un codicille écrit par un notaire en 1166. En 1151, un père désigne à ses enfants un tuteur testamentaire (L. de Charrin, bibl. 282).

La mode, au moins dans les hautes classes, est au Droit romain. Les pratiques anciennes ne sont pas oubliées pour autant et sans doute, sous l'influence de l'Eglise, beaucoup préfèrent encore recourir aux donations à cause de mort. La Coutume de Montpellier de 1204 déroge d'ailleurs aux règles romaines : trois ou même deux témoins suffisent et l'institution d'héritier n'est pas nécessaire.

Les habitudes anciennes pèsent plus encore au nord et à l'ouest du domaine méridional. En Dauphiné, dans la région lyonnaise, les formes romaines n'apparaissent pas avant 1250. A Toulouse, l'institution d'héritier attestée dès 1182 n'est pas imposée par la coutume et ne devient générale qu'à la fin du XIIIᵉ siècle (P.-C. Timbal, bibl. 666). Elle gagne la Bourgogne ducale et le pays de Vaud au XIVᵉ siècle (J.-F. Poudret, bibl. 617, p. 198).

A la même époque, en Forez, l'exceptionnelle conservation des archives permet de distinguer le testament solennel des notables, nobles et bourgeois, chargé des formules et des cautèles imaginées par les notaires, et le testament oral (ou nuncupatif) dont usent les paysans ; on procède ensuite à sa « resomption » ou publication devant la Cour de Forez où les sept témoins viennent déposer sur ce qu'ils ont vu et entendu. Le testateur est souvent un mourant qui est entouré de sa famille et de ses voisins, sollicité par eux, interrogé par le curé, dont l'esprit est confus et la parole embarrassée, que les témoins ont mal entendu et encore plus mal compris (L. Boyer, bibl. 244).

En Agenais, la liberté du testateur est limitée par les droits reconnus à la famille. Dans tout le Sud-Ouest, l'usage du testament romain paraît assez peu répandu ; les coutumes ne connaissent vers 1250 que le testament canonique et les dispositions *pro anima*. Une opposition, même si elle n'est pas clairement exprimée, subsiste entre le testament romain et le testament canonique. Les conciles du Midi de 1227 à 1246, dirigés contre les cathares, privent de sépulture religieuse le testateur qui n'aurait pas fait recevoir ses dernières volontés par le curé. Bien souvent, le testament devient une preuve d'orthodoxie et la compétence des officialités un moyen efficace de contrôle.

En pays de coutumes, le testament gardera très longtemps ce caractère religieux. Il est apparu, dès le début du XIIe siècle, dans les chartes de Cluny, sous l'influence des officialités. Les croisés préfèrent ce testament, qui peut être révoqué s'ils survivent, à une donation qui est définitive. Dès l'époque de Philippe Auguste, l'usage en est général, mais il s'agit toujours de *piae causae* : élection de sépulture, ordre des funérailles, réparation des injures et des torts, parfois legs à des serviteurs ou désignation d'exécuteurs testamentaires. Beaumanoir (n° 426), tout en connaissant les exigences des « seigneurs des lois », indique que « nostre coustume a corrompu cette loi ». Il admet, avec les décrétales, que deux témoins loyaux suffisent ; plus exigeants, les statuts synodaux imposent souvent la présence d'un prêtre.

L'institution d'héritier n'est pas nécessaire, ce qui contredit le principe romain, mais signifie surtout que l'héritier est donné par la nature : *gignuntur heredes, non scribuntur*. L'héritier a la saisine de la succession et les légataires doivent lui demander la délivrance de leur legs. Le rôle de l'exécuteur testamentaire est réduit ; on lui reconnaît une saisine d'un an des meubles et la jurisprudence permet même aux héritiers de se substituer à lui (*Grand Coutumier*, p. 369). Seules les coutumes romanisantes (Berry, Bourgogne) atténuent cette rigueur. Au contraire, la Coutume de Normandie interdit le legs d'immeubles et, redoutant les captations d'héritage, exige que le testament ait été rédigé trois mois au moins avant la mort.

Le droit coutumier rejoint le Droit romain pour ne reconnaître la capacité de faire un testament qu'aux personnes libres. Le testament est interdit à tous ceux dont la succession est de bonne prise, royale ou seigneuriale : serfs mainmortables (qui ne peuvent disposer que de cinq sous), bâtards, aubains, condamnés. Dans le Midi, on suit les règles romaines. Le *sui juris* pubère peut tester, mais un fils en puissance ne peut faire qu'une donation *post mortem.* En pays de coutumes, le testament est autorisé à vingt ou vingt-cinq ans. Par hostilité aux femmes, quelques coutumes exigent que leur testament soit autorisé par le mari (p. 267).

Enfin, par application de l'adage *Locus regit actum,* les formes du testament sont fixées par la coutume du lieu, ce qui entraîne une grande diversité : testament canonique ne comportant qu'une déclaration faite en présence de deux ou trois témoins ; testament olographe, écrit par le testateur ; testament romain, dit nuncupatif, le plus usuel en pays de droit écrit, qui peut être oral ou écrit et reçu par un notaire en présence de sept témoins ; testament solennel, reçu par deux notaires devant deux témoins dans les pays coutumiers ; testament mystique ou secret, remis clos et scellé au notaire et à sept témoins.

La pratique et la théorie des derniers siècles

L'époque flamboyante va faire du testament un acte d'apparat. Il s'agit de « mourir noblement » (C. Beaune « Mourir noblement à la fin du Moyen Age », *La Mort au Moyen Age*, 1977, p. 135), de vaincre la peur du jugement dernier par la richesse des aumônes et des fondations, mais aussi d'assurer l'avenir de ses proches. Même les plus pauvres font un testament, dans le Midi comme dans le Nord. La force de l'Eglise est d'avoir réussi à lier dans le même acte l'avenir des vivants et l'avenir des morts (J. Chiffoleau, bibl. 312, p. 74).

Le choix de l'héritier, le nombre des legs pieux, les préambules ont ouvert un large champ à l'étude des mentalités ; même si le testament est copié sur un formulaire, on peut y découvrir une certaine idée de la mort, de la piété ou de la famille. Plus que l'horreur de la mort, le « narcissisme macabre » (Le Goff, bibl. 312, Préface p. IX) des testaments révélerait la solitude des citadins regrettant les anciennes solidarités familiales. A l'époque des Lumières seulement, les testateurs seraient parvenus à se libérer du poids du passé religieux. L'an III « désacralise » le testament ; et, sous le Consulat, les fondations réapparaissent ; elles sont bien loin d'être générales ; le testament est désormais un acte laïque [6].

Depuis le XVe siècle, la mentalité des juges royaux était fortement gallicane. Du testament, jugent-ils, autant que du contrat de mariage, dépend l'avenir de la famille : avantager un aîné, rappeler une fille dotée à la succession, désigner un tuteur aux enfants mineurs, fixer les droits de la femme veuve, ce sont des stipulations qui concernent l'Etat gardien de l'intérêt des familles et non l'Eglise. Déjà Beaumanoir admettait une compétence au moins subsidiaire des juges séculiers. La *Somme rural* (II, I) leur reconnaît « la prévention puisque premier on s'en trait à ses juges et officiers (du roi) » : la compétence appartient au juge premier saisi. Le Parlement de Paris refuse, en 1357, à l'évêque de Beauvais les meubles des intestats ; vers 1387, il interdit à l'archevêque de Sens de faire le testament des défunts comme c'était l'usage dans son diocèse (J. Lecoq, bibl. 59, éd. M. Boulet, qu. 162). Au XVIe siècle, la compétence laïque est généralement admise même pour l'attribution des legs pieux et la surveillance des exécuteurs testamentaires.

Il n'y a pas de matière où les disparates des coutumes soient plus apparentes : elles connaissent quelque cent cinquante formes différentes de testaments ; sur toute question, chaque parlement avait sa jurisprudence : le testament est un acte individuel mais on admet – à Paris mais non à Toulouse – le testament mutuel ou réciproque, le plus souvent entre mari et femme ; le testament est un acte formel, mais il peut contenir la clause codicillaire par laquelle le testateur indique que si l'acte ne vaut pas comme testament, il vaudra comme un codicille qui n'exige que cinq témoins ; le testament est par nature révocable, mais il peut contenir une clause dérogatoire qui prémunit la famille contre une révocation suggérée ; un second testament ne sera valable que s'il contient une formule ou une phrase indiquée dans le premier. On admet, comme en Droit romain, des formes simplifiées pour les « rustiques », pour les militaires, pour le temps de peste. En pays coutumiers, l'« institution d'héritier n'a lieu », mais elle vaut comme legs universel et donne au légataire une quotité de l'hérédité sans cependant lui conférer la saisine. La captation, la suggestion, la colère (qui est une courte folie), l'interprétation de la volonté du testateur permettent toutes les discussions.

La matière était devenue si touffue que le chancelier Daguesseau, après avoir questionné les parlements, entreprit de l'unifier. Il dut renoncer, devant l'opposition des Parlements de Normandie, de Bretagne et du Midi, à imposer une forme unique. Par l'Ordonnance de 1735, il supprima le testament oral qui donnait lieu à des enquêtes souvent scandaleuses, généralisa le testament olographe et rapprocha les formes du testament nuncupatif écrit du

Midi et du testament solennel du Nord. L'institution d'héritier est maintenue « dans les pays où elle est nécessaire », et les conditions de révocation du testament sont précisées. L'ordonnance avait été longuement préparée et était fort bien rédigée. Le chancelier avait pourtant dû renoncer à un projet plus ambitieux devant l'hostilité ouverte des parlements qui souvent n'enregistrèrent l'ordonnance qu'avec des réserves ou même ne l'appliquèrent pas. Rien ne montre mieux la force des particularismes provinciaux et les limites de l'absolutisme royal (H. Regnault, bibl. 629).

Les donations

Jusqu'au XIIe siècle, il n'y a de donation qu'à l'Eglise. Les formes en sont fort imprécises, seul importe le dessaisissement du donateur. Il peut le consentir de son vivant ; il peut aussi après avoir abandonné la propriété du bien donné en reprendre la jouissance sa vie durant. Ce sont les donations *post mortem* qui ne diffèrent du testament que par leur caractère irrévocable.

Si le Droit romain était très favorable au testament, il l'était fort peu aux donations : l'acte gratuit répugnait à l'esprit romain qui comprenait mal que l'on s'appauvrisse sans contrepartie ; d'où l'existence de nombreuses incapacités de donner ou de recevoir, l'obligation d'insinuer (c'est-à-dire de transcrire sur des registres publics) les donations, et l'admission de nombreux cas de révocation. La donation n'était parfaite que par la remise solennelle du bien donné ; ce n'est que Justinien qui lui reconnut la nature d'un contrat et permit au donataire de demander l'exécution d'une promesse de donation.

Ces hésitations se retrouvent chez les glossateurs comme dans la pratique méridionale. Si beaucoup de donations conservent au XIIe siècle des formes anciennes, quelques nouveautés apparaissent dans les actes. L'insinuation, disparue avant le VIIe siècle, réapparaît parfois vers 1180. La Coutume de Montpellier admet, comme Justinien, la validité du pacte de donation, mais, communément, seule la transmission assure l'irrévocabilité. Elle peut cependant dans le Midi être « feinte », le donateur se réservant l'usufruit ou possédant pour le donataire, ce qui équivaut au constitut possessoire romain.

La tradition coutumière est plus rigoureuse : la promesse ne vaut pas tant qu'elle n'est pas exécutée ; on pense que si le donateur n'hésite pas à dépouiller ses héritiers, il hésitera à se dépouiller lui-même, ce qu'expriment de nombreux adages : « Qui le sien donne avant mourir bientôt s'apprête à bien souffrir » (Loisel, n° 655), « Promettre et retenir sont deux » (Loisel, n° 647), « Promettre sans donner est à fol conforter » (J. Morawski, bibl. 551, 1726), « Donner et retenir ne vaut. » Cette dernière règle est formulée pour la première fois dans l'ancien coutumier de Champagne (art. 44) ; elle est admise en 1311 par le Parlement (*Olim*, t. II, p. 552) ; elle subsistera toujours dans les coutumes du Nord et dans quelques coutumes de la région parisienne (Senlis, Valois). Elle disparaît, au contraire, sous l'influence du Droit de Justinien, de la Coutume de Paris de 1580, et des nombreuses coutumes qui admettent désormais la validité de la tradition feinte (Normandie, Troyes, Melun, Bourbonnais). Au XVIIIe siècle, il est généralement admis que la donation, comme tout contrat, est valable par le seul consentement des parties.

Comme il arrive souvent des brocards, on répéta que « donner et retenir ne vaut », mais dans un tout autre sens : le donateur ne peut reprendre le bien donné : « Les dons sont à tenir. » On ne peut convenir un don révocable « à rapiau » (rappel), charger le donataire de payer ses dettes ou donner des biens à venir. C'est ce qu'exprime encore le Code civil (art. 894) qui impose au donateur de se « dépouiller actuellement et irrévocablement ».

Dans les pays de droit écrit, la donation à cause de mort subsiste. Elle est révocable et ses formes sont fort simples : un écrit, une simple lettre suffisent. Au contraire, beaucoup de coutumes la rejettent ou l'assimilent à un testament.

La théorie juridique est élaborée à partir du XVIe siècle par la doctrine et la jurisprudence, et elle sera reprise par une Ordonnance de 1731 du chancelier Daguesseau (H. Regnault, bibl. 629) : l'acte de donation est, selon la pratique du Midi, dressé devant notaire, mais on maintient les formes plus rigoureuses imposées localement : présence du juge royal en Normandie, assistance des parents en Dauphiné. La donation doit être expressément acceptée par le donataire ; elle doit être insinuée au greffe d'une juridiction royale (ce qui avait déjà été prévu par les ordonnances de Villers-Cotterêts de 1539 et de Moulins de 1566, sauvegardant les intérêts des tiers et de la famille). On répète que, tandis que le testament vient du droit civil, la donation ressortit au droit des gens ; de ce fait, elle est permise à l'aubain ou au bâtard (mais non au religieux, au prodigue ou au mineur). Une incapacité de recevoir frappe les femmes non autorisées par leur mari, les officiers royaux, les confesseurs et les médecins, les concubines, mais non les bâtards ; enfin, depuis un édit de 1723, « les affranchis et personnes de couleur » demeurant aux colonies.

La donation peut être révoquée au cas d'inexécution des charges, d'ingratitude du donataire ou de survenance d'enfant au donateur. Les cas d'ingratitude sont repris de la Novelle 115 qui énumérait les causes d'exhérédation des enfants, et la jurisprudence y ajouta le fait pour des enfants de se marier sans l'autorisation de leurs parents (cf. art. 955 du Code civil). La naissance d'un enfant est de nature à modifier les dispositions du donateur ; certaines coutumes connaissaient la révocation ; Du Moulin la fit admettre par le Parlement de Paris en 1551 pour reprendre les biens qu'il avait donnés à son frère avant son mariage.

L'institution contractuelle

Cette lourde réglementation manifeste l'hostilité générale aux donations. Seules sont vues favorablement les donations faites à la famille. La pratique est sans doute fort ancienne et elle doit remonter aux anciennes *convenientiae* qui réglaient la dévolution des fiefs ; le droit noble de l'Ouest permet de donner ses biens à celui que l'on désigne comme héritier et les coutumes de Normandie, Anjou, Touraine, Maine, Loudunois, voient cette désignation avec une telle faveur qu'elles interdisent de disposer des biens ainsi donnés.

Toutes les classes sociales partagent au moins à partir du XVe siècle les préoccupations de la noblesse : permettre à des parents de « faire un aîné », à un oncle ou à un cousin sans enfants de choisir un héritier paraît de nature à maintenir la famille et à consolider l'Etat. De telles dispositions se heurtent en pays coutumier à la règle « Institution d'héritier n'a lieu », pour les romanistes à l'interdiction des pactes sur succession future, reconnus immoraux puisqu'ils comportent un *votum mortis* ; on admettait néanmoins leur validité si elles intervenaient à l'occasion du mariage. Elles permettaient l'« établissement » des époux et souvent l'ascension sociale de celui qui était ainsi gratifié : *Nobiles inveniunt nobiliores per quos nobilitas crescit.*

Il peut s'agir d'une « déclaration de fils aîné » faite par les parents, d'une « promesse d'égalité » faite à un cadet ou de l'institution faite par un étranger à charge pour le gratifié de reprendre le nom et les armes. Les parlements valident l'institution contractuelle ainsi faite dans un contrat de mariage ; quelques coutumes du Centre (Bourbonnais, Marche, Auvergne) l'admettent même si elle intervient dans un contrat séparé ou entre frères. L'Ordonnance de 1731 reconnaît l'institution contractuelle comme de droit commun et l'Ordonnance de 1747 précise qu'elle est permise aux roturiers comme aux nobles. Elle n'est soumise ni à l'insinuation ni à la formalité de l'acceptation.

Les pays de droit écrit n'admettent pas qu'un héritier puisse être institué par contrat ; seule est possible une double donation de biens présents et de biens à venir qui à raison de son irrévocabilité joue le même rôle, sans conférer cependant au donataire la qualité d'héritier. En Provence, en Catalogne et dans tous les pays pyrénéens, les contrats de mariage sont devenus au XVIe siècle de véritables constitutions familiales : ils fixent le sort des époux mais aussi les droits des enfants à naître et les biens qu'ils recevront en héritage. De telles pratiques sont plus fréquentes dans le Midi que dans le Nord, et les paysans y apportent plus d'âpreté encore que les nobles. Montesquieu retrouvait dans les contrats de mariage « une disposition féodale » faite « sous les yeux des seigneurs » (*L'Esprit des lois*, XXXI, 34). Bien plutôt les contrats sont faits sous les yeux des familles qui, toutes, ont repris à leur compte les anciennes idées féodales.

L'institution contractuelle fut supprimée par la Révolution (lois du 7 mars 1793 et du 5 brumaire an II) ; le Code civil la rétablit (art. 1082) sans oser reprendre son nom : comme en pays de droit écrit, elle est assimilée à une donation de biens à venir.

Les donations entre époux ne sont vues avec faveur que si elles sont antérieures au mariage ; encore les coutumes de l'Ouest interdisent-elles entre fiancés les donations de leurs propres. Toute donation faite pendant le mariage est naturellement suspecte, surtout si elle émane de la femme qui peut agir par crainte ou par trop grand amour (*Etablissements de saint Louis*, I, 118). Dans le Midi, on admet, suivant la règle romaine, que de telles donations sont toujours révocables. La même règle est admise par quelques coutumes romanisantes, mais plus généralement les donations entre époux sont interdites (Paris, Orléans, Bourgogne) et également les donations à cause de mort et les legs. D'autres coutumes (Bretagne, Touraine, Auvergne) admettent que le mari peut donner à sa femme, non la femme au mari. Seul le don mutuel est toléré s'il porte sur des biens de communauté ; encore faut-il qu'il y ait véritable réciprocité et que les époux soient « égaux en santé, âge ou chevance » (Loisel, n° 112). Les coutumes d'Auxerre et de Nivernais interdisent toute donation si la différence d'âge des époux est de plus de quinze ou dix ans.

L'interdiction devient plus rigoureuse au XVIe siècle et elle constitue un trait de mœurs qui montre bien le désir des familles de contrôler le comportement des époux : en Normandie où la communauté n'existe pas, le don mutuel est interdit ; faute d'égalité parfaite, le don est nul également *ab initio* si l'un des époux est malade lors de la donation et se rétablit ensuite. Lors de la rédaction de la *Coutume de Paris* de 1510, le don fut limité à l'usufruit et interdit en présence d'enfant, ce qui devint le droit commun.

Au cas de secondes noces, la donation a toujours été vue avec défaveur. Dans le Midi, on applique la loi *Hac edictali* dont les dispositions sont généralisées par l'Edit de 1560 sur les secondes noces : une veuve ne peut donner à son second mari plus qu'une part d'enfant le moins prenant (ce qui est à l'origine de l'article 1098 du Code civil).

Les substitutions fidéicommissaires

Le Droit romain connaît la substitution dite vulgaire permettant, si l'héritier institué en premier ne venait pas à la succession, de désigner un héritier en second. La substitution dite pupillaire permet à un père de famille de désigner un héritier au fils impubère, s'il vient à mourir sans avoir fait de testament. Un testateur peut également charger par fidéicommis son héritier de transmettre sa succession à un tiers qu'il désigne. Les premiers empereurs favorisèrent cette pratique et les sénatus-consultes Trebellien et Pégasien, en 56 et 70 ap. J-C, permirent seulement à l'héritier institué de retenir le quart des biens transmis au fidéicommissaire.

Dès le XIe siècle, au moins, en Languedoc et en Septimanie, les actes contiennent des substitutions vulgaires, pupillaires ou fidéicommissaires. Elles peuvent résulter de *convenientiae* solennelles et leur usage apparaît en même temps que celui de l'institution d'héritier (p. 344). La solennité même des déclarations des testateurs aboutit à fixer une coutume familiale ou locale, telle cette « louable coutume » des Trencavel invoquée en 1225 par un testateur d'Agde « pour éviter que l'hérédité des proches ne tombe aux mains d'étrangers » (M. Petitjean, bibl. 607, p. 119). Les substitutions sont toujours une réaction des familles contre les règles successorales qu'elles jugent insuffisantes. Là où la conservation des biens familiaux est assurée et où les coutumes répondent aux sentiments ou aux besoins, les substitutions n'ont guère de raison d'être.

Toutes les conditions de leur succès existent dès le XIIe siècle en Provence et en Languedoc. Les premières compilations de Droit romain les connaissent (*Petrus,* I, 16 ; *Coutume de Montpellier,* art. 56). La liberté des testateurs n'est limitée que par la légitime ; il n'existe ni retrait lignager ni dévolution à la famille des propres.

Au contraire, les dispositions des coutumes de Normandie et de Bretagne répondaient si bien aux mentalités que les substitutions étaient interdites au moins pour les immeubles. Dans le Centre et à Sedan, elles étaient autorisées par donation mais non par testament. En Hainaut, les substitutions ou « renvois de biens » étaient interdites pour les fiefs.

On jugea, à partir du XVe siècle, ces coutumes « déraisonnables » (Bretonnier, bibl. 7, t. II, p. 339), l'ensemble de la doctrine et de la jurisprudence étant favorable aux substitutions. Le modèle est toujours fourni par la dévolution de la couronne qui est d'ailleurs qualifiée de substitution graduelle de mâle en mâle. L'inaliénabilité du patrimoine familial paraît aussi nécessaire que celle du domaine royal : le maintien de ce patrimoine de génération en génération aux mains d'un héritier unique doit assurer la « splendeur » des familles. Même les règles anciennes de l'aînesse et de la masculinité paraissent maintenant insuffisantes, et les actes en renforcent la portée : on a déjà vu (p. 329) que la famille de Lévis avait obtenu du roi de suivre le Droit romain pour établir une aînesse plus forte que celle de la Coutume de Paris. En Provence, on en vient à constituer des fiefs par testament et à régler leur dévolution par une aînesse absolue. Ces préoccupations aristocratiques répondent si bien aux mentalités que l'on admet même que la volonté de substituer peut être présumée si le testateur appartient à une maison illustre, s'il a préféré « les mâles aux femelles » ou si la coutume ancienne de la famille était de substituer (Cujas, *Cons.* 35 ; Du Moulin, *Cons.* 7 ; Filhol, « Une consultation de Du

Moulin », *RHD,* 1949, p. 122-132). Ce sont les substitutions dites « conjecturales ».

La substitution crée un *ordo successivus* différent de l'ordre légal ; elle est graduelle et perpétuelle. Cependant, les Ordonnances d'Orléans de 1560 et de Moulins de 1566, reprenant une règle de la Novelle 159 toujours appliquée en pays de droit écrit, la limitent à quatre degrés ; mais ces ordonnances ne sont pas appliquées en Bresse, à Besançon, en Alsace, à Paris, en Roussillon où les substitutions vont à l'infini. Les biens qui font l'objet de la substitution sont inaliénables et insaisissables : ils sont dévolus à l'appelé, libres de toute charge, ce qui peut être fort préjudiciable aux créanciers du grevé : « La substitution fait parfois l'hérédité coquine de celui que l'on pensait être bien riche. » (Guy Coquille, *Coutume du Nivernais,* 23, 10.) En fait, beaucoup de familles anciennes ne purent conserver leurs biens qu'en opposant à leurs créanciers une substitution occulte ou même conjecturale. La noblesse de robe en usait de même et les intérêts de caste peuvent expliquer bien souvent la faveur que la jurisprudence des parlements a toujours témoignée aux substitutions.

Le pouvoir royal, par souci fiscal autant que pour protéger les tiers, imposa en 1553 l'insinuation des testaments portant substitution ; la mesure dut être sans cesse rappelée, ce qui prouve assez qu'elle était, au moins dans le ressort de certains parlements, fort mal appliquée. Les seules limites aux substitutions venaient de la réserve et de la légitime : encore admettait-on que si l'héritier grevé avait accepté la succession ou le legs sans s'en tenir à la légitime, il était soumis pour le tout à l'obligation de conserver et de rendre.

L'esprit aristocratique qui, à l'origine, inspirait les substitutions, s'est vite communiqué à toutes les classes de la société. En Forez, le nombre de documents conservés permet une statistique précise pour les XIVe et XVe siècles : 40 % des testaments comportent des substitutions ; 43 % des testateurs sont des bourgeois et 38 % des paysans. Les deux Bourgognes offrent une image contrastée : si, à Besançon, les pratiques de l'officialité rejoignent les usages des pays de droit écrit, dans le duché, l'emploi des substitutions demeure exceptionnel, au moins pour les bourgeois et les paysans. A Toulouse, les substitutions sont encore d'usage courant au XVIIIe siècle ; elles sont pratiquées par les plus humbles : des compagnons, des portefaix, un colporteur, un cuisinier, des brassiers ; 30 % des testateurs les prévoient avant 1740 ; cette proportion connaît ensuite une chute de près de moitié, qu'accélèrent encore les formes onéreuses imposées par l'Ordonnance de 1747 (J.-M. Augustin, bibl. 188). En Provence, l'évolution est tout à fait semblable (Ganzin, bibl. 397).

Toutes les classes sociales n'ont pas cependant les mêmes vues d'avenir : les substitutions graduelles pour plusieurs générations sont le fait de la noblesse ou des bourgeois qui l'imitent : assurer la perpétuité de la famille demeure toujours la préoccupation première ; pour les petites gens, les substitutions sont limitées le plus souvent à un seul degré et à la famille étroite ; le plus souvent petits-fils, époux ou frères. Plus que d'une stipulation d'aînesse, il s'agit de prévoir le retour des biens à la famille si l'héritier décède sans laisser d'héritier.

Les romanistes et les canonistes, depuis Placentin et Azon, se sont employés à faire de la matière « une mer océane entourant le corps du droit tout entier ». Jamais les bartolistes ne donnèrent meilleur exemple de leur savoir-faire, définissant, classant, interprétant les paroles et les silences pour justifier les solutions les plus divergentes en répondant à leurs consultants. Bartole dresse un *arbor substitutionum* qui possède cinq branches maîtresses et cinquante et un rameaux correspondant aux diverses formes de substitutions. A ces subtilités, les parlements ajoutèrent leurs préjugés : les divergences de jurisprudence étaient presque infinies. Sur la détraction de la quarte trébellienne et son cumul possible avec la légitime, il n'y avait pas moins de dix-sept opinions longuement rapportées par les commentateurs. Le calcul des degrés, les conditions et les effets de l'insinuation, les droits reconnus au grevé et à l'appelé donnaient lieu aux mêmes divergences. Le chancelier Daguesseau intervint par l'Ordonnance de 1747 : le droit de substituer est limité à deux degrés ; les substitutions ne sont valables que si elles réunissent trois conditions essentielles : le trait de temps, l'ordre successif et l'éventualité pour le grevé de demeurer propriétaire définitif si l'appelé ne lui survit pas. Les interprétations conjecturales de volonté sont interdites. Le choix du substitué peut être laissé au grevé : c'est la « faculté d'élire ». L'indisponibilité des biens substitués est maintenue mais ne peut être opposée aux tiers que si la publication a été régulièrement faite.

Daguesseau inclinait à la prohibition absolue, mais il y renonça car avant de réformer les lois, il aurait fallu, disait-il, « réformer les têtes ». Il n'était cependant hostile qu'aux substitutions qui ont

« dégénéré en une sorte de roture alors qu'elles devraient être réservées aux " familles nobles et vivant noblement " ». Montesquieu n'était pas d'un autre avis (*L'Esprit des lois,* V, 9). Pour défendre les substitutions, les parlementaires invoquaient la liberté de tester ; les physiocrates, au contraire, les attaquaient par hostilité à toute indisponibilité. Il s'agit d'une « disponibilité aristocratique » pour l'Assemblée nationale qui la prohiba en 1792 en déclarant sans effet tous les testaments antérieurs.

Les rédacteurs du Code civil reprirent les critiques du XVIIIe siècle et prohibèrent les substitutions (art. 896) ; dans le désir de consolider l'autorité du chef de famille ils permirent cependant de donner « les biens dont les père et mère auront la faculté de disposer aux enfants nés ou à naître au premier degré des donataires ». C'était en somme reconnaître la validité des substitutions limitées telles que les pratiquait la petite bourgeoisie. Villèle prit l'initiative de la loi du 17 mai 1826 qui reprenait les dispositions de l'Ordonnance de 1747 et qui fut abrogée en 1849. L'esprit du XIXe siècle n'était plus favorable aux substitutions.

CONCLUSION

La loi paraît aujourd'hui la seule source du droit ; elle est pour Montesquieu l'expression de la « raison humaine en tant qu'elle gouverne tous les hommes », pour les philosophes des Lumières l'expression de la volonté nationale, pour Ihering, plus crûment, une « exclusive création de l'Etat ».

La singularité de l'ancien droit privé vient de ce que, pendant huit siècles, les coutumes ont été laissées à elles-mêmes. Le roi intervient comme juge et non comme législateur ; des coutumes mouvantes et multiformes répondent mieux, pense-t-on, à la diversité des conditions et des situations. Au XVIIIe siècle encore, alors que la doctrine et la jurisprudence poursuivaient patiemment leur œuvre d'unification du droit, Montesquieu, fidèle à sa théorie des climats, recherchait « dans quel cas il faut l'uniformité et dans quel cas il faut des différences... Lorsque les citoyens suivent les lois, qu'importe qu'ils suivent la même » (*L'Esprit des lois,* XXIX, 18).

Pour chaque région et à chaque époque, les coutumes représentent une sorte d'équilibre plus ou moins stable des croyances, des forces sociales et politiques, des habitudes en quoi consistent ce qu'on nomme aujourd'hui les mentalités. L'équilibre médiéval est rompu au XVIe siècle et les coutumes expriment bien les changements accomplis. L'unité du royaume et l'autorité du roi s'imposent ; les coutumes sont rédigées et comparées et on découvre, au-delà des divergences qui peuvent exister entre elles, les principes communs qui les inspirent et qui constituent le « vrai droit naturel français ». Aux nouveautés politiques répondent les changements que connaissent le droit de la famille et du mariage, la condition de la femme et des enfants, la notion de propriété. Les coutumes, cependant, par cela même qu'elles échappent à l'emprise du roi, deviennent suspectes et peuvent même apparaître tyranniques. Charondas Le Caron écrira en 1597 : « Je compare la loi au roi et la coutume au tyran. La coutume n'a souvent pour raison que l'usage, mais la loy est fondée sur la raison naturelle et civile. »

C'était inverser la cause et les effets. La loi peut être tyrannique car la raison civile est souvent la raison du plus fort, sinon la raison d'Etat. L'autorité de la coutume vient, au contraire, au Moyen Age, du *consensus utentium* et de l'*opinio necessitatis* qui lui sont reconnus et qui paraissent établir son accord avec la volonté des peuples qu'elle régit. Cette volonté apparaît bien dans la résistance toujours opposée, même dans le Midi, à la réception du Droit romain. Chacun revendique comme une liberté le droit de conduire ses affaires comme il en a l'habitude. Comme le dit joliment Guy Coquille, les coutumes, par leur réalisme et leur diversité, conviennent « aux mœurs et aux humeurs », aux « goût et sens de chacun peuple » et elles doivent être interprétées « simplement, sans grand apparat, sans y appliquer les fanfares de distinctions, limitations, subtilités, fallences et autres discours qui sont plus de fond que de substance ».

Coquille se méfie des romanistes qui cherchent à tirer à eux le droit coutumier. En même temps que le miroir des événements, les coutumes sont en effet la mémoire du passé, et cette mémoire peut être fort longue. On a longtemps admis que les règles coutumières étaient nées spontanément ou qu'elles avaient été imposées par la féodalité ; avant la féodalité, il existait des coutumes dont l'origine nous échappe. Elle n'est sans doute ni romaine ni germanique et Pierre Petot qui avait tout exploré en était venu à la fin de sa vie à remonter à des « usages antérieurs à la conquête romaine, obscurément conservés dans la conscience populaire » (bibl. 593). Le mystère des origines ouvre ainsi à l'histoire les voies obscures de l'ethnologie.

Les assemblées révolutionnaires avaient eu l'ambition de voter un « code de lois civiles communes à tout le royaume » (loi du 5 juillet 1790) ; elles durent se borner à des lois particulières mettant en harmonie le droit ancien avec la nouvelle constitution politique. Les rédacteurs du Code civil se posèrent, au contraire, en conciliateurs, mais aussi en héritiers. Tous appartenaient au milieu judiciaire et avaient une connaissance profonde de l'ancien droit. Portalis, qui fut leur porte-parole dans le *Discours préliminaire,* se défendait d'« enchaîner l'action du temps et de s'opposer au cours des événements ou à la pente insensible des mœurs » ; il affirmait pourtant la force de la tradition car il ne s'agissait pas de donner à un peuple « qui occupe le premier rang parmi les nations policées » des « institutions entièrement nouvelles » ; il fallait profiter de « l'expérience du passé et de cette tradition de bon sens, de règles et de maximes qui est parvenue jusqu'à nous et qui forme l'esprit des siècles... Les codes des peuples se font avec le temps, mais à proprement parler, on ne les fait pas ».

Produit de l'histoire, le Code civil est presque devenu objet d'histoire ; avec une rapidité qui s'accélère des lois successives sont venues le réformer. Seules ont subsisté les institutions de droit familial qui, comme la succession, le testament ou la communauté conjugale, avaient été empruntées à l'ancien droit et que leur ancienneté même paraît protéger de l'usure du temps.

ABRÉVIATIONS*

AHDE : Anuario de historia del derecho español.

Annales : Annales. Economies. Sociétés. Civilisations.

Ann. Midi : Annales du Midi. Revue archéologique, historique et philosophique.

BECh : Bibliothèque de l'Ecole des chartes.

CCM : Cahiers de civilisation médiévale.

CJ : Codex Justinianus.

CTh : Codex Theodosianus.

D : Digesta Justiniani Augusti.

HL : Histoire de Languedoc.

IRMA : Jus romanus medii aevi, Milan (éd. Société d'histoire des droits de l'Antiquité).

MAH : Mélanges d'archéologie et d'histoire (de jl'Ecole française de Rome).

MGH : Monumenta Germaniae historica.

MHDB : Mémoires de la Société pour l'histoire du droit et des institutions des anciens pays bourguignons, comtois et romands.

PL : Patrologiae cursus completus sive Bibliotheca universalis, 221 vol. 1844-1864.

RH : Revue historique.

RHD : Revue historique de droit français et étranger (de 1877 à 1921, *Nouvelle revue historique de droit).*

Settimane : Settimane di studio del Centro italiano di studii sull'alto medio evo (Spolète).

SHDE : Recueil des mémoires et travaux publiés par la Société d'histoire du droit et des institutions des anciens pays de droit écrit.

TAC : Très ancienne coutume de Normandie.

TR : Tijdschrift voor rechtsgeschiedenis. Revue d'histoire du droit (Haarlem).

X : Décrétales de Grégoire IX.

ZSS : Zeitschrift des Savigny-Stiftung für Rechtsgeschichte (*Germ.* : Germanistiche Abteilung. *Kan.* : Kanonistische Abteilung. *Rom.* : Romanistische Abteilung).

* Les références aux livres ou articles qui n'ont été cités qu'occasionnellement figurent dans le texte. Paris n'a jamais été indiqué comme lieu d'édition.

NOTES

1. L'opposition sociale du Nord et du Midi est bien marquée par J.-P. POLY, dans sa contribution à R. FOSSIER, *Le Moyen Age*, t. II, *L'Eveil de l'Europe*, 1982, p. 19-78. L'opposition juridique des XIe et XIIe siècles est brillamment, mais exagérément systématisée. D'une bibliographie immense, on peut retenir : R. BOUTRUCHE, 238 ; J.-P. POLY et E. BOURNAZEL, 151 ; R. FOSSIER, 121 ; R. LATOUCHE, *Les Origines de l'économie occidentale*, 1956 ; J. LE GOFF, *La Civilisation de l'occident médiéval*, 1964. Il y aurait souvent intérêt pour l'historien du droit à lire les œuvres littéraires. Elles ne sont pas représentation pure et simple ou médiation de la société (comme le veulent les historiens marxistes) : elles expriment souvent un devenir mal compris ou même mal connu des contemporains. Encore ne faut-il pas découvrir partout des symboles : *cf.* Erich KÖHLER, *Ideal und Wirklichkeit in der hofischen Epik* 1956, trad. fr., 1974.

Introduction

1. A propos de l'an mil, on peut toujours lire avec profit l'article de F. LOT, « Le mythe des terreurs de l'an mille », *Mercure de France*, 1947, p. 639-655, repris dans *Recueil de travaux historiques*, t. I, 1968, p. 398-414, qui fait justice des « peurs de l'an mille » et du romantisme de Michelet. On peut se reporter à deux publications de textes contemporains : Ed. POGNON, *L'An mil*, Paris, 1947, et G. DUBY, *L'An mil*, Paris, 1966 (coll. « Archives ») ; à l'ouvrage de H. FOCILLON, *L'An mil*, Paris, 1952, consacré aux aspects artistiques de la période mais qu'une large introduction replace dans l'époque. Voir également l'article de E.R. LABANDE, « Essai sur les hommes de l'an mil », *Concetto, storia, miti e immagini del medio evo*, Florence 1973, p. 135-182 ; l'ouvrage récent de Ed. POGNON, *La Vie quotidienne en l'an mille*, Paris, 1981, n'est pas à négliger.

2. Les études sur les survivances carolingiennes à l'époque féodale sont fort nombreuses ; s'agissant plus spécialement de l'origine des grandes familles seigneuriales, il faut mentionner les travaux de : L. HALPHEN et O. GUILLOT, 447, sur l'Anjou ; de R. LATOUCHE, sur le Maine ; de M. GARAUD, sur le Poitou ; de J.-P. POLY, 613, sur la Provence ; de L. GÉNICOT, 422, sur le Namurois ; de G. DUBY, 348, sur le Mâconnais ; de R. FOSSIER, 384, sur la Picardie ; de G. DEVAILLY, 335, sur le Berry ; J. RICHARD, sur la Bourgogne ; ainsi que des études plus particulières : J. DHONDT, *Etude sur la naissance des principautés*

territoriales en France (IXe-Xe siècles), Bruges, 1948 ; L. VERRIEST, *Questions d'histoire des institutions médiévales*, Bruxelles, 1959 ; K.F. WERNER, *Untersuchungen zur Frühzeit des Französichen Fürstentums (9-10 Jahrhundert)* réimp. dans *Welt als Geschichte*, 1958-1960 ; L. GÉNICOT, « La noblesse au Moyen Age dans l'ancienne " Francie ". Continuité, rupture ou évolution », *Annales*, 1962, p. 1-22 ; G. DUBY, « La noblesse dans la France médiévale. Une enquête à poursuivre », bibl. 350, p. 145-166 (en réponse à l'ouvrage de L. Génicot sur l'économie namuroise). Pour une bibliographie de la période et de la question, J.-P. POLY et E. BOURNAZEL, bibl. 151.

3. La même remarque peut être faite pour la Neustrie qui forme la marche de l'Ouest et garde, au moins jusqu'au XIe siècle, son unité, avant la naissance du duché de Normandie. J. BOUSSARD, « Les destinées de la Neustrie du IXe au XIe siècle », *CCM*, 1968, p. 15-28.

4. Ce mouvement est bien mis en évidence par G. DUBY et K.F. WERNER et par J. BOUSSARD, « L'origine des familles seigneuriales dans la région de la Loire moyenne », *CCM*, 1962, p. 303-322.

5. Depuis les nuances apportées par M. Bloch et, outre les ouvrages précédemment mentionnés, on peut consulter principalement, R. AUBENAS, « Les châteaux forts des Xe et XIe siècles », *RHD*, 1938, p. 548-586 (étude essentiellement juridique) ; M. GARAUD, « La construction des châteaux et les destinées de la *vicaria* et du *vicarius* carolingien en Poitou » *RHD*, 1953, p. 54 ; J. YVER, « Les châteaux forts en Normandie jusqu'au milieu du XIIe siècle. Contribution à l'étude du pouvoir ducal », *Bulletin de la Société des antiquaires de Normandie*, 1955-1956, p. 28-121 ; J. RICHARD, « Châteaux et châtelains et vassaux en Bourgogne aux XIe et XIIe siècles », *CCM*, 1960, p. 433-447 ; J. RICHARD, « Le château dans la structure féodale de la France au XIIe siècle », *Problem des 12 Jahrhunderts*, Constance, 1968, p. 169-176 ; P. HELIOT, « Les châteaux forts en France du Xe au XIIe siècle à la lumière des travaux récents », *Journal des savants*, 1965, p. 483-514 ; Ed. PERROY, « Les châteaux du Roannais du XIe au XIIIe siècle », *CCM*, 1966, p. 13-27 ; F. RAPP, *Le château fort dans la vie médiévale. Le Château fort et la politique territoriale*, Strasbourg, 1968, et G. FOURNIER, *Le château dans la France médiévale*, Paris, 1978.

6. De même la *vicaria* marque bien la confusion des institutions du premier âge féodal. Le terme subsiste comme circonscription de l'époque carolingienne, mais il prend aussi le sens de coutume. Si pour F. Lot il s'agissait de la haute justice, A. Fliche et plus récemment J. Boussard ont montré que le droit de *vicaria* est à la fois le droit de pénétrer sur une terre pour appréhender les délinquants et celui d'exercer la justice « rudimentaire » que sanctionnait le paiement des amendes. J. BOUSSARD, « Le droit de *vicaria* à la lumière de quelques documents angevins et tourangeaux », bibl. 109, p. 39-54.

7. C'est « l'âge de l'expansion » que tous les historiens de l'économie ont marqué : R. LATOUCHE, *Les Origines de l'économie occidentale*, Paris, 1956, 2e éd., 1970 ; G. DUBY, *L'Economie rurale et la vie des campagnes dans l'Occident médiéval*, t. I, Paris, 1962 ; G. FOURQUIN, *Histoire économique de l'Occident médiéval*, Paris, 2e éd., 1971.

8. Sur les nouveautés de l'époque féodale, voir également, L. HALPHEN, « La justice en France au XIe siècle », *RH*, 1901, p. 279-307, et « Prévôts et voyers au

XIe siècle. Région angevine », *Le Moyen Age*, 1902, p. 297-325 ; ces deux articles sont repris dans *A travers l'histoire du Moyen Age*, Paris, 1950, p. 175-225 ; M. GARAUD, *Essai sur les institutions judiciaires du Poitou sous le gouvernement des comtes indépendants (902-1137)*, Paris, 1910 ; B. ALTHOFFER ; *Les Scabins*, Nancy, 1938 ; G. DUBY, « Recherches sur l'évolution des institutions judiciaires pendant les Xe et XIe siècles dans le sud de la Bourgogne », *Le Moyen Age*, 1946, repris dans bibl. 350, p. 7-60.

9. La liturgie de la mort à l'époque carolingienne rappelle avec insistance l'image du Dieu juge. Citant Damien Sicard, J. Le Goff note en effet « qu'une évolution est sensible à l'époque carolingienne. Dans les rituels, Dieu est volontiers représenté maintenant comme le juge. On fait appel à sa justice presque autant qu'à sa miséricorde. Le jugement dernier est évoqué, le mourant doit être purifié, lavé de ses péchés et de ses fautes », J. LE GOFF, *La Naissance du purgatoire*, Paris, 1981, p. 168.

10. Sur la paix, la bibliographie est abondante. L'ouvrage essentiel est aujourd'hui celui de H. HOFFMANN, *Gottesfried und Treuga Dei*, Stuttgart, 1964. On peut toujours recourir aux travaux de R. BONNAUD-DELAMARE, *L'Idée de paix à l'époque carolingienne*, Paris, 1939, et « Fondements et institutions de paix au XIe siècle », bibl. 153, p. 19-26. Parmi de nombreuses études particulières, on peut citer C. BRUNEL, *Institutions de paix en Gévaudan au XIe siècle*, *BECh*, 1951, p. 32-41 ; M. de BOUARD, « Sur les origines de la Trêve de Dieu en Normandie », *Annales de Normandie*, 1959 et les travaux plus récents de G. DUBY, « Les laïcs et la paix de Dieu », *I laici nella società cristiana dei secoli XI e XII (Mendola 1965)*, 1968, p. 448-461 (idées reprises et synthétisées, bibl. 352) ; Th. BISSON, « Une paix peu connue dans le Roussillon (1173) », bibl. 103, p. 69-76 ; J.-F. LEMARIGNIER, « Paix et réforme monastique en Flandre et en Normandie autour de l'année 1023 », bibl. 103, p. 443-468 (avec une importante bibliographie pour la région) ; E. MAGNOU-NORTIER, « La place du concile du Puy (v. 994) dans l'évolution de l'idée de paix », bibl. 139, p. 489-506, qui corrige sur de nombreux points bien des idées reçues. Il faut enfin citer deux séries importantes d'études consacrées à la paix, le *Recueil de la Société Jean-Bodin*, XIV, *La Paix* et le n° 4 des *Cahiers de Fanjeaux*, *Paix de Dieu et guerre sainte en Languedoc*, Toulouse, 1969.

PREMIÈRE PARTIE

Chapitre premier

1. D'une bibliographie abondante sur le duel judiciaire retenons les études de P. OURLIAC, « Le duel judiciaire dans le Sud-Ouest », bibl. 568, p. 253-58 ; M.-B. BRUGUIÈRE, « L'irrationnel et le droit : le duel judiciaire dans les coutumes du Sud-Ouest », *Mélanges offerts à Pierre Hébraud*, Toulouse, 1981, p. 165-170 ;

l'exposé plus général de C. MORRIS, « Judicium Dei. The Social and Political signifiance of the Ordeal in the XIth. Century », *Church, Society and Politics*, Oxford, 1975, p. 95-111 ; N. CHABAS, *Le Duel judiciaire en France* XIIIe-XVIe *siècle*, 1978.

2. E.-R. LABANDE, « *Mirabilia mundi.* Essai sur la personnalité d'Otton III », *CCM*, 1963, p. 297-313 et p. 455-476.

3. Sur le droit vulgaire : Ernst LEVY, bibl. 505 ; *Weströmisches Vulgarrecht. Das Obligationenrecht*, Weimar, 1956 ; « Westen und Osten... » *ZSS Rom.* 1929, p. 230 ; « Zum Wesen des Weströmischem Vulgarrechts », *Atti del congresso int. di diritto romano*, Rome, 1933 (Pavie, 1935, t. II, p. 29) ; F. WIEACKER, « Vulgarismus und Klassizismus im Recht der Spätantike », *Sitzungberichte der Heidelberger Akad., Phil.-Hist. Klasse*, 1955, p. 64 ; J. GAUDEMET, « A propos du droit vulgaire », *Studi in onore di Biondo Biondi*, t. I, Milan, 1963, p. 234-284. La question, déjà posée en 1880 par Brunner, a suscité une abondante littérature.

4. La même évolution a été constatée en Espagne et au Portugal et Paulo Merea a été un des premiers à lutter contre ce qu'il a appelé l'« obsession germanique » ; pour lui, le droit visigothique est un « dépositoire de droit romain vulgaire », lequel est parfois entré en conflit avec le droit codifié par les rois visigoths. Paul OURLIAC, « La formation du droit méridional » *Boletim da Faculdade de Direito* (de Coïmbre), 1961. L'effacement de la romanité est certain de la Gascogne à la province cantabrique : Cl. SANCHEZ-ALBORNOZ, « Pervivencia y crisis de la tradicion juridica romana en la España goda », *Settimane*, 1961, p. 128-199. L'expansion bretonne du VIe siècle est bien connue : Lucien MUSSET, *Les Invasions ; la vague germanique*, 1965, p. 166 (Nouvelle Clio). Sur les pratiques funéraires : E. SALIN, *La Civilisation mérovingienne*, 1949-59, 4 vol.

Quant aux causes de ce qu'on a appelé une « celtisation », elles tiennent au discrédit des institutions romaines, à l'absurdité des mesures souvent prises par les empereurs et au repli sur la « petite patrie » qui en fut la conséquence. Le maintien des lettres romaines ne va pas sans un cloisonnement ou un provincialisme culturel (Jacques FONTAINE, *Isidore de Séville et la culture classique dans l'Espagne wisigothique*, 2 vol. 1959, p. 833-846). Sur les rapports de Rome et des Barbares, en dernier lieu : Emilienne DEMOUGEOT, *La Formation de l'Europe et les invasions barbares*, t. II, *De l'avènement de Dioclétien au début du VIe siècle*, 1979.

5. Savigny avait développé ses idées dans la *Zeitschrift für Geschichtliche Rechtswissenschaft*, fondée en 1814 par Eichhorn. *Cf.* A STOLL, « Friedrich-Karl von Savigny Volksgeist und historische Rechtsschule », *Hist. Zeitschrift*, t. CVII et CVIII, 1911 et 1912. La même origine populaire était reconnue à la langue, à la poésie (l'épopée populaire), à l'art : les chants, les contes, les légendes, les proverbes, les prophéties expriment, comme la coutume, l'âme véritable du peuple.

6. Sur le Code d'Euric : A d'ORS, *El codigo de Eurigo. Palingenesia Indices. Estudios Visigoticos*, II, 1960. Sur la *Lex Visigothorum*, sous la forme que lui donna la rédaction des rois Chindaswind († 586) et Receswind († 653) éd. Karl Zeumer, *MGH*, 1902 ; *cf.* José ORLANDIS, *Historia de España. La España visigotica*, Madrid, 1977. Sur le *Bréviaire d'Alaric* (éd. G. Haenel, 1847-1849 ; réimpr. 1962), J. GAUDEMET, *IRMA*, 1965, qui donne la bibliographie essentielle. Sur l'*Epitome Gai*, les travaux de Conrat, Kipp, Bonfante, repris par G.-G. ARCHI, *L'Epitome Gai*, 1937, et E. VOLTERRA, *Atti congresso intern. dir. rom.*, Bologne. Sur la *loi*

Gombette (éd. Bluhme, *Leges* III, 1862, *MGH*), G. CHEVRIER et G. PIERI, *IRMA*, I-2b, 1969. Sur l'*Edictum Theodorici* (éd. Bluhme, *Leges* V, 1875-1889, *MGH* ; éd. Falaschi, Milan, 1966), G. VISMARA, *IRMA*, 1967. Parmi les articles les plus suggestifs, R. de ABADAL, « A propos du legs visigothique en Espagne », *Caratteri del secolo VII in Occidente, Settimane*, Spolète, 1958, p. 545-559 ; A. GARCIA GALLO, « El caràcter germanico de la epica y el derecho en la Edad media española », *AHDE*, 1955, p. 606-629 ; C. SANCHEZ-ALBORNOZ, « Tradición y derecho visigodos en Leon y Castilla »,*Investigaciones y documentos sobre las instituciones hispanas*, Santiago du Chili, 1970, p. 121-131 ; « Despoblación y repoblación del valle del Duero », Buenos Aires, 1966 ; J. FONTAINE, « Conversion et culture chez les Wisigoths d'Espagne », *La Conversione al Cristianesimo, Settimane*, t. XIV, p. 87-147.

7. La question posée par GARCIA GALLO, « Nacionalidad y territorialidad del derecho », *AHDE*, 1936-1941, p. 168-264, a été reprise par W. REINHART, « Uber die Territorialität », *ZSS Rom*, 1951, p. 348 et « Sobre la territorialidad de los Codigos visigodos » *AHDE*, 1945, p. 138-154, et surtout par Alvaro d'ORS, « Estudios visigoticos », II, 1960, *Settimane*, 1955, p. 363-408 (qui nie la survie de traditions gothiques). Sur les Burgondes, W. ROELS, *Onderzoek naar het gebruik*, 1958 et le compte rendu de CHEVRIER, *BECh*, 1960, p. 206 ; *cf.* également, M.-B. BRUGUIERE, bibl. 254, p. 219-229, J. BASTIER, « Droit wisigothique et droit germanique », bibl. 139, p. 47-64.

8. De même les rapprochements intéressants entre les chartes franques du Xe siècle de l'abbaye de Cluny et les tablettes Albertini étudiées par J. GAUDEMET, « Survivances romaines dans le droit de la monarchie franque du Ve au Xe siècle », *TR*, 1955, p. 149-206, reproduit dans *La Formation du droit canonique médiéval*, Londres, 1980, que l'on retrouve dans les actes du Toulousain, P. OURLIAC, bibl. 570. Voir également, D.P. BLOK, « Les formules de droit romain dans les actes privés du haut Moyen Age », *Miscellanea J.-F. Niermeyer*, 1967, p. 17-28.

9. L'étude de l'*Epistola Philiberti* a été fort bien faite par Gérard GIORDANENGO, *MAH*, 1970, p. 8 ; « Coutumes et droit féodal en Dauphiné et en Provence », bibl. 101, p. 155-167 ; « Vocabulaire et formalismes féodaux » bibl. 157, p. 85-107. *Cf.* également, M. GARAUD, « Un problème d'histoire », bibl. 110, t. I, p. 559. Sur les notions de foi et de fidélité, E. MAGNOU, bibl. 517.

10. On s'est gardé dans l'exposé de toutes les discussions érudites qui souvent ont caché l'essentiel. Il faut lire sur le féodalisme la critique corrosive, mais souvent judicieuse, de ALAIN GUERREAU (bibl. 441) qui découvre l'œuvre « géniale » de FLACH (bibl. 120) et constate que l'on s'est souvent recommandé de Marx sans toujours connaître l'évolution de sa pensée. L'état dernier des questions est fourni par le manuel de POLY et BOURNAZEL (bibl. 151) qui a le grand mérite de faire place à la féodalité du Midi.

11. D'une bibliographie immense (et cependant fort lacunaire), on ne retiendra que deux livres : l'un écrit par un architecte, Paul DUFOURNET, *Pour une archéologie du paysage ; une communauté agraire sécrète et organise son territoire, Bassy*, 1978 ; et l'étude de PARTSCH (bibl. 579) qui, bien que limitée au Valais, pose parfaitement le problème : la *domus* et le lignage ne seraient pas les « modalités extrêmes d'une même institution » et auraient des fondements différents, bien marqués par exemple par l'opposition existant entre la *laudatio parentum* (liée à l'hospice

valaisan) et le retrait reconnu aux parents du sang. Il est certain, comme le remarquait CHEVRIER (compte rendu, *RHD*, 1958, p. 96), que dans le Sud-Ouest, il y a non pas un retrait mais deux (*cf.* p. 118) dont les conditions sont nettement différentes. En Valais, la femme et sa famille sont appelées au retrait alors qu'aucun titre héréditaire ne peut être invoqué. A l'inverse, l'enfant émancipé demeure héritier et ne possède pas la *laudatio*.

12. On ne peut citer ici les éditions des glossateurs et les innombrables études publiées ; elles ont été recensées par R. FEENSTRA (bibl. 118). Il faut toujours se reporter à Savigny, repris par le *Ius romanum medii aevi (IRMA)* en cours de publication. Parmi les études essentielles : E. GENZMER, « Die Justinianische Kodification und die Glossatoren », *Atti del congresso int. di diritto romano*, t. I, 1934, p. 1934, p. 345-480 ; « Kritische Studien zur Madiaevistik », *ZSS Rom.*, 1941, p. 276-354 ; P. VINOGRADOFF, *Roman Law in Medieval Europe*, 2e éd. par F. de ZULUETA, Oxford, 1929, Cambridge-New York, 1967.

13. L'œuvre a été rédigée, comme les *Fausses Décrétales* (*cf.* Horst FUHRMANN, *Einfluss und Vorbreitung der pseudoisidorischen Fälschungen*, 3 vol. 1972-1974 ; « Pseudoisidor und die *Abbreviatio Ansegisi et Benedicti levitae* », *Zeitsch. Kirchengesch.*, 1958, p. 309), dans l'atelier du pseudo-Isidore, qui fabriquait des faux pour servir la réforme de l'Eglise (FOURNIER, bibl. 122). Outre de nombreux textes ayant pour objet d'affirmer la primatie romaine, l'autorité des évêques et les privilèges des clercs, d'assez nombreux textes concernent les preuves, les contrats, les successions et les testaments : par exemple, est empruntée à la *Loi des Visigoths* (*Code théodosien*, 11, 14, 3) l'obligation pour celui qui produit un écrit d'en établir la véracité par des témoignages. La fortune de ces textes romains sera due aux collections canoniques.

14. Sur le *Sic et non* d'Abélard et la méthode appliquée aux études de théologie et de droit, le récent article de G. MAKDISI, « The Scholastic Method in Medieval Education : an Inquiry into its Origins in Laws and Theology », *Speculum*, 1974, p. 640-661, ainsi que l'édition critique de B.B. BOYERS et R. MAC KEON, Chicago University, 1976. Voir également l'étude plus générale mais suggestive de J. JOLIVET, « Abélard entre chien et loup », *CCM*, 1977, p. 307-322 (avec une importante bibliographie).

15. L'importance de l'école parisienne, pressentie par F. VON SCHULTE, *Die Geschichte der Quellen und Litteratur des canonischen Rechts*, Stuttgart, t. 1, 1875, p. 156-170, a été bien indiquée par St. KUTTNER, *Repertorium der Kanonistik (1140-1234) ; prodromus corporis glossarum*, 1937 ; et « Les débuts de l'école canoniste française », *Studia et Documenta historiae et juris*, t. IV, 1938, p. 193-204. Pour la bibliographie : A. VAN HOVE, *Prolegomena*, Malines, 1945, p. 436.

16. Sur la longue discussion qui s'est élevée à cet égard : R. FOREVILLE, bibl. 380 ; A FLINIAUX, « Le manuscrit 141 de la bibliothèque municipale d'Avranches et le problème de l'introduction en France du texte des compilations de Justinien », *Atti congr. intern. dir. rom.*, t. I, 1934, p. 315-327 ; C.G. MOR, « Il manoscritto del codice Giustinianeo... di Avranches », *Arch. giur.*, 1968, p. 408-421 ; et, en sens quelque peu différent, RICHE, bibl. 635, p. 21 ; GOURON, bibl. 434, p. 11. A la fin du XIe siècle, quelques textes de Justinien, apparemment du *Digestum vetus* sont véhiculés par les collections canoniques d'origine romaine ou italienne, par exemple la *Britannica* (FOURNIER, bibl. 122, p. 155-163).

Chapitre II

1. On sait, en fait, fort peu de choses sur Irnerius ; nos connaissances se réduisent à quelques dates qui jalonnent sa carrière ; la légende a beaucoup suppléé aux lacunes de l'histoire. Il était maître ès arts quand il enseigna le droit, peut-être à la demande de la comtesse Mathilde – la question est controversée – qui serait à l'origine de l'essor bolonais de la science du droit. Il commença son enseignement en 1088 et l'acheva vers 1125. Il appliqua au droit la méthode de la glose dont il apparaît aux yeux de ses successeurs comme le fondateur. Sur Irnerius, on peut toujours se reporter aux ouvrages anciens : A. Del VECCHIO, *Di Irnerio e della sua scuola*, 1869 ; G. PESCATORE, *Die Glossen des Irnerius*, Greifswald, 1888, réimp. 1968 ; E. BESTA, *L'Opera di Irnerius*, t. I, *La Vita, gli scriti, il metodo*, t. II, *Glosse inedite al Digestum vetus*, Turin, 1896 ; H. FITTING, *Summa codicis des Irnerius*, Berlin, 1894 ; *Questiones de juris subtilitatibus*, 1894 (*cf.* C.-R. ESMEIN, *Le Moyen Age* 1895, p. 1-14) ; E. MEYNIAL, « Encore Irnerius », *RHD*, 1897, p. 339. Voir également les études plus récentes : E. SPAGNESI, *Wernerius bononiensis judex, la figura storica d'Irnerius*, Florence, 1970 et le compte rendu de G. DOLEZALEK, *ZSS Rom*, 1971, p. 493-497 ; G. FASOLI, *Ancora un ipotesi sull' inizio dell insegnamento di Pepone e Irnerio, in Scritti di storia medievale*, Bologne, 1973, p. 567-581. A propos de la comtesse Mathilde, l'étude de C.G. MOR, *I Giudici della contessa Matilde e la rinascità del diritto romano*, Publicazione della Facoltà di giurisprudenza dell'Università di Modena, 1954.

2. Sur Martinus Gosia : G. DOLEZALEK, « Der Glossenapparat des Martinus Gosia zum *Digestum novum* », *ZSS Rom*, 1967, p. 245-349. Sur Vacarius, on peut mentionner deux études récentes : R.W. SOUTHERN, *Master Vacarius and the Beginning of an English Academic Tradition* (essays presented to R.W. Hunt), Oxford, 1976, p. 257-286, et P. STEIN, *Vacarius and the Civil Law*, (essays presented to Ch.R. CHENEY), Cambridge, 1976, p. 119-137. A propos de Placentin, outre l'article de P. TISSET, bibl. 669, on peut toujours se reporter à l'ancien ouvrage de P. de TOURTOULON : *Placentin, sa vie, ses œuvres*, t. I, 1896, et à deux études plus récentes de C.G. MOR, « A l'origine de l'Ecole de Montpellier : Rogerius ou Placentin », *SHDE*, 1967, p. 17-21, et Ch. LEFEBVRE, « Placentin et le *ius canonum* », *SHDE*, 1967, p. 22-27. Azo a été étudié par J.W. PERRIN, « Azo, Roman Law and Sovereign European States », *Studia Gratiana*, XV, 1972, p. 87-101. Enfin on peut citer pour Accurse dont la bibliographie est plus importante deux articles de R. FEENSTRA, « Quelques remarques sur le texte de la Glose d'Accurse sur le Digeste vieux » et « La Glose d'Accurse dans les Pays-Bas », reproduits dans bibl. 367, p. 194-214 et 49-70.

3. La lettre d'un moine de Saint-Victor de Marseille, demandant à son abbé de suivre des cours de droit à Pise, a permis de montrer la complexité du problème : J. DUFOUR, G. GIORDANENGO et A. GOURON, « L'attrait des *leges* », *Studia et documenta historiæ et juris*, Rome, 1979, p. 503-529. La lettre ne peut être, à raison du nom de l'abbé, que de 1124-1127 ou de 1180-1182 ; l'histoire juridique ferait prévaloir cette dernière date, mais l'écriture très archaïque conviendrait plutôt pour la première. Les relations entre la Provence et l'Italie auraient donc été très précoces (mais encore assez rares : J.-P. POLY, « Les légistes provençaux et la diffusion du droit romain », bibl. 138, p. 635).

4. Bibl. 430 ; bibl. 433 ; « Les juristes de l'école de Montpellier », *IRMA*, 1970 ; « La date et la rédaction de la Coutume de Saint-Gilles », *Annales de l'Université de Toulouse*, 1976, p. 309-315 ; « Canonistes et civilistes des écoles de Narbonne et de Béziers », *Proceedings of the fourth int. Congress of Med. Canon Law*, 1976, p. 523-535 ; « *L'évolution de la pratique juridique en Rouergue* », Congrès des Fédérations des sociétés savantes, Montpellier 1958, p. 2-29. Les titres de *magistri* ou de *grammatici* demeurent cependant fort équivoques : l'abbé de Sorèze, Seniorellus, qualifié de *grammaticus* dans un acte de Lézat de 1026, n'a jamais fait d'études de droit. Placentin distinguait entre un maître ès arts et un artisan selon que *magister* était placé avant ou après le nom (*Summa codicis*, I, tit. 3, *De pactis*, 2) ; *cf.* Laurent MAYALI, « Les *magistri* dans l'ancienne Septimanie », *SHDE*, 1979, p. 91-105.

5. A côté des deux éditions de H. FITTING (bibl. 13), et de F. DERRER (bibl. 14), existe une importante littérature sur *Lo Codi* ; on peut se reporter principalement à R. CAILLEMER, « Le *Codi* et le droit provençal au XIIe siècle », *Ann. Midi*, 1906, p. 494-507 ; R. FEENSTRA, « A propos d'un nouveau manuscrit de la version latine du *Codi* » (m. Lucques, bib. Feliniana, 437), *Studia Gratiana*, XIII, 1967, p. 57-82 ; P. OURLIAC, compte rendu de l'ouvrage de F. DERRER, *RHD*, 1975, p. 56-59, et « Sur deux feuillets du *Codi* », bibl. 569, p. 93-110 ; M. PFISTER, « La localisation d'une *scripta* juridique en ancien occitan : *Lo Codi* manuscrit A (Sorbonne 632), *Mélanges de langue et de littérature médiévales offerts à R.R. Bizzola*, Berne, 1978, p. 285-296.

6. L'anecdote, qui exprime bien le conflit qui opposait Revigny aux glossateurs, est rapportée par Cinus de Pistoie et par Bartole qui la tenaient de Belleperche venu à Rome en 1300 pour le jubilé de Boniface VIII : François Accurse ayant soutenu l'opinion de son père au sujet des obligations incertaines, Revigny, *magnus doctor, in forma discipuli surrexit contra eum* et, évidemment, triompha dans son argumentation. Henri GILLES (« Accurse et les universités du Midi de la France », bibl. 87, p. 1027-1052) a bien montré qu'à la date de la controverse (fin 1273), François Accurse, appelé comme conseiller par le roi d'Angleterre, devait être à Toulouse et que Revigny avait quitté Orléans à cette date.

7. La connaissance des écoles françaises a été renouvelée par les travaux de MEIJERS (bibl. 533, t. III) et de St. Kuttner. *Cf.* aussi les travaux cités de A. Gouron et, sur Toulouse, de H. Gilles. Sur l'enseignement du droit : H. COING, *Die juristische Fakultät und ihr Lehrprogramm ; Handbuch der Quellen und Literatur der neueren Europ.Privatsrechtsgeschichte*, t. I, 1973, p. 39-128 ; R. FEENSTRA, *De Universiteit van Orléans in de Middeleeuwen*, 1977, p. 11-32, et *Actes du Congrès sur l'ancienne Université d'Orléans*, 1961, p. 43-61 ; G. OTTE, *Dialektik und Jurisprudenz ; Untersuchungen zur Methode der Glossatoren*, 1971 (*Jus commune ;* Max-Planck Institut). La jalousie était grande entre Orléanais et Bolonais ; le maître de l'école bolonaise, Bartole, a souvent été accusé (à tort selon B. PARADISI, *Studia et documenta historiæ et juris*, XXVI, 1960, p. 347) d'avoir copié Revigny.

8. L'article classique de Meynial (bibl. 543) indique bien la portée des renonciations. Pour la Normandie, YVER (bibl. 700) ; pour la Flandre et le Hainaut, J. GILISSEN : « Renonciations et exceptions au droit romain au XIIIe siècle », *Mélanges de Visscher*, IV, 1950, p. 513-550 ; F. VERCAUTEREN, « Notes sur l'apparition des renonciations, bibl. 114, p. 325-340 ; L.Th. MAES, « La réception... dans le droit

pénal malinois », *Mélanges de Visscher*, V, 1950, p. 111-126 ; pour les Pays-Bas, R. FEENSTRA, « Zur Rezeption in der Niederlanden », dans *Studi P. Koschaker*, t. I, 1954, p. 243-268 ; pour l'Alsace, M. PALLASSE, « La renaissance du droit romain... du XIIIe au XVIIIe siècle », *MHDB*, 1956 ; pour le Valais, G. PARTSCH, bibl. 580 ; bibl. 581 ; pour la Bretagne et l'Anjou, J.-Ph. LÉVY, bibl. 506 ; pour la Bourgogne, GAY, bibl. 410 ; CHEVRIER, bibl. 303. *Cf.* également : H. MITTEIS, « Die germanischen Grundlagen des französischen Rechts », *ZSS, Germ*, 1943, p. 155 ; F. WIEACKER, bibl. 164 ; CALASSO, bibl. 95.

9. Sur le *Polycarpus : Die Kanonensammlung* Polycarpus *des Gregor von s. Grisogono*, Munich, 1980, (C.R. J.-L. GAZZANIGA, *Francia*, 1982, p. 746-747) ; Fr. MERZBACHER, « Die Parömie *Legista sine canonibus parum* », *Studia Gratiana*, t. XIII, 1967, p. 273. Le dicton est déjà mentionné par un prédicateur du XIIIe siècle qui se plaint cependant, grief qui sera souvent repris, que l'Eglise soit gouvernée par des avocats.

10. Les rapports du Droit romain et de l'Eglise sont complexes et nombreux. Et s'il est vrai que l'Eglise s'est méfiée du Droit romain, il faut également reconnaître que les officialités sont restées pendant longtemps le « véhicule » privilégié du Droit romain. A la thèse classique de P. LEGENDRE : *La Pénétration du droit romain dans le droit canonique classique de Gratien à Innocent IV (1140-1254)*, 1964, il faut ajouter les articles de G. LE BRAS, « Le droit romain au service de la domination pontificale », *RHD*, 1949, p. 377-398 et surtout, « L'Eglise médiévale au service du droit romain », *RHD*, 1966, p. 193-209 ; les travaux de Mgr LEFEBVRE : « Le Décret, les Décrétales et la glose d'Accurse », *Miscellanea Accursiana*, I, Bologne, 1967, p. 200-232 ; « Le droit canonique dans les additions à la glose du Code de Justinien », *Studia Gratiana*, XIII, 1967, p. 329-358.

11. M. BOULET-SAUTEL, « Encore la bulle *Per venerabilem* », *Studia Gratiana*, t. XIII, 1967, p. 371, qui insiste avec raison sur le fait que le droit de légitimation est, d'après la Novelle 74, un droit réservé à l'empereur ; Mgr MACCARONE, « Innocenzo III e la feudalità », bibl. 157, p. 457-513 ; W. ULLMANN, « Honorius III and the Prohibition of Legal Studies », *The Juridical Revue*, 1948, p. 157 ; Stephan KUTTNER, « Papst Honorius III und das Studium des Zivilrecht », *Festschrift für Martin Wolff*, Tübingen, 1952, p. 79-101, qui indique toute la bibliographie antérieure.

12. Outre l'ancien article de E. CHENON, « Le droit romain à la *Curia regis* », bibl. 141, on peut consulter sur les légistes : J. FAVIER, « Les légistes et le gouvernement de Philippe le Bel », *Journal des savants*, 1969, p. 92-108 ; J. STRAYER, *Les Gens de justice en Languedoc sous Philippe le Bel*, Toulouse, 1970.

13. L'époque est bien celle du changement et la transformation du droit suit de très près la décennie qui a été marquée par l'évolution du gouvernement royal. J.W. BALDWIN, « La décennie décisive : les années 1190-1203 dans le règne de Philippe Auguste », *RH*, 1981, p. 311-337.

14. L'apparition de l'appel du bailli à la cour du roi mériterait d'être étudiée de plus près. Pour le Droit romain et le Droit canonique, l'appel est une voie normale de réformation des jugements et peut porter aussi bien sur les points de fait que sur les points de droit. Les arrêts des cours féodales ne sont pas, au contraire, susceptibles d'appel (qu'exclut d'ailleurs la preuve par duel judiciaire) ;

le plaideur peut seulement « fausser » le jugement, c'est-à-dire prendre à partie les juges, au moins s'ils sont ses « pairs » (car « vileins ne puet fauser le jugement son seignor ne de ses homes », *Conseil à un ami*, XXII, 3), et les combattre un à un dans un duel judiciaire, fussent-ils, disent les *Assisses de Jérusalem (Livre de Jean d'Ibelin,* CX), vingt ou trente. Tous les coutumiers du XIIIe siècle se réfèrent à cette pratique (*Conseil,* XXII 8 et 12 ; BEAUMANOIR, bibl. 4, n° 1752-1755). L'appel est connu dans le Midi, quoique souvent assez curieusement réglé (*cf.* à Marmande, bibl. 19). Dans le Nord, il ne serait pas apparu avant le milieu du XIIIe siècle et à la suite de l'ordonnance de 1258 qui prohibe les duels judiciaires ; mais on peut, comme disent les *Etablissements de Saint Louis* (t. I, p. 487), « souploier au roi que il le jugement voie, et se il est contre droit qu'il le depiece », ce qui rappelle la « supplique » féodale par laquelle on demande au juge qui l'avait rendue de réviser son jugement (Y. BONGERT, bibl. 228, p. 200), mais s'adresse désormais au roi. Par voie d'arbitrage ou simplement d'autorité, la cour du roi intervient dès le règne de Louis VI et, nettement, sous Philippe Auguste (*Actes*, n°s 719, 867, 899). Sous Louis VIII, la Cour, garnie de pairs, juge l'affaire de Jean de Nesles *secundum usus et consuetudines Francie* (Ch. PETIT-DUTAILLIS, *Etudes sur... Louis VIII*, 1894).

15. E. BOUTARIC, bibl. 76, t. I, 1863, p. CCXCVIII. L'Echiquier de Normandie rend, en 1211, un arrêt analogue : L. DELISLE, bibl. 44, n° 70. Tant que le droit applicable aux fiefs n'est pas érigé en coutume, les règles applicables, notamment au cas de succession, sont rattachées à la concession. On cesse au contraire d'invoquer le contrat quand la coutume est formée : le fief est soumis à la *lex terræ*. L'application de la *lex fori* conduit à l'application de la loi du seigneur qui juge, la *lex rei sitæ*, à l'application de la loi du fief servant.

16. D'une bibliographie très riche, on peut retenir, outre les histoires des diverses provinces (publiées sous la direction de Ph. Wolff) : A. DUPONT, *Les Relations commerciales entre les cités maritimes du Languedoc et les cités méditerranéennes d'Espagne et d'Italie du Xe au XIIIe siècle*, Nîmes, 1942 ; A.R. LEWIS, *The Development of Southern French and Catalan Society, 718-1050*, Austin-Texas, 1965 ; « The Formation of Territorial States in Southern France and Catalonia », bibl. 138, p. 507 ; « Patterns of Economic Development in Southern France, 1050-1271 », *Studies in Medieval and Renaissance History*, 1981, p. 57-83 ; J.R. STRAYER, *The Albigiensium Crusade*, New York, 1971.

17. Les règles coutumières supposées bien connues ne sont pas explicitées par la Coutume. BEUGNOT, encore fort proche de l'ancien droit, écrivait justement (*BECh,* 1845-1846) : « La méthode du législateur est de passer sous silence ce qui lui paraît suffisamment garanti par l'usage ou par les mœurs publiques. Il ne croit pas nécessaire d'offrir son secours à qui se défend soi-même. Ainsi les lois et les codes ont-ils l'apparence d'œuvres incomplètes. » Aux Coutumes de Montpellier (GIRAUD, bibl. 124, p. 73 ; *Le Petit Thalamus*, éd. Société des Archives de Montpellier, 1840 ; TEULET, *Trésor des chartes*, t. I, p. 255 et 289), on peut rattacher celles de Carcassonne (Teulet, p. 272), d'Alès de 1200 et 1217 (Ed. MARETTE, *Recherches historiques sur la ville d'Alais*, p. 420), de Narbonne de 1221 et 1232 (G. MOUYNES, *Inv. des Archives communales de Narbonne*, p. 9-31 ; *HL*, t. VIII, p. 960), enfin, de Saint-Antonin qui peut dater de 1140 (TEULET, p. 55 ; LATOUCHE, *Bulletin philosophique et historique*, 1920, p. 260 ; Cl. BRUNEL, *Les*

Plus Anciennes Chartes..., t. I, 1926, p. 47-51). Toutes ces Coutumes (comme celles de Saint-Gilles) reconnaissent aux juges la connaissance du droit et le pouvoir de trancher les causes qui leur sont soumises *secundum leges scriptas et consuetudines approbatas que scripte sunt in alio publico instrumento ;* ce qui prouve, d'une part, que la coutume n'était retenue que si elle était consignée par écrit et, d'autre part, que le Droit romain est reconnu comme droit supplétif au cas de silence des Coutumes. Dans le Sud-Ouest, l'exemple de la Coutume d'Auvillar dont nous possédons deux textes, de 1135 et de 1265, est caractéristique ; les Coutumes anciennes ne comportent que six articles qui limitent l'arbitraire seigneurial : la charte de 1265 reprend les articles anciens (en modifiant leur portée) et traite longuement du droit privé : P. OURLIAC, « La première Coutume d'Auvillar », *Annales de la Faculté de droit* (de Bordeaux), 1978, p. 171.

18. Ces textes sont, en définitive, sans grand intérêt pour la connaissance du droit ; on a pu dépouiller plus de 200 000 actes des notaires d'Avignon aux XIVe et XVe siècles sans trouver une seule mention des statuts d'Avignon (P. OURLIAC, *Le Droit privé avignonnais, Positions thèse Ec. des Chartes*, 1936). Outre le vieux livre de Giraud qui a publié (mal) la plupart de ces textes (bibl. 124), F. BENOIT, *Recueil des actes des comtes de Provence*, 2 vol., 1925 (statuts de Marseille de 1239, p. 395 ; statuts de Sisteron, p. 353) ; Régine PERNOUD, *Les Statuts municipaux de Marseille*, Monaco, 1949 ; R. DE MAULDE, *Coutumes et règlements de la République d'Avignon*, 1880 ; E. BLIGNY-BONDURAND, *Les Coutumes de Saint-Gilles*, 1915 (*cf.* A. GOURON, *Ann. univ. sciences soc. Toulouse*, 1976, p. 309) ; Noël DIDIER, bibl. 339 et 340 ; R. DUBLED, « Les statuts de la ville d'Hyères (1237) », *RHD*, 1978, p. 269-298.

19. Le texte des *Usages de Barcelone* a provoqué de longues discussions. I. FICKER (« Uber die *Usatici Barchinonae* und... *Exceptiones legum romanorum* », *Mitth. des Instituts für Osterresch. Gesch.*, t. II, 1888, p. 236) a isolé une partie ancienne (les *Usualia*, art. 4-59) et une adjonction qui daterait de 1080, ce qui est maintenant contesté dans des sens divers par E. BESTA, « Usatici ed usi curiali di B. », *Rendiconti del istituto Lombardo*, t. LVIII, p. 637 ; F. VALLS y TABERNER, *Obras selectas*, t. II, p. 37, C.G. MOR, « En torna a la formaciòn del texto de los *Usatici* », *AHDE*, t. XXVII-XXVIII, p. 413-459. Le point de la question est parfaitement fait par P. BONNASSIE (bibl. 230, p. 711-728) qui, en s'appuyant sur le système monétaire, aboutit à reconnaître l'ancienneté de sept articles. *Cf.* également A. IGLESIA + FERREIROS (bibl. 463), qui, tout en réagissant contre les tendances « germanistes » de HINOJOSA, (bibl. 141, t. II, p. 393-408), montre bien l'usage longtemps fait des codes visigoths, mais aussi leur « agonie » au XIe siècle. Comme l'indique P. Bonnassie (p. 724), entre 1020 et 1060, la violence règne dans le pays et c'est pour la réprimer que les comtes promulguent les *Usages*, tout en maintenant jusqu'au XIIe siècle une certaine application des anciennes lois.

20. L'expression tient au fait que les notaires du Midi rédigeaient en présence des parties des « notes brèves » où les clauses de style étaient simplement annoncées par un « et cetera ». L'acte était ensuite grossoyé et les formules étaient développées par le notaire, ce qui engendrait bien des abus (Auguste DUMAS, bibl. 142 ; R. AUBENAS, « Encore un mot sur l'et cetera du notaire », bibl. 111). La pratique ne fut abrogée que par l'article 13 de la loi du 25 ventôse an XI. A propos du notariat, à côté des ouvrages de R. AUBENAS, *Etude sur le notariat provençal au*

Moyen Age et sous l'Ancien Régime, Aix, 1931 et *Documents notariés provençaux du XIIIe siècle*, Aix, 1935, on peut noter les travaux récents de R. FOREVILLE, *Notaires et styles des documents de l'Eglise d'Agde, Hommage à A. DUPONT*, 1974, p. 137-155 ; M. AMELOTTI et G. COSTAMAGNA, *Alle origine del notariato italiano*, Rome, 1975 ; P. TOUBERT, « *Techniques notariales et société aux XIIe et XIIIe siècles : les origines du minutier romain* », *Etudes sur l'Italie médiévale*, Londres 1976 ; G. COSTAMAGNA, *Dalla « Charta » all' « instrumentum », Notariato medievale bolognese*, Rome, 1977, p. 7-25.

21. En 1285-1286, au contraire, le professeur toulousain, Guillaume de Ferrière, dans un opuscule découvert par H. GILLES (« Le traité de la coutume de Guillaume de Ferrière », *Mélanges Marty*, p. 587-599), trouvait l'origine de la coutume dans la volonté du peuple. Les docteurs de Toulouse s'attachent particulièrement à la question : Hugues de Carols vers 1300, Raimond Costa, futur évêque d'Elne (cité dans le commentaire de la Coutume de Toulouse), Guillaume de Cun en 1315, dont les idées sont reprises par Bartole et par le canoniste Jean André.

22. Les ordonnances sont publiées par Ch. V. LANGLOIS, *Textes relatifs à l'histoire du Parlement*, 1888. Sur les appels d'Aquitaine qui provoquent de nombreuses plaintes des Anglais : *Olim*, t. II, p. 202, 236. Le texte de l'ordonnance de 1278 est fort mal transmis : GUILHIERMOZ, bibl. 444, p. 600. Sur la procédure : P. OURLIAC, *Un nouveau style du Parlement* (bibl. 569, p. 27). On a voulu faire remonter la distinction des pays de coutumes et des pays de droit écrit à la bulle *Super speculam*, mais celle-ci se borne à indiquer qu'en Ile-de-France et dans quelques provinces du royaume *laici romanorum legibus non utuntur*. Quant à l'expression de « droit écrit » que CHÉNON (« Le droit romain à la *curia regis* », bibl. 141, p. 202) croyait due à l'ordonnance de 1251, elle se trouve dès 1202 dans les Actes de Philippe Auguste (n° 727) : *Jus etiam scriptum in quo dicitur quod fiscalia non prescribuntur tempore.*

Chapitre III

1. On peut même poser la question : est-ce que la sentence d'un juge n'est pas nécessaire à l'existence d'une coutume ? EDOUARD LAMBERT l'avait fortement soutenu (*Etudes de droit commun législatif*, I, *Fonction du droit civil comparé*, 1903, spéc., p. 778). On a opposé souvent la phrase de Beaumanoir (n° 683) parlant de coutume si claire « que je ne la vi oncques debattre ». Tout au moins, la jurisprudence peut prouver l'existence d'une coutume (SERGÈNE, bibl. 653). Un texte curieux, découvert par P. Petot (Bibl. nat. nouv. acq. franç. 1230) cité par Marg. BOULET (Bibl. 59, p. 560) et par A. SERGÈNE (p. 227), montre bien le processus admis pour la formation de la Coutume de Bourgogne : elle provient « par le consentement des religieux, nobles et bourgeois » de « trois manières de juges ordinaires », les « maieries » locales, les baillis qui reçoivent l'appel, enfin l'audience du duc qui la confirme « au conseil des saiges du peuple ». Il est certain que les plaideurs alléguaient plus volontiers les arrêts que les usages et, plus souvent encore au XIIIe siècle, le style de la Cour (PISSARD, bibl. 611, p. 88-92). Le « précédent » judiciaire paraît avoir plus d'autorité en Normandie (comme

en Angleterre) et en Bourgogne (PETOT, bibl. 80, p. L) qu'à Paris. OLIVIER-MARTIN (bibl. 148, p. 42) peut écrire : « Le juge ne crée pas la Coutume ; elle préexiste à sa sentence mais elle reste jusque-là incertaine et changeante ; il la constate et la précise ; il en assure la pérennité. » D'où l'importance des recueils d'arrêts comme celui de Jean Lecoq.

2. La meilleure étude demeure, quoique vieillie, celle de H. PISSARD (bibl. 611). L'embarras des auteurs du XIIIe siècle (Pierre de Fontaines, XXII, 30-34 ; *Jostice et Plet,* II, 6) est très net puisqu'ils admettent que la coutume est la chose du roi, que le juge doit l'appliquer d'office et qu'elle ne peut être débattue par un duel judiciaire. Encore faut-il que la coutume soit « notoire » et Beaumanoir paraît bien indiquer que seule une telle coutume constitue le droit. L'institution de la turbe limite forcément le rôle du juge ; son origine demeure très douteuse : Brunner la faisait remonter à l'enquête carolingienne conservée spécialement en Normandie ; mais l'enquête normande a surtout pour objet de déterminer les droits du duc (et les Normands paraissent se méfier de toute coutume nouvelle, faisant confiance à leurs coutumiers) ; une telle enquête existe en France pour établir la coutume et elle est longuement mentionnée par *Jostice et Plet.* Saint Louis, après avoir réformé la procédure des enquêtes, aurait simplement précisé les formes de l'enquête par turbe ; celle-ci ne paraît concerner au XIIIe siècle que les affaires jugées par la *Curia regis,* elle n'existe pas anciennement dans les pays de droit écrit puisque les témoins doivent être interrogés *singulariter* (*Olim,* t. II, p. 268) ; elle y fut cependant admise avant le XVIe siècle. Les romanistes et les canonistes se perdent quant à eux en considérations sur la preuve nécessaire du consentement du peuple.

3. La seule édition utilisable, de 1846 (bibl. 51), est très insuffisante. Sur Pierre de Fontaines, P. PETOT, « Pierre de Fontaines et le droit romain », bibl. 110, t. II, p. 955-964, et Q. GRIFFITHS, « Les origines et la carrière de Pierre de Fontaines, jurisconsulte de Saint Louis. Une reconsidération avec documents inédits », *RHD,* 1970, p. 544-567.

4. Dans l'Introduction de son édition, SALMON (bibl. 4) donne de très nombreuses indications sur la biographie de Beaumanoir ; on ne peut négliger H.L. BORDIER, *Philippe de Rémy, sire de Beaumanoir (1246-1296),* 1869-1873. Voir, en outre, P. COLLINET, *RHD,* 1894, p. 697 ; E. LYON, bibl. 142, p. 479-486. Les œuvres poétiques ont été publiées par SUCHIER (2 vol., Société des Anciens textes français, 1884-1885) et, pour les chansons par JEANROY, *Romania,* 1897, p. 517. Une version en langue moderne de *La Manekine* est publiée dans la coll. « Stock-Plus », 1980. Les *Coutumes* ont été traduites en japonais par Hiroshi HANAWA (1971) et étudiées en Roumanie par Francisc PALL, *Studi si cercetari de Istorie,* VII, 1956.

5. Pour les institutions et le droit de l'Orient latin : Joshua PRAWER, *Histoire du royaume latin de Jérusalem,* 2 vol., 1975 ; Cl. CAHEN, « La féodalité et les institutions politiques de l'Orient latin », *Accad. dei Lincei, Atti dei convegni,* t. XII, 1959. Les *Assises de Jérusalem* sont une collection de traités provenant de Jérusalem ou de Chypre et relatant le droit appliqué par les cours des barons et par les cours des bourgeois. (M. GRANDCLAUDE, *Etude critique sur les Assises de Jérusalem,* 1923). Pour les cours des barons, le *Livre au roi* (vers 1200), *Livre en forme de plait* de Philippe de Novare (vers 1255), le *Livre des assises et bons*

usages de Jean d'Ibelin (1265-1266 ; éd. E.H. Kausler, Stuttgart, 1939) ; pour la cour des bourgeois, le *Livre des assises* (1243) qui est un traité de droit coutumier faisant de nombreux emprunts à *Lo Codi* (J. Prawer, « Etude préliminaire sur les sources et la composition du livre des assises des bourgeois », *RHD,* 1954, p. 198-227 et 358-382 ; « Etude sur le droit des assises de Jérusalem : droit de confiscation et droit d'exhérédation », *RHD,* 1961, p. 520-551 ; 1962, p. 29-42). Le régime féodal, à raison même de l'état de guerre quasi permanent a une rigueur que les juristes ont encore exagérée. Si Godefroy de Bouillon, contrairement à la tradition, n'a pas distribué des fiefs à ses fidèles, Baudouin 1er doit leur donner des terres de conquête (le royaume compte vingt-deux seigneuries) et eux-mêmes s'attachent une chevalerie inférieure soit en lui concédant quelques fiefs, soit en lui donnant une rente en argent (ce sont les « fiefs de besants »). Pour le droit privé, et spécialement pour le régime des biens entre époux, l'influence méridionale indiquée par Prawer paraît certaine : J. Richard, *Le Comté de Tripoli sous la dynastie toulousaine (1102-1187),* 1945.

6. Le *Tractatus* de Glanville a été édité par Georges E. Woodbine, Londres, 1932. Outre Boussard (bibl. 235), sur le *Dialogus de Scaccario,* composé vers 1179, Ch. Johnson, 1950 (Nelson Medieval Classics). Le pouvoir du roi n'étant pas absolu, il devait prendre l'avis des barons pour légiférer : les assises sont présentées comme des enquêtes sur la coutume. En Normandie, les dépositions faites aux enquêtes devaient être consignées par écrit (*TAC,* ch. 7). Cependant, à l'époque du *TAC,* l'enquête jurée tend à être supplantée par l'écrit alors qu'elle est en plein essor en Angleterre.

7. La seule édition utilisable (bibl. 2) se borne à reproduire la première édition de 1514, fort différente des leçons des meilleurs manuscrits. Sur d'Ableiges, L. Delisle, *Mémoires de la Société de l'Histoire de France,* 1881, p. 140 ; P. Guilhiermoz, *BECh,* 1905, p. 665 ; Félix Aubert, *BECh,* 1916, p. 226 ; P. Petot, *RHD,* 1962, p. 491 et surtout *Histoire littéraire,* t. XL, 1968. Une vive controverse avait opposé jadis A. Giffard (*RHD,* 1906, p. 425 ; 1909, p. 704 ; 1913, p. 654) et Olivier-Martin (*RHD,* 1906, p. 630 ; 1910, p. 113 ; 1911, p. 78) sur la composition de l'ouvrage.

8. Les témoignages des Actes manquent de netteté. L'étude de Brutails (bibl. 256), malgré son ancienneté, paraît bien rendre compte du droit paysan, mais elle est parfois infléchie par la connaissance qu'avait son auteur du droit andorran (Brutails, *La Coutume d'Andorre,* 1904 ; réimpr. 1965) dont l'ancienneté peut cependant être discutée. A Andorre, au XXe siècle, on plaide encore sur la dévolution de la maison, sur la désignation de l'héritier (par la mère veuve ou par les parents si le père ne l'a pas fait), sur la portée du contrat de mariage ou sur la renonciation des filles dotées (P. Ourliac, *La Jurisprudence civile d'Andorre ; arrêts du tribunal supérieur de Perpignan, 1947-1970,* 1972). Au contraire, Bonnassie s'attache plus spécialement au droit des classes supérieures (bibl. 230) et remarque justement que Brutails fait crédit à des actes relativement tardifs : mais ces actes ne représentaient-ils pas une tradition ancienne ? Quelques indications dans W. Kienast, « La pervivencia del derecho godo en el sud de Francia y Cataluña », *Real Acad. de buenas letras de Barcelona,* 1968, p. 265-295, adaptation de *Studien über die franz. Volkstämme des Frühmittelalters,* Stuttgart, 1968. Les nouveautés apparaîtront avec la reconquête et le repeuplement ; *cf.* les

chartes publiées par FONT-RIUS, bibl. 52, qui exemptent les habitants d'incapacités telles que l'*intestatio* ou la *cugucia* et suppriment les ordalies (à Collioure en 1207, plus tard à Salses ou à Claira) et le duel judiciaire (en 1163 à Barcelone).

Chapitre IV

1. Sur la crise de la noblesse, R. BOUTRUCHE, bibl. 237 ; Ed. PERROY, « A l'origine d'une économie contractée : les crises du XIVe siècle », *Annales*, 1949, p. 167-182. Aussi les études de FOURQUIN, bibl. 386, M.-Th. LORCIN, bibl. 511, G. BOIS, bibl. 227 et bibl. 147, p. 219-233. Indications utiles de Ph. CONTAMINE, bibl. 318.

2. FEDOU, bibl. 365. Joseph R. STRAYER (« Les gens de justice en Languedoc sous Philippe le Bel », *Cahiers Marc Bloch*, 1970, *Etudes d'histoire méridionale*, n° 5, développant « Viscounts and Viguiers under Philip the Fair », *Speculum*, 1963, p. 242-253) a étudié cent quatre-vingt-neuf hommes de loi, sénéchaux, juges, avocats et procureurs des cinq sénéchaussées méridionales. Cinquante-trois étaients docteurs, quarante-quatre *jurisperiti*, soixante-seize *magistri*. L'auteur indique bien que les « hommes formés au Droit romain ne tenaient pas à servir le roi ». Beaucoup, en effet, tel Etienne Aubert, juge de Toulouse qui deviendra le pape Innocent VI, entrent au service de l'Eglise. L'auteur dit également que le Droit romain n'était pas nécessaire au pouvoir royal, ce qui ne va pas sans quelque paradoxe (*cf.* compte rendu, *RHD*, 1970, p. 658) : les hommes de loi, dont beaucoup sont ou deviennent administrateurs, sont pétris d'esprit juridique et l'administration leur doit son équilibre et sa relative modération, mais aussi son autorité à laquelle ils croient profondément. Le roi, dira le commentateur de la Coutume de Toulouse (GILLES, bibl. 33, p. 196), est *princeps philosophie plenus*.

3. Sur la bibliographie de l'école : N. HORN, *Handbuch der Quellen und Literatur der neueren europäischen Privatsrechtsgeschichte*, t. I, *Mittelalter (1100-1500)* (Max-Planck Institut, Munich), 1973. Sur Bartole, les actes du sixième centenaire, publ. *Studi e documenti*, Milan, 1961, et spécialement, P. LEGENDRE, *La France et Bartole*, p. 131-172. Sur Balde, *L'Opera di Baldo nel V centenario della morte*, Pérouse, 1901. Sur les canonistes, Paul OURLIAC et Henri GILLES, bibl. 573. Spécialement sur Bellemère, Henri GILLES, *MA*, 1955, p. 281-309 ; *BECh*, 1966, p. 30-136 et 382-431.

4. On ne peut traiter ici de l'histoire des Universités. Les documents généraux ont été édités par Marcel FOURNIER, *Les Statuts et privilèges des universités françaises*, 4 vol., 1890-1892. Les indications les plus récentes sont fournies par *Les Universités à la fin du Moyen Age* (Actes du congrès international de Louvain, mai 1975), 1978 ; *cf.* dans ce recueil (p. 524-548) l'étude d'André Gouron qui indique bien l'importance prise au XVe siècle par les Universités du Midi et la prépondérance des juristes, légistes et canonistes : en 1393, 1935 juristes dans le Midi contre 1094 dans les Universités de Paris, Orléans et Angers. A. GARCIA, Y. GARCIA, « Los estudios juridicos en la universidad medieval », dans *Estudios in honor de M. Cabreros de Auto*, Salamanque, 1972, p. 143-169. J. VERGER, *Les Universités au Moyen Age*, 1973 ; A.B. COBBAN, *The Medieval Universities. Their*

Development and Organization, Londres, 1975 ; *Bibliographie internationale de l'histoire des universités*, 2 vol., 1976 (Etudes et documents publiés par l'université de Genève, t. IX et X) ; et Simone GUÉNÉE, *Bibliographie des universités françaises*, 2 vol., 1977-1978.

5. Sur la bibliographie des romanistes, outre les nombreuses études déjà citées, il faut plus spécialement mentionner : Paul FOURNIER qui a consacré de belles études à la plupart des Français (*Histoire littéraire*, t. XXXV, 1921, p. 348-361, Josselin de Cassagne (*cf.* aussi *RHD* 1919, p. 637-644) ; p. 465-503, Guillaume de Montlauzun ; t. XXXVI, p. 510-542, Pierre Jacobi (*cf.* P.-F. FOURNIER, *BECh*, 1937, p. 221-233 ; 1939, p. 72-96), t. XXXVII, 1938, p. 85-120, Pierre Bertrand (*cf.* OLIVIER-MARTIN, bibl. 141, t. II, p. 105-119). Sur Jean Faure : BOYE, bibl. 112, p. 27-38. Sur Guy Pape : Louis CHABRAND, 1912. Sur Etienne Bertrand, bibl. 559. Sur Jean Bély : D. MAFFEI, *Revue de droit canonique*, 1980, p. 294-303.

Chapitre V

1. L'*Histoire de la France rurale* (dirigée par G. DUBY, t. II, *L'Âge classique des paysans (1340-1789)*, 1975) fournit toute les indications nécessaires et une brillante mise au point de Le Roy Ladurie. A noter l'utilisation faite des écrits du sire de Gouberville (éd. A. Tollemer, rééd. 1972) et de Rétif DE LA BRETONNE (*La Vie de mon père*, éd. G. Rouger, 1970). Les livres de P. DE SAINT-JACOB, (bibl. 646) et de Y.-M. BERCÉ (bibl. 213) sont précieux ; *cf.* aussi M. MOLLAT et Ph. WOLFF, *Ongles bleus, Jacques et Ciompi ; les révolutions populaires en Europe aux XIVe et XVe siècles*, 1970 ; R. FORSTER, *The Nobility of Toulouse in the 18 th Century*, 1960 ; et les ouvrages cités de Bois, Chedeville, Fourquin, Lorcin. Enfin, R. MOUSNIER, *Les Hiérarchies sociales*, bibl. 552 et *Fureurs paysannes. Les Paysans dans les révoltes du XVIIe siècle : France, Russie, Chine*, 1968.

2. Outre les ouvrages de GUÉNÉE (bibl. 436) et FÉDOU (bibl. 365), J. BARTIER, *Légistes et gens de finances au XVe siècle : les conseillers des ducs de Bourgogne Philippe le Bon et Charles le Téméraire*, 2 vol., Bruxelles, 1955-1957 ; M. GRESSET, *Le Monde judiciaire à Besançon (1674-1789)*, thèse, Lille (s.d.) ; Pierre BODINEAU « Les gens de loi au service de la couronne à Dijon à la fin du Moyen Age », *Bulletin philosophique et historique* 1979, p. 37-49. Toutes les études sur les agents du roi (de Dupont-Ferrier, de Vindry, de Bluche) font bien apparaître l'existence et le maintien d'un « milieu » judiciaire. Les catalogues d'incunables, comme les inventaires après décès, donnent des indications fort précises sur les bibliothèques : elles comportaient le plus fréquemment le *Corpus juris civilis*, la Somme d'Azon, les *Lecturae* de Bartole, la *Practica aurea* de Pierre Jacobi, des *Consilia*, enfin d'assez nombreux commentaires de droit canonique. Les impressions du XVIe siècle concernent souvent des auteurs anciens, ainsi à Toulouse, Panormitain, Monlezun, quelques contemporains : Coras, Forcadel, Rebuffe, enfin les premiers humanistes : Alciat en 1547, Gouvea en 1551 (J. MEGRET et L. DESGRAVES, *Répertoire bibliographique des livres imprimés en France au XVIe siècle*, Toulouse-Baden-Baden, 1975). Dans la bibliothèque de Lizet, on trouve tous les bartolistes, mais aussi

Budé, Alciat et Zasius : L. DOUET d'ARCQ, *Prisée de la bibliothèque du président Lizet*, dans *BECh,* 1876, p. 358-380.

3. Assez curieusement, l'histoire de la rédaction des Coutumes (et de sa portée sociale) a été assez peu étudiée depuis KLIMRATH (éd. Warnkoenig, 1843). Le meilleur travail demeure la thèse de R. FILHOL, bibl. 370. *Cf.* V. GUIZZI, « Il diritto comune in Francia nel XVII secolo. I giuristi alla ricerca di un sistema unitario », *TR*, 1969, p. 1-46. La plupart des Coutumes ont été publiées sous le contrôle même des commissaires royaux. Elles ont été réunies en 1724 dans le *Coutumier général* de BOURDOT DE RICHEBOURG qui doit toujours être utilisé (bibl. 37).

4. La culture juridique de Rabelais (qui cite quatre-vingt-six lois romaines) a frappé tous ses commentateurs ; il est lié à Budé et à Tiraqueau ; Pantagruel connaît neuf universités, étudie à Bourges et vitupère la glose et, dans le *Tiers Livre*, les juges et Tribonien qui est un « mécréant, infidèle, barbare » qui vend les lois : *cf.* Enzo NARDI, *Rabelais e il diritto romano*, Milan, 1962.

5. Le Centre d'études supérieures de la Renaissance de Tours a consacré des sessions à cet humanisme, notamment *Pédagogues et Juristes*, 1963, avec les articles de D. MAFFEI (« Les débuts de l'activité de Budé, Alciat et Zase »), Hans THIEME (« Les leçons de Zasius ») et M. REULOS (« L'importance des praticiens dans l'humanisme juridique »). Aussi, *Atti del I congr. int. della Soc. ital. di storia del diritto*, 1962, avec les articles de ORESTANO (« Diritto et storia nel pensiero giuridico del secolo XVI ») et KISCH (« Die humanistiche Jurisprudenz »). Sur l'opposition du *mos italicus* et du *mos gallicus*, S. RICCOBONO, *Acta congressus juridici intern.*, Rome 1935, t. II, p. 379-398 ; G. ASTUTI, *Mos it. e mos gall. nei dialoghi de juris interpretibus d'Alb. Gentili*, Bologne, 1937 (Bibl. riv. di storia del diritto italiano, 16) ; G. KISCH, *Humanismus und Jurisprudenz ; Kampf zwischen m. it. und m. gall. an der Universität Basel*, Bâle, 1955 ; M. ASCHERI, *Un maestro del m. it., Gianfrancesco Sannazari della Ripa,* Milan, 1970. Sur Cujas, MESNARD, bibl. 537 ; P.-F. GIRARD, « La jeunesse de Cujas », *RHD*, 1916, p. 429-504 et 590-627. Ses œuvres ont été publiées en 1658 (éd. Fabrot) et réimprimées à Venise en 1758. Le discours d'Hotman (*Antitribonian ou discours d'un grand et renommé jurisconsulte de notre temps sur l'étude des loix*) s'attaque au caractère désuet du Droit romain, à ses incertitudes et à ses obscurités mais aussi à son paganisme (Publication de l'Université de Saint-Etienne, 1980). Remarquons enfin la relative stérilité du Droit canonique : Antonius Augustinus († 1586), archevêque de Tarragone, étudie le *Code de Justinien* mais publie aussi des *Dialogi de emendatione Gratiani*.

6. Une réhabilitation difficile est tentée par J. DE VIGUERIE (« Quelques remarques sur les universités françaises au dix-huitième siècle », *RH*, t. 267, 1979, p. 29-49) qui note justement que la « philosophie des Lumières n'aimait guère les universités », mais relève leur laxisme et leur pauvreté (à Orléans le Conseil académique se réunit dans la loge du concierge, seule chauffée). On disait à Cahors, dès le XVIe siècle : *Asini sicut equi et muli doctorantur*. A Orange, les cours n'avaient même pas lieu, d'où le sobriquet de « docteur à la fleur d'orange ». A Paris, en 1651, un professeur occupe six chaires et en perçoit les gages. A Bordeaux, en 1653, il n'y a qu'un professeur qui « baille les diplômes sans voir les candidats ». On est réduit pour les statuts au vieux livre de Marcel FOURNIER,

4 vol., 1890-1892, et pour l'histoire générale aux travaux de Ch. JOURDAIN, 1862, et de ST D'IRSAY, 2 vol., 1935. Les travaux spéciaux sont indiqués par Simone GUÉNÉE, bibl. 439.

7. Outre les articles anciens de CHÉNON (pour Bourges, *RHD*, 1921, p. 584-633) et de CURZON (*RHD*, 1919, p. 209-269 et 305-374) et l'étude de FERTE (sur Cahors, 1974), deux études excellentes : J. POUMAREDE (sur Toulouse), dans *Recueil Académie de législation*, 1967, p. 41-131, et C. CHENE, *L'Enseignement du droit français en pays de droit écrit (1679-1793)*, 1981 ; voir aussi OLIVIER-MARTIN, « Les professeurs de droit français et l'unification du droit civil français », *Mélanges Sugiyama*, 1940, p. 263-281. Ces professeurs ont « secoué la torpeur des facultés du Midi », ils ont « imposé leur style et leur langue » (Chene) ; on les accuse de n'avoir pas de vue philosophique, mais presque tous prennent parti en 1790 pour la Révolution (mais l'abandonnent vite car ils sont des « modérés »). Ils paraissent avoir été estimés par les juristes qui furent leurs élèves : Montesquieu et Buffon, mais aussi Cambacérès, Siméon et Portalis.

8. Les livres de A.-J. ARNAUD (bibl. 175 et 176) fournissent la meilleure étude de ces doctrines juridiques et une bibliographie précieuse de chacun de ces auteurs. Suivant une idée souvent reprise, le jansénisme de la plupart de ces juristes aurait infléchi leurs théories. Il est exact que le Palais est janséniste et naturellement austère ; mais il est bien difficile, par exemple, d'établir un lien entre le jansénisme que l'on veut attribuer à DOMAT (bibl. 696) et sa conception d'un droit rationnel. Entre l'attitude janséniste et les idées juridiques reprises par l'Ecole du droit naturel qui exalte la raison, l'opposition est moins certaine qu'il n'y paraît. L'*Institution au Prince* de L'ABBÉ DUGUET, écrite vers 1700 et souvent comparée à *Télémaque*, est une apologie du droit naturel qui fonde à la fois l'ordre chrétien et le bonheur terrestre. Le jansénisme du XVIIIe siècle est accordé à l'individualisme et au libéralisme de la bourgeoisie éclairée et souvent fort proche, dans son respect de la propriété et du contrat, des théories physiocratiques.

9. Les ordonnances sont citées couramment d'après le recueil de Jourdan, Decrusy et Isambert, 28 vol. et un vol. de tables (et sous ce dernier nom (bibl. 72). Les *Ordonnances des rois de France de la troisième race,* 21 vol. 1723-1847, 2 vol. de tables et 1 vol. de suppl. (introuvable), commencées par Eusèbe de Laurière, ont été achevées par l'Académie des inscriptions (bibl. 71). La suite a été entreprise par l'Académie des Sciences morales. Il faut souvent se reporter aux recueils de FONTANON, 4 vol., 1611, et de NÉRON et GIRARD, 2 vol. 1720. La distinction du droit privé, qui serait le domaine de la coutume, et du droit public, qui ressortirait aux ordonnances, n'a jamais été nettement faite (CHEVRIER, bibl. 301). Ce sont sans doute les professeurs de droit français et surtout dans les pays de droit écrit qui en ont la notion la plus exacte. De même, le pouvoir législatif du roi n'a jamais été précisé : le roi est bien considéré comme la source de la loi, il est la « loi vive », mais il accepte de se courber « sous la civilité des lois ». Les cours souveraines accréditent, au XVIIIe siècle, la notion d'un « dépôt des lois », c'est-à-dire d'un fonds de législation dont elles auraient la garde. On sait, d'autre part, que les interventions du roi peuvent prendre des formes diverses : ordonnances (générales, le plus souvent pour la « réformation du royaume »), édits (visant une matière particulière), déclarations (pour l'interprétation d'un point particulier), arrêts du Conseil, mais aussi privilèges qui dispensent de l'application

d'une loi ou, au contraire, comportent une mesure générale et permanente au profit d'un corps ou d'un ordre.

DEUXIÈME PARTIE

Chapitre premier

1. On ne peut retenir de la condition des personnes que ce qui ressortit vraiment au droit privé, ce qui conduit à ne traiter ici ni des origines de la noblesse, ni de l'idéologie qui la transcende, mais seulement de son statut juridique. Marc BLOCH avait posé brillamment la question dans les *Annales* en 1936. Sur les problèmes historiques, POLY et BOURNAZEL (bibl. 151, p. 155-192) fournissent une bonne mise au point. Voir également G. DUBY (bibl. 350) ; L. GÉNICOT, (bibl. 422), « La noblesse au Moyen Age dans l'ancienne France », *Annales,* 1962, p. 1 ; « La noblesse dans la société médiévale. A propos des dernières études relatives aux terres d'Empire », *Le Moyen Age,* 1965, p. 539 ; « Naissance, fonction et richesse dans l'ordonnance de la société féodale », *Problème de stratification sociale,* 1968, p. 83 ; L. VERRIEST, bibl. 689. Comme études spéciales : M. PARISSE, bibl. 578 ; P. Van LUYN, « Les *milites* dans la France du XVe siècle », *Le Moyen Age,* 1971, p. 5 et 193 ; J. FLORI, « La notion de chevalerie dans les chansons de geste », *Le Moyen Age,* 1975, p. 211 et 406 ; « Chevaliers et chevalerie en France et dans l'Empire germanique », *Le Moyen Age,* 1976, p. 125 ; R. FOSSIER, « Chevalerie et noblesse en Ponthieu aux XIe et XIIe siècles », bibl. 109, p. 293 ; Paul ROUSSET, « L'idéal chevaleresque dans deux *vitae* clunisiennes », bibl. 109, p. 623 ; J.-P. RITTER, *Ministérialité et Chevalerie ; dignité humaine et liberté dans le droit médiéval,* Lausanne, 1955. Une alerte mise à jour dans bibl. 147, avec les contributions de G. DUBY, « La diffusion du titre chevaleresque sur le versant méditerranéen de la chrétienté latine », p. 39-70 ; et de Ph. CONTAMINE, « De la puissance aux privilèges, XIVe-XVe siècle », p. 235-257. On notera les fermes conclusions de L. MUSSET, « L'aristocratie normande au XIe siècle » : l'aristocratie est « construite » par le duc et nettement hiérarchisée entre *magnates, nobiles* et *milites.* Les opinions les plus diverses ont été émises sur l'origine de la noblesse et il paraît s'agir souvent d'une querelle de mots. Dans la région toulousaine, tout au moins, il n'a pas existé la solution de continuité que l'on a souvent indiquée entre la noblesse carolingienne et la noblesse féodale : les dynasties comtales ou vicomtales proviennent toutes d'un ancêtre carolingien ; le terme de *nobilis* (mais non de *miles*) désigne les membres d'une aristocratie de propriétaires qui paraît autochtone. Dans les villes du Midi, l'apparition du terme de *nobilis* serait tardive : Ph. WOLFF, bibl. 147. Pour les origines : M. HEINZELMANN, *Revue d'histoire de l'Eglise de France,* 1976, p. 75-90 ; H.F. WERNER, bibl. 117, p. 13-18 et 25-34 ; R. HENNEBIQUE, *RH,* 1981, p. 289-333.

2. On a soutenu que Beaumanoir (n° 1496) faisait allusion à une ordonnance

aujourd'hui perdue (OLIVIER-MARTIN, bibl. 148, t. I, p. 123) ; il ne peut s'agir que de l'ordonnance de 1276 qui, il est vrai, ne traite pas directement de l'acquisition de la noblesse ; elle concerne les acquisitions passées et enjoint aux officiers royaux de ne pas « molester » les non-nobles. Si le fief est séparé du roi par trois seigneurs intermédiaires, le roturier sera laissé en paix ; sinon, il doit vider ses mains *(ponere extra manum)* ou payer le droit imposé *(praestare nobis estimationem fructuum duorum annorum rerum taliter acquisitarum)*. Pour l'avenir, le roi prendra telle mesure qu'il conviendra. L'ordonnance n'est applicable que dans le domaine royal et ne sera généralisée que par l'ordonnance de Blois de 1579 (art. 258). Il est très net que la royauté impose aux seigneurs de recevoir l'hommage de leurs vassaux roturiers. Un arrêt (*Olim*, t. I, p. 497) de 1260 montre bien cependant la susceptibilité de l'ancienne noblesse en admettant qu'un vassal noble peut refuser l'hommage à un seigneur roturier.

3. Pour les *Etablissements de saint Louis* (I, 1, 34), le fils né d'un père roturier et d'une mère noble n'est pas « gentis home de parage » et s'il est armé chevalier on peut lui faire « ses éperons tranchier sur un fumier ». Beaumanoir (n° 1434) reconnaît cependant qu'il est gentilhomme « de par sa mère » et peut tenir les fiefs venant d'elle. En Champagne (GUILHIERMOZ, *BECh.*, 1889, p. 509), une enquête, vers 1320, admet la preuve de la noblesse seulement maternelle. L'*Ancien Coutumier de Champagne* indique que l'enfant suit la pire condition, mais peut demeurer noble en renonçant aux biens venus de son père (ce qui est la solution connue de Jacques d'Ableiges). La coutume rédigée et la Coutume de Bar (mais non la Coutume de Troyes) admettent (ce qui sera la providence des généalogistes) la noblesse maternelle, et cela malgré les protestations de la noblesse et des commissaires du roi. L'exemption de taille et de franc-fief sera cependant toujours déniée aux nobles de noblesse maternelle.

4. Le *Traité de la noblesse* de LA ROQUE, Rouen, 1734, fournit le cadre juridique essentiel. Robert MANDROU (bibl. 135), Roland MOUSNIER (bibl. 146, t. I, p. 47-169) indiquent bien l'évolution sociale. Les problèmes de stratification sociale à la fin de l'Ancien Régime méritent d'être signalés : A. DAUMARD et F. FURET, *Structures sociales et relations sociales à Paris au milieu du XVIIIe siècle*, Paris, 1961, et surtout les ouvrages de R. MOUSNIER, J.-P. LABATUT et Y. DURAND, *Problèmes de stratification sociale. Deux cahiers de la noblesse pour les Etats généraux de la Fronde (1649-1651)*, Paris, 1965, et R. MOUSNIER, *Problèmes de stratification sociale*, Paris, 1968 ; R. MOUSNIER, bibl. 552. Sur la noblesse proprement dite. J.M.J. de MARSAY, *De l'âge des privilèges au temps des vanités. Essai sur l'origine et la valeur des prétentions nobiliaires*, Paris, 1946 ; M. REINHARD, « Elite et noblesse dans la deuxième moitié du XVIIIe siècle », dans *Revue d'histoire moderne*, 1956, p. 5-37 ; E. DRAVASA, bibl. 346 ; J. MEYER, *La Noblesse bretonne au XVIIIe siècle*, Paris, 1966, et *Noblesse et pouvoirs dans la France de l'Ancien Régime*, Paris, 1973 ; F.P. BLANC, « L'origine des familles provençales sous le règne de Louis XIV », *Annales*, Faculté de droit Aix-Marseille, n° 582, 1971 ; et les études de Fr. BLUCHE sur les magistrats du Parlement de Paris (1956 et 1960), du Grand Conseil (1966) et de la Cour des monnaies (1966), reprises dans *La Vie quotidienne de la noblesse française au XVIIIe siècle*, 1973 ; enfin les travaux de Y. DURAND, *Les Fermiers généraux en France au XVIIIe siècle*, 1971, et J.-P. LABATUT, *Les Ducs et pairs de France au XVIIe siècle. Etude sociale*, 1972 ;

et la récente synthèse de G. CHAUSSINAND-NOGARET, *La Noblesse au XVIIIe siècle, de la féodalité aux Lumières,* 1976.

5. H. LÉVY-BRUHL, « La noblesse de France et le commerce à la fin de l'Ancien Régime », *Revue d'histoire moderne,* 1938, p. 209-235 ; G. ZELLER, « Louis XI, la noblesse et la marchandise », *Annales,* 1946, p. 333-346 ; G. RICHARD, *Noblesse d'affaires au XVIIIe siècle,* 1974, qui reprend de nombreuses études consacrées à cette question ; et de nombreux travaux particuliers sur la noblesse et le commerce, les finances, l'industrie et le développement des sociétés.

6. Ici encore la bibliographie est immense, dominée par les travaux de Marc Bloch et de Pierre Petot. On doit se borner à citer : M. BLOCH, « Liberté et servitude personnelles au Moyen Age : les transformations du servage », *Mélanges historiques,* 1963, t. I, p. 289 et 501 ; A. BOSSUAT, « Le servage en Nivernais au XVe siècle », *BECh.,* 1959, p. 89-134 ; G. FOURQUIN, bibl. 386 ; M. et A. GOURON, « Hommage et servage d'ourine ; le cas des serfs d'Agde », n° 144, p. 267-281 ; G. HUBRECHT, « Le servage dans le sud-ouest de la France, plus particulièrement à la fin du Moyen Age », bibl. 112 ; P. OURLIAC, « Réflexions sur le servage languedocien », *Comptes rendus Acad. Inscript.,* 1972, p. 585-591 ; « Le servage à Toulouse aux XIIe et XIIIe siècles », bibl. 106, p. 249-261 et bibl. 568, p. 131-144. Ch. Ed. PERRIN, « Le servage en France et en Allemagne », Xe Congresso int. di scienze storiche, 1955, III, p. 211-245 ; J.-F. POUDRET, « Mainmorte et liberté personnelle au pays de Vaud à la fin du Moyen Age », n° 140, p. 499-511 ; Ch. SAMARAN, « Notes sur la dépendance personnelle en Haute-Provence au XIVe siècle », *Ann. Midi,* 1957. D. ANEX-CABANIS, *Le Servage au pays de Vaud,* Lausanne, 1973. Un ensemble d'études excellentes a été publié in *MHDB,* 1950-1951. Sur le formariage, la thèse de M. LEBON, *Le Formariage en Lorraine,* Nancy, 1952. Sur la mainmorte, J. BART, « Un exposé des sources de la mainmorte bourguignonne à la fin du XIVe siècle », bibl. 140, p. 1-8 ; J. GAY, « Deux enquêtes sur les obligations des mainmortables dans la Franche-Comté méridionale », *MHDB,* 1961, p. 75-106 ; « Notes sur le mainmortable comtois au Moyen Age, XIIe-XVe siècles », bibl. 113, et l'excellente étude de J.-M. AUGUSTIN (bibl. 189).

7. Il n'y a pas d'études sur la condition juridique des bourgeois ; en revanche, de nombreux travaux sur la bourgeoisie abordent quelquefois ces questions : C.E. LABROUSSE, « Voies nouvelles vers une histoire de la bourgeoisie occidentale aux XVIIIe et XIXe siècles », Xe Congrès international des sciences historiques, Rome-Florence, 1955, IV, p. 367-398 ; M. VENARD, *Bourgeois et paysans au XVIIe siècle. Recherches sur le rôle des bourgeois dans la vie agricole au sud de Paris, au XVIIe siècle,* Paris, 1967 ; D. ROCHE et M. VOVELLE, « Bourgeois, rentiers, propriétaires. Eléments pour la définition d'une catégorie sociale à la fin du XVIIIe siècle », Congrès national des sociétés savantes, Dijon, 1959, Paris, 1960, p. 419-452 ; E.G. BARBER, *The Bourgeoisie in 18th Century France,* Princeton University Press, 2e éd. 1968, et, sur un point plus particulier, B. GROETHUYSEN, *Les Origines de l'esprit bourgeois en France, l'Eglise et la bourgeoisie,* Paris, 1956.

8. La condition des étrangers a fait l'objet dans le volume X des *Recueils de la Société Jean Bodin,* 1958, des études de M. BOULET-SAUTEL (« La France coutumière », p. 65), de W. ONCLIN (« La doctrine canonique », p. 37), P. OURLIAC (« La région toulousaine », p. 101), R. VILLERS (« Les derniers siècles de la monarchie », p. 139), J. PORTEMER (« La Révolution », p. 533), P.-C. TIMBAL (« Les

lettres de marque », p. 109). J. IMBERT, « L'exercice du droit d'aubaine à l'égard des habitants du Hainaut à la fin de l'Ancien Régime », *RHD*, 195, p. 548 ; « Les rapports entre l'aubaine et la bourgeoisie en Lorraine », dans *Annales de l'Est*, 1950, p. 349. Tous les auteurs anciens (POTHIER, *Traité des personnes*, VIII, 2, 1) reprennent la distinction romaine du droit civil refusé aux étrangers (droit de succéder, d'être tuteur, de faire un testament) et du droit des gens (se marier, acquérir un immeuble) ouvert aux pérégrins. En fait, il existait à la fois une prévention populaire contre les étrangers, toujours soupçonnés de quelque « poison caché » et les préoccupations commerciales ou politiques : d'où d'innombrables privilèges visant les ouvriers des manufactures, les marins et les soldats, les marchands de certaines villes, les Avignonnais, Irlandais ou Savoyards, parfois les souscripteurs de rentes royales. La charte accordée à Champlain faisait des indigènes du Canada « amenés à la connaissance de la foi » des « naturels français » pouvant librement habiter la France.

9. Le Droit romain attache moins d'importance au domicile qu'à l'*origo* (*Code Justinien*, X, 40, 2 et 7). Le droit médiéval ne connaît que le domicile. Les glossateurs hésitent pour juger un délinquant entre le tribunal du domicile et celui du lieu du délit (Accurse, sur *Code Justinien*, III, 15, 2). Bartole admet le domicile de fait, ou quasi-domicile, ce que reprennent la plupart des canonistes : le quasi-domicile devient pour eux la « paroisse propre ».

La question du domicile est liée à celle du vagabondage. Le Moyen Age a puni celui-ci en Angleterre par le Statute of Labourers plus sérieusement qu'en France : *cf.* M. MOLLAT, *Les Pauvres au Moyen Age : Etude sociale*, 1978, spécialement p. 256-302 ; B. GEREMEK, « Criminalité, vagabondage, paupérisme : la marginalité à l'aube des temps modernes », *Revue d'histoire moderne et contemporaine*, 1974, p. 346-359 ; et *Truands et misérables dans l'Europe moderne (1350-1660)*, 1980 ; Esther COHEN, « Le vagabondage à Paris au XIVe siècle », *Le Moyen Age*, 1982, p. 293-313. L'Eglise se préoccupe des *vagantes ;* les ordonnances royales les font expulser des villes. Les *Etablissements de saint Louis* (I, 38) demandent au prévôt de les « geter » pour « netoier sa juridiction des mauvais homes ». Le *Stylus* de Du Breuil (p. 15) regarde comme vagabond celui dont le domicile est inconnu. Dans la langue de l'époque, rêver a le sens de rôder, vagabonder (J. JUD, « Rêver et desver », *Romania*, 1936, p. 50 ; *cf.* aussi *Romania*, 1943, p. 494) ; c'est l'état de celui qui « vague » dans ses paroles et ses idées, qui peut délirer *(resdier)*, dévier *(desver)*, qui s'égare et sort ainsi de la voie droite. Les vagabonds sont punis de la roue par une ordonnance de 1523, déportés aux colonies par un édit de 1719, condamnés aux galères par une ordonnance de 1764, à un an de prison et à la déportation par la loi du 22 juillet 1791.

Par-delà l'aspect uniquement juridique, le vagabondage, la pauvreté ont donné lieu récemment à de nombreuses études sociales : J.-P. GUTTON, « La société et les pauvres. L'exemple de la généralité de Lyon (1537-1789) », 1970, ou plus spécialisées : J.-L. HAROUEL, « Les ateliers de charité dans la province de Haute-Guyenne », *Travaux et recherche de la Faculté de droit de Paris*, n° 18 ; P. LUNEL, « Le dépôt de mendicité de Perpignan à la veille de la Révolution », bibl. 139, p. 465-477 ; M.R. SANTUCCI, « Les autorités locales du Languedoc face aux dépôts de mendicité. Réalités et opinions », *SHDE*, 1980, p. 159-169. En outre, la question est également étudiée sous son aspect criminel : M. VOVELLE, « De la mendicité au brigandage », *Revue d'histoire moderne et contemporaine,* 1961, p. 4[illegible]3 ; R. LIRIS, « Mendicité et vagabondage en Basse-Auvergne à la fin du XVIIIe siècle », *Revue d'Auvergne,* 1965, p. 65-78 ; P. CRÉPILLON, « Un gibier des prévôts, mendiants et vagabonds entre la Vire et la Dives (1720-1789) », *Annales de Normandie,* 1967, p. 223-252 ; et Y. CASTAN, *Honnêteté et relations sociales en Languedoc (1715-1789),* Paris, 1974.

10. Sur ces réformes, les ouvrages de M. GARAUD, *Histoire générale du droit privé français (1784-1804) :* I. *La Révolution et l'égalité civile* (1953) ; II. *La Révolution et la propriété foncière* (1959) ; III. *La Révolution française et la famille* (publié par R. Szramkiewicz, préface de J. Carbonnier (1978), qui a le mérite de donner à l'histoire politique un cadre juridique qui lui manque trop souvent. Plus rapide, mais vigoureux, P.-P. VIARD, *Histoire générale du droit privé français, 1789-1830.*

Chapitre II

1. E. RIPERT, « Abus et relativité des droits », *Revue critique,* 1929, p. 62, qui ajoute : « Il a fallu limiter cette souveraineté. » Pour Ihering (*L'Esprit du droit romain,* 3e éd., 1888, p. 317-354), « les droits subjectifs sont des intérêts juridiquement protégés ». Savigny et Gierke, au contraire, font appel au « pouvoir de volonté accordé par l'ordre juridique », ce qui a motivé la réaction positiviste de Duguit et de Kelsen, refusant d'admettre la « supériorité d'une volonté ».

La question a fait l'objet d'une importante bibliographie ; elle est aujourd'hui abordée dans toutes les introductions des manuels et traités de droit civil. On peut toutefois se reporter à J. DABIN, *Le Droit subjectif,* 1952 ; P. ROUBIER, « Droits subjectifs et situations juridiques », 1963 ; « Le droit subjectif en question », *Archives de philosophie du droit,* IX, 1964. Michel VILLEY a montré à plusieurs reprises que cette conception du droit subjectif n'était pas romaine ; elle remonterait à Occam ; *cf.,* notamment, *RHD,* 1946-1947, p. 200 ; *Leçons d'histoire de la philosophie du droit,* 1962, p. 221 ; *Mélanges de Visscher,* II, p. 417 ; « La genèse du droit subjectif chez Guillaume d'Occam », *Archives de philosophie du droit,* 1964, p. 97 ; *Seize Essais de philosophie du droit,* 1969, p. 140.

A propos du droit de propriété, on peut consulter la récente thèse de ZENATI, *La Nature juridique de la propriété,* Lyon, 1981, ainsi que les études plus particulières de MICHAELIDES-NOUARIS, « L'évolution récente de la notion de droit subjectif », *Revue trimestrielle de droit civil,* 1966, p. 216 ; R. MARTIN, « De l'usage des droits et particulièrement du droit de propriété », *Revue trimestrielle de droit civil,* 1975, p. 52.

2. Pour Karl Marx (à propos du livre de Kovalevski), la terre ne représente pas une « matière morte » et les hommes sont unis à elle par une « union matrimoniale respectable », ce qui la « poétise » et lui donne une valeur qui n'est pas commerciale. Les historiens marxistes ont repris le problème en le rattachant à celui du féodalisme (GUERREAU, bibl. 441) et en l'infléchissant vers l'anthropologie culturelle : G. GUREVIC, « Représentation et attitude à l'égard de la propriété pendant le haut Moyen Age », *Annales,* 1972, p. 523-547. Il est curieux que l'on

ait généralement ignoré la notion de saisine qui pouvait, sur bien des points, éclairer la recherche ainsi conduite. Cette notion est au centre de toute psychologie du passé et son réalisme suffit à expliquer (sans avoir recours à un « transfert magique ») l'importance des rites et des symboles, parfaitement mise en lumière par J. LE GOFF, *La Civilisation de l'Occident médiéval*, 1965, p. 404 et par L. GÉNICOT, « Valeur de la personne ou sens du concret », *Miscellanea med. J.-F. Niermeyer*, Gröningen, 1967. Si les coutumes primitives aiment les symboles (B. REHFELDT, « Recht, Religion und Moral bei den frühen Germanen », *ZSS*, Germ, 1954), on ne peut, pour rechercher la « mentalité ou la psychologie » des Germains ou des Francs, négliger leurs conceptions juridiques qui sont à la fois très simples et très nettes et, comme on l'a remarqué souvent, mieux exprimées dans les textes germaniques (ou scandinaves) que dans la traduction latine que donnent les *leges*.

3. Situation curieuse de ce mode d'exploitation des étangs ou l'un des propriétaires jouit des produits de la pêche lorsque l'étang est rempli d'eau (évolage) et l'autre assure la mise en culture de l'étang asséché (assec). La pratique caractéristique des étangs des Dombes et de la Bresse est également connue dans le Berry, la Touraine et le Poitou. Elle est fort ancienne et a survécu au cours des siècles, mettant ainsi en évidence la permanence d'une coutume d'appropriation et d'utilisation de l'espace rural. Les problèmes juridiques posés par ces diversités de droits posent encore aujourd'hui des difficultés pratiques. Le juriste hésite à qualifier cette situation : servitude, droit de propriété ; la Cour de cassation a parlé « d'une indivision d'un type particulier ». Ch. BARATIER, *Les Etangs de la Dombes*, Lyon, 1905, et l'ouvrage récent d'ethnologie juridique de L. BERARD, *Terres et eaux en Dombes. Technologie et droit coutumier*, 1982 ; pour une analyse juridique plus générale, J.-L. GAZZANIGA et J.-P. OURLIAC, *Le Droit de l'eau*, 1979.

4. Le rapprochement de la saisine et du fief, au moins dans le Midi, paraît s'imposer ; on a considéré les deux notions d'une manière abstraite sans prendre conscience qu'elles avaient été trop généralement admises pour ne pas répondre à des idées simples. Pour la saisine, l'appel toujours fait au droit germanique a dissimulé ce qu'Ernst LÉVY (bibl. 505, p. 34-61, et surtout p. 96-99) suggère : la notion de saisine est fort proche de la notion de possession du droit vulgaire des IVe et Ve siècles ; celui-ci annonce la théorie du double domaine qui répond à la fréquence des locations perpétuelles. Beaumanoir (n° 1014) distingue dans un sens voisin la « saisine du seigneur » et la « saisine à exploiter ». Il n'est pas jusqu'à la distinction (faite par exemple par la Coutume de Metz ; MEIJERS, bibl. 28, t. II) du « tréfonds » et des « chapteis » ou cateux qui ne réponde à cette dissociation de l'immeuble et des droits personnels qu'il supporte (comme on parle aujourd'hui de la propriété des murs pour l'opposer à la propriété du fonds de commerce).

5. Pierre TOULGOUAT, *Voisinage et solidarité dans l'Europe du Moyen Age*, 1981, relève bien des pratiques encore actuelles liées à l'existence de la *veziau* gasconne cependant que Balon (bibl. 192, p. 26) attribue aux *vicini* « une importance considérable dans l'exercice de la seigneurie foncière », ce qui d'après lui ne peut être que d'origine germanique. On doit rappeler l'existence de cours domaniales où siègent les paysans qui, selon CHAMPEAUX (*Essai sur la* vestitura *ou saisine*, 1899, p. 121), seraient à l'origine de « cycles de saisine » correspondant aux différentes justices : foncière, « cottière » ou populaire, justicière et féodale. Sur

l'existence de ces juridictions populaires on peut alléguer tout à la fois la pratique de l'échevinage (BOUTILLIER, I, 84, p. 489), celle de la mainferme en Hainaut, et les cours de prud'hommes jugeant en Guyenne et en Languedoc les procès sur les tenures. VIOLLET (*BECh*, 1872, p. 54) considérait que les droits des *vicini* avaient été dévolus aux seigneurs et seraient à l'origine du retrait féodal ; plus que d'une dévolution, il s'agit d'une inféodation souvent imposée. Une étude du retrait de voisinage permettrait de poser le problème en termes juridiques. Les coutumes pyrénéennes (Navarre, Soule) paraissent admettre que l'on peut défricher (en basque faire « labaki ») des terres communes mais que les voisins gardent sur elles une sorte de nue-propriété. Il a existé, d'autre part, deux formes de retrait lignager exercées dans des conditions et dans des délais différents : à Cahors, comme en Lorraine, à Bourges ou à Nevers. PARTSCH (bibl. 579) a parfaitement distingué en Valais un retrait des héritiers et un retrait de la communauté de village ou de hameau. Les lois barbares paraissent parfois préférer, pour la succession, les *vicini* aux parents (*cf.* GIERKE, « Erbrecht und Vicinenrecht », *Zeitschrift für Rechtsgeschichte*, 1876, p. 34-281). On doit rappeler les discussions sur la communauté de famille et sur l'inaliénabilité des biens familiaux (d'où la copropriété dite « à main unie » (zu gesammter Hand) en droit germanique). La communauté était admise par Brunner, niée au contraire par Ficker ; l'inaliénabilité, qu'elle résulte du droit ou des mœurs, se retrouve dans les Coutumes du Nord (cf. p. 241) ; elle était si défavorable à l'Eglise que les lois (des Burgondes, des Saxons), les capitulaires et les conciles font de l'aliénation un droit du *liber homo* (ce qui sera souvent repris dans le préambule des actes).

6. La question des communaux devient aiguë avec l'arrivée de Bertin au contrôle général (1759). Déjà un édit du 16 août 1751 avait poussé au défrichement des terres. La grande enquête de d'ESSUILE aboutit à un *Traité politique et économique des terres communes* (1770) qui exalte la propriété individuelle. Des édits pris entre 1769 et 1781 préconisent le partage dans les Trois Evêchés, en Gascogne, en Bourgogne, en Flandre, en Artois, en Cambrésis. Les réticences ou l'hostilité des paysans apparaissent bien dans les cahiers de 1789. La loi du 14 août 1792 décide le partage par tête qui doit être réclamé par les habitants. On a célébré cette loi comme une conquête du prolétariat agricole ; en fait, elle désavantage les plus pauvres qui, au lieu d'une jouissance commune, recevaient un lot de mauvaises terres, vite racheté par les propriétaires riches. L'Empire et la Restauration en revinrent à un partage par maison et parfois au prorata des impôts payés, ce qui favorisait les gros cultivateurs (*cf. Les Paysans* de Balzac). Pour les alpages ou les pâturages de montagne, la Monarchie de Juillet dut rétablir sous forme d'associations syndicales l'indivision entre communes.

7. La sanction de la propriété est en Droit romain, dans la procédure des actions de la loi, le *sacramentum in rem* qui oppose celui qui affirme sa propriété à celui qui la possède (le *beatus possidens*). De là viendra l'action qui sanctionne la propriété prétorienne, la Publicienne, qui fait mieux apparaître le caractère relatif de la propriété : le procès est gagné par celui qui a la propriété la meilleure et la plus probable. Dans le droit franc, l'action pétitoire est fort proche d'une action de vol et la loi des Alamans décrit le combat *(pugna)* qui s'ensuit. Les glossateurs reprennent les règles romaines de la revendication et de la Publicienne : R. BESNIER, bibl. 220, p. 195-222. En fait, sur l'action possessoire, normalement

préalable à une action pétitoire, on invoque des moyens pétitoires (notamment le titre d'acquisition) : d'où le problème du cumul du possessoire et du pétitoire, admis par Martinus et par une décrétale d'Innocent III, *Cum ecclesia*, X, III, 12 : R. BESNIER, bibl. 221, p. 378-408.

8. Le livre de E. de LAVELEYE (*De la propriété et de ses formes primitives*, 4e éd., 1891) reste le meilleur exposé de cette thèse qui avait opposé Fr. ENGELS (*L'Origine de la famille, de la propriété privée et de l'Etat*, 1834) et Sumner MAINE, (*Village, Communities*, Londres, 1871). Le Mir russe serait une communauté de village (ce qui a été contesté par A. TSCHUPROF, *Die Feldgemeinschaft*, Strasbourg, 1902, qui y voit une création tardive des tsars). Les Slaves méridionaux n'auraient connu qu'une communauté de famille. Sur ces théories, outre la critique presque systématique de Fustel de Coulanges, il faut reprendre les livres de LOWIE, *Primitive Society*, New York, 1920 ; trad. franç. 1935, et de MAUSS, *Sociologie et Anthropologie*, 1950.

9. Pour Fustel DE COULANGES, (*L'Alleu et le domaine rural pendant l'époque mérovingienne*, 1922, p. 155), l'alleu est un droit d'hérédité en vertu duquel on tient une terre (mais l'affirmation est quelque peu modifiée dans *Recherches sur quelques problèmes d'histoire*, 1923, p. 242). J. BALON, (bibl. 192, p. 57), après une vive critique des opinions antérieures (et notamment de la théorie de la saisine), veut voir originairement dans l'alleu un « rapport juridique sur une chose, la *terra salica* », un droit, c'est-à-dire une notion abstraite, mais aussi un droit « des guerriers », différent du « régime foncier vulgaire » et désignant le « domaine seigneurial par excellence » (ce qui, en tout cas pour le Midi, n'est pas exact). L'idée, fort contestable, est celle d'une seigneurie originaire « allodiale et salique ». La question est liée à l'existence aux IXe et Xe siècles de petits propriétaires indépendants et nantis, comme propriétaires, de pouvoirs quasi seigneuriaux : *cf.* L. VANDERKINDER, « Liberté et propriété en Flandre du IXe au XIIe siècle », *Bulletin de l'Académie royale de Belgique Lettres*, 1906, p. 273, et, sous le même titre, H. Pirenne, même *Bulletin*, 1911, p. 56 et 273. Dans le Midi, en Rouergue notamment, OURLIAC, *Le Cartulaire de la Selve*, (sous presse). Le propriétaire de l'alleu exerce des pouvoirs qui seront tardivement assimilés à la seigneurie. L'étude toujours citée de E. CHENON, *Etude sur l'histoire des alleux en France*, 1888, reprise dans *Les Démembrements de la propriété foncière*, 1923, est vieillie ; mieux vaut se reporter à R. BOUTRUCHE bibl. 236. Sur le sens originaire de *alod* (métathèse, a-t-on dit de *odal*, qui signifierait à l'origine, « noblesse », « lignée », « richesse ») et l'opposition à *feod* (qui, semble-t-il exprimerait l'usage temporaire d'un bien) la discussion est toujours ouverte. Sur la polysémie du mot, Niermeyer, *Lexicon*, v° *alodis*.

10. La meilleure étude sur le double domaine demeure : Ed. MEYNIAL, « Notes sur la formation de la théorie du domaine divisé (domaine direct et domaine utile) du XIIe au XIVe siècle dans les romanistes : étude de dogmatique juridique », bibl. 141, Montpellier, 1908, t. II, p. 409-461. *Cf.* H. COING, « Zur Eigenthumslehre des Bartolus », *ZSS, Rom.*, 1953, p. 348-371.

Chapitre III

1. L'énumération des droits prétendus par l'empereur a été donnée par la célèbre diète de Roncaglia en 1158 qui énumère les voies publiques, les fleuves navigables, les ports, les tonlieux, les biens vacants et les biens des condamnés, les mines métalliques, les revenus des pêches et salines, la moitié des trésors : *Libri feudorum,* II, 56.

2. Le délai d'an et jour répond bien aux besoins d'une communauté étroite. César (*De bello gallico,* VI, 22) et Tacite (*Germ.*, 26) paraissent admettre que les terres étaient distribuées chaque année *(arva per annos mutant)*. L'étranger de la loi salique doit être admis dans l'année là où il vient s'établir (p. 195). La généralisation du délai d'an et jour, aussi bien dans le Nord que dans le Midi, montre bien son importance : il est appliqué au retrait lignager, aux successions vacantes, aux choses perdues, à l'établissement d'une communauté et aussi à la péremption des actions (Loisel, n°s 700, 701 ; Champeaux, *Essai sur la vestitura ou saisine,* p. 370-439). Il est, d'autre part, très net que la brièveté de ce délai heurte les Visigoths (*Lex visig.*, X, 2-5) et les Burgondes (*Lex burg.*, LXXIX, 3) plus romanisés. Un édit de Childebert porte le délai de prescription à dix ou vingt ans. Les capitulaires sur l'*aprisio* exigent des possesseurs une prescription de trente ans. Au contraire, le délai d'an et jour paraît triompher à partir du Xe siècle, ce qui est bien le signe que la violence et les spoliations sont devenues courantes.

3. Le « secret des familles » concerne les ventes, souvent considérées comme nécessaires, plus que les donations, que bien souvent les familles réprouvent. L'ordonnance de Villers-Cotterets (art. 132) et l'ordonnance de 1731 soumettent les donations à l'insinuation (*cf.* p. 349). La crise immobilière du XVe siècle (Olivier-Martin, bibl. 148, t. II, p. 35) suscita tant de désordre que Henri VI d'Angleterre ordonna la publicité des hypothèques et des rentes par un édit du 27 mai 1424 en reprenant les dispositions des coutumes de nantissement. Charles VII tenta de maintenir ce système. La question était liée à la publicité des rentes qui étaient la forme la plus ordinaire de crédit. Un édit du 3 mai 1553, qui imposait la publicité de tous les actes transférant un droit réel, ne fut pas appliqué. La disposition fut reprise pour des raisons fiscales par des édits de 1703 et 1705.

4. La force de la tradition était si grande que la publicité des droits réels ne sera imposée et à l'égard des tiers que par la loi du 23 mars 1855 sur la transcription. Lors du vote du Code civil, on refusa d'admettre la publicité des hypothèques au nom de la liberté des conventions. En cela, le Code civil renchérissait sur le Droit romain : à Rome, la propriété est un pouvoir, *dominium, manus, potestas ;* en 1804, elle est un droit, ce qui indique bien l'influence de l'école de Grotius et aussi celle de Bonaparte pour qui les « petits propriétaires sont les plus fermes appuis de la sûreté et de la tranquillité des Etats ».

5. Il ne semble pas que le retrait ait pu exister avant le Xe siècle. Les lois barbares (sauf la loi des Saxons qui est tardive) n'en parlent pas, peut-être parce que la publicité donnée aux aliénations le rendait sans objet. La tradition de libre aliénation est affirmée dans le préambule de nombreuses chartes, comme dans le *Petrus* (I, 6) ; mais celui-ci, comme le *Code théodosien* (III, 1, 6) et les *Institutes* de Justinien (IV, 38, 14) rappelle que certaines Coutumes admettent qu'un frère ne peut vendre qu'à un frère et un indivisaire à son associé. L'*interpretatio* de la

loi des Visigoths, modifiant le sens de la loi romaine, indique que la vente n'est possible que *pro quacumque necessitate.* Au Xe siècle, les liens familiaux ont pu devenir plus forts ; surtout les réclamations sont devenues plus fréquentes du fait que l'acte privé avait perdu son ancienne force.

6. L'étude de F. Garrisson est particulièrement suggestive par le nombre des textes réunis. Les retraits de denrées prévus dans de nombreuses chartes urbaines paraissent bien répondre à la même conception communautaire que le retrait de voisinage et il est à noter qu'ils existent dans les mêmes régions (avec une netteté particulière en Labour et à Bayonne dont la Coutume, qui date du XVIe siècle, indique nettement « le besin sie prefferit à l'estranger »). Il est, d'autre part, bien remarquable que le même droit de retrait des vivres soit prétendu par le seigneur et par la communauté, celui-là ayant pu se substituer à celle-ci (P. OURLIAC, bibl. 568).

Chapitre IV

1. Le *De vita sua* de Guibert de Nogent, écrit en 1115 par un clerc fort érudit, est sans doute la meilleure illustration de cette permanente confusion du moral et du social et de l'effort des clercs pour moraliser les liens familiaux. La beauté physique ne peut appartenir qu'à celui qui est noble par la naissance et par le cœur. Les barons du Beauvaisis qui luttent sans merci ne sont que des bouchers *(tali carnificinæ interfuit)*. Les cousins de Guibert sont des guerriers cruels, des brutes qui ignorent Dieu *(cæteros generis mei aut animales et Dei ignaros, aut efferos armis et caedium reos)*. Entre eux existe une complicité parfaite quand il s'agit, par exemple, d'obtenir un bénéfice ecclésiastique. Le diable inspire aux clercs la luxure, aux seigneurs la cruauté et la bigamie, à tous les pratiques païennes ou magiques : E.R. LABANDE, « L'art de Guibert de Nogent », bibl. 106, p. 608-615 ; G. DUBY (bibl. 354), p. 151-172 ; J. BENTON, *Self and Society in medieval France,* New York, 1970 (dont les interprétations sont à vrai dire assez divergentes).

2. La question doit être traitée « avec prudence » (POLY et BOURNAZEL, bibl. 151, p. 184). Le resserrement, vers l'an mil, des lignages et des « frairesches » a été bien souvent signalé après DUBY (bibl. 350, p. 395) et BONNASSIE (bibl. 230, p. 258). Il est certain que la famille intervient plus fréquemment dans les actes à raison de la ruine de toute justice publique. Dans l'Ouest, le parage apparaît vers 1060 (LEGOHEREL, bibl. 498). DUBY (bibl. 351) insiste d'autre part sur la politique des « lignages aristocratiques », systématiquement hostile, jusque vers 1175, au mariage des cadets qui, si elle a existé, est loin d'être générale. L'« imaginaire » est beaucoup mieux exprimé, croyons-nous, par les chansons de geste ; leur fondement historique ne paraît pas douteux (*cf.* sur Girart de Viane, P. LOUIS, *De l'histoire à la légende,* 1946) et elles traduisent bien les mythes qui dominent les XIe et XIIe siècles : la vertu héréditaire du lignage, la solidarité nécessaire de ses membres, l'honneur familial qu'ils défendent en commun. L'idée très forte est celle d'une saisine commune du patrimoine qu'expriment le droit de succession et la quasi-indisponibilité des biens familiaux. Dans le Midi toulousain on peut, grâce

aux clauses des actes privés, dater exactement cette intervention nouvelle de la famille des règnes d'Hugues Capet et de Robert le Pieux. La bibliographie la plus récente est donnée par R. Fossier (bibl. 121, p. 905), qui marque bien, d'autre part, la « confusion », les « contradictions », les « ambiguïtés » auxquelles aboutit la substitution d'une étude des mentalités à des principes juridiques ; ainsi en est-il des règles successorales qui ne sont pas « un moulin qui tourne à vide » ; Boutruche, qui l'affirmait (bibl. 238, t. II, p. 234), ajoute honnêtement qu'il « se condamne à n'être jamais dans le vrai ».

3. L'ampleur de la famille doit dépendre bien souvent de l'étendue du domaine à cultiver. Le type de la famille conjugale aurait prévalu de l'Anjou à la Lorraine (sauf à faire place aux grands-parents, mais suivant les calculs de Fourastié bien peu dépassaient l'âge de soixante ans). Au contraire dans le Centre, et surtout en pays d'élevage, le groupe familial serait plus étendu : en Poitou, par exemple, le remembrement des exploitations imposait une main-d'œuvre plus importante. La même constatation peut être faite en pays de droit écrit, le type le plus normal paraissant être l'association des parents et d'un jeune ménage. En Valais, dans les vallées des Alpes ou des Pyrénées, la maison, dévolue à l'aîné (ou héritier) est un refuge en cas de malheur. En Corse, la maison est agrandie ou exhaussée d'un étage pour recevoir une nouvelle génération. Les études de J. Hilaire (bibl. 451 et 453) font bien apparaître qu'à la fin du Moyen Age, beaucoup de communautés, là même où elles n'étaient pas pratiquées anciennement, sont stipulées par les parties. Il s'agit de véritables sociétés d'exploitation, le plus souvent familiales, placées sous l'autorité du père et parfois de la mère, créées par contrat et, de ce fait, fragiles, liées au régime matrimonial plus qu'au droit successoral : ce sont des sortes de groupements agricoles d'exploitation en commun rendus nécessaires par les nouveaux défrichements de l'époque et par l'étendue des terres. Les règles peuvent varier, comme le montre Hilaire (bibl. 453) d'un village à l'autre. Il faut toujours distinguer ce qui est dû à ces nouveautés des XVe et XVIe siècles et le fonds de traditions communautaires qui est à l'origine de beaucoup de règles coutumières (*cf.* Gaudemet, bibl. 407).

4. Pour les canonistes, l'enfant prend place de plein droit dans la famille ; la légitimation est un effet nécessaire du mariage et Alexandre III (X, IV, 17, 1) ordonne aux évêques d'imposer cette règle aux juges laïques : la légitimation n'est pas une fiction ou une faveur de la loi ; elle est un effet naturel du sacrement, *tanta est vis sacramenti.* La *Summa de legibus* (XXV), Beaumanoir (n° 600) exigent une formalité ou une déclaration, et la pratique laïque, à partir du XVIe siècle, récusant l'autorité des Décrétales, marque une nette défaveur à l'institution, notamment au cas de mariage secret ou de mariage *in extremis* (édit de mars 1697) ou au cas où le mariage était impossible au jour de la conception de l'enfant. Les conclusions célèbres prises par Daguesseau, dans l'affaire du mariage de Scaramouche et de Marie Duval, prouvent l'hostilité des gallicans aux solutions plus favorables du droit canonique. En qualifiant le mariage de contrat et en assimilant les bâtards aux enfants légitimes, le décret du 4 juin 1793 supprima logiquement la légitimation. Suivant la tradition populaire, les enfants « nés avant le mariage mis sous le voile sont légitimés » (Loisel, n° 63) : le poêle, ou voile, placé d'après les usages germaniques sur la tête des époux, devient, dès saint Ambroise, la *velatio nuptialis :* le voile cache les mariés en signe de pudeur et

de fécondité et, suivant les théologiens, il figure le lit conjugal. Il existe, d'autre part, une légitimation par rescrit du prince connue déjà de Justinien et reprise par le pape et par le roi : Innocent III légitime les enfants de Philippe Auguste mais non les enfants du seigneur de Montpellier (Décrétale *Per venerabilem,* X, IV, 17, 13) : le droit de légitimer les bâtards est en effet lié à la souveraineté (L. DELBEZ, *De la légitimation par « lettres royaux »,* 1923). Les effets de cette légitimation furent progressivement réduits, l'enfant pouvant succéder à ses parents et non à ses grands-parents. *Cf.*, surtout, GÉNESTAL, bibl. 417.

5. La fonction actuellement tenue par la légitimation adoptive est tenue par la « donation d'enfant » : il s'agit d'une véritable donation consentie par les parents ou par une œuvre charitable et passée, dans le Midi, devant notaire. L'enfant donné ne fait pas partie de la famille, ne prend pas le nom de son père nourricier et n'acquiert aucun droit de succession. Le donateur peut être le père de l'enfant qui, par ce placement, pourvoit à son avenir en promettant, s'il s'agit d'un bâtard, de l'établir ou de le doter. Ainsi à Avignon (manuscrit bibliothèque Calvet, n° 2812, fol. 218), Astorge de Passis, riche bourgeois, donne sa fille *noviter nata et per ipsum procreata* à un ménage de bonne réputation et promet de pourvoir à son entretien. La pratique de ce que les rédacteurs du Code civil (FENET, t. X, p. 247) ont appelé la « quasi-adoption des campagnes » est courante ; les établissements de bienfaisance recueillent en principe les orphelins mais non les bâtards : à Lyon, par exemple, l'aumône générale étudiée par P. GONNET (2 vol., 1935). A Avignon, il fallut un rescrit de Sixte IV du 4 octobre 1481 pour imposer à la ville de recevoir dans son orphelinat les enfants trouvés. Ceux-ci représentent une charge pour les communautés qui ne cessent de se plaindre et, en Bretagne, demandent que l'on procède d'office à une recherche de paternité.

6. D'une bibliographie immense, on peut retenir les communications du colloque de Poitiers, bibl. 119 et de Paris, bibl. 117, K. BUCHER, bibl 258, E. POWER, bibl. 626 et quelques études récentes particulières : R. METZ, « Recherches sur le statut de la femme en droit canonique : bilan historique et perspectives d'avenir. Problèmes de méthode », *L'Année canonique,* 1968, p. 85-113 ; C. ERICKSON et K. CASEY, « Women in the Middle Ages. A working bibliography », *Medieval Studies,* 1975, p. 340-359 ; « Women in medieval society », *Recueil d'études,* éd. S. Mosher-Stuard, Philadelphie University of Pennsylvania, 1976 ; F. DARMON, *Mythologie de la femme dans l'Ancienne France,* 1983. L'exemple souvent cité de la Normandie est fort révélateur, la femme est bien considérée comme un être inférieur qui doit toujours être « tenue en main » et « gardée » par sa famille ; elle ne peut ester en justice ni pour une action comportant le duel judiciaire, ni même pour une simple *querela ;* en matière pénale, le mari peut prendre sa défense, ou, au contraire, refuser de le faire ; en matière civile, la femme ne peut plaider sans avoir un garant (R. GENESTAL, « La femme mariée dans l'ancien droit normand », *RHD,* 1930, p. 472-507). Là où la famille défaille, le duc y supplée, pour les veuves comme pour les pupilles (*Summa,* XXVII, 1). Logiquement, les auteurs anglais ont appliqué ces principes et, puisque la femme est avec son mari une « seule chair », admis la « conjugal unity ». En fait, cependant, la femme a si bien une capacité qu'elle possède un sceau au moins depuis 1200 et qu'elle intervient à côté de son mari : d'où la légende de certains sceaux, « S. N. sa femme ».

7. On peut, sans hasarder, comme D. HERLIHY, *Traditio,* 1962, p. 89, des

statistiques (discutées par TOUBERT, bibl. 671, p. 736), affirmer que les femmes détiennent personnellement beaucoup de terres ; quant à la disposition de ces biens, elle est très diversement traitée par les Coutumes ; il ne s'agit, semble-t-il, ni de biologie, ni de situation conjoncturelle due au régime foncier (FOSSIER, bibl. 384, p. 933), mais de traditions ethniques dont le secret gît plus profond que les lois.

8. Pour le Forez, par exemple, l'étude de H. RICHARDOT, (bibl. 632) fait bien apparaître le sort fait par la pratique aux règles romaines sous la double action du juge (qui choisit le tuteur et contrôle son action) et de la famille (qui intervient pour la délation de la tutelle et aussi, même s'il est sorti de tutelle, pour tout ce qui concerne le mineur). Parfois la curatelle n'est pas organisée et le mineur de vingt-cinq ans agit seul. En revanche, la forme est romaine et le Droit romain est sentencieusement invoqué dans les préambules. Le fait que les nobles, les bourgeois et roturiers soient soumis aux mêmes règles est propre au Midi et les termes de *baylia* ou *garda,* partout employés au Moyen Age, n'ont aucune connotation sociale.

9. L'Eglise, anciennement hostile au serment pour valider une promesse, l'admet vers le XIe siècle ; il est prêté « corporellement » sur l'Evangile (et il est fréquent que le début de l'Evangile de Jean soit copié sur la première page des registres des notaires du Midi pour recevoir le serment des parties). Le serment engage le salut éternel ; il peut être prêté par des enfants pubères qui (suivant l'authentique *Sacramenta puberum* que l'empereur Barberousse fit insérer à Roncaglia dans le *Corpus juris* de Justinien) peuvent ainsi s'engager en renonçant aux lois romaines qui les protégeaient (Beaumanoir, n° 563). C'était leur reconnaître, en fait, une pleine capacité, ce que les auteurs français jugent « odieux ». La pratique du Midi admit même le double serment : le premier par lequel le mineur renonce au bénéfice de minorité et à la *restitutio in integrum* et qui l'assimile à un majeur, le second par lequel il renonce à toutes les causes de nullité que pourrait invoquer un majeur, par exemple du fait de la violence ou du dol qu'il aurait subis. On donnait ainsi au mineur une liberté entière. En Languedoc, en Provence et en Dauphiné, le mineur ou sa famille pouvaient obtenir de l'évêque une dispense de serment. De son côté, la chancellerie royale délivre, au moins dès le XVe siècle, des lettres qui permettent de revenir sur une renonciation jurée et qui rappellent les « rules of equity » du droit anglais. *Cf.* sur les renonciations, l'article inégalé de E. MEYNIAL, bibl. 543 ; sur le double serment, P. OURLIAC, bibl. 559, p. 63-75.

Chapitre V

1. L'attitude de l'Eglise à l'égard des bâtards a été indiquée p. 260. On confond dans une même réprobation les histrions, mimes, jongleurs, goliards (métiers interdits aux clercs) et les prostituées. Celles qui étaient « incorrigibles » devaient être excommuniées, mais en souvenir de Marie-Madeleine (identifiée à la pécheresse de Luc, VII, 36-50), elles méritent la compassion, ce qui apparaît dans l'attitude des ordres religieux (Fontevrault, Cîteaux), mais aussi chez Gratien : J.-

A. Brundage, « Prostitution in the Medieval Canon Law », *Journal of Women in Culture and Society*, 1976, p. 827 ; et *Revue de droit canonique*, 1978, p. 71 ; de très intéressants développements sur le mariage de la pécheresse (J. Leclerq, bibl. 492).

2. Les nombreuses études qu'a consacrées J. Gaudemet à la formation du droit canonique sont réunies (bibl. 408) avec une copieuse bibliographie. L'Eglise concilie le consensualisme romain, la tradition germanique et le courant judéo-patristique.

3. J.-B. Molin et P. Mutembe, bibl. 548 ; Sheehan, bibl. 654, p. 27. La présence du prêtre est plus nette au XIIe siècle d'après les miniatures : le prêtre, dans les miniatures du Décret de Gratien par exemple, est au centre et bénit les époux (*cf.* manuscrit bibliothèque Reims 697, fol. 164, v°). La liturgie change également : des prières sont dites pour que les époux « aient toujours l'un pour l'autre l'amour mutuel librement choisi ». Autant que d'affirmer le caractère religieux du mariage, il s'agit de marquer que la liberté des époux, interrogés par le prêtre, est entière. *Cf.* J. Turlan, bibl. 675.

4. Il semble bien que ces règles, notamment la publication des bans, étaient partout fort mal appliquées. Dans l'idée populaire, la consommation demeurait essentielle au mariage. Le mariage est toujours l'occasion de fêtes qu'ont étudiées les folkloristes. L'Eglise a, d'autre part, repris des rites romains (l'anneau) ou germaniques (la pièce de monnaie) et lié la *benedictio* à la *desponsatio puellae,* qui serait d'origine germanique et aurait parfois imposé la présence d'un « intercesseur », rappelant l'*orator* du droit lombard.

5. L'édit fut rendu à la demande du connétable de Montmorency qui voulait faire annuler le mariage (non consommé) de son fils pour qu'il épousât une fille naturelle du roi (H. Morel, bibl. 139, 1979, p. 555-576). Le mariage de Gaston d'Orléans avec la fille du duc de Lorraine fut annulé en 1634 pour défaut de consentement du roi. A cette occasion, Richelieu admet, en réponse à la protestation du pape, la distinction du contrat et du sacrement, ce qui devait être repris par l'Assemblée du clergé : B. Perrin, « Le mariage du duc de Guise (1641) », bibl. 190, p. 1369-1394 ; H. Gilles, « Mariages de princes et dispenses pontificales », bibl. 140, p. 295-308.

6. Le douaire appartient à l'origine au droit des nobles et J. Yver montre bien la « sorte d'affinité (qui existe) entre le douaire et le fief » (bibl. 707, p. 205). Suivant un proverbe allemand, le « douaire est le fief des femmes ». Cependant, les fiefs à l'origine ne peuvent être grevés de douaire ; la règle existe dans les *Libri feudorum* (I, 9, 1) et il en reste des traces en Touraine-Anjou (*Etablissements de saint Louis,* t. II, p. 210), comme pour les grandes seigneuries (Beaumanoir, bibl. 4 n°s 439 et 454). Le Parlement juge en 1282 (*Olim,* t. II, p. 208) que la veuve peut habiter le château mais n'a aucun droit sur lui.

7. Le sort fait aux meubles au XIIIe siècle prouve bien qu'il n'existe aucune idée d'ensemble du régime de communauté. L'idée première est d'attribuer les meubles au mari (Beaumanoir, bibl. 4, n° 930) ou, après la mort de l'un des époux, au survivant. Il peut y avoir communauté continuée avec les enfants (p. 322) et au cas de remariage communauté tripartite, les enfants du premier lit ne comptant que pour un tiers. Dans l'Ouest prévaut l'idée d'un partage par tiers (p. 330) qui doit répondre à l'idée d'une communauté entre parents et enfants. Il

s'agirait d'un droit roturier qui a laissé des traces partout (Ch. ASTOUL, *Travaux de la semaine de Guernesey,* 1928, p. 57-83 ; *Coutume de Bretagne,* XLII ; *Jostice et Plet,* XII, 24 ; *Etablissements de saint Louis,* t. III, p. 121), et se retrouve en Angleterre, dans les *Usages de Barcelone,* en Sicile ou en Allemagne.

8. On a souvent répété, après le *Grand Coutumier* (p. 375) que ce droit avait été reconnu aux femmes des croisés pour les protéger contre les dettes inconsidérées que contractaient leurs maris (LOISEL, bibl. 64, n° 96). GUILHIERMOZ (*BECh,* 1883, p. 496) y voyait, au contraire, la preuve qu'anciennement les nobles seuls jouissaient d'une pleine liberté. L'affirmation contient au moins une part de vérité : si la communauté appartient au droit roturier, le privilège de renonciation (aux dettes) est lié au préciput du conjoint noble et aux règles de la garde noble qui confère au gardien tous les meubles de l'enfant mineur. L'explication paraît bien donnée par BEAUMANOIR (bibl. 4, n° 629) qui indique qu'entre gentilshommes, le douaire et la garde règlent le sort de la veuve et des enfants.

Chapitre VI

1. Les études sur la mort sont aujourd'hui fort nombreuses ; celles déjà mentionnées de Ph. ARIÈS, (bibl. 172 et bibl. 173) doivent être complétées par son dernier ouvrage iconographique *Images de l'homme devant la mort,* 1983 ; les travaux de M. VOVELLE, « Vision de la mort et de l'au-delà en Provence d'après les autels des âmes du purgatoire XVe-XXe », 1970 ; « Piété baroque et déchristianisation. Les attitudes mentales devant la mort en Provence au XVIIIe siècle », sont repris et développés dans sa récente synthèse, *La Mort et l'Occident de 1300 à nos jours,* 1983. On peut mentionner également, F. LEBRUN, *Les Hommes et la mort en Anjou aux XVIIe et XVIIIe siècles. Essai de démographie et de psychologie historique,* 1971 ; *Autour de la mort,* numéro spécial des *Annales,* 1976 ; P. CHAUNU, *La Mort à Paris, XVIe,* XVIIe *et XVIIIe siècles,* 1978 ; R. FAVRE, *La Mort au siècle des Lumières,* 1978 ; *Le Sentiment de la mort au Moyen Age,* 5e colloque de l'Institut d'études médiévales de l'Université de Montréal, Montréal, 1979 ; M. Th. LORCIN, *Vivre et mourir en Lyonnais,* CNRS, 1981, et la réédition de l'ouvrage classique de A. TENENTI, *La Vie et la mort à travers l'art du XVe siècle,* 2e éd., 1983.

2. Les règles de dévolution aux fiefs au XIe siècle sont presque ignorées, ce qui tient aux lacunes des actes mais aussi au fait que ces règles sont encore très incertaines. Les chansons de geste opposent souvent la liberté de choix du seigneur aux égards qu'il doit avoir pour les enfants de son vassal. Leur témoignage mériterait d'être mieux étudié et, surtout, mis en rapport avec les diverses coutumes successorales. Dans Raoul de Cambrai, le roi Louis promet à Gibouin des fiefs en Cambrésis et en Vermandois dont les possesseurs viennent de mourir. C'est bien l'attitude de la plupart des seigneurs qui, à la mort de leur vassal, disposent de leurs biens : vers 1005, Guillaume (III) le Grand, comte de Poitiers, promet successivement Châtellerault et Parthenay à Hugues de Lusignan, mais les châteaux reviennent néanmoins au fils du précédent vassal. En Poitou également, la prééminence de l'aîné se manifeste au XIe siècle par le titre de *primogenitus* que

lui donnent les actes. L'indivisibilité du fief étant admise, l'aînesse peut prendre bien des formes. Le *Vieux Coutumier de Poitou* (éd. Filhol, 1956, art. 564) indique encore que dans l'est et le nord du pays (Lusignan, Melle, Châtellerault), les fiefs, sauf un faible préciput à l'aîné, se partagent également. Dans les mêmes régions avait existé au XIIe siècle un régime de coseigneurie ou de parage. Dans la famille des vicomtes de Thouars, le système adopté au début du XIe siècle est celui de la dévolution de frère à frère *(tanistry)*. Viollet y voyait une influence celtique (« Mémoire sur la tanistry », dans *Mémoires de l'Académie des Inscriptions*, t. XXXII, 1891, p. 5-45). M. GARAUD (*Les Châtelains de Poitou et l'avènement du régime féodal XIe et XIIe siècles*, 1965, p. 77) plutôt un souvenir du vieux fonds germanique. Il se peut qu'il s'agisse simplement d'une solution toute pragmatique : l'oncle est plus âgé que le neveu et capable d'imposer son autorité. Le *Vieux Coutumier* (art. 582) reconnaît aux puînés un « viage ou retour » qui est un droit d'usufruit et interdit en fait au détenteur du fief toute aliénation (M. GARAUD, « Le viage ou retour », *Mémoires de la Société des Antiquaires de l'Ouest*, 1921).

3. L'aînesse absolue, même en roture, apparaît dans les régions les plus diverses ; elle est ancienne dans les régions pyrénéennes et peut jouer même en faveur de la fille aînée (p. 114). En Basse-Bretagne, certains usements admettent la transmission de la tenure à convenant au plus jeune des fils, le juveigneur, et à défaut de fils à la dernière des filles ; s'il y avait plusieurs tenures, le plus jeune choisissait le premier ; s'il n'y en avait qu'une, il devait loger ses frères et sœurs dans la maison paternelle, ce qui est une réplique inversée de l'aînesse féodale. Le droit alsacien connaît des règles analogues. Sur le droit de mainеté : p. 322. On a voulu trouver à cette succession du plus jeune des origines celtique, saxonne ou frisonne : il s'agit bien plutôt de règles liées à la pratique des communautés roturières ou serviles.

4. Les premières armoiries sont attestées à la fin du XIe siècle ; elles paraissent bien être liées à la possession d'un fief ou d'une terre et garderont longtemps un caractère réel. Seul le chef de famille peut porter les armoiries pleines ; le fils aîné ne peut les prendre qu'à la mort de son père ; les puînés doivent les briser ou les surbriser (la brisure la plus noble étant le lambel) ; les femmes ne peuvent y prétendre mais si elles sont seules héritières d'un fief, elles peuvent les transmettre à leur mari : les fils puînés de Henri Ier et de Louis VI porteront ainsi les armes de Vermandois et de Courtenay dont ils avaient épousé les héritières. Les règles anciennes sont reprises par quelques Coutumes rédigées – la dévolution des armes ne suivant pas les mêmes règles que la dévolution des biens ; les Coutumes de Sens (art. 192) et d'Auxerre (art. 254), par exemple, qui admettent le partage en ligne collatérale, accordent les pleines armes à l'aîné. Le droit exclusif de l'aîné existe dans les Coutumes du Centre (Auvergne, art. 51 ; Bourbonnais, art. 301) et du Nord (Hainaut, X, 8 ; Bar-le-Duc, IX, 111) : R. CHABANNE, *Le Régime juridique des armoiries*, Lyon, 1954.

5. On doit toujours se reporter aux beaux travaux de A. GOURON, « Les étapes de la pénétration du Droit romain au XIIe siècle dans l'ancienne Septimanie », *Ann. Midi*, 1957, p. 103-120 ; « Remarques sur les influences italiennes dans la pratique juridique du Midi de la France au XIIe siècle », *I Glossatori*, Convegno Milan-Varennes, 1971, 1974, p. 71-83. Une discussion classique oppose les partisans de la disparition du testament (R. CAILLEMER, bibl. 264 p. 294 ; CHEVRIER, bibl.

296, p. 10) et les partisans de la survie (H. AUFFROY, bibl. 187, p. 448 ; TISSET, bibl. 669, p. 71 ; G. BOYER bibl. 242, p. 2). En Languedoc, en Rouergue, en Provence, l'existence, aux Xe et XIe siècles, du testament est certaine ; les formes romaines sont souvent abandonnées mais l'idée de révocabilité demeure. Le testament est le plus souvent oral et il ne peut être connu que par la publication qui en est faite : R. FOREVILLE, « Les testaments agathois du Xe au XIIIe siècle », *c.r. Inscriptions*, 1962, p. 18-33 ; *Bulletin philosophique et historique*, 1961, p. 357-388. Sur le Lyonnais, ABOUCAYA, bibl. 166 ; sur le Forez, GONON, bibl. 429. L'étude du testament s'est depuis longtemps doublée d'une étude sociale ; ainsi les travaux de R. AUBENAS (bibl. 88 et 178) sont désormais classiques ; on peut ajouter le recueil collectif publié à son intention sous la direction de A. RAMIÈRE DE FORTANIER, *Testaments provençaux au Moyen Age*, Avignon, 1979. Il faut citer notamment, les études de M. GONON, *Des legs aux* spurii, *SHDE*, 1955 et, surtout, *La Vie quotidienne en Lyonnais d'après les testaments, XIVe-XVIe siècle*, 1969 ; P.-L. MALAUSSENA, bibl. 528 ; B. SAINT-PIERRE, *Mourir au XVe siècle. Le Testament de Jeanne d'Entrecasteaux, le sentiment de la mort au Moyen Age*, p. 57-96, ainsi que la plupart des ouvrages mentionnés en note.

6. L'histoire des mentalités et en particulier des mentalités religieuses s'est enrichie de l'étude des testaments ; d'une bibliographie importante, on peut retenir, outre les ouvrages de M. Vovelle, mentionnés, note 1, R. BOUTRUCHE, « Aux origines d'une crise nobiliaire : donations pieuses et pratiques successorales en bordelais du XIIe au XVIe siècle », *Annales*, 1939, p. 161-177, p. 257-273 ; R. FOLZ, « L'esprit religieux du testament bourguignon au Moyen Age », *MHDB*, 1955, p. 7-28 ; M. GONON, « La vie religieuse en Forez au XIVe siècle, d'après les testaments », *Archivium latinitatis Medii Aevi*, 1960 ; N.S. de NUCE DE LAMOTHE, « Piété et charité publique à Toulouse, de la fin du XIIIe au milieu du XVe siècle d'après les testaments », *Ann. Midi*, 1964 ; M. Th. LORCIN, « Les clauses religieuses dans les testaments du plat pays lyonnais aux XIVe et XVe siècles » *Le Moyen Age*, 1972, p. 287-323 ; N. COULET, « Jalons pour une histoire religieuse d'Aix au bas Moyen Age (1350-1450) », *Provence historique*, 1972 ; M. BASTARD-FOURNIE, « Mentalités religieuses, aux confins du Toulousain et de l'Albigeois, à la fin du Moyen Age », *Ann. Midi*, 1973 ; M.L. CARLIN, « Quelques aspects de la vie religieuse à Nice d'après les testaments (XIVe-XVe siècle) », bibl. 138, p. 121-142 ; M. GONON, « Enregistrement de prêtres foréziens du XIIIe au XVIe siècle », bibl. 138, p. 351-361 ; G. SICARD, « Pratiques testamentaires et attitudes religieuses à Toulouse à la fin de l'Ancien Régime », bibl. 113, II, p. 271-287 : « Testaments et déchristianisation à Toulouse durant la Révolution », bibl. 144, p. 421-437. Vovelle distinguait un recul du sentiment religieux entre 1710 et 1740, une résurgence de 1740 à 1760 et une « universelle débâcle » après cette date. Agulhon a bien montré, d'autre part, la laïcisation des confréries (*Pénitents et Francs-Maçons de l'ancienne Provence*, 1968). Les documents judiciaires permettent d'apporter quelques nuances : on critique les décimateurs qui n'entretiennent pas, comme ils y sont obligés, les chœurs des églises, ou ne fournissent pas les ornements ; le peuple est « intégriste » et n'admet aucun changement des cérémonies du culte mais critique volontiers les curés et plaide à l'occasion contre eux pour demander que le service paroissial soit mieux assuré : J.-L. MESTRE, « A propos de la déchristianisation de la Provence au XVIIIe siècle », bibl. 139, p. 519 ;

J. Delumeau, « A propos de la déchristianisation », *Revue d'histoire moderne et contemporaine*, 1975, p. 52-60. Les testateurs paraissent surtout préoccupés des « honneurs funèbres » qui leur seront rendus, mais prévoient aussi de nombreux legs charitables (dot aux filles pauvres, legs aux domestiques). Les formules peuvent être aussi bien interprétées comme la preuve d'un conformisme religieux que d'une piété verbale.

BIBLIOGRAPHIE

LES SOURCES

1. ADALBERON DE LAON, *Poème au roi Robert*, Cl. CAROZZI, éd. 1979 (Classiques de l'histoire de France au Moyen Age, 32).
2. ABLEIGES (J. d'), *Le Grand Coutumier de France*, LABOULAYE et DARESTE éd., 1868.
3. ARGENTRÉ (Bertrand d'), *Œuvres complètes* comprenant des commentaires sur la Coutume de Bretagne (rédaction de 1539) et des traités spéciaux, éd. de 1608, 1614, 1641, 1646.
4. BEAUMANOIR (Philippe de), *Coutumes de Beauvaisis*, texte publié par SALMON (A.), 2 vol., 1899-1900 (collection de textes pour servir à l'étude et à l'enseignement de l'histoire) ; t. III, *Commentaires historiques et juridiques* par HUBRECHT (Georges), 1974.
5. BOURJON, *Le Droit commun de la France et la Coutume de Paris réduits en principes*, 1747, 2 vol. in fol., 2e éd. 1770.
6. BOUTILLIER (Jean), *La Somme rural*, CHARONDAS LE CARON éd., 1603.
7. BRETONNIER, *Recueil par ordre alphabétique des principales questions de droit qui se jugent diversement dans les différents tribunaux du royaume*, 5e éd. par BOUCHER D'ARGIS, 1783.
8. CAMUS et DUPIN, *Traité de la profession d'avocat*, Bibliothèque choisie des livres de droit, t. II, 5e éd., 1852 (indique nos 750 à 861 tous les commentaires des Coutumes et leurs diverses éditions).
9. *Capitularia regum francorum*, BORETIUS (A.) et KRAUSE (V.) éd., 1881-1937.
10. CARBASSE (J.-M.), *Bibliographie des Coutumes méridionales*, SHDE, 1979, p. 7-89.
11. *Code théodosien*, MOMMSEN et MAYER éd., 1 vol. 1905.
12. *Novellae ad Cod. theod.*, MOMMSEN et MAYER éd., 1 vol., 1905.
13. Lo Codi *in der lateinischen ubersetzung des Ricardus Pisanus*, FITTING (H.), éd., Halle, 1906, réimp. Tübingen, 1968.
14. Lo Codi : *eine Summa* codicis *in provenzalischer Sprache aus dem XII Jht. Die provenzalische Fassung der Handschrift A (Sorbonne 632)*, DERRER (F.), Zurich, 1974.
15. *Consuetudines feudorum* (*libri feudorum*), LEHMAN, éd., Göttingen 1892 ; réimp. ECKART (K.A.), Aalen, 1971.
16. COQUILLE (Guy), *Œuvres*, 2 vol. 1666 (t. II : *Institution du droit des Français ou Conférence des Coutumes de France*).

17. COQUILLE (Guy), *Les Œuvres de Maistre Guy Coquille*, nouvelle éd., 2 vol., Bordeaux, 1703.

18. *Corpus juris civilis*, 6e éd. 3 vol., 1954-1959 (éd. KRUEGER, MOMMSEN, SCHOEK et KROLL).

Coutumes

19. *Les Coutumes de l'Agenais*, OURLIAC (P.), GILLES (M.) éd., 2 vol., Montpellier-Paris, 1976-1981.

20. *Coutumes et institutions de l'Anjou et du Maine antérieures au XVIe siècle*. T. I, *Coutumes et Styles*, BEAUTEMPS-BEAUPRÉ, éd., 1877.

21. *Coutumier d'Artois*, TARDIF (A.) éd., 1883.

22. *Livre des Coutumes de Bordeaux*, BARCKHAUSEN (H.), Bordeaux, 1890.

23. *Le Coutumier bourguignon glosé* (fin du XIVe siècle), PETITJEAN (M.), MARCHAND (M.L.), METMAN (J.), éd., Centre d'Etude d'histoire juridique, CNRS, 1982.

24. *La Très Ancienne Coutume de Bretagne*, PLANIOL (M.) éd., Rennes, 1896.

25. *L'Ancien Coutumier de Champagne* (XIIIe siècle), PORTEJOIE (P.), Poitiers, 1956.

26. *Coutumes du ressort du Parlement de Guienne*, avec un commentaire de LAMOTHE, 2 vol. 1768-1769.

27. *Le Livre Roisin*, coutumier lillois de la fin du XIIIe siècle, MONIER (R.) éd., 1932 (Société d'histoire du droit des pays flamands, picards et wallons).

28. MEIJERS (E.M.), *Le Droit coutumier de la ville de Metz au Moyen Age*. T. II, *Aperçu systématique du droit civil de Metz d'après la jurisprudence du XIVe siècle*, Haarlem, 1965 ; t. I, *Jugements des maîtres échevins de Metz*, SALVERDA DE GRAVE (J.J.), MEIJERS (E.M.), SCHNEIDER (J.) éd., Haarlem, 1951.

29. *Le Très Ancien Coutumier de Normandie* (textes latins, textes français et normands) ; *La Summa de legibus Normannie*, TARDIF (E.J.) éd., Rouen-Paris, 1881-1903.

30. *Coutumier de Normandie*, textes critiques publiés par TARDIF (E.J.), 2 vol., Rouen 1881.

31. *Coutumier de Picardie*, MARNIER éd., 1840.

32. *Le Vieux Coutumier de Poictou*, FILHOL (R.), 1956 (travaux de la Société d'histoire du droit et des institutions des pays de l'Ouest, I).

33. *Les Coutumes de Toulouse (1286) et leur premier commentaire (1296)*, GILLES (H.) éd., 1969.

34. *Les Sources du droit du canton de Vaud au Moyen Age (Xe-XVIe siècle). Les droits seigneuriaux et franchises municipales*. I. *Lausanne et les terres épiscopales*, ANEX-CABANIS (D.), POUDRET (J.-F.) éd., Aarau, 1977 (*Les Sources du droit suisse*, vol. XIX).

35. *La Coutume de Vaudémont*, COUDERT (J.) éd., Publications du centre lorrain d'histoire du droit [S.d.], 1971.

36. *Le Style de Vaudémont*, COUDERT (J.), éd. [S.d.], 1973.

37. *Nouveau Coutumier général ou corps des Coutumes générales et particulières de France et des provinces connues sous le nom de Gaule*, 8 tomes en 4 volumes, BOURDOT DE RICHEBOURG éd., 1724.

38. CUJAS (J.), *Opera omnia*, Modène, 1777-1781.

39. DILLAY (M.), *Les Chartes de franchises du Poitou*, Paris, 1927 (Société d'histoire du droit).
40. DOMAT (Jean), *Les Loix civiles dans leur ordre naturel*, 2 vol. in fol., éd. de 1639 à 1777.
41. DUMOULIN (Ch.), *Opera omnia*, 5 vol. in 8ᵉ, dernière édition, 1681.
42. DURAND (Guillaume), *Speculum judiciale*, éd. Venise, 1566.
43. DURAND DE MAILLANE, *Dictionnaire de droit canonique*, 4 vol., Avignon, 1761.

Echiquier

44. DELISLE (L.), *Recueil des jugements de l'Echiquier de Normandie au XIIIᵉ siècle (1207-1270)*, 1864.
45. AUVRAY (L.), *Jugements de l'Echiquier de Normandie au XIIIᵉ siècle (1244-1248)*, *BECh*, 1888.
46. PERROT (E.), *Arresta communia Scacarii (1276-1290, 1291-1294)*, Caen, 1910 (Bibliothèque d'histoire du droit normand).
47. *Atirremens et jugiés d'eschéquiers*, GENESTAL et TARDIF éd., 1921.

48. *Les Etablissements de Saint Louis*, accompagnés des textes primitifs et des textes dérivés, VIOLLET (P.), éd. Paris, 4 vol., 1881-1886, (Société de l'histoire de France).
49. FERRIÈRE (Claude de), *Corps et compilation de tous les commentaires sur la Coutume de Paris*, 2ᵉ éd., 4 vol. in fol., 1713.
50. FERRIÈRE (Claude de), *Nouveau Commentaire sur la Coutume de Paris*, nouvelle édition par SAUVAN D'ARAMON, 2 vol., 1770.
51. FONTAINES (P. de), *Le Conseil à un ami*, MARNIER, éd., 1846.
52. FONT-RIUS (J.-M.), *Cartas de poblacion y franquicia de Cataluna*, t. I, Madrid-Barcelone, 1969, t. II, 1983.
53. GOURON (A.) et TERRIER (O.), *Bibliographie des Coutumes de France. Editions antérieures à la Révolution*, Genève, 1975.
54. GOURON (M.), *Les Chartes de franchises de Guienne et Gascogne*, 1935 (Société d'histoire du droit).
55. GRATIEN, *Decretum magistri Gratiani*, FRIEDBERG (E.) éd., Graz, 1959.
56. *Les* Institutes *de Justinien* (en français). Traduction anonyme du XIIIᵉ siècle. OLIVIER-MARTIN (Félix) éd., 1935.
57. LAMOIGNON, *Recueil des arrêtés de M. le premier président de Lamoignon*, 1777.
58. LAURIÈRE (E. de), *Textes des Coutumes de la prévôté et vicomté de Paris*, 3 vol., 1778.
59. LECOQ (J.), *Questiones Johannis Galli*. BOULET-SAUTEL (M.) éd., 1944.
60. *Le Livre de Jostice et de Plet*, RAPETTI éd., 1850.
61. *Le Livre des droiz et commandemens d'office de justice*, BEAUTEMPS-BEAUPRÉ éd., 2 vol., 1862.
62. *Livre des droits de Verdun*, MEIJERS et SALVERDA DE GRAVE éd., Haarlem, 1940.

63. LOCRE, *Législation civile, commerciale et criminelle de la France*. Recueil des discussions et travaux préparatoires des nouveaux Codes, 31 vol., 1829-1832.

64. LOISEL (Antoine), *Institutes coutumières*, 1re éd. 1646 ; édition annotée par Eusèbe DE LAURIÈRE, 1710, réimp. 1758, 1774, 1783. Nouvelle édition DUPIN et LABOULAYE, 2 vol., 1846.

65. LOISEL (Antoine), *Les* Institutes *coutumières de Loisel*, REULOS (M.) éd., 1935.

66. LOYSEAU (Charles), *Œuvres complètes*, 2 vol., Genève, 1636.

67. MASUER (Jean), *Masueri jurisconsulti Galli longe celeberrimi practica*, Lyon, 1677.

68. MASUER (Jean), *La Pratique de Masuer, ancien jurisconsulte et practicien de France*, mise en français par Antoine FONTANON augmentée par Pierre GUENOIS, 1606.

69. MARCULF, *Marculfi Formularum libri duo*, UDDHOLM (A.), éd., 1962.

70. MERLIN, *Répertoire universel et raisonné de jurisprudence*, 4e éd., 17 vol., 1812-1826.

Ordonnances

71. *Ordonnances des rois de France de la troisième race (dites Ordonnances du Louvre*), LAURIÈRE, SECOUSSE, BREQUIGNY, VILLEVAULT et PASTORET éd., 22 vol., Paris, 1723-1847.

72. *Recueil général des anciennes lois françaises*, JOURDAN, DECRUSY et ISAMBERT éd., 28 vol., 1822-1833.

73. *Recueil des actes de Philippe Auguste, roi de France*, T. I, BERGER (E.), DELABORDE (H.-F.) éd., 1916 ; t. II (*1196-1206*), BRUNEL (C.), DELABORDE (H.-F.), PETIT-DUTAILLIS (C.), MONICAT (J.) éd., 1943 ; t. III (*1206-1215*), SAMARAN (C.), MONICAT (J.), BOUSSARD (J.) éd., 1966 ; t. IV (*1215-1223*), SAMARAN (C.), NORTIER (M.) éd., 1979.

74. PAPE (Guy), *Guidonis Papae I. Utriusque consultissimi et in Augustissimo senatu gratianopolitano Regis consiliarii decisiones,* Genève, 1667.

Parlement

75. *Les* Olim *ou registres des arrêts rendus par la Cour du roi,* Cte BEUGNOT éd., 4 vol., 1839-1848 (coll. des documents inédits).

76. BOUTARIC (Edgar), *Les Actes du Parlement de Paris,* 2 vol., t. I, 1863.

77. DELISLE (L.), *Le* Liber inquestarum *de Nicolas de Chartres,* 1867.

78. DELISLE (L.), *Notices et extraits des manuscrits de la Bibliothèque nationale,* t. XXIII-2, (124 jugements du Parlement de Paris).

79. FURGEOT (H.), *Actes du Parlement de Paris,* 2e série (1328-1350), t. I (1328-1342), Paris, 1921.

80. PETOT (P.), *Registres du Parlement de Beaune et de Saint-Laurent-lès-Chalon (1357-1380),* 1927.

81. POTHIER, *Œuvres,* annotées par BUGNET, 2e éd., 10 vol., 1861-1862.

82. *Responsa doctorum tholosanorum,* MEIJERS (E.I.), Haarlem, 1938. (Monuments historiques du droit ; Leyde).

83. *Stilus curiae Parlamenti* de Guillaume du Breuil, AUBERT (F.) éd., 1909.

84. THAUMAS DE LA THAUMASSIERE (G.), *Les Coutumes locales de Berry et de Lorris,* Bourges, 1679.

85. TIRAQUEAU, *Opera omnia,* 7 vol., Francfort, 1574.

MANUELS ET OUVRAGES COLLECTIFS

86. *Atti del convegno « I Glossatori »,* Milan, 1971, Istituto Lombardo, 1973.

87. *Atti del convegno internazionale di studi Accursiani,* Bologne, 1963, 3 vol., Milan, 1968.

88. AUBENAS (Roger), *Cours d'histoire du droit privé, anciens pays de droit écrit (XIIIe-XVIe siècles).* I. Partie générale, sources, bibliographie, condition des personnes, 2e éd., Aix-en-Provence, 1956. II. Aspects du mariage et du droit des gens, 1954. III. Testaments et successions dans les anciens pays de droit écrit au Moyen Age et sous l'Ancien Régime, 1955. IV. Autour de la propriété foncière, 1955.

89. BARTOLO DI SASSOFERRATO, *Studi e documento per il VI centenari,* 2 vol., Milan, 1962.

90. BEAUNE (H.), *Droit coutumier français,* 4 vol., 1880-1887. I. *Introduction historique.* II. *La Condition des personnes.* III. *La Condition des biens.* IV. *Les Contrats.*

91. BERCHER (J.), *Approche systématique de l'ancien droit privé vaudois (888-1250),* Genève, 1963.

92. *Bibliographie en langue française d'histoire du droit,* LEPOINTE (G.), BOULET-SAUTEL (M.), SAUTEL (G.), VANDENBOSSCHE (A.), 22 vol. paris, 1957-1982.

93. BRISSAUD (J.), *Cours d'histoire générale du droit français public et privé,* 2 vol., 1898-1904.

94. BRUGUIERE (M.-B.), GILLES (H.) et SICARD (G.), *Introduction à l'histoire des institutions françaises,* Toulouse, 1983.

95. CALASSO (F.), *Medio Evo del diritto,* Milan, 1954.

96. *La Chasse au Moyen Age,* Actes du colloque de Nice (22-24 juin 1979), publications de la Faculté des lettres et des sciences humaines de Nice, 20, Paris, 1980.

97. CHENON (E.), *Histoire générale du droit français public et privé des origines à 1815,* t. I, 1926 ; t. II, fasc. 1, 1929.

98. CHERUEL, *Dictionnaire historique des institutions, mœurs et coutumes de la France,* 2e éd., 1855.

99. *Confluences des droits savants et des pratiques juridiques.* Actes du colloque de Montpellier (décembre 1977), Milan, 1979.

100. DECLAREUIL (J.), *Histoire générale du droit français des origines à 1789,* 1925.

101. *Diritto commune et diritti locali nella storia dell'Europa,* Atti del convegno di Varenna (juin 1979), Milan, 1980.

102. DOUCET (R.), *Les Institutions de la France au XVIe siècle*, 2 vol., 1948.

103. *Droit privé et Institutions régionales*. Etudes historiques offertes à Jean Yver, 1976.

104. *Le Droit romain et sa réception en Europe*. Recueil d'articles. KUPISZEWSKI (H.) et WOLODKIEWIEZ (W.) éd., Varsovie, 1978.

105. « Droits de l'Antiquité et sociologie juridique », *Mélanges Henry Lévy-Bruhl*, 1959.

106. « Economies et sociétés au Moyen Age », *Mélanges offerts à Edouard Perroy*, 1973.

107. *Eléments de bibliographie sur l'histoire des institutions et des faits sociaux (987-1875)*, LEPOINTE (G.), VANDENBOSSCHE (A.) éd., 1958.

108. ELLUL (Jacques), *Histoire des institutions*, t. III et IV, 6e éd., 1969.

108 bis. ESMEIN (A.), *Cours élémentaire d'histoire du droit français*, 14e éd. par R. Génestal, 1925.

109. « Etudes de civilisation médiévale (IXe-XIIe siècle) », *Mélanges offerts à E.R. Labande*, Poitiers, 1974.

110. « Etudes d'histoire du droit canonique » dédiées à G. Le Bras, 2 vol., 1965.

111. « Etudes d'histoire du droit » dédiées à M. Auguste Dumas, *Annales de la Faculté de droit d'Aix-en-Provence*, 1950.

112. « Etudes d'histoire du droit privé » offertes à Pierre Petot, 1959.

113. « Etudes en souvenir de Georges Chevrier », 2 vol., 1971 (*MHDB*, t. XXIX et XXX).

114. « Etudes historiques à la mémoire de Noël Didier », 1960.

115. « Etudes offertes à Jean Gaudemet », 2 vol., *Revue de droit canonique*, 1978, t. XXVIII, nos 2-4 ; 1979, t. XXIX, nos 2-4.

116. « Etudes offertes à Jean Macqueron », Aix-en-Provence, 1970.

117. *Famille et parenté dans l'Occident médiéval* (colloque de Paris, 1974), Rome, 1977.

118. FEENSTRA (R.), *Droit romain au Moyen Age*, 1979 (Introduction bibliographique à l'histoire du droit et à l'ethnologie juridique).

119. *La Femme dans les civilisations des Xe-XIIe siècles* (colloque de Poitiers), 1977.

120. FLACH (J.), *Les Origines de l'ancienne France*, 4 vol., 1886-1917.

121. FOSSIER (R.), *Enfance de l'Europe. Aspects économiques et sociaux*, 2 vol. ; t. I, *L'Homme et son espace* ; t. II, *Structures et Problèmes* (Nouvelle Clio, 17 et 17 bis), 1982.

122. FOURNIER (P.) et LE BRAS (G.), *Histoire des collections canoniques en Occident depuis les* Fausses Décrétales *jusqu'au* Décret de Gratien, 2 vol., 1931-1932.

123. GARRISSON (F.), *Histoire du droit et des institutions*, 2 vol., 1977-1983.

124. GIRAUD (C.), *Essai sur l'histoire du droit français au Moyen Age*, 2 vol., 1864.

125. GLASSON (E.), *Histoire du droit et des institutions de la France*, 8 vol., 1887-1903.

126. *Histoire de la France rurale*, sous la direction de DUBY (G.), 1975.

127. *Hommage à Robert Besnier*, Société hist. du droit, 1980.

128. LAFERRIERE, *Essai sur l'histoire du droit français*, 2 vol., 1885.

129. LEPOINTE (G.), *Petit Précis des sources de l'histoire du droit français*, 1949.

130. LEPOINTE (G.), *Droit romain et ancien droit français. Régimes matrimoniaux, libéralités et successions*, 1958.

131. *Lexicon des Mittelalters*, Artemis Verlag, Munich-Zurich, (A-Codex), 1980-1983.

132. *Le Lien matrimonial* (colloque du Cerdic), METZ (R.), SCHLICK (J.) éd., Strasbourg, 1970.

133. LOT (F.) et FAWTIER (R.) (Sous la direction de), *Histoire des institutions françaises au Moyen Age*, 3 vol. parus ; t. I, *Les Institutions seigneuriales*, 1956 ; t. II, *Les Institutions royales*, 1958 ; t. III, *Les Institutions ecclésiastiques*, 1962.

134. *Love and Marriage in the Twelfth Century*, Van HOECKE (W.), WELKEUHUYSEN (A.), éd., Louvain, 1981.

135. MANDROU (R.), *Introduction à la France moderne (1500-1640). Essai de psychologie historique*, 1961 (Coll. « L'Evolution de l'humanité ») ; 2e éd., 1974.

136. MARION (M.), *Dictionnaire des institutions de la France aux XVIIe et XVIIIe siècles*, 1925.

137. *Il Matrimonio nella società altomedievale*. XXIV settim. di stud. del Centro ital. di studi s. Alto medio evo, Spolète, 1977.

138. *Mélanges Roger Aubenas*, recueil de la *SHDE*, 1974.

139. *Mélanges offerts à Jean Dauvillier*, Toulouse, 1979.

140. *Mélanges offerts au professeur Louis Falletti*, 1971. (Annales de la Faculté de droit et des sciences économiques de Lyon).

141. *Mélanges Fitting*, 2 vol., Montpellier, 1907-1908, réimp. 1971.

142. *Mélanges Paul Fournier*, 1929.

143. *Mélanges d'histoire du Moyen Age dédiés à la mémoire de Louis Halphen*, 1951.

144. *Mélanges Pierre Tisset*. Recueil de la *SHDE*, 1970.

145. MICHELET (J.), *Origines du droit français cherchées dans les symboles et formules du droit universel*, 1890.

146. MOUSNIER (R.), *Les Institutions de la France sous la monarchie absolue*, 2 vol., 1974-1980 ; t. I, *Société et Etat ;* t. II, *Les Organes de l'Etat et la société*.

147. *La Noblesse au Moyen Age*, CONTAMINE (P.) éd. Essais à la mémoire de Robert Boutruche, 1976.

148. OLIVIER-MARTIN (F.), *Histoire de la Coutume de la prévôté et vicomté de Paris*, 2 vol., 1920-1930.

149. OURLIAC (P.) et MALAFOSSE (J. de), *Histoire du droit privé. Droit romain et ancien droit*, 3 vol. ; t. I, *Les Obligations*, 2e éd., 1969 ; t. II, *Les Biens*, 2e éd., 1972 ; t. III, *Le Droit familial*, 1968.

150. PARADISI (B.), *Storia del diritto italiano. Le fonti del diritto nell'epoca bolognese*. I. *I civilisti fino a Rogerio*, Naples, 1967.

151. POLY (J.-P.) et BOURNAZEL (E.), *La Mutation féodale (Xe-XIIe siècle)* (Nouvelle Clio, n° 16), 1980.

152. *Recueil de travaux offerts à M. Clovis Brunel*, 2 vol., 1955 (Mémoires et documents publiés par la Société de l'Ecole des chartes).

153. « Religion, société et politique », *Mélanges en hommage à Jacques Ellul*, 1983.

154. SAGNAC (P.), *La Législation civile de la Révolution. La propriété et la famille*, Paris, 1899.

155. SAVIGNY (F.C. von), *Geschichte des römischen Rechts im Mittelalter*, 2e éd., 7 vol., 1834-1851 ; reprod. anast. 1956. (Traduction française incomplète, 1839).

156. Société Jean-Bodin (Recueils de la) : II. *Le Servage* (1937) ; III. *La Tenure* (1938) ; IV. *Le Domaine* (1949) ; VI-VIII. *La Ville ; droit privé* (1956) ; X. *L'Etranger* (1958) ; XII. *La Femme ;* XIV. *La Paix*.

157. *Structures féodales et féodalisme dans l'Occident méditerranéen (Xe-XIIIe siècle)*. Bilan et perspectives de recherches ; 1980 (colloque international organisé par le CNRS et l'Ecole française de Rome).

158. TARDIF (A.), *Histoire des sources romaines du droit français*, 1890.

159. TIMBAL (P.C.), *Droit romain et ancien droit français. Régimes matrimoniaux, successions, libéralités*, 1975.

160. VILLERS (R.), *Rome et le droit privé*, 1977 (Coll. « L'Evolution de l'humanité »).

161. VIOLLET (Paul), *Précis de l'histoire du droit français*, 1884-1886 ; 2e éd. *Histoire du droit civil français*, 1893 ; 3e éd. 1905.

162. VIOLLET (Paul), *Histoire des institutions politiques et administratives de la France*, 3 vol., 1890-1903.

163. VIOLLET (Paul), *Histoire des institutions politiques et administratives de la France. Le roi et ses ministres pendant les trois derniers siècles de la monarchie*, 1912.

164. WIEACKER (F.), *Privatrechtsgeschichte des Neuzeit*, 1re éd. 1952 ; 2e éd., Göttingen, 1967.

165. ZELLER (G.), *Les Institutions de la France au XVIe siècle*, 1948.

OUVRAGES ET ARTICLES UTILISÉS

166. ABOUCAYA (C.), « Le testament lyonnais de la fin du XVe siècle au milieu du XVIIIe siècle », *Annales de la Faculté de droit*, Lyon, 1961.

167. ABOUCAYA (C.), « Les différentes conceptions de la *donatio mortis causa* chez les romanistes médiévaux », *RHD*, 1966, p. 378-432.

168. ABOUCAYA (C.), « Les applications de la *donatio mortis causa* dans les pays de droit écrit et de coutumes, du XVIe siècle aux ordonnances du chancelier Daguesseau », *TR*, 1967, p. 1-53.

169. ALLEMAND-GAY (M.-T.), « Le Droit de la filiation légitime à la fin de l'Ancien Régime », *XVIIIe* siècle, 1980, p. 251-259.

170. ANTONETTI (G.), « Le partage des forêts usagères ou communales entre les seigneurs et les communautés d'habitants », *RHD*, 1963, p. 238-286 ; p. 418-442 ; p. 592-654.

171. ARIES (Ph.), *L'Enfant et la vie familiale sous l'Ancien Régime*, 2e éd., 1973.

172. ARIES (Ph.), *Essai sur l'histoire de la mort en Occident du Moyen Age à nos jours*, 1975.

173. ARIES (Ph.), *L'Homme devant la mort*, 1977.

174. ARMENGAUD (A.), *La Famille et l'enfant en France sous l'Ancien Régime*, 1975.

175. ARNAUD (A.-J.), *Les Origines doctrinales du Code civil français*, 1969.

176. ARNAUD (A.-J.), *Essai d'analyse structurale du Code civil français, la règle du jeu dans la paix bourgeoise*, 1973.

177. ARVIZU (F. DI), « La réserve héréditaire dans le droit navarrais du bas Moyen Age », *Ann. Midi*, 1982.

178. AUBENAS (R.), *Le Testament en Provence dans l'Ancien Droit*, 1927.

179. AUBENAS (R.), « Le contrat d'*affrairamentum* dans le droit provençal du Moyen Age », *RHD*, 1933.

180. AUBENAS (R.), « L'adoption en Provence au Moyen Age », *RHD*, 1934.

181. AUBENAS (R.), « La famille dans l'ancienne Provence », *Annales*, 1936, p. 530-535.

182. AUBENAS (R.), « Tendances archaïsantes et famille artificielle en pays de droit écrit au Moyen Age », *Ann. Midi*, 1941, p. 113-141.

183. AUBENAS (R.), « Autour du testament *loco defuncti* », *Annales de la Faculté de droit d'Aix-en-Provence*, 1942.

184. AUBENAS (R.), « Quelques réflexions sur le problème de la pénétration du Droit romain dans le Midi de la France au Moyen Age », *Ann. Midi*, 1964.

185. AUBENAS (R.), « De quelques problèmes concernant la renaissance du Droit romain au Moyen Age », *SHDE*, 1967, p. 51.

186. AUBENAS (R.), « Inconscience de juristes ou pédantisme malfaisant ? Un chapitre d'histoire juridico-sociale, XIe-XVe siècle », *RHD*, 1978, p. 215-252.

187. AUFFROY (M.), *Evolution du testament en France, des origines au XIIIe siècle*, Paris, 1899.

188. AUGUSTIN (J.-M.), *Famille et société ; les substitutions fidéicommissaires à Toulouse et en Haut-Languedoc au XVIIIe siècle*, 1980.

189. AUGUSTIN (J.-M.), « La mainmorte dans la terre de Mouthe de la fin du XVIe siècle à la Révolution », *Mémoires de la Société d'émulation du Doubs*, 1981, p. 45-91.

190. AURY (L.), *L'Edit de Saint-Maur ou « Edit des mères » et les droits de la mère dans la succession de son enfant*, thèse de droit, Paris, 1948 (dactyl.).

191. AUTRAND (F.), *Naissance d'un grand corps de l'Etat. Les gens du Parlement de Paris, 1345-1454*, 1981.

192. BALON (J.), *Les Fondements du régime foncier au Moyen Age depuis la chute de l'Empire romain en Occident*, Louvain, 1954.

193. BALON (J.), « La procédure en retrait lignager devant les cours namuroises du bas Moyen Age », bibl. 113, p. 59-64.

194. BART (J.), « La vente à réméré en mâconnais (1450-1560 env.) », *MHDB*, 1962, p. 137-161.

195. BART (J.), « La pénétration du droit bourguignon dans la Bresse à la fin de l'Ancien Régime », *MHDB*, 1964, p. 57-76.

196. BART (J.), « La pratique des contrats de mariage dans la région dijonnaise à la fin du XVIIIe siècle et au début du XIXe », *MHDB*, 1966, p. 285-313.

197. BART (J.), *Recherches sur l'histoire des successions* ab intestat *dans le droit du duché de Bourgogne du XIIIe à la fin du XVIe siècle (coutumes et pratiques)*, 1966.

198. BART (J.), « Coutume et Droit romain dans la doctrine bourguignonne au XVIIIe siècle », *MHDB,* 1967, p. 193-202.

199. BART (J.), « L'égalité entre héritiers dans la région dijonnaise à la fin de l'Ancien Régime et sous la Révolution », *MHDB,* 1968-1969, p. 65-78.

200. BART (J.), « Droit et coutume. Quelques remarques sur le vocabulaire bourguignon au Moyen Age », bibl. 144, 1970, p. 19-29.

201. BART (J.), « Du droit bourguignon au droit français », *Annales de Bourgogne,* 1979, p. 13-26.

202. BART (J.), « Le Parlement de Dijon et l'application de l'Edit des mères dans les pays de droit écrit de son ressort », *MHDB,* 1980, p. 149-165.

203. BART (J.), « Les Etats de Bourgogne et les tiers possesseurs de biens hypothéqués », *MHDB,* 1980, p. 135-147.

204. BART (J.), « Les échevins de Toul et ceux de Dijon ; une information sur la succession en ligne collatérale », *MHDB,* 1981, p. 83-91.

205. BASDEVANT (J.), *Des rapports de l'Eglise et de l'Etat dans la législation du mariage du concile de Trente au Code civil,* 1900.

206. BASDEVANT-GAUDEMET (B.), *Aux origines de l'Etat moderne : Charles Loyseau (1564-1627) théoricien de la puissance publique,* 1977.

207. BASDEVANT-GAUDEMET (B.), « Le mariage d'après la correspondance d'Yves de Chartres », *RHD,* 1983, p. 195-215.

208. BASTIER (J.), « Le testament en Catalogne du IXe au XIIe siècle : une survivance wisigothique », *RHD,* 1973, p. 373-417.

209. BASTIER (J.), *La Féodalité au siècle des Lumières dans la région toulousaine (1770-1790),* 1975, (commission d'histoire économique et sociale de la Révolution), *Mémoires et documents,* XXX.

210. BASTIER (J.), « Le retrait lignager dans la sénéchaussée de Toulouse au XVIIIe siècle », bibl. 138, p. 25-32.

211. BAUTIER (R.-H.), « L'exercice de la justice publique dans l'Empire carolingien », Positions des thèses de l'Ecole des chartes, 1942.

212. BELS (P.), *Le Mariage des protestants français jusqu'en 1685 ; fondements doctrinaux et pratiques juridiques,* 1968.

213. BERCE (Y.-M.), *Histoire des croquants : étude des soulèvements populaires au XVIIe siècle dans le sud-ouest de la France,* 2 vol., 1973.

214. BERTHE (M.), *Le Comté de Bigorre : un milieu rural au bas Moyen Age,* 1976.

215. BESNIER (R.), « Le mariage en Normandie des origines au XIIIe siècle », *Normannia,* 1934, p. 69-110.

216. BESNIER (R.), *La Coutume de Normandie. Histoire externe,* 1935.

217. BESNIER (R.), « Les filles dans le droit successoral normand », *TR,* 1930, p. 488-506.

218. BESNIER (R.), « *Inquisitiones* et *recognitiones :* le nouveau système de preuves à l'époque des coutumiers normands », *RHD,* 1950, p. 183-212.

219. BESNIER (R.), « Le cumul de qualités d'héritier et de légataire dans les coutumes de préciput et les pays de droit écrit à la fin de l'Ancien Régime », bibl. 111, p. 25-35.

220. BESNIER (R.), « Le procès pétitoire dans le droit normand du XIIe et du XIIIe siècle », *RHD,* 1952, p. 195-222.

221. BESNIER (R.), « Le procès possessoire dans le droit normand du XIIe et du XIIIe siècle », *RHD*, 1953, p. 378-408.

222. BESNIER (R.), « Actualité de la clameur de haro dans le droit de l'île de Guernesey », bibl. 103, p. 63-68.

223. BLOCH (M.), *La Société féodale*, 2 vol., 1939-1940, 2e éd. 1966-1968 (Coll. « L'Evolution de l'humanité »).

224. BLOCH (M.), *Les Caractères originaux de l'histoire rurale française*, nouv. éd., 2 vol., 1952-1956.

225. BLOCH (M.), *L'Individualisme agraire dans la France du XVIIIe siècle*, rééd., 1978.

226. BLUCHE (J.-F.) et DURYE (G.), *Les Anoblissements par charge avant 1789*, 2 vol., 1962.

227. BOIS (G.), *Crise du féodalisme, économie rurale et démographie en Normandie orientale du début du XIVe au milieu du XVIe siècle*, 1976.

228. BONGERT (Y.), *Recherches sur les cours laïques du Xe au XIIIe siècle*, 1949.

229. BONGERT (Y.), « La renaissance du testament dans le Cambrésis du XIIe au XVe siècle », bibl. 113, p. 113-141.

230. BONNASSIE (P.), *La Catalogne du milieu du Xe à la fin du XIe siècle. Croissance et mutation d'une société*, Toulouse, 1975.

231. BONNECORSE (G. de), *La Condition des gens mariés en Provence aux XIVe, XVe, XVIe siècles*, 1929.

232. BORST (A.), *Das Rittertum im Mittelalter*, Darmstadt, 1976.

233. BOULET-SAUTEL (M.), « Equité, justice et droit chez les glossateurs du XIIe siècle », *SHDE*, 1951, p. 1.

234. BOURNAZEL (E.), *Le Gouvernement capétien au XIIe siècle (1108-1180). Structures sociales et mutations institutionnelles*, 1975 (Publications de la Faculté de droit de Limoges).

235. BOUSSARD (J.), *Le Gouvernement d'Henri II Plantagenêt*, 1956.

236. BOUTRUCHE (R.), *Une société féodale en lutte contre le régime féodal : l'alleu en Bordelais et en Bazadais du XIe au XVIIIe siècle*, Rodez, 1943.

237. BOUTRUCHE (R.), *La Crise d'une société ; seigneurs et paysans en Bordelais*, 1947 (Publications de la Faculté des lettres de Strasbourg, 110).

238. BOUTRUCHE (R.), *Seigneurie et Féodalité*. T. I, *Le Premier Age féodal des liens d'homme à homme*, 2e éd., 1968 ; t. II, *L'Apogée (XI-XIIIe siècle)*, 1970.

239. BOUYSSOU (L.), « La condition du foyer rural en Haute-Auvergne », *RHD*, 1942, p. 52-66.

240. BOYE (A.-J.), « Notes sur Jean Faure », bibl. 112, p. 27-38.

241. BOYER (G.), *Mélanges*. T. I, *Mélanges d'histoire du droit occidental*, Rec. Acad. législation, 6e série, t. I, 1962.

242. BOYER (G.), « La nature juridique de l'exécution testamentaire dans le très ancien droit toulousain », Rec. Acad. législation, 1951 et bibl. 241, p. 159-188.

243. BOYER (G.), « Jacques de Revigny et les *Institutes* de Gaius », *RHD*, 1959, p. 161-173 et bibl. 241, p. 315-327.

244. BOYER (L.), *Introduction à l'étude du testament forézien* suivie des *Testaments enregistrés à la Cour de Forez (1310-1331)*, Mâcon, 1960.

245. Boyer (L.), « Note sur la pratique de l'émancipation en Forez à la fin de l'Ancien Régime », bibl ; 103, p. 97-111.

246. Boyer (L.), « Les assemblées de parents de mineurs en Forez à la fin de l'Ancien Régime », bibl. 140, p. 37-57.

247. Braga da Cruz (G.), *O direito de troncalidade e o regime juridico do patrimonio familiar,* 2 vol., Braga, 1941-1947.

248. Brancourt (J.-P.), « La propriété face à la Révolution », bibl. 27, p. 67-77.

249. Brejon de Lavergnée, *Un jurisconsulte de la Renaissance : André Tiraqueau (1488-1558),* 1937.

250. Brejon de Lavergnée, « La pénétration du droit romain dans les pays de l'Ouest de la France », *SHDE,* 1967, p. 55-61.

251. Brejon de Lavergnée, « Les vicissitudes de l'enregistrement des usances locales en Bretagne lors de la rédaction officielle de la Coutume de 1580 », *RHD*, 1977, p. 559-578.

252. Bridrey (E.), *La Réserve héréditaire dans l'ancien droit normand*, Caen, 1926.

253. Browe (P.), *Beitrage zur Sexualethik des Mittelalters*, Breslau, 1932.

254. Bruguiere (M.B.), *Littérature et droit dans la Gaule du Ve siècle*, 1974.

255. Bruguiere (M.B.), « Le mariage de Philippe Auguste et d'Isambour de Danemark : aspects canoniques et politiques », bibl. 139, p. 135-156.

256. Brutails (J.-A.), *Etude sur la condition des populations rurales en Roussillon au Moyen Age*, 1891.

257. Bryntesin (W.E.), « Roman Law and Legislation in the Middle Age », *Speculum*, 1966, p. 420-437.

258. Bucher (K.), *Die Frauenfrage im Mittelalters*, Tübingen, 1922.

259. Bur (M.), *La Formation du comté de Champagne (v. 950-1150),* 1977 (Mémoires des *Annales de l'Est*, 54).

260. Burgues (J.), *Les Garanties de restitution de la dot en Languedoc des invasions barbares à la fin de l'Ancien Régime*, 1937.

261. Burguiere (A.), « Le rituel du mariage en France : pratiques ecclésiastiques et pratiques populaires (xvie-xviiie siècle) », *Annales*, 1978, p. 637-49.

262. Cabourdin (G.), « Le remariage », *Annales de démographie historique,* 1978, p. 305-332.

263. Cahen (C.), *Le Régime féodal de l'Italie normande*, 1940.

264. Caillemer (R.), *Origines et développement de l'exécution testamentaire*, Lyon 1901.

265. Caillemer (R.), « Quelques observations sur le douaire des enfants », *Mélanges Appleton*, 1903.

266. Caillemer (R.), « L'origine du douaire des enfants », *Studi Vittorio Scialojà*, 1904.

267. Caillemer (R.), « La formation du droit français médiéval et les travaux de Julius Ficker », *Annales de la Faculté de droit d'Aix*, 1906, p. 32-58 ; 1907, p. 1-39 et 207-229.

268. Caillemer (R.), « Le retrait lignager dans le droit provençal », *Studi giuridici in onore di Carlo Fadda*, Naples, IV, 1906, p. 13.

269. Caillemer (R.), *Les Idées coutumières et la renaissance du droit romain dans le sud-est de la France*. Essays in Legal History, Oxford, 1913, p. 174-200.

270. CARABIE (R.), *La Propriété foncière dans le très ancien droit normand (XIe-XIIIe siècle)* ; I, *La Propriété domaniale*, 1943, (Bibliothèque d'histoire du droit normand, V).

271. CARAVALE (M.), *La Feudalità nella Sicilia normanda*. Atti del congr. int. di Studi sulla Sicilia normanda, Palerme, 1973, p. 29.

272. CARLIN (M.L.), *La Pénétration du droit romain dans les actes de la pratique provençale (XIe-XIIIe siècle)*, 1967.

273. CASTAING-SICARD (M.), « Donations toulousaines du Xe au XIIIe siècle », *Ann. Midi*, 1958, p. 27-64.

274. CASTAING-SICARD (M.), *Les Contrats dans le très ancien droit toulousain (Xe-XIIIe siècle)*, Toulouse, 1959. V. SICARD, bibl. 658.

275. CAZELLES (R.), *La Société politique et la crise de la royauté sous Philippe de Valois*, 1958.

276. CHAMPEAUX (E.), « Les parentèles en Bourgogne et dans l'ancienne France avant la loi de nivôse an II », *TR*, 1924, p. 264 et suiv.

277. CHAMPEAUX (E.), *L'Ancien Droit en Alsace. Introduction du droit français en Alsace et Lorraine*, 1925, p. 1-32.

278. CHAMPEAUX (E.), « *Jus sanguinis* ; trois façons de calculer la parenté au Moyen Age », *RHD*, 1933, p. 241-299.

279. CHAMPEAUX (E.), « Coutumes de Bourgogne et Coutumes du duché de Bourgogne », *MHDB*, 1935, p. 49-76.

280. CHAMPEAUX (E.), « La succession en Bourgogne à la mort de Philippe de Rouvres », *MHDB*, 1936, p. 5-50.

281. CHARBONNIER (P.), *Une autre France. La seigneurie rurale en Basse-Auvergne du XIVe au XVIe siècle*, 1980, 2 vol. (Publications de l'Institut d'études du Massif central, XX).

282. CHARRIN (Louis de), *Les Testaments dans la région de Montpellier au Moyen Age*, Ambilly, 1961.

283. CHAUSSINAND-NOGARET (G.), *La Noblesse au XVIIIe siècle*, 1976.

284. CHEDEVILLE (A.), *Chartres et ses campagnes (XIe-XIIIe siècle)*, 1973.

285. CHENE (C.), « Testaments, fortunes et religions ; la pratique testamentaire à Ganges de la fin du XVIe au début du XVIIIe siècle », bibl. 99, p. 181-220.

286. CHENON (E.), « L'ancien coutumier du pays de Berry », *RHD*, 1905, p. 581-612.

287. CHENON (E.), « L'ancien coutumier de Champagne », *RHD*, 1907, p. 714.

288. CHENON (E.), « Recherches historiques sur quelques rites nuptiaux », *RHD*, 1912.

289. CHEVALIER-OKTE (F.), « Le droit successoral de la chevalerie lorraine : comportements familiaux et textes coutumiers au XVIe siècle », *Annales de l'Est*, 1982, p. 339-392.

290. CHEVAILLER (L.), *Recherches sur la réception du Droit romain en Savoie, des origines à 1789*, 1953.

291. CHEVAILLER (L.), « Observations sur le droit de bâtardise dans la France coutumière du XIIe au XVIe siècle », *RHD*, 1957, p. 376-411.

292. CHEVRIER (G.), « La communauté universelle entre époux dans la Coutume de la ville d'Auxerre », *MHDB*, 1938, p. 129-157.

293. CHEVRIER (G.), « Sur quelques types de communautés conjugales en usage

dans la ville de Sens du XVe au XVIIIe siècle », *MHDB*, 1941-1942, p. 151-162.

294. CHEVRIER (G.), « Caractères méconnus de la tutelle des mineurs dans le droit coutumier récent (XVIe-XVIIIe siècle) », *RHD*, 1943, p. 209-235.

295. CHEVRIER (G.), « Déclin et renaissance du testament bourguignon, VIIe-XIIIe siècle », *MHDB*, 1943, p. 5-42 ; 1944-45, p. 69-116.

296. CHEVRIER (G.), « L'évolution de l'acte à cause de mort en Dauphiné du VIIe à la fin du XIe siècle », *SHDE*, 1948, p. 9-27.

297. CHEVRIER (G.), « Remarques sur l'évolution du testament dans le duché de Bourgogne du XIVe à la fin du XVIe siècle », *MHDB*, 1948-49, p. 159-179.

298. CHEVRIER (G.), « Sur les origines des cours de justice féodale », *Annales de Bourgogne*, 1949, p. 100-109.

299. CHEVRIER (G.), « Remarques sur la distinction de l'acte à titre onéreux et de l'acte à titre gratuit d'après les chartes de Rouergue au XIIe siècle », bibl. 111, p. 67-79.

300. CHEVRIER (G.), « Evolution de la notion de donation dans les Chartes de Cluny à la fin du XIIIe siècle », Cluny (congrès 1949), Dijon, 1950.

301. CHEVRIER (G.), « Remarques sur l'introduction et les vicissitudes de la distinction du *jus privatum* et du *jus publicum* dans les œuvres des anciens juristes français », *Archives de philosophie du droit*, 1952, p. 5-77.

302. CHEVRIER (G.), « Remarques sur la liberté de disposer en Bourgogne (VIIe-XVe siècle) », *MHDB*, 1952-1953, p. 242-252.

303. CHEVRIER (G.), « Les étapes de la pénétration du droit romain dans le comté de Bourgogne au XIIIe siècle », *MHDB*, 1957, p. 37-43.

304. CHEVRIER (G.), « Quelques traits du droit familial montbéliardais au XVIe siècle », *MHDB*, 1959, p. 299-331.

305. CHEVRIER (G.), « Compte rendu de l'ouvrage de G. Duby sur la société mâconnaise du Xe au XIIIe siècle », *Annales de Bourgogne*, 1959, p. 256-267.

306. CHEVRIER (G.), « Les aspects familiaux du parage comtois », bibl. 112, p. 79-95.

307. CHEVRIER (G.), « La Coutume de Chaumont en Bassigny », *MHDB*, 1961, p. 135-178.

308. CHEVRIER (G.), « Le régime matrimonial en mâconnais aux XVIIe et XVIIIe siècles », *MHDB*, 1965, p. 77-95.

309. CHEVRIER (G.), « Sur quelques caractères de l'histoire du régime matrimonial dans la Bourgogne ducale aux diverses phases de son développement », *MHDB*, 1968, p. 257-284.

310. CHEVRIER (G.), « L'évolution de la notion de testament à travers les définitions des premiers romanistes médiévaux », *Studi in onore di Edoardo Volterra*, Milan, 1969, t. IV, p. 51-79.

311. CHIANEA (G.), *La Condition juridique des terres en Dauphiné au XVIIIe siècle (1700-1789)*, 1969.

312. CHIFFOLEAU (J.), *La Comptabilité de l'au-delà. Les hommes, la mort et la religion dans la région d'Avignon à la fin du Moyen Age (v. 1320-v. 1480)*, Rome, 1980.

313. CIAUDO (P.-J.), « Les limitations de la capacité héraldique dans le comté de Nice (l'édit de 1696 et les statuts de 1808) », *Nice historique*, 1976, p. 97-110.

314. CLAVERIE (E.) et LAMAISON (P.), *L'Impossible mariage. Violence et parenté en Gévaudan, XVIIe, XVIIIe et XIXe siècle*, 1982.

315. COING (H.), « Trois formes historiques d'interprétation du droit, glossateurs, pandectistes, école de l'exégèse », *RHD*, 1970, p. 531-543.

316. COLLOMP (A.), « Famille nucléaire et famille élargie en Haute-Provence au XVIIIe siècle (1703-1734) », *Annales*, 1972, p. 969-975.

317. COLLOMP (A.), « Alliance et filiation en Haute-Provence au XVIIIe siècle », *Annales*, 1977, p. 445-477.

318. CONTAMINE (Ph.), *Guerre, Etat et société à la fin du Moyen Age*, 1979.

319. CORVOL (A.), « Forêt et communautés en basse Bourgogne au XVIIIe siècle », *RH*, 1976-82, p. 15-36.

320. CORVOL (A.), « L'affouage au XVIIIe siècle ; intégration et exclusion dans les communautés d'Ancien Régime », *Annales*, 1981, p. 390-407.

321. COUDERT (J.), « L'aînesse roturière en Lorraine : les vicissitudes de la Coutume de Void », bibl. 103, p. 157-167.

322. COUDERT (J.), « Juge ou partie ? L'intervention du comte de Vaudémont dans les successions féodales (XVe-XVIe siècles) », *Annales de l'Est*, 1980, I.

323. DARDEL (J.), *Essai sur l'introduction et l'application en Normandie des réformes du concile de Trente concernant le mariage*, Caen, 1964.

324. DAUDET (P.), *Etudes sur l'histoire de la juridiction matrimoniale*. T. I, *Les Origines carolingiennes de la compétence exclusive de l'Eglise (France et Germanie)*, 1933 ; t. II, *L'Etablissement de la compétence de l'Eglise en matière de divorce et de consanguinité (France Xe-XIIe siècle)*, 1941.

325. DAUVILLIER (J.), *Le Mariage dans le droit classique de l'Eglise depuis le Décret de Gratien (1140) jusqu'à la mort de Clément V (1314)*, 1933.

326. DAUVILLIER (J.), « Les diverses formes extraordinaires de mariage en l'absence totale de forme dans le droit de " l'Eglise d'Orient " et de l'Eglise d'Occident », *Mélanges Hébraud*, Toulouse, 1981, p. 273-308 ; réimpr. dans *Histoire des institutions des Eglises orientales au Moyen Age*, Londres, 1983, VIII.

327. DAUVILLIER (J.) et CLERCQ (C. DE), *Le Mariage en droit canonique oriental*, 1936.

328. DAVID (M.), « Les *laboratores* du renouveau économique du XIIe siècle à la fin du XIVe siècle », *RHD*, 1959, p. 174-195, 295-325.

329. DAVID (M.), « Les *laboratores* jusqu'au renouveau économique des XIe-XIIe siècles », bibl. 112, p. 107-119.

330. DAVID (M.), « Le mariage dans la société féodale » *Annales*, 1981, p. 1050-1055 (compte rendu de l'ouvrage de G. Duby, bibl. 354).

331. DEBUISSON (R.), *Etude sur la condition des personnes et des terres d'après la Coutume de Reims*, 1930.

332. DEJACE (A.), *Les Règles de la dévolution successorale sous la Révolution (1789-1794)*, Bruxelles-Liège, 1957.

333. DELARUELLE (L.), *Guillaume Budé (1468-1540) ; les origines, les débuts, les idées maîtresses*, 1907.

334. DES MAREZ (G.), *Le Problème de la colonisation franque et du régime agraire dans la Basse-Belgique*, 1926 (Mémoire de l'Académie royale de Belgique, IX-2).

335. DEVAILLY (G.), *Le Berry du Xe siècle au milieu du XIIIe siècle. Etude politique, religieuse, sociale et économique*, 1973.

336. DEVISSE (J.), *Hincmar et la loi*, Dakar, 1962.

337. DIDIER (N.), « Le droit de liget dans la Coutume de Hainaut », *RHD*, 1936, p. 476-522.

338. DIDIER (N.), *Le Droit des fiefs dans la Coutume de Hainaut au Moyen Age*, 1945.

339. DIDIER (N.), « Les dispositions du statut de Guillaume II de Forcalquier sur les filles dotées (1162) », *Le Moyen Age*, 1950, p. 247-278.

340. DIDIER (N.), « Le texte et la date du statut de Guillaume II de Forcalquier sur les filles dotées », bibl. 111, p. 7-22.

341. DIDIER (N.), « Les plus anciens textes sur le servage dans la région dauphinoise », bibl. 112, 131-140.

342. DOEHAERD (R.), « Le haut Moyen Age occidental », 1971 (Nouvelle Clio n° 14).

343. DOLEZALEK (G.), *Verzeichnis der Handschriften zum romischen Recht bis 1600*, 4 vol., Francfort, 1972.

344. DOLLINGER (Ph.), *L'Evolution des classes rurales en Bavière depuis la fin de l'époque carolingienne jusqu'au milieu du XIIIe siècle*, 1949 (compte rendu de P. PETOT, *RHD*, 1952).

345. DRAVASA (E.), « Les classes sociales au XVIIIe siècle à Bordeaux d'après les contrats de mariage », *Revue juridique et économique du Sud-Ouest,* 1963, p. 961-1012.

346. DRAVASA (E.), « *Vivre noblement.* » *Recherches sur la dérogeance de noblesse du XIVe au XVIe siècle*, 1965.

347. DUBLED (H.), *Etude sur la condition des personnes en Alsace du VIIIe au XIe siècle, BECh*, 1961, p. 21 et suiv.

348. DUBY (G.), *La Société aux XIe et XIIe siècles dans la région mâconnaise*, 1re éd. 1953 ; 2e éd. 1971.

349. DUBY (G.), *27 juillet 1214. Le dimanche de Bouvines*, 1973.

350. DUBY (G.), *Hommes et structures du Moyen Age*, 1973.

351. DUBY (G.), *Les Trois Ordres ou l'imaginaire du féodalisme*, 1978 (Bibliothèque des Histoires).

352. DUBY (G.), *Guerriers et Paysans. VIIe-XIIe siècle, premier essor de l'économie européenne*, 1re éd. 1973 ; 2e éd. 1978.

353. DUBY (G.), *Medieval Marriage. Two Models from Twelfth Century France*, Baltimore-Londres, 1978.

354. DUBY (G.), *Le Chevalier, la Femme et le Prêtre ; le mariage dans la France féodale*, 1981.

355. DUMAS (A.), *La Condition des gens mariés dans la famille périgourdine au XVe et au XVIe siècle,* 1908.

356. DUPAQUIER (J. et *al.*), *Marriage and Remarriage in Population in Past*, Londres, 1981.

357. DUPARC (P.), « La pénétration du droit romain en Savoie (première moitié du XIIIe siècle) », *RHD*, 1965, p. 22.

358. ENGELMAN (J.), *Les Testaments coutumiers au XVe siècle,* Mâcon, 1903.

359. ESMEIN (A.), *Le Mariage en droit canonique classique*, 2 vol., 1891 ; 2e éd. par R. Génestal et J. Dauvillier, 1929-1935.

360. EVERGATES (Th.), *Feudal Society in the Bailliage of Troyes under the Counts of Champagne (1152-1284)*, Baltimore-Londres 1975.

361. FAGE, *La Propriété rurale en bas Limousin pendant le Moyen Age*, 1917.

362. FALLETTI (L.), *Le Retrait lignager en droit coutumier français*, 1923.

363. FARNSWORTH (W.O.), *Uncle and Nephew in the Old French « chansons de geste » (A Study in the Survivals of Matriarchy)*, New York, 1966.

364. FAVARGER (D.), *Le Régime matrimonial dans le comté de Neuchâtel du XVe au XIXe siècle*, Neuchâtel, 1970.

365. FÉDOU (R.), « Les hommes de loi lyonnais à la fin du Moyen Age ; étude sur les origines de la classe de robe », *Annales de l'Université de Lyon*, 3e série, Lettres, XXXVII, 1964.

366. FEENSTRA (R.), « Les origines du *dominium utile* chez les glossateurs (avec un appendice concernant l'opinion des ultramontains) », in *Flores legum H.J. Scheltema oblati*, Groningen, 1971, p. 49-93.

367. FEENSTRA (R.), *« Fata juris romani ». Etudes d'histoire du droit*, Leyde, 1974.

368. FEENSTRA (R.), « Controverse sur la classification des droits réels au XVIIe siècle », *RHD*, 1979, p. 714-716.

369. FICKER (J.), *Untersuchungen zur Erbenfolge d. Ostgerm. Rechts*, 6 vol., 1891-1904.

370. FILHOL (R.), *Le Premier Président Christofle de Thou et la réformation des coutumes*, 1937.

371. FILHOL (R.), « Protestantisme et droit d'aînesse au XVIe siècle », bibl. 144, p. 195-205.

372. FILHOL (R.), « Les premiers éléments du droit coutumier poitevin », bibl. 109, p. 271-274.

373. FILHOL (R.), « L'application de l'édit des secondes noces en pays coutumier », bibl. 138, p. 295-299.

374. FILHOL (R.) et BRUNET (M.), « Autour de l'arrêt du " sang damné " l'abrogation de la coutume normande de l'exclusion successorale des enfants des condamnés », bibl. 103, p. 209-241.

375. FLANDRIN (J.-L.), « Contraception, mariage et relation amoureuse dans l'Occident chrétien », *Annales*, 1969, p. 1370-1390.

376. FLANDRIN (J.-L.), *Les Amours paysannes, XVIe-XIXe siècle*, coll. « Archives », 1975.

377. FLANDRIN (J.-L.), *Famille, parenté, maison, sexualité dans l'ancienne société*, Paris, 1976.

378. FLEURY (J.), *Recherches historiques sur les empêchements de parenté dans le mariage canonique des origines aux Fausses Décrétales*, 1933.

379. FONT-RIUS (J.-M.), « La recepcion del derecho romano en la peninsula iberica durante la edad media », *SHDE*, 1967, p. 85-104.

380. FOREVILLE (R.), « Aux origines de la renaissance juridique ; conceptions juridiques et influences romanisantes chez Guillaume de Poitiers, biographe du Conquérant », *Le Moyen Age*, 1952, p. 195-219.

381. FOREVILLE (R.), « L'école de Caen au XIe siècle et les origines normandes de l'Université d'Oxford », Etudes offertes à M. le doyen Fliche, 1932, p. 81-100.

382. FOREVILLE (R.), « L'Ecole du Bec et le *studium* de Canterbury aux XIe et XIIe siècles », *Bulletin philologique et historique*, 1957, p. 357-374.

383. FOREVILLE (R.), « Les testaments agathois du Xe au XIIIe siècle d'après les Cartulaires de l'église d'Agde », *Bulletin philologique et historique*, 1961, p. 357-388.

384. FOSSIER (R.), *La Terre et les hommes en Picardie jusqu'à la fin du XIIIe siècle*, Paris-Louvain, 2 vol., 1968.

385. FOURNIAL (E.), *Histoire monétaire de l'Occident médiéval*, 1970.

386. FOURQUIN (G.), *Les Campagnes de la région parisienne à la fin du Moyen Age*, 1964.

387. FRANSEN (G.), « La rupture du mariage », *Il Matrimonio...*, bibl. 137, t. II, p. 603-620.

388. FRANSEN « Le mariage simulé : deux questions disputées au XIIe siècle », *Mélanges H. Wagnon*, 1976, p. 531-541.

389. GANGHOFFER (R.), *Etudes sur les Coutumes d'Alsace*, 1964, dactyl.

390. GANGHOFFER (R.), « Les régimes matrimoniaux du centre de l'Alsace aux XVIIe et XVIIIe siècles », bibl. 103, p. 267-284.

391. GANGHOFFER (R.), « La législation française en matière de baptême et de mariage et l'officialité de Strasbourg aux XVIIe et XVIIe siècles », *Etudes offertes à R. Metz*, 1976, p. 336-350.

392. GANGHOFFER (R.), « La veuve dans l'ancien droit alsacien », *Revue de droit canonique*, 1980, p. 253-272.

393. GANGHOFFER (R.), « Aspects de l'ancien droit strasbourgeois », *Saisons d'Alsace*, 1981, p. 39-54.

394. GANSHOF (F.-L.), « Recherches sur les tribunaux de châtellenie en Flandre avant le milieu du XIIIe siècle », *Recueil de travaux* publiés par la Faculté de philosophie de Gand, 1932.

395. GANSHOF (F.-L.), « Recherches sur les capitulaires », *RHD*, 1958, p. 33-87 et 196-246.

396. GANSHOF (F.-L.), « Le droit romain dans les capitulaires et dans la collection d'Anségise », *IRMA*, 1969.

397. GANZIN (M.), « La clause de substitution dans les actes à cause de mort à Aix-en-Provence au XVIIIe siècle », bibl. 140, p. 169-231.

398. GARAUD (M.), « Les formes du testament dans l'ancien droit poitevin », *RHD*, 1929, p. 36-68.

399. GARAUD (M.), « Le droit romain dans les chartes poitevines », *Mélanges Cornil*, t. II, p. 403-424.

400. GARAUD (M.), *L'Opinion du chancelier Daguesseau sur l'unification du droit privé. Le chancelier Daguesseau*, Limoges, 1953, p. 66-71.

401. GARCIA GALLO « El *Libro de las leyes* de Alfonso el Sabio. Del Especulo a las Partidas », *AHDE*, 1951-52, p. 345-528.

402. GARCIA GALLO, « Nuevas observaciones sobre la obra legislativa de Alfonso X », *AHDE*, 1976, p. 609-670.

403. GARCIA-GRANERO FERNANDEZ (J.), « Domma et domina, potens et usufructuaria », *Annuario de derecho foral*, II, Pampelune, 1976-77, p. 97-322.

404. GARDELLE (J.), *Les Châteaux du Moyen Age dans la France du Sud-Ouest. La Gascogne anglaise de 1216 à 1327*, 1972.

405. GARNIER (J.), *Bourgeoisie et propriété immobilière en Forez aux XVIIe et XVIIIe siècles*, Saint-Etienne, 1982.

406. GARRISSON (F.), « Meubles ne chéent en retrait », *RHD*, 1957, p. 89-126 et 247-289.

407. GAUDEMET, *Les Communautés familiales*, 1963.

408. GAUDEMET, *Société et Mariage*, Strasbourg, 1980.

409. GAY (J.-L.), *Les Effets pécuniaires du mariage en Nivernais du* XVe *au* XVIIIe *siècle*, 1953.

410. GAY (J.-L.), « Les clauses de renonciation du XIIIe siècle dans la partie méridionale du comté de Bourgogne », *MHDE*, 1960, p. 63-90.

411. GAY (J.-L.), *Les Premières Manifestations du droit privé montbéliardais*, Dijon, 1960.

412. GAY (J.-L.), « L'application du droit des gens mariés dans la région de Clamecy pendant les trois derniers siècles de l'Ancien Régime », *MHDB*, 1960, p. 146-210.

413. GAY (J.-L.), « Deux enquêtes sur les obligations des mainmortables dans la Franche-Comté méridionale », *MHDB*, 1961, p. 75-106.

414. GAY (J.-L.), « Contribution aux origines du droit des gens mariés dans le comté de Bourgogne », *MHDB*, 1966, p. 197-220.

415. GAZZANIGA (J.-L.), *L'Eglise du Midi à la fin du règne de Charles VII (1444-1461) d'après la jurisprudence du Parlement de Toulouse*, 1976.

416. GÉNESTAL (R.), *La Tenure en bourgage*, Paris, 1900.

417. GÉNESTAL (R.), *Histoire de la légitimation des enfants naturels en droit canonique*, 1905.

418. GÉNESTAL (R.), *Le Parage normand*, Caen, 1911.

419. GÉNESTAL (R.), « Le retrait lignager », *Travaux de la semaine de droit normand*, 1923, p. 191-236.

420. GÉNESTAL (R.), *La Tutelle*, (Etudes de droit privé normand, t. III), Caen, 1930.

421. GÉNESTAL (R.), « Etudes sur les sources du droit normand aux XIIIe, XIVe et XVe siècles », *Bulletin de la Société des antiquaires de Normandie*, 1932.

422. GÉNICOT (L.), *L'Economie rurale namuroise au bas Moyen Age*. T. I, *La Seigneurie foncière*, 1943 ; t. II, *Les Hommes. La Noblesse*, 1960 ; t. III, *Les Hommes. Le Commun*, 1982.

423. GÉNICOT (L.), *La Noblesse dans l'Occident médiéval*, réimpr. 1982.

424. GENZMER, Die justinianische Kodification und die glossatoren, *Atti Congr. Int. dir. romano*, Bologne, 1934, I.

425. GILISSEN (J.), « Puissance paternelle et majorité émancipatrice dans l'ancien droit de la Belgique et du nord de la France », *RHD*, 1960, p. 5-57.

426. GILLIARD (F.), *L'Influence du droit romain sur les coutumes vaudoises au Moyen Age*, Lausanne, 1961.

427. GIORDANENGO (G.), *Le Droit féodal dans les pays de droit écrit. L'exemple de la Provence et du Dauphiné (*XIIe*-début du* XIVe *siècle)*, thèse dactyl., 1981.

428. GONESSE (J.M.), « Parenté, famille et mariage en Normandie aux XVIIe et XVIIIe siècles », *Annales*, 1972, p. 1139-1154.

429. GONON (M.), *Les Institutions et la société en Forez au* XIVe *siècle d'après les testaments*, Mâcon, 1961.

430. GOURON (A.), « Etapes de la pénétration du droit romain au XIIIe siècle dans l'ancienne Septimanie », *Ann. Midi*, 1957.

431. Gouron (A.), « Diffusion des consulats méridionaux et expansion du droit romain aux XIIe et XIIIe siècles », *BECh*, 1964, p. 53.

432. Gouron (A.), « Pour une géographie de l'augment de dot », *MHDB*, 1966, p. 113-130.

433. Gouron (A.), « Enseignement du droit, légistes et canonistes dans le Midi de la France à la fin du XIIIe siècle et au début du XIVe siècle », *SHDE*, 1966, p. 1-63.

434. Gouron (A.), « La science juridique française aux XIe et XIIe siècles : diffusion du droit de Justinien et influences canoniques jusqu'à Gratien », *IRMA*, 1978.

435. Gouron (A.), « Aux origines de l'émergence du droit : glossateurs et coutumes méridionales », bibl. 153, p. 255-270.

436. Guénée (B.), *Tribunaux et gens de justice dans le bailliage de Senlis à la fin du Moyen Age (v. 1380-v. 1550)*, 1963.

437. Guénée (B.), *Histoire et culture historique dans l'Occident médiéval*, 1980.

438. Guénée (B.), *Politique et histoire au Moyen Age*. Recueil d'articles sur l'histoire politique et l'historiographie médiévale (1956-1981), 1981.

439. Guénée (S.), *Bibliographie de l'histoire des Universités françaises des origines à la Révolution*, 1977-1981, 2 vol. ; t. I, *Généralités et Université de Paris* ; t. II, *Aix-en-Provence à Valence et Académies protestantes*.

440. Guérin (J.), *Les Renonciations à succession future dans l'ancien droit français*, 1931.

441. Guerreau (A.), *Le Féodalisme, un horizon théorique*, 1980.

442. Guerreau-Jalabert (A.), « Sur les structures de parenté dans l'Europe médiévale », *Annales*, 1981, p. 1028-1049.

443. Guignard (F.), *Etude sur le testament au comté de Bourgogne d'après les testaments de l'officialité de Besançon (1265-1500)*, 1907.

444. Guilhiermoz (P.), *Enquêtes et Procès : étude sur la procédure et le fonctionnement du Parlement au XIVe siècle*, 1892.

445. Guilhiermoz (P.), *Essai sur les origines de la noblesse*, 1902, réimp. New York, [s.d.].

446. Guillet-Rydell (M.), « Nature et rôle du mariage dans les lais anonymes bretons », *Romania*, 1975, p. 91-104.

447. Guillot (O.), *Le Comte d'Anjou et son entourage au XIe siècle*, 2 vol., 1972.

448. Guyon (G.), *Le Droit romain dans la Coutume de Bordeaux*, 1972.

449. Hilaire (J.), « Les régimes matrimoniaux aux XIe et XIIe siècles dans la région de Montpellier », *SHDE*, 1955, p. 14-38.

450. Hilaire (J.), *Le Régime des biens entre époux dans la région de Montpellier du début du XIIIe siècle à la fin du XVIe siècle*, Montpellier, 1957.

451. Hilaire (J.), « Les aspects communautaires du droit matrimonial des régions situées autour du Massif central à la fin du XVIe siècle et au début du XVIIe siècle », *SHDE*, 1958-1960, p. 99-109.

452. Hilaire (J.), « Exercice de style. Une affaire de succession à Montpellier au début du XIVe siècle », bibl. 144, p. 283-299.

453. Hilaire (J.), « Vie en commun, famille et esprit communautaire », *RHD*, 1973, p. 8-54.

454. Hilaire (J.), « *Patria potestas* et pratique montpelliéraine du notariat au Moyen Age : symbolisme du droit écrit », bibl. 113, I, p. 423-456.

455. HILAIRE (J.), *Pratique notariale et influence universitaire à Montpellier à la fin du Moyen Age,* Hommage à A. Dupont, Montpellier, 1974, p. 164-178.

456. HILAIRE (J.), *Communautés rurales et pratique juridique à la lisière des pays de droit écrit* (à propos d'un registre saintongeais du XVe siècle), Centre d'études d'histoire juridique, 1981.

457. HEUSLER (A.), *Die Gewere,* Weimar, 1872.

458. HEUSLER (A.), *Die Institutionen des deutschen Privatrechts,* 2 vol., Leipzig, 1885-1886.

459. HUUSSEN, « Le droit du mariage au cours de la Révolution française », *TR,* 1979, p. 9-51 et 99-127.

460. HINOJOSA (E.), « La réception du droit romain en Catalogne », bibl. 141, t. II, p. 393-408.

461. HIRSCHAUER (C.), « La rédaction des Coutumes d'Artois au XVIe siècle », *RHD,* 1918, p. 43-64.

462. HUBLOT (M.-T.), *La Condition des mineurs au Moyen Age,* 1957.

463. IGLESIA-FERREIROS (A.), « La creacion del derecho en Cataluna », *AHDE,* 1977, p. 99-423.

464. IMBERT (J.), « Notes sur l'histoire du droit privé lorrain », *Annales de l'Est,* 1950, p. 35-54.

465. IMBERT (J.), « Les rapports entre l'aubaine et la bourgeoisie en Lorraine », *Annales de l'Est,* 1952, p. 349-364.

466. IMBERT (J.), « Le droit de dévolution dans les Coutumes namuroise, messine et alsacienne », *TR,* 1955, p. 207-239.

467. IMBERT (J.), *Histoire du droit privé,* coll. « Que sais-je ? », n° 408.

468. JACOB (R.), « Le droit familial de la noblesse : essai de géographie coutumière du groupe picard-wallon », *Revue du Nord,* 1978, p. 175 et suiv.

469. JARRIAND (E.), *Histoire de la Novelle 118 dans les pays de droit écrit,* 1889.

470. JARRIAND (E.), « La succession coutumière dans les pays de droit écrit », *RHD,* 1890, p. 224 et suiv.

471. JAUBERT (P.), « A propos de l'ancienne Coutume et de la nouvelle Coutume de Bordeaux », *Annales de la Faculté de droit de Bordeaux,* 1976, p. 67-82.

472. JEANCLOS (Y.), « Les renonciations au XIIIe siècle d'après quelques cartulaires champenois », bibl. 113, p. 437-454.

473. JEANTON (G.), « La limite des pays de droit écrit et de droit coutumier en Bourgogne et les relations avec les autres limites ethniques du Nord et du Midi », *MHDB,* 1935, p. 155 ; 1936, p. 217 ; 1937, p. 168-184.

474. JOUKOSKI (G.), *Les Servitudes réelles dans la Coutume d'Orléans (XVIe-XVIIIe siècle),* Thèse de droit, Paris, 1975 (dactyl.).

475. JOÜON DES LONGRAIS (F.), *La Conception anglaise de la saisine du XIIe au XIVe siècle,* 1925.

476. KALIFA (S.), « Singularités matrimoniales chez les anciens Germains : le rapt et le droit de la femme à disposer d'elle-même », *RHD,* 1970, p. 199-225.

477. KANTOROWICZ (H.), « Les origines françaises des *Exceptiones Petri* », *RHD,* 1937, p. 616 et suiv.

478. KANTOROWICZ (H.) et BUCKLAND (N.W.), *Studies in the Glossators of the Roman Law. Newly discovered Writings of the Twelfth Century,* nouv. éd., 1969.

479. Kohler (E.), *Conseils des barons et jugements des barons. Fatalité épique et droit féodal dans la* Chanson de Roland, 1968, (trad. italienne, 1980).

480. Koschaker (P.), *Europa und das römische Recht*, Munich, 1947, (trad. italienne, 1962).

481. Kroeschell (K.), « Die Sippe im germanischen Recht », *ZSS, Germ.*, 1960, p. 1.

482. Kuttner (St.), « Réflexions sur les brocards des glossateurs », *Mélanges J. De Ghellinck*, Gembloux, 1951, p. 769-792.

483. Lafon (J.), *Régimes matrimoniaux et mutations sociales. Les époux bordelais (1450-1550)*, 1972.

484. Lafourcade (M.), *Les Contrats de mariage du Pays de Labour sous le règne de Louis XVI. Etude juridique et sociologique*, Bordeaux, 3 vol., 1978 (dactyl.).

485. Landes-Mallet (A.M.), *La Famille au* XIIIe-XIVe *siècle d'après les notaires ruthénois*, Montpellier, 1977 (dactyl.).

486. Laplanche (J. de), *La Réserve coutumière dans l'ancien droit français*, 1925.

487. Laslett (P.), « La famille et le ménage : approches historiques », *Annales*, 1972, p. 847-872.

488. Le Bras (G.), « La doctrine du mariage chez les théologiens et les canonistes depuis l'an mille », *Dictionnaire théologie catholique*, t. IX, col. 2133-2317.

489. Le Bras (G.), « Naissance et croissance du droit privé de l'Eglise », bibl. 112, p. 329-345.

490. Lebrun (F.), *Les Hommes et la mort en Anjou aux* XVIIe *et* XVIIIe *siècles*, 1970.

491. Lebrun (F.), *La Vie conjugale sous l'Ancien Régime*, 1975.

492. Leclercq (J.), *Le Mariage vu par les moines au* XIIe *siècle*, 1983.

493. Lefebvre (Ch.), *Histoire du droit matrimonial français : le lien de mariage*, 1913-1923.

494. Lefebvre-Teillard (A.), *Les Officialités à la veille du concile de Trente*, 1973.

495. Lefebvre-Teillard (A.), « *Ad matrimonium contrahere compellitur* », bibl. 115, p. 210-217.

496. Legendre (P.), « La France et Bartole », bibl. 89, t. I, p. 131-172.

497. Le Goff (J.) et Schmitt (J.-C.), *Le Charivari*, Paris-La Haye, 1981.

498. Legoherel (H.), « Le parage en Touraine-Anjou au Moyen Age », *RHD*, 1965, p. 222-246.

499. Lelièvre (J.), *La Pratique des contrats de mariage chez les notaires du Châtelet à Paris de 1769 à 1804*, 1950.

500. Lemarignier (J.-F.), « La dislocation du *pagus* et le problème des *consuetudines* (X^e^-XIe siècle) » bibl. 143, p. 401-415.

501. Lemarignier (J.-F.), « Le domaine de Villeberfol et le patrimoine de Marmoutier », bibl. 112, p. 347-362.

502. Lemarignier (J.-F.), *Le Gouvernement royal aux premiers temps capétiens (987-1108)*, 1965.

503. Lepointe (G.), *La Protection des incapables au Moyen Age*, Travaux de l'Institut de droit comparé, Paris, 1959, XV, p. 79 et suiv.

504. LE ROY LADURIE (E.), « Système de la coutume. Structures familiales et coutumes d'héritage en France au XVIe siècle », *Annales*, 1972, p. 825-846.

505. LÉVY (E.), *West Roman Vulgar Recht. The Law of Property*. Philadelphie, 1951 (Mem. of the American Philosophical Society, t. XXIX).

506. LÉVY (J.-Ph.), « La pénétration du droit savant dans les coutumiers angevins et bretons au Moyen Age », *TR*, 1957, p. 1-53.

507. LÉVY (J.-Ph.), « La pénétration du droit privé savant dans le *Vieux Coustumier de Poictou*, bibl. 112, p. 371-383.

508. LÉVY (J.-Ph.), « L'évolution du droit familial français depuis 1789 », bibl. 138, p. 485-504.

509. LÉVY (J.-Ph.), *Histoire de la propriété*, coll. « Que sais-je ? », 1972.

510. LÉVY (J.-Ph.), « Le flottement des législateurs révolutionnaires devant la situation patrimoniale du conjoint survivant », bibl. 127, p. 127-146.

511. LORCIN (M.-T.), *Les Campagnes de la région lyonnaise aux XIVe et XVe siècles*, Lyon, 1974.

512. LOT (F.), *Fidèles ou vassaux ?* 1904.

513. LUC (P.), *Vie rurale et pratique juridique en Béarn aux XIVe et XVe siècles*, Toulouse, 1943.

514. MAFFEI (D.), *Gli Inizi dell'umanesimo giuridico*, Milan, 1956.

515. MAFFEI (D.), *A. d'Alessandro, giureconsulto umanista (1461-1523)*, Milan, 1956.

516. MAGNOU-NORTIER (E.), *La Société laïque et l'Eglise dans la province ecclésiastique de Narbonne (zone cispyrénéenne) de la fin du VIIIe à la fin du XIe siècle*, Toulouse, 1974.

517. MAGNOU-NORTIER (E.), *Foi et Fidélité. Recherches sur l'évolution des liens personnels chez les Francs du VIIe au IXe siècle*, Toulouse, 1976.

518. MAILLARD (B.), « Les mariages dans une paroisse de Tours au XVIIIe siècle », *Annales de Bretagne*, 5, 1981.

519. MAILLET (J.), « Les conceptions successorales de la Coutume du grand Perche », *RHD*, 1946, p. 149.

520. MAILLET (J.), « La représentation successorale dans la Coutume du duché de Bourgogne », *MHDB*, 1946-1947, p. 101-123.

521. MAILLET (J.), « La fente en droit successoral bourguignon », *MHDB*, 1948-1949, p. 267-274.

522. MAILLET (J.), « L'originalité de la Coutume d'Auvergne en matière successorale », *RHD*, 1949, p. 424-453.

523. MAILLET (J.), « La renonciation à succession future des filles dotées dans la doctrine et la jurisprudence méridionales des XVIe et XVIIIe siècles », bibl. 111, p. 3-39.

524. MAILLET (J.), « De l'exclusion coutumière des filles dotées à la renonciation à succession future dans les Coutumes de Toulouse et de Bordeaux », *RHD*, 1952, p. 514-544.

525. MAILLET (J.), « Les anciens coutumiers bourguignons et la dévolution successorale *ab intestat* », *RHD*, 1962, p. 153-179.

526. MAILLET (J.), « Droit romain et succession *ab intestat* dans les anciennes Coutumes bourguignonnes », bibl. 110, II, p. 1295-1309.

527. MALAFOSSE (J. DE), *L'Interdit « Momentariae possessionis »*, Toulouse, 1947.

528. MALAUSSENA (P.-L.), *La Vie rurale en Provence orientale aux XIVe et XVe siècles. Un exemple : Grasse à travers les actes notariés*, 1969.

529. MANLIO-BELLOMO, *Saggio sull' Università nell' età del diritto comune*, Catane, 1979.

530. MARQUETTE (J.B.), *Hommes libres et francs du roi en Bordelais et Bazadais au XIIIe siècle. Société et groupes sociaux en Aquitaine et Angleterre*, Bordeaux, 1979, p. 19-55.

531. MARTINAGE-BARANGER (R.), *Bourjon et le Code civil*, 1971.

532. MEIJERS (E.M.), *Le Droit ligurien des successions en Europe occidentale*. t. I, *Les Pays alpins*, Haarlem, 1928.

533. MEIJERS (E.M.), *Etudes d'histoire du droit* (publiées par FEENSTRA (R.) et FISCHER (*HFWD*). T. I, *Problèmes généraux d'histoire du droit de l'Europe occidentale. Histoire du droit français ; histoire du droit espagnol* ; t. III, *Le Droit romain au Moyen Age*, Leyde, 1959.

534. MEIJERS (E.M.), *Etudes d'histoire du droit international privé* (publié par TIMBAL (P.C.) et METMAN (J.), 1967.

535. MENAGER (L.R.) « Pesanteur et étiologie de la colonisation normande de l'Italie », *Roberto il Guiscardo,* Rome 1975, p. 189-214.

536. MEULENAERE (O. de), *Documents inédits pour servir à la biographie de Jehan Boutillier,* Bruxelles, 1890 et *RHD*, 1891, p. 18-35.

537. MESNARD (P.), « La place de Cujas dans la querelle de l'humanisme juridique », *RHD*, 1950, p. 521-537.

538. MESTAYER (M.), « Les contrats de mariage à Douai du XIIIe au XVe siècle. Reflets de droit et de la vie d'une société urbaine », *Revue du Nord*, 1979, p. 353-380.

539. METZ (R.), « L'accession des mineurs à la cléricature et aux bénéfices ecclésiastiques dans le droit canonique médiéval », bibl. 138, p. 553-567.

540. METZ (R.), « L'enfant dans le droit canonique médiéval. Orientation de recherche », bibl. 156.

541. MEYER (J.), *La Noblesse bretonne,* 1966.

542. MEYNIAL (E.), « Remarques sur le rôle joué par la pratique et la jurisprudence dans l'œuvre d'unification du droit en France », *Revue générale de droit*, 1903, p. 326-364 et 446-457.

543. MEYNIAL (E.), « Des renonciations au Moyen Age et dans notre ancien droit », *RHD*, 1900, p. 108-143 ; 1901, p. 241-277 ; et 657-697 ; 1902, p. 49-78 et 649-710 ; 1904, p. 698-746.

544. MEYNIAL (E.), « Remarques sur la réaction populaire contre l'invasion du droit romain en France aux XIIe et XIIIe siècles », *Mélanges Chabaneau*, 1907, p. 560.

545. MEYNIAL (E.), « De l'application du droit romain dans la région de Montpellier aux XIIe et XIIIe siècles », *Atti del Congresso int. di scienze storiche*, IX, Rome, 1904, p. 163.

546. MEYNIAL (E.), « Les traits originaux de l'ancien droit français », *TR*, 1923, p. 401-421.

547. MITTEIS (H.), « Studien zur Geschichte des Versaümnisurteils besonders im französischen Recht », *ZSS, Germ.*, 1921, p. 137-239.

548. MOLIN (J.-B.) et MUTEMBE (P.), *Le Rituel du mariage en France aux XIIe et XIIIe siècles*, 1974.

549. MOLLAT (M.), *Etudes sur l'histoire de la pauvreté*, 2 vol. 1974.
550. MONIER (R.), *Les Institutions judiciaires des villes de Flandre, des origines à la rédaction des Coutumes*, 1924.
551. MORAWSKI (J.), *Proverbes français, antérieurs au XVe siècle*, 1925.
552. MOUSNIER (R.), *Les Hiérarchies sociales, de 1450 à nos jours*, 1969.
553. MOUSNIER (R.), « La famille, l'enfant et l'éducation en France et en Grande-Bretagne du XVIe au XVIIIe siècle ». Cours de Sorbonne, 1975.
554. MUSSET (L.), « Les apports scandinaves dans le plus ancien droit normand », bibl. 103, p. 559-575.
555. MUTEL (A.), « Recherches sur les Coutumes d'aînesse absolue : Ponthieu-Boulonnais », *RHD*, 1976, p. 321-347.
556. OLIVIER-MARTIN (F.), *La Crise du mariage en droit intermédiaire*, 1901.
557. OLIVIER-MARTIN (F.), *La Coutume de Paris, trait d'union entre le droit romain et les législations modernes*, 1925.
558. OLIVIER-MARTIN (F.), « Le roi de France et les mauvaises Coutumes », *ZSS, Germ.*, 1938, p. 108-137.
559. OURLIAC (P.), *Droit romain et pratique méridionale au XVe siècle : Etienne Bertrand*, 1937.
560. OURLIAC (P.), « Notes sur le droit des personnes à Avignon au XVe siècle », *Ann. Midi*, 1943, p. 499-511 et bibl. 568, p. 145-153.
561. OURLIAC (P.), « La famille pyrénéenne au Moyen Age », *Recueil Frédéric Le Play*, 1956, p. 257-263 et bibl. 568, p. 169-176.
562. OURLIAC (P.), « Las costumbras del sudoeste de Francia », *AHDE*, 1953, p. 407-422.
563. OURLIAC (P.), « Coutumes et dialectes gascons (note sur la géographie coutumière) », bibl. 105, p. 459-471 et bibl. 568, p. 17-29.
564. OURLIAC (P.), « Troubadours et juristes », *CCM*, 1965, p. 159-177 et bibl. 568, p. 273-301.
565. OURLIAC (P.), « Un arbitrage de Raimond de Sabanac (note sur la coutume successorale de Toulouse) », bibl. 116, p. 565-570 et 568, p. 303-310.
566. OURLIAC (P.), « Le testament toulousain au XIIe siècle », bibl. 115, p. 151-167 et bibl. 568, 227-241.
567. OURLIAC (P.), « L'esprit du droit méridional », bibl. 103, p. 577-594 et bibl. 568, 311-327.
568. OURLIAC (P.), *Etudes d'histoire du droit médiéval*, 1979.
569. OURLIAC (P.), *Etudes de droit et d'histoire*, 1980.
570. OURLIAC (P.), « La tradition romaine dans les actes toulousains du Xe au XIe siècle », *RHD*, 1982, p. 577-588.
571. OURLIAC (P.), *Législation, coutumes et coutumiers au temps de Philippe Auguste. La France de Philippe Auguste. Le temps des mutations* (Actes du colloque, Paris, 1980), CNRS, 1982, p. 471-488.
572. OURLIAC (P.), « 1210-1220 : la naissance du droit français », *Studi in onore di Arnaldo Biscardi*, t. III, Milan, 1982, p. 489-510.
573. OURLIAC (P.) et GILLES (H.), *La Période postclassique (1378-1500)*. I, *La Problématique de l'époque, les sources*, 1971.
574. PAILLOT (P.), *Etude sur la représentation successorale et sa place dans le droit familial du nord de la France*, 1935.

575. PALLASSE (M.), « La renaissance du droit romain en Alsace », *MHDB*, 1956, p. 83-106.

576. PARADISI (B.), « Notes critiques sur le problème du droit commun », *RHD*, 1980, p. 423-440.

577. PARE (G.), BRUNET (A.) et TREMBLAY (P.), *La Renaissance du XIIe siècle. Les écoles et l'enseignement*, Paris-Ottawa, 1933.

578. PARISSE (M.), *La Noblesse lorraine aux XIe-XIIIe siècles*, 1976.

579. PARTSCH (G.), « Das Mitwirkungrecht der Familiengemeinschaft im altere Walliser Recht » (*Laudatio parentum et hospicium*), Genève 1953.

580. PARTSCH (G.), « Un aspect général de la première apparition du droit romain en Valais et à Genève au XIIIe et au début du XIVe siècle », *MHDB*, 1957, p. 59-75.

581. PARTSCH (G.), « La pénétration du droit romain en Provence. Réflexions à propos d'un ouvrage récent », *Annales de la Faculté de droit de Liège*, 1969, p. 259-270.

582. PAWS (Ch. B.), *Marriage in XVIIIth. Century Catholicism. The Origins of « Religious Mentality » : the teaching of « l'Ecole française »*, 1600-1660, Montréal, 1975.

583. PAYEN (J.-Ch.), « Genèse et finalité de la pensée allégorique au Moyen Age », *Revue de métaphysique et de morale*, 1973, p. 466-479.

584. PAYEN (J.-Ch.), « La crise du mariage à la fin du XIIIe siècle d'après la littérature française du temps », *Famille et parenté*, bibl. 117, p. 413-423.

585. PELABON (A.), *Droit écrit et pratiques coutumières, les contrats de mariage en lyonnais du XVIIIe siècle au Code civil*, Lyon, 1960 (dactyl).

586. PERRIN (C.-E.), *Recherches sur la seigneurie rurale en Lorraine d'après les plus anciens censiers IXe-XIIe siècle)*, 1935.

587. PERRIN (C.-E.), *Le Servage en France et en Allemagne* (Xe Congrès international des sciences historiques), *Relazioni*, t. III, Florence, 1955, p. 213-245.

588. PETOT (P.), « L'origine de la mainmorte servile », *RHD*, 1940-1941, p. 275-309.

589. PETOT (P.), « Les meubles des époux au Moyen Age », *Mélanges de Visscher*, t. II, 1949, p. 213-230.

590. PETOT (P.), « Le droit français et l'humanisme », *Umanesimo et scienza politica*, Milan, 1951, p. 347-351.

591. PETOT (P.), *La Famille dans l'Ancien Régime, sociologie comparée de la famille contemporaine*, Colloque, CNRS, 1955.

592. PETOT (P.), « L'ordonnance du 1er mai 1209 », bibl. 152, t. II, p. 371-380.

593. PETOT (P.), « Remarques sur la formation du droit privé français », *Revue juridique et économique du Sud-Ouest*, 1957, p. 3-9.

594. PETOT (P.), « Le droit commun en France selon les coutumiers », *RHD*, 1960, p. 412-419.

595. PETOT (P.), « Le mariage de la vassale », *RHD*, 1978, p. 29-47.

596. PETOT (P.), *La Formation historique du régime de communauté entre époux*, (cours de droit), 1945.

597. PETOT (P.), *La Famille*, (cours DES), 1943-1944.

598. PETOT (P.), *Les Enfants dans la famille*, (cours de droit), 1947.

599. PETOT (P.), *Les régimes matrimoniaux dans les pays coutumiers*, (cours de droit), 1948-1949.

600. PETOT (P.), « Licence de mariage et formariage », *Annales d'histoire du droit*, Posnan, 1949, p. 199-208.

601. PETOT (P.), *Le Lignage*, (cours de droit), 1950.

602. PETOT (P.), *Les Incapables*, (cours de droit), 1952.

603. PETOT (P.), *Les Successions en ligne directe dans l'ancien droit français*, (cours de droit), 1953.

604. PETOT (P.), *Le Mariage et ses effets civils*, (cours de droit), 1953-1954.

605. PETOT (P.), *Questions relatives au droit des successions*, (cours de droit), 1955-1956.

606. PETOT (P.), *Le Régime de communauté entre époux*, (cours de droit), 1956-1957.

607. PETITJEAN (M.), *Essai sur l'histoire des substitutions du IXe au XVe siècle dans la pratique et la doctrine et spécialement en France méridionale*, 1975.

608. PIANO MORTARI (V.), *Diritto romano, diritto nazionale in Francia nel secolo XII*, Milan, 1962.

609. PIERI (G.), « Les particularités de la puissance paternelle dans le duché de Bourgogne, de la rédaction officielle de la Coutume à la fin de l'Ancien Régime », *MHDB*, 1965, p. 51-91.

610. PIRET (A.), *La Rencontre chez Pothier des conceptions romaine et féodale de la propriété foncière*, 1937.

611. PISSARD (H.), *Etude sur la connaissance et la preuve des coutumes dans le droit coutumier et dans le système romano-canonique*, 1909.

612. PIVETEAU (C.), *La Pratique matrimoniale en France d'après les statuts synodaux du concile de Trente à la Révolution*, 1957.

613. POLY (J.-P.), *La Provence et la société féodale, 879-1166*, 1976.

614. POMMERAY (L.), *L'Officialité archidiaconale de Paris aux XVe-XVIe siècles ; sa composition et sa compétence criminelle*, 1933.

615. PORTEJOIE (P.), *Le Régime des fiefs d'après la Coutume de Poitou*, 1942.

616. POS (A.G.), « " Meubles n'ont pas de suite ". Le sens originaire de cette règle en droit français », *TR*, 1941, p. 45-58.

617. POUDRET (J.-F.), *La Succession testamentaire dans le pays de Vaud à l'époque savoyarde (XIIIe-XVIe s.)*, Lausanne, 1955.

618. POUDRET (J.-F.), « Champ d'application et nature du droit urbain d'après les chartes de franchises de la Suisse romande », *MHDB*, 982, p. 141.

619. POUDRET (J.-F.) et GALLONE-BRACK (J.), *Les Sources du droit du canton de Vaud. Epoque savoyarde (XIIIe-XVIe siècles)*, Lausanne, 1972.

620. POUMARÈDE (J.), *Les Successions dans le sud-ouest de la France au Moyen Age*, 1972.

621. POUMARÈDE (J.), « La protection possessoire dans les Coutumes du sud-ouest de la France au Moyen Age », bibl. 105, p. 595-604.

622. POUMARÈDE (J.), *Les Communautés de vallées dans les Pyrénées françaises du Moyen Age au XIXe siècle*, Pyrénées, 1978, p. 173-181, p. 249-254.

623. POUMARÈDE (J.), « Famille et tenure dans les Pyrénées du Moyen Age au XIXe siècle », *Annales de démographie historique*, 1979, p. 247-260.

624. POUMARÈDE (J.) et MARECHAL (M.), « La Coutume de Saint-Sever (Landes) », *Bulletin soc. Borda*, 1977, p. 195-201.

625. Poumarède (J.) et Marquette (J.-B.), « Les Coutumes de Brassens », *Bulletin soc. Borda*, 1976-1979.

626. Power (E.), *Medieval Women*, Cambridge, 1973 (trad. franc. 1979).

627. Prawer (J.), « Etude préliminaire sur les sources et la composition du *Livre des Assises des bourgeois* », *RHD*, 1954, p. 198.

628. Regnault (H.), *La Condition juridique du bâtard au Moyen Age*, 1922.

629. Regnault (H.), *Les Ordonnances civiles du chancelier Daguesseau*. T. I, *Les Donations et l'ordonnance de 1731*, 1929 ; t. II, *Les Testaments et l'ordonnance de 1735*, 2 vol., 1935 et 1965.

630. Reulos (M.), *Etude sur l'esprit, les sources et la méthode des* Institutes *coutumières d'Antoine Loisel*, 1935.

631. Reulos (M.). « Les dispositions testamentaires en faveur des églises réformées », bibl. 115, II, p. 221-231.

632. Richardot (H.), « Tutelle, curatelle et émancipation des enfants légitimes en Forez au XIIIe siècle », *RHD*, 1945, p. 29-83.

633. Richardot (H.), « *De tutela sine aliqua tutela* », bibl. 114, p. 265-274.

634. Riche (P.), *Education et culture dans l'Occident barbare, VIe-VIIIe siècle*, 1962.

635. Riche (P.), « Enseignement du droit en Gaule du VIe au XIe siècle, *IRMA*, 1965.

636. Riche (P.), « Apprendre à lire et à écrire dans le haut Moyen Age », *Société des antiquaires,* 1978-1979, p. 193-202.

637. Riche (P.), *Les Ecoles et l'enseignement dans l'Occident chrétien de la fin du Ve au milieu du XIe siècle*, 1979.

638. Riche (P.), *Ecoles et enseignements dans le haut Moyen Age*, 1979.

639. Ritzer (K.), *Le Mariage dans les Eglises chrétiennes du Ier au XIe siècle*, 1970.

640. Robert (U.), *Testaments de l'officialité de Besançon (1265-1500)*, 2 vol., 1902-1907.

641. Roge (P.), *Les Anciens Fors de Béarn*, 1907.

642. Roughol-Valdeyron (D.), *Recherches sur l'absence en droit français*, 1970, (Travaux et recherches de la Faculté de droit de Paris, série histoire, n° 21).

643. Rousset (P.), « La croyance à la justice immanente à l'époque féodale », *Le Moyen Age*, 1948, p. 225-248.

644. Roussier (J.), « La donation de biens communs par le mari en droit coutumier parisien », *RHD*, 1953, p. 498-520 ; 1954, p. 23-73.

645. Saint-Jacob (P. de), « Etudes sur l'ancienne communauté rurale en Bourgogne. Les terres communales », *Annales de Bourgogne*, 1953, p. 225-240.

646. Saint-Jacob (P. de), *Les Paysans de la Bourgogne du Nord au dernier siècle de l'Ancien Régime*, 1960.

647. Santini (G.), « Ricerche sulle *Exceptiones legum romanorum* ; contributo alla storia dei " *libri legales* " e delle " scuole giuridiche " di età preirneriana », Milan, 1959.

648. Schneider (J.), *La Ville de Metz aux XIIIe et XIVe siècles*, Nancy, 1950.

649. Schneider (J.), « Sur le droit urbain de Toul au Moyen Age », bibl. 106, p. 273-282.

650. Segalen (M.), « Le mariage, l'amour et les femmes dans les proverbes populaires français », *Ethnologie française*, 1975-1976, p. 33-88, 129-132.

651. SEGALEN (M.), *Sociologie de la famille*, 1981.

652. SEE (H.), *Les Classes rurales et le régime domanial en France au Moyen Age*, 1903.

653. SERGENE (A.), « Le précédent judiciaire au Moyen Age », *RHD*, 1961, p. 224-254 et 359-370.

654. SHEEHAN (M.M.), « Choice of Marriage Partner in the Middle Ages : Development and Mode of Application of a Theory of Marriage », *Studies in Medieval and Renaissance History*, I, University of Columbia, 1978.

655. SICARD (G.), « Notes sur la famille en Gascogne toulousaine à la fin du XVIIIe siècle », bibl. 138, p. 683-696.

656. SICARD (G.), « Révolution politique et mutation de la famille : la Révolution française », *Annales de l'Université des sciences sociales*, Toulouse, 1978, p. 223-239.

657. SICARD (G.) et SICARD (M.), « Les contrats de mariage de la noblesse toulousaine en 1786 », bibl. 103, p. 623-653.

658. SICARD (M.), « Mariage et famille dans la vallée de Luchon à la veille de la Révolution », bibl. 138, p. 697-710.

659. SOUBIE (A.), « Le retrait lignager dans la Coutume de Bordeaux », *Revue juridique et économique du Sud-Ouest*, 1961, p. 3-80, 433-51.

660. SPICQ (C.), « Notes de lexicographie philosophique médiévale : *dominium, possessio, proprietas* », *Revue scientifique, philosophique et théologique*, t. XVIII, 1929, p. 269-281.

661. STEIN (H.), « Conjectures sur l'auteur du *Livre de jostice et de plet* », *RHD*, 1917, p. 346.

662. SWIDERSKI (M.L.), *La Condition de la femme française au XVIIIe siècle d'après les romans, Woman in the XVIIIth Century*, 1976, p. 192-216.

663. TELLENBACH (G.), *Zur Bedeutung der Personenforschung fur die Erkenntnis des früheren Mittelalters*, Fribourg, 1957.

664. THIREAU (J.-L.), *Charles du Moulin (1500-1566). Etude sur les sources, la méthode, les idées politiques et économiques d'un juriste de la Renaissance*, Genève, 1980.

665. TIMBAL (P.-C.), *Un conflit d'annexion au Moyen Age ; l'application de la Coutume de Paris en pays albigeois*, 1950.

666. TIMBAL (P.-C.), « La succession testamentaire dans la Coutume de Toulouse », bibl. 111, p. 283-301.

667. TIMBAL (P.-C.), « La dévolution successorale *ab intestat* dans la Coutume de Toulouse », *RHD*, 1955, p. 51-82.

668. TIMBAL (P.-C.), *Les Obligations contractuelles d'après la jurisprudence du Parlement (XIIIe-XIVe siècle)*, 2 vol., 1973-1977.

669. TISSET (P.), « Placentin et son enseignement à Montpellier, droit romain et coutume dans l'ancien pays de Septimanie », *SHDE*, 1951, p. 67-94.

670. TISSET (P.), « Mythes et réalités du droit écrit », bibl. 112, p. 553-560.

671. TOUBERT (P.), *Les Structures du Latium médiéval : le Latium méridional et la Sabine du IXe siècle à la fin du XIIe siècle*, 2 vol., Rome 1973.

672. TRANI (G.), « Le retour à la table, une tentative coutumière pour maintenir le patrimoine familial », *RHD*, 1971, p. 65-94.

673. TRICARS (J.), « La tenure en Limousin et Marche à la fin du XVe siècle : étude des structures agraires et foncières », *Annales du Midi*, 1976, p. 23-39.

674. TUCOO-CHALA (P.), « La vie à Salies-de-Béarn au début du XVe siècle », *Revue de Pau et du Béarn,* 1982, p. 5-38.

675. TURLAN (J.-M.), « Recherches sur le mariage dans la pratique coutumière (XIIe-XVIe siècle) », *RHD,* 1957, p. 477-528.

676. TURLAN (J.-M.), « Recherches sur la quarte du conjoint pauvre », *RHD,* 1966, 210-239.

677. TURLAN (J.-M.), « Amis et amis charnels d'après les actes du Parlement au XIVe siècle », *RHD,* 1969, p. 645-698.

678. TURLAN (J.-M.), « Une licence de mariage au XIVe siècle. Survivance ou exaction ? », bibl. 110, p. 1447-1457.

679. TURLAN (J.-M.), « L'imagination et l'honneur de la famille. Deux conventions de mariage en Rouergue aux XVIIe et XVIIIe siècles », bibl. 113, II, p. 347-363.

680. VAN CAENEGEN (R.C.), « Coutumes et législation en Flandre aux XIe et XIIe siècles. Les libertés urbaines et rurales du XIe au XIVe siècle », Colloque international de Spa, 1966, (publié en 1968), p. 399-401.

681. VANDERLINDEN (J.), *Le Concept de code en Europe occidentale du XIIIe au XIVe siècle. Essai de définition,* Bruxelles, 1967.

682. VAN DIEVOET (G.), *Jehan Boutillier en de* Somme rurale, Louvain, 1951.

683. VAN KAN (J.), *Les Efforts de codification en France. Etude historique et psychologique,* 1929.

684. VARVAZO (A.), « Les Normands de Sicile aux XI-XIIe siècles », *CCM,* 1980, p. 199.

685. VENDRAND-VOYER (J.), « Réformation des Coutumes et droit romain : Pierre Lizet et la Coutume de Berry », *Annales Faculté de droit* (Clermont I), 1981, p. 316-381.

686. VERCAUTEREN (F.), « Note sur l'apparition des renonciations aux exceptions de droit romain dans les principautés belges au XIIIe siècle », bibl. 114, p. 325-340.

687. VERGOTTINI (G. de), *Lo Studio di Bologna, l'Impero, il papato,* 1956.

688. VERRIEST (L.), *Corpus des records de Coutumes et les lois de chefs-lieux de l'ancien comté de Hainaut,* 2 vol., Mons, 1946, (*Le Hainaut, Encyclopédie provinciale*).

689. VERRIEST (L.), *Noblesse, Chevalerie, Lignage,* Bruxelles, 1960.

690. VIARD (P.-E.), *André Alciat (1492-1550),* 1926.

691. VILLERS (R.), « Parentèles et représentation dans les pays bourguignons et les pays de l'Ouest », *MHDB,* 1948-1949, p. 187-200.

692. VILLERS (R.), « Le droit romain, mythes et asymptotes », *Revue des études latines,* 1965, p. 500-513.

693. VILLERS (R.), « Notes sur l'immutabilité des conventions matrimoniales dans l'ancien droit parisien. Origines de l'article 1395 (ancien) du Code civil », bibl. 103, p. 679-690.

694. VILLEY (M.), *Leçons d'histoire de la philosophie du droit,* 2e éd., 1964.

695. VILLEY (M.), *La Formation de la pensée juridique moderne,* 1969.

696. VOELTZEL (H.-F.), *Jean Domat (1625-1696). Essai de reconstitution de sa philosophie juridique,* 1936.

697. WENDEL (F.), *Le Mariage à Strasbourg à l'époque de la Réforme (1520-1692),* Strasbourg, 1928.

698. WESTRUP (C.-W.), « Le Mariage des trois premiers ducs de Normandie », *Normannia,* 1933.

699. WOLFF (Ph.), « Famille et mariage en Toulousain aux XIVe et XVe siècles », *Ann. Midi,* 1966, p. 115-123, et *Regard sur le Midi médiéval,* Toulouse, 1978, p. 411-418.

700. YVER (J.), *les Contrats dans le très ancien droit normand XIe-XIIIe s.,* Domfront, 1926.

701. YVER (J.), « La Solidarité familiale en matière criminelle dans l'ancien droit normand », *Normannia,* 1934, p. 195-215.

702. YVER (J.), « Les caractères originaux de la Coutume normande dans les îles de la Manche », Séminaire de droit normand, Guernesey, 1938, p. 481-503.

703. YVER (J.), « La tripartizione dei beni mobili nell'antico diritto francese », *Riv. di storia del diritto italiano,* 1939, p. 1-21.

704. YVER (J.), « L'inaliénabilité dotale dans les coutumiers français », bibl. 111, p. 341-363.

705. YVER (J.), « Les caractères originaux du groupe des Coutumes de l'ouest de la France », *RHD,* 1952, p. 18-79.

706. YVER (J.), « Les caractères originaux de la Coutume de Normandie », Mémoire de l'Académie des sciences, arts et bell. lettres de Caen, 1952, p. 307-356.

707. YVER (J.), « Les deux groupes de Coutumes du Nord », *Revue du Nord,* 1953, p. 197-220 et 1954, p. 5-36.

708. YVER (J.), « Contribution à l'étude du développement de la compétence ducale en Normandie », *Annales de Normandie,* 1958, p. 139-183.

709. YVER (J.), *Egalité entre héritiers et exclusion des enfants dotés. Essai de géographie coutumière,* 1966.

710. YVER (J.), « Note sur quelques textes coutumiers poitevins relatifs à l'exclusion successorale des filles dotées », bibl. 144, p. 351-361.

711. YVER (J.), « Le caractère lignager du bail des mineurs dans les Coutumes de type angevin », bibl. 113, II, p. 425-442.

712. YVER (J.), « Coutume et droit écrit, la puissance paternelle en Poitou », bibl. 144, p. 473-486.

713. YVER (J.), « Le *Très Ancien Coutumier de Normandie.* Miroir de la législation ducale ? Contribution à l'étude de l'ordre public normand à la fin du XIIe siècle », *TR,* 1971, p. 333-374.

714. YVER (J.), « Sur deux jugements du maître échevin de Metz (1361-1376) concernant le partage successoral entre enfants de plusieurs lits », bibl. 140, p. 591-600.

715. YVER (J.), « Le douaire sur les acquêts en Normandie », *Mélanges offerts à P. Andrieu-Guitrancourt,* 1973, p. 943-957.

716. YVER (J.), « Le droit de jouissance du survivant des parents sur les biens de ses enfants dans les trois Coutumes de Bourbonnais, Nivernais et Berry », bibl. 138, p. 65-80.

INDEX *

* Les astérisques précisent l'endroit où la matière est traitée. Les noms de lieux renvoient, sauf indication particulière, à la coutume.

TABLE

Deuxième partie
L'ANCIENNE SOCIÉTÉ ET SON DROIT

Imprimé en France par Lightning Source
1 avenue Gutenberg
78310 Maurepas

www.ingramcontent.com/pod-product-compliance
Lightning Source LLC
Chambersburg PA
CBHW071410230926
51846CB00001B/49
9782226395047